KB060881

한 권으로 읽는 스페인 근현대사

우리에게 낯설지만 결코 낯설지 않은 스페인 이야기

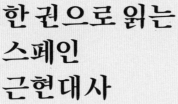

한 권으로 읽는
스페인
근현대사

서희석 지음 | 이은해 감수

우리에게
낯설지만
결코 낯설지 않은
스페인 이야기

을유문화사

한 권으로 읽는 스페인 근현대사
우리에게 낯설지만 결코 낯설지 않은 스페인 이야기

발행일
2018년 11월 25일 초판 1쇄

지은이 | 서희석
감수자 | 이은해
펴낸이 | 정무영
펴낸곳 | (주)을유문화사

창립일 | 1945년 12월 1일
주소 | 서울시 마포구 월드컵로16길 52-7
전화 | 02-733-8153
팩스 | 02-732-9154
홈페이지 | www.eulyoo.co.kr

ISBN 978-89-324-7393-2   03920

해가 지지 않던 제국은 어떻게 몰락했는가?

스페인 역사의 미스터리는 해가 지지 않는다고 자랑하던 거대한 패권 국가가 왜 유럽의 변방으로 몰락했는가 하는 점이다. 그 이유는 무엇일까? 1700년에 근친 간의 결혼으로 태어나 생식 능력이 없었던 카를로스 2세가 사망한 후 왕족이 합스부르크 가문에서 프랑스 부르봉 가문으로 넘어갔기 때문일까? 하지만 이는 합스부르크 가문의 몰락이지, 스페인이 몰락한 이유는 아니다. 오히려 18세기 초중반 프랑스 부르봉 가문은 스페인에 프랑스식 근대화를 도입해 스페인의 발전에 이바지한다.

스페인이 결정적으로 몰락한 계기는 18세기 말 근대사에서 현대사로 넘어가는 시기에 변화를 거부하고, 구체제를 상징하는 절대왕정과 가톨릭을 고집한 데에 있었다. 그러한 결정은 무능한 정부에 의해 내려졌고 보수적인 가톨릭교는 기득권을 놓치지 않기 위해 정부 편에 섰다. 민중들 역시 변화를 두려워하며 정부와 가톨릭교에 선동당해 자신들을 얽매고 있는 구체제를 지지했다.

스페인 내전이 일어나기 전까지 스페인의 역사는 절대왕정과 구체제를 지지하는 보수주의자와 이에 반대하는 자유주의자 간의 대결이 지루하게 반복되었다. 두 진영은 타협점을 찾지 못하고 다툼을 계속하여 갈등을 점점 더 키웠다. 그 결과 나타난 것이 스페인 내전이다. 스페인 내전은 백 년 넘게 지속된 진보와 보수의 갈등이 주변 국제 정세와 맞물려 폭발한 것이지, 어느 날 갑자기 나타난 게 아니다.

　　스페인과 우리나라는 거리로는 유라시아 대륙의 끝과 끝에 위치하여 멀리 떨어져 있다. 하지만 스페인의 근현대사와 우리나라의 근현대사는 닮은 점이 여럿 있다. 일반적으로 스페인의 근대는 가톨릭 부부왕이 집권한 15세기 말부터 나폴레옹Napoléon Bonaparte이 침략한 19세기 초까지로 보고, 대한민국의 근대는 강화도 조약을 체결했던 19세기 말부터 1945년 해방까지로 구분한다. 스페인 근대사와 한국의 근대사에서 유사한 점은 권력층의 무능함과 비리 그리고, 변화를 거부했던 민중들로 인해 변화에 대응하지 못하고 뒤떨어져 그 결과 조선이 일제의 식민 통치를 받았듯이 스페인 역시 주권을 잃어버리고 프랑스 나폴레옹 가문의 지배를 받았다는 사실이다. 그리고 일본 군대에 맞서 싸우던 독립군처럼 애국심이 강한 스페인인들은 프랑스 군대에 맞서 싸웠다. 프랑스 통치 시기의 왕이었던 페르난도 7세의 정치적 횡보도 고종과 비슷하다. 독립 협회의 자유주의 계열과 수구파 사이에서 줄을 타다 결국에는 수구파의 손을 들어준 고종처럼, 페르난도 7세도 자유주의자를 이용하다 결국에는 절대왕정파의 손을 잡는다. 100년의 세월 차이를 두고 스페인에서 벌어졌던 일이 조선에서 다시 한 번 벌어진 것이다.

　　스페인의 현대사나 대한민국의 현대사는 프랑스와 일본으로부터 독립을 쟁취하며 시작한다. 하지만 두 나라 모두 꿈꾸던 독립을 했지만, 주권을 빼앗긴 사이 생긴 권력의 공백에 의해 국가 내부의 갈등은 더욱더 심해진다. 그 결과 일본으로부터 독립한 후 6.25 전쟁이 발발했듯 스페인에도 좌우로 나뉘어 극렬히 대립하다 주변 국제 정세와 맞물려 한 나라의 국민이 서로 총칼을 겨누는 스페인 내전을 일으킨다. 전쟁이 끝난 뒤 황폐해진 땅에는 스페인이나 대한민국이나 똑같이 군벌 출신의 독재자가 등장하여, 사회에 안정을 가져오지만, 자유를 억압했고, 1980년대까지 두 나라에 민주주의는 요원했다. 스페인과 대한민국이 뒤늦게 민주주의를 도입했고, 1980년대 이후 고도의 경제 성장을 이뤄 낸 것도 비슷하다.

이처럼 스페인 역사에서는 우리나라의 역사에서 발생했던 유사한 상황에서 비슷한 인물이 등장하여, 비슷한 선택을 하고, 비슷한 결과를 가져왔던 것을 확인할 수 있다. 등장하는 인물의 이름도 어렵고 머나먼 스페인의 역사이다 보니 우리와 전혀 별개의 이야기처럼 느껴질 수 있지만 결국, 시공간을 초월하여 역사의 주인공은 인간이기 때문이다. 현재도 역사 속에서 나타났던 유사한 상황이 펼쳐질 때 인간은 역사 속의 인물들과 비슷한 선택을 하는 경우가 많다. 왜냐하면 역사는 인간의 본성이 만들어 낸 이야기이기 때문이다. 그러므로 인간의 본성이 변하지 않는 한, 역사는 우리가 지금 겪는 문제에 대해서도 해답을 줄 수 있다. 스페인 근현대사는 한 문장으로 표현하면 변화에 실패한 거대한 제국의 몰락의 역사이다. 변화를 어떻게 받아들여야 할지 혼란스러울 때, 이 책에서 다룬 낯설지만, 우리에게 낯설지 않은 스페인 근현대사가 나아갈 길을 찾는 데 도움을 줄 수 있다면 좋겠다.

차례

1. 엘 에스코리알 궁전의 비밀의 방

펠리페 2세 시기 지어진 엘 에스코리알 궁전의 정식 이름은 엘 에스코리알 산 로렌소 왕실 수도원Real Monastario de San Lorenzo de El Escorial이다. 이름 중에 산 로렌소가 붙는 이유는 이 궁전이 1557년 산 로렌소 성인의 날에 벌어진 생 캉탱 전투의 승리를 기념하여 지어졌기 때문이다. 이 전투에서 스페인 군대는 프랑스 군대를 크게 무찔렀다. 스페인 쪽의 사상자는 900명이었으나, 프랑스 쪽의 사상자는 25,000명가량에 이르렀다. 애초에 스페인 쪽의 병력이 77,000명으로 프랑스 쪽의 30,000명보다 2배 이상 많았기 때문에 스페인 쪽에 유리한 싸움이었다. 즉위 1년 만에 맞수 프랑스를 크게 이긴 펠리페 2세Felipe II는 기뻐서 그 승리를 기념하기 위한 궁전의 건설을 명령했다.

이 궁전은 1563년부터 1584년 사이 마드리드에서 50킬로미터 정도 떨어진 외곽에 지어졌다. 궁전에는 왕이 거처할 수 있는 공간뿐만 아니라 스페인 최대 규모의 수도원과 왕가의 무덤을 안치할 수 있는 장소도

© Turismo Madrid Consorcio Turístico

엘 에스코리알 궁전

스페인의 엘 에스코리알 궁전의 모습. 이 궁전에는 왕이
거처할 수 있는 공간뿐만 아니라 스페인 최대 규모의
수도원과 왕가의 무덤을 안치할 수 있는 장소도 마련되어 있다.
이 궁전을 지을 당시 만들어진 비밀의 방에 얽힌 일화가 유명하다.

마련했다. 그 시기에는 왕족이나 힘 있는 귀족은 조상의 묘지 옆에 수도원을 지어서 수도사들이 그들의 영혼을 위해 기도하도록 했다. 독실한 가톨릭 신자였던 펠리페 2세는 아예 궁전에 수도원과 왕가의 시신을 안치할 수 있는 공간을 마련했다. 물론 펠리페 2세의 아버지인 카를로스 1세Carlos I의 시신이 안치되어 있는 곳도 엘 에스코리알 궁전이다. 이후부터 스페인의 왕들은 죽으면 엘 에스코리알 궁전에 묻히는 것이 전통이 되었다. 그러다 보니 엘 에스코리알은 화려함과는 거리가 있었다. 펠리페 2세가 쓰는 방도 왕의 거처라고 보기에는 초라했다. 왕가의 무덤은 펠리페 2세의 방에서 금방 갈 수 있는 거리에 있었다.

펠리페 2세가 큰 궁전을 짓는다고 하자 유능한 화가들이 몰려들었는데 그중에는 엘 그레코El Greco도 있었다. 매너리즘 화풍을 추구하던 엘 그레코는 그 당시 유행하던 르네상스 화풍을 변형시켜 자신의 독특한 시선으로 그림을 그렸다. 그때 그가 그린 그림이 현재 엘 에스코리알 궁전에서 가장 유명한 「성 마우리시오의 순교」였다. 하지만 당시 펠리페 2세는 그 작품을 좋아하지 않았기 때문에 그림은 엘 에스코리알 궁전에 걸리지 못했고, 엘 그레코는 궁정 화가가 되지 못했다. 궁정 화가가 되지 못한 엘 그레코는 이후 톨레도에 정착하여 그림을 그렸다.

33,000제곱미터의 거대한 이 궁전 겸 수도원에는 4,000개에 이르는 방이 있었다. 그 방 가운데 하나에는 한 건축가의 이야기가 전해져 내려온다. 펠리페 2세의 지시로 엘 에스코리알 궁전의 건축을 맡은 건축가는 후안 데 에레라Juan de Herrera였다. 일생일대의 큰 프로젝트를 맡은 그였지만, 그에게는 큰 고민이 있었다. 의욕적으로 궁전을 건설하라는 펠리페 2세의 명을 받아 만들고는 있었지만 정작 펠리페 2세가 노동자의 급료를 제때 주지 않았기 때문이다. 후안 데 에레라는 건설 책임자로서 밀린 급료를 달라는 노동자들의 원성에 머리가 아팠다. 그렇다고

펠리페 2세에게 돈을 달라고 재촉할 수도 없었다. 왕의 심기를 건드렸다간 무슨 일이 생길지 몰랐다.

펠리페 2세는 가뜩이나 돈에 관해서 예민했다. 이 궁전도 1557년에 파산 선고를 한 뒤 국가 경제가 나아지나 싶어 짓기 시작한 것이었다. 그런데 전쟁을 여기저기 벌이다 보니 아메리카 대륙에서 은이 계속 흘러들어와도 돈이 항상 부족했다. 결국 1575년에 다시 한 번 파산 선고를 한 상황이었다. 펠리페 2세는 모자라는 돈을 메꾸기 위해서 대출 이자가 40퍼센트에 이르는 데도 어쩔 수 없이 돈을 빌려야만 했다. 상황이 워낙 안 좋다 보니 후안 데 에레라는 그저 속을 태우며 일꾼들에게 임금을 곧 주겠다는 말만 반복했다. 하지만 일꾼들이 배고픔을 참아 가며 일하는 것도 하루 이틀이었다. 처음에는 어려워하며 부탁을 하던 노동자들이었으나 하루하루가 지날수록 급료를 달라는 그들의 목소리는 거칠어졌다. 가만히 있다간 노동자가 반란을 일으킬 것만 같았다. 노동자가 반란을 일으킨다면 제일 먼저 목숨을 잃을 사람은 다름 아닌, 그들에게 일을 시킨 후안 데 에레라였다.

후안 데 에레라는 극도의 스트레스를 받으며 지옥 같은 나날을 보냈다. 그러던 중 갑자기 펠리페 2세로부터 돈을 받아 노동자들에게 급료를 줄 방법이 떠올랐다. 침울하던 후안 데 에레라는 갑자기 밝아져서 노동자들을 데리고 왕궁의 서쪽으로 데리고 갔다. 돈을 받지 못해서 사기가 떨어진 노동자들에게 그는 이 방만 완공되면 일주일 내로 돈을 받을 수 있게 해 주겠다고 큰소리를 쳤다. 그들은 후안 데 에레라가 하도 큰소리를 쳤기 때문에 이번 한 번만 그를 더 믿기로 했다. 그 방은 후안 데 에레라의 관리 아래 은밀히 지어졌다. 그는 인부들에게 그 방에 대해서는 절대 비밀로 하라고 지시했다. 그 방의 이름이 바로 비밀의 방sala de los secretos이다.

비밀의 방은 장식이 없고 빛도 잘 들어오지 않았다. 쌀쌀한 기운이 돌아서 들어서면 음침한 느낌이 나는 동굴 같았다. 비밀이 방이 완공되자 후안 데 에레라는 펠리페 2세를 데리고 그 방으로 들어갔다. 들어올 때는 함께 들어왔지만 펠리페 2세가 방구석을 둘러볼 때 미리 마련해 놓은 대각선 맞은편 구석 공간에 숨었다. 그러고는 바로 목소리를 깔고 작지만 근엄하게 말했다.

"당장 일꾼들에게 급료를 주지 않으면 연옥의 영혼들이 너를 찾아올 것이다!"

방의 구석에 있던 펠리페 2세는 벽에서 들려오는 목소리에 깜짝 놀랐다. 후안 데 에레라의 목소리는 원래 목소리보다 훨씬 더 낮고 굵게 울려 퍼졌다. 펠리페 2세는 그 목소리가 자기 신하의 목소리인 줄도 모르고 뒷걸음치며 놀라서 외쳤다.

"누구냐? 누가 감히 왕에게 그렇게 말한단 말인가!"

"나는 노동자의 수호천사다."

후안 데 에레라는 얼른 그 말을 마친 뒤 펠리페 2세 옆에 섰다. 펠리페 2세는 넋이 나간 표정으로 그에게 노동자의 수호천사의 목소리를 들었느냐고 물었다. 그는 태연한 표정으로 듣지 못했다고 말했다. 사실 이 모든 일은 그가 꾸민 일이었다. 후안 데 에레라는 그 방의 천장을 둥글게 하고, 벽이 소리를 잘 반사할 수 있도록 만들었다. 그는 뛰어난 건축가답게 소리의 전달 경로를 파악하여 비밀의 방 한쪽 구석에 숨겨진 공간에서 말을 하면 비밀의 방의 반대편 구석에서도 들리도록 설계했다. 그가 구석에서 속삭이듯 말해도 반대편 사람에게는 그 소리가 크게 들려 신비한 느낌이 들었다. 물론 펠리페 2세는 그 수호천사가 후안 데 에레라인지는 생각지도 못했다.

펠리페 2세는 후안 데 에레라와 함께 돌아가면서 혹시 일꾼들에게

비밀의 방

엘 에스코리알 궁전에 있는 비밀의 방. 이 방은 펠리페 2세와
후안 데 에레라의 일화가 남아 있는 곳으로 유명하다.
유럽 각국에 막강한 영향력을 행사하던 펠리페 2세도
이 비밀의 방에서는 신 앞에 끌려온 한낱 신자에 불과했다.

밀린 급여가 있느냐고 물었다. 후안 데 에레라는 장부를 가지고 와서 밀린 급여를 보여 주었다. 펠리페 2세는 밀린 급여를 바로 지급했다. 그리고 그 이후부터 돈을 밀려서 지급하는 경우가 없었다고 한다.

펠리페 2세의 정치 목표

펠리페 2세는 1527년 5월 21일 바야돌리드에서 태어났다. 그는 카를로스 1세Carlos I와 왕비 이사벨 데 포르투갈Isabel de Portugal의 아들이었다. 그는 어렸을 때 아버지를 잘 보지 못했다. 카를로스 1세는 넓게 퍼져 있는 통치 지역을 돌아다녔기 때문에 스페인에 머무는 시간이 많지 않았다. 그의 교육은 어머니 이사벨 데 포르투갈이 담당했다. 그는 착실하게 차기 왕이 되기 위한 교육을 받았다. 그러던 중 그가 열두 살이 되던 1539년에 어머니가 사망했다. 어머니의 죽음에 펠리페 2세는 큰 충격을 받았다. 아버지는 도통 집에 없었고 어머니가 그를 돌보았으므로, 어머니가 죽자 고아가 된 기분이었다. 펠리페 2세는 장남이었고, 그의 밑으로는 여동생인 마리아와 후아나가 있었다. 펠리페 2세는 동생들과 친하게 지내며 힘든 시기를 견뎌 냈다.

펠리페 2세는 과묵했고 말을 할 때는 조용조용하게 했다. 독실한 가톨릭 신자로 힘든 일이 있을 때나 좋은 일이 있을 때나 기도를 했다. 그는 차기 왕답게 평상심을 유지해서 감정을 다스리고 이성적으로 행동할 줄 알았다. 이후 카를로스 1세는 펠리페 2세가 훌륭한 왕이 될 수 있도록 최고의 가정교사들에게 그의 교육을 맡겼다. 그리고 그가 스페인 왕과 신성로마제국 황제로 지내면서 얻은 교훈과 지식을 아낌없이 아들에게 전수해 주었다. 펠리페 2세는 아버지를 존경하며 그의 조언에 따랐다. 그는 뛰어난 학생은 아니었다고 전해진다. 하지만 세계 곳곳에 영토를 둔 잘 나가는 스페인의 왕답게 그는 스페인어, 포르투갈어, 라틴어를 말할 줄 알았고, 이탈리아어, 프랑스어, 독일어를 이해할 수 있었다.

카를로스 1세가 펠리페 2세에게 스페인을 물려줄 때는 경험이 없는 그가 수월하게 통치할 수 있도록 뛰어난 신하들이 그를 보좌하게 했다. 카를로스 1세는 펠리페 2세에게 특별히 여러 명의 신하로부터 의견을 듣되, 한 명에게 집착하지는 말라고 당부했다. 펠리페 2세 이후 스페인의 역사에는 왕의 신임을 등에 업고 절대 권력을 휘둘렀던 총신들이 자주 등장한다. 펠리페 2세 때는 그러한 총신들이 없었으므로, 펠리페 2세는 카를로스 1세의 충고를 잘 받아들여 실천했다고 볼 수 있다.

1556년 즉위 한 펠리페 2세는 1561년 마드리드를 스페인의 수도로 만들었다. 그는 마드리드에 머물며 통치 지역을 거의 방문하지 않았다. 펠리페 2세의 통치 방식은 예전의 왕들과 달랐다. 카를로스 1세를 포함한 이전의 스페인 왕은 한 도시에 머물지 않고, 일이 있을 때마다 도시를 이동하면서 통치를 했다. 반면 펠리페 2세는 마드리드 한곳에서 집무를 보았기 때문에 중앙에서 먼 곳에 있는 곳을 통치할 수 있도록 관료제를 도입했다. 관료제가 정착되자 공무원이 급격히 늘어났다. 세계 각지에 흩어진 공무원들은 그 지역에서 일어나는 일들을 적어 펠리페 2세에게 보고했다. 문제는 펠리페 2세에게 올라오는 문서가 너무 많아서 문서들을 검토할 시간이 없었다는 점이다. 문서들이 쏟아져 들어왔기 때문에 그중에 무엇이 중요한지 파악하기가 어려웠고, 의사 결정 속도도 느려졌다. 펠리페 2세는 관료제의 대가답게 중요한 문서만을 추려 내는 기관을 만들었다. 하지만 해가 갈수록 그가 검토해야 하는 문서는 늘어났고, 의사 결정을 해야 할 사안도 많아졌다. 펠리페 2세는 문서 더미에 파묻혀 지냈다. 그는 늘 열심히 일했지만 능률이 떨어졌고, 국가 재정을 제대로 관리하지도 못했다.

펠리페 2세에게는 두 가지의 통치 목표가 있었다. 첫 번째는 가톨릭교를 수호하는 것이었다. 펠리페 2세가 즉위했을 때, 루터의 종교 개혁을 시작으로 전 유럽에서 개신교는 점점 더 세력을 넓혀 갔다. 날이 갈수록 개신교를 믿는 신자가 늘어나고 영향력을 미치는 지역도 넓어졌다. 그는 스페인에 개신교가 전파되는 것을 어떻게든 막으려 했다. 펠리페 2세가 개신교의 확장을 막기 위해 사용한 방법은 종교재판소를 적극적으로 활용하는 것이었다. 이교도는 종교재판소에서 화형을 선고받기도 했다. 고통에 불타 죽는 이교도를 바라보며 스페인 사람들은 감히 다른 종교로 바꿀 생각을 하지 못했다. 펠리페 2세는 다음과 같이 말했다.

"만약 내 아들이라도 이교도라면 화형에 처하기 위해 땔감을 가져올 것이다."

다른 방법은 카스티야인이 외국 대학에서 공부하는 것을 금지하는 것이었다. 그는 젊은이들이 개신교의 사상을 배워 와 스페인에 퍼뜨리는 것을 두려워했다.

펠리페 2세는 스페인 내에서 개신교의 확산을 막을 수 있었지만 전 유럽의 개신교 확산은 지켜볼 수밖에 없었다. 종교 개혁은 유럽 전역에서 벌어지는 현상이었기 때문에 펠리페 2세 혼자만의 힘으로는 어떻게 할 도리가 없었다. 게다가 스페인의 가톨릭교를 지키기 위해 펠리페 2세가 펼친 정책은 결과적으로 스페인을 다른 유럽으로부터 문화적으로 고립시키고 뒤처지게 만들었다.

펠리페 2세의 두 번째 목적은 강대국의 패권을 유지하는 것이었다. 강대국의 자리를 지키려고 펠리페 2세는 이탈리아에 있는 스페인 식민지의 지배권 확립을 위해 즉위하자마자 프랑스와 전쟁을 벌였다. 초심자의 행운이랄까? 펠리페 2세는 즉위 1년 만에 프랑스에 대승을 거두어 유

펠리페 2세

펠리페 2세의 초상화. 국립 프라도 박물관 소장.
펠리페 2세 때 정점을 찍은 스페인 제국의 위상은 얼마 안 가
그의 치세 중에 서서히 몰락하기 시작했다. 가톨릭의
수호자를 자처했던 펠리페 2세는 여러 전쟁에 휘말렸다.
스페인 제국의 명성과 힘의 이면에는 막대한 전비로 인해
항상 빚에 쪼들리는 왕실이 있었다.

럽의 패권을 가져왔다. 유럽에서 스페인에 대적할 만한 상대가 없자 그는 다음 표적으로 오스만 튀르크를 겨냥했다. 이 시기 오스만 튀르크는 북아프리카까지 확장해서 해협만 건너면 언제든지 스페인을 공격할 수 있는 위치에 있었다. 또한 오스만 튀르크의 군대는 유럽 중부 오스트리아의 빈 근처까지 와 있었기 때문에 유럽에도 큰 위협이었다.

이슬람의 지배를 받았던 스페인의 가톨릭 세력으로서는 오스만 튀르크가 이슬람 제국 때처럼 북아프리카까지 세력을 확장해서 쳐들어올까 봐 걱정이 되었다. 유럽의 패권자이자 가톨릭교의 수호자로 펠리페 2세는 자신이 오스만 튀르크의 확장을 저지해야 할 의무가 있다고 생각했다. 그 결과 펠리페 2세는 레판토 해전에서 오스만 튀르크를 꺾을 수 있었다. 오스만 튀르크는 레판토 해전에서 패배한 이후 지중해에서는 힘을 잃었다. 다만 오스만 튀르크가 레판토 해전에서 졌다고 완전히 무너진 것은 아니었다. 그들은 다시 일어날 힘이 충분히 있었다. 그들이 지중해 확장에 힘을 더 쓰지 못했던 것은 오스만 튀르크 동쪽에서 페르시아와의 전쟁이 벌어졌기 때문이다. 스페인도 오스만 튀르크가 물러났다고 안심할 상황은 아니었다. 네덜란드 식민지에서 문제가 발생했기 때문이다.

일곱 굴뚝 집의 비밀

1881년 마드리드 카스티야 은행의 리모델링 현장 지하에서 인부들이 철거 작업을 하다가 갑자기 놀라서 책임자를 불렀다.

"저, 저기요! 여기 좀 와 보세요!"

책임자는 인부들이 놀라서 급하게 그를 부르자 무슨 사고가 났나 싶어 서둘러 달려갔다. 인부들은 두려움에 떨며 책임자에게 벽의 한곳을 가리켰다. 그 벽에는 해골과 뼈 일부분이 드러나 있었다. 공사는 즉각 중단되었다. 곧이어 고고학자들이 달려와 발굴 작업을 시작했다.

조사단은 그 시신의 정체가 펠리페 2세 때 벽에 암매장된 여성이라고 밝혔다. 조사단이 매장 시기를 펠리페 2세로 잡은 이유는 해골 옆에서 여러 개의 금화가 함께 발견되었는데, 펠리페 2세 시기에 유통되던 것들이었기 때문이다. 사람들은 벽에 암매장된 여인이 누구인지 궁금하게 여겼다. 일곱 굴뚝 집은 보통 사람이 살 수 있는 집이 아니었기 때문에 필시 그 여인도 서민은 아니고 뭔가 깊은 사연이 있으리라 짐작할 뿐이었다. 300년 전 시신의 신원까지 조회할 방법이 없었던 조사단은 끝내 시신의 정체까지는 밝히지 못했다. 하지만 사람들은 그 시신이 누구의 것인지 대충 짐작했다. 왜냐하면 오래전 이 집에서 한 여인의 시체가 사라진 적이 있었기 때문이다.

1574년부터 1577년 사이에 지어진 그 건물은 지붕 위에 일곱 개의 굴뚝이 있다고 해서 일곱 굴뚝 집이라 불렸다. 그 집에는 페르난도 사파타Fernando Zapata 장군과 그의 부인 엘레나 멘데스Elena Mendéz가 함께 살았다. 둘은 모두의 축복 속에서 결혼한 뒤 그 집에서 신혼 생활을 시작했다. 수많은 이들이 둘의 결혼을 축하해 주었다. 그중에는 왕도 포함되어 있었다. 스페인의 왕 펠리페

2세는 통 크게 금화 13닢을 선물했다. 하지만 결혼한 지 얼마 안 되어 새신랑 사파타 장군은 엘레나의 곁을 떠나야만 했다. 플란데스 지방에서 전쟁이 한창이었기 때문이다. 위험한 전쟁터에서는 무슨 일이 생길지 몰랐다. 엘레나는 그의 남편이 건강하기를 빌 뿐이었다. 하지만 전쟁터로 떠나며 그녀에게 작별 인사를 하던 그의 모습이 마지막이었다. 얼마 지나지 않아 엘레나에게 플랑드르에서 사파타 장군이 전사했다는 슬픈 소식이 날아왔다.

집터가 안 좋아서였을까? 불운은 거기에서 그치지 않았다. 그 소식을 전해 들은 엘레나는 문을 걸어 잠그고 방에 들어간 뒤 한참을 나오지 않았다. 너무 오랫동안 엘레나가 방에서 나오지 않자 하인은 강제로 문을 열고 그녀의 방에 들어갔다. 하인은 들어가자마자 소리를 질렀다. 엘레나가 바닥에 쓰러져 죽어 있었기 때문이다. 하인은 황급히 사람들을 부르러 뛰어나갔다. 그런데 미스터리한 일은 그녀의 시신을 발견했던 하인이 사람들을 불러왔을 때는 엘레나의 시신이 흔적도 없이 사라졌다는 것이다. 사람들은 엘레나의 시신이 없어진 이유가 엘레나를 살해한 범인이 증거를 없애려고 했기 때문일 것이라고 추측했다. 하지만 시신이 없으니 자살인지, 타살인지 그녀에게 대체 무슨 일이 일어난 것인지 진실을 알 수 없었다.

하지만 사람들은 엘레나의 사망과 그녀의 시신이 사라진 사건 뒤에는 펠리페 2세가 있으리라 짐작했다. 엘레나는 사실 사파타 장군 외에 다른 남자가 있었는데 그가 바로 펠리페 2세였다. 이미 많은 사람이 펠리페 2세와 엘레나의 은밀한 관계를 알고 있었다. 공교롭게도 엘레나가 사망한 시점은 펠리페 2세가 네 번째 부인으로 아나 데 오스트리아Ana de Austria를 맞아들였을 때였다.

펠리페 2세의 네 번째 부인은 펠리페 2세의 외조카로서 신성로마제국 쪽

합스부르크 왕가 출신이었다. 원래 그녀는 펠리페 2세의 아들 돈 카를로스^{Don} Carlos가 살아 있을 때 혼담이 오갔던 여자였다. 하지만 돈 카를로스가 1568년에 죽자, 1570년에 펠리페 2세는 아나 데 오스트리아와 결혼식을 올렸다. 펠리페 2세는 정식 왕비로부터 뒤를 이을 왕자를 얻어야 했다. 그게 무엇보다 펠리페 2세와 합스부르크 가문에는 중대한 일이었다.

펠리페 2세는 왕비와 정부인 엘레나 사이를 오가는 게 점점 더 어려워졌다. 펠리페 2세는 엘레나와 관계를 끊고 싶었지만 그녀는 펠리페 2세를 그냥 놔주지 않았다. 사람들은 이 때문에 펠리페 2세가 엘레나를 암살하고 암매장하도록 지시했을 것이라고 생각했다.

펠리페 2세는 즉위 후에 공식적으로 단 한 번 울었다고 알려져 있을 만큼 냉철한 사람이었다. 그는 하루에 열두 시간씩 일했고, 죽을 때도 병상에서 일하다가 죽었다. 그는 첫 번째 부인과의 사이에서 태어났지만 정신이 이상했던 아들 돈 카를로스를 방에 감금시키라고 명령했고, 그의 아들은 결국 그 방에서 죽었다. 합스부르크 가문과 스페인의 영광을 위하여 평생을 다 바친 펠리페 2세가 그 앞을 가로막는 여인 하나를 처치하는 것은 일도 아니었다. 하지만 펠리페 2세에게 엘레나의 죽음과 시신의 실종 사건과 관련이 있지 않느냐고 감히 묻는 사람은 없었다. 다만 사람들은 입에서 입으로 펠리세 2세가 엘레나를 죽였을 것이라고 이야기할 뿐이었다.

엘레나가 갑자기 죽고 시신이 사라진 사건이 온 스페인에 퍼지자 펠리페 2세도 소문을 의식했다. 그는 엘레나의 시신을 찾으라고 명령했다. 왕이 지시를 내리자 대대적인 수색 작업이 펼쳐졌다. 하지만 시간이 지나도 아무런 성과가 없었다. 결국 엘레나의 시신을 어디서도 찾지 못했다. 일곱 굴뚝의 집은 한때는 잘나가는 장군과 아름다운 여인의 보금자리였지만 이제는 남편이 전쟁터에서 죽고, 죽은 부인의 시체조차 사라진 불길한 기운만 가득한 곳이 돼 버렸다.

시간이 흘러 펠리페 2세의 왕비 아나 데 오스트리아는 펠리페 2세가 바라던 대로 5명이나 되는 아이를 출산했다. 하지만 근친 간의 결혼에서 태어난 아이들이라 그런지 몸이 약해 페르난도(1571~1578), 카를로스(1573~1575), 디에고(1575~1582), 마리아(1580~1583)는 일곱 살을 넘기지 못하고 죽었다. 다행히 1578년에 태어난 아들 펠리페는 건강했다.

사람들이 더 이상 엘레나 시신 실종 사건에 대해서 말하지 않을 무렵이었다. 갑자기 일곱 굴뚝의 집 옥상에서 하얀 옷을 입은 여인을 한밤중에 봤다는 증언이 꼬리에 꼬리를 물고 나왔다. 목격담은 대부분 비슷했다.

"하얀 옷을 입은 여인이 한 손에 횃불을 들고 그 집 옥상에 갑자기 나타나 왕이 사는 왕궁 쪽으로 느릿느릿 걸어가다 옥상 끝에 멈춰 섰다. 그 여인은 가슴을 치며, 마치 자신의 억울함을 왕궁에 호소하듯 괴성을 질렀다. 그리고 얼마 지나지 않아 사라졌다."

지붕 위에 하얀 옷을 입은 여자가 왕궁을 향해 울부짖는다는 이야기를 들은 사람들은 그 여자가 바로 엘레나라고 생각했다. 펠리페 2세에게 억울하게 목숨을 잃은 엘레나의 영혼이 이승을 떠나지 못하고 펠리페 2세가 있던 왕궁을 향해 저주를 퍼붓는다고 믿은 것이다. 하지만 여전히 그녀의 시신은 나오지 않았기 때문에 미스터리한 사건으로만 사람들의 기억 속에 남아 있었다. 그러다가 300여 년이나 지난 시점에서 펠리페 2세 시기 유통되던 금화와 함께 여인의 백골이 나오자 사람들은 엘레나를 떠올렸다. 억울하게 죽임을 당하고 땅에도 묻히지 못했던 엘레나가 마침내 좁고 어두운 벽 속에서 세상 밖으로 나온 것이다.

네덜란드 독립 전쟁과 바다의 거지들

펠리페 2세의 발목을 잡고 있었던 여러 문제 가운데 하나는 식민지인 네 덜란드의 통치 문제였다. 지금의 네덜란드와 근대 시기의 네덜란드 영토 는 서로 달랐다. 펠리페 2세 무렵의 네덜란드는 저지대 국가들이라고 불 렸으며, 지금의 네덜란드에 룩셈부르크, 벨기에, 프랑스와 독일의 일부 영토를 포함했다. 이 책에서는 저지대 국가들이라는 말이 생소하기 때문 에 당시의 저지대 국가들을 네덜란드로 지칭하도록 하겠다.

네덜란드에는 전통적으로 상인 위주의 자유로운 분위기의 도시들이 많았다. 네덜란드의 어부와 상인은 청어를 염장하는 법을 개발한 뒤 염 장 청어를 전 유럽에 수출해 부를 쌓았다. 네덜란드의 염장 청어는 1년 동안이나 보관할 수 있어서 큰 인기를 끌었다. 인구의 대다수를 차지했 던 가톨릭교도는 매주 금요일과 사순절 기간에는 고기를 못 먹었기 때문 에 그 기간에 먹을 수 있는 다른 음식이 필요했다. 네덜란드의 염장 청어 는 훌륭한 대체 식품이었다. 염장 청어는 전 유럽에서 인기를 끌며 큰 수 익을 네덜란드에 안겨 주었다.

펠리페 2세의 선왕 카를로스 1세는 이 같은 네덜란드의 분위기를 잘 이해하고 그들이 원활한 상업 활동을 할 수 있도록 해 주었다. 하지만 펠 리페 2세는 아버지와 달랐다. 그는 네덜란드에서 신교를 배척하고 가톨 릭교만 믿을 것을 강요했으며, 중앙 집권화를 위해 네덜란드의 자치권을 빼앗으려고 했다. 여기에 더해 전쟁으로 부족한 재정을 메꾸기 위해 세금 을 올렸다.

이 시기 네덜란드에는 귀족과 상인을 중심으로 상업 활동을 인정하 는 신교의 일파인 칼뱅주의가 퍼져 가고 있었다. 네덜란드에서 칼뱅주의 가 인기를 끌었던 이유는 상업 활동이 죄악이 아니라 그의 직업적 소명을 다하는 것이며 신의 의지에 따르는 것으로 규정했기 때문이다. 이는 부의 축적을 정당화시켜 주었다. 가톨릭교에서는 이자를 받고 돈을 빌려주는 행위를 천하게 여겼으며, 부자는 천국에 들어가기 어렵다는 성경 구절처럼 부를 쌓는 일에 부정적이었다. 네덜란드 상인들은 성당에 갈 때마다 뭔가 죄를 짓는 듯한 느낌에 마음이 무거웠다. 아무리 열심히 일해서 돈을 벌어도 "부자가 천국에 들어가기는 낙타가 바늘구멍에 들어가는 것보다 어렵다"라는 말을 들으니 상인들은 찜찜할 수밖에 없었다. 그런데 칼뱅파는 달랐다. 칼뱅파는 상인의 부를 정당한 것으로 인정해 주었기 때문에 마음이 편했다. 네덜란드에 신교도가 늘어나는 것은 자연스러운 현상이었다.

중앙 집권과 가톨릭교를 강요하는 펠리페 2세와 자유로운 상업 활동과 지방 자치를 바라고, 신교를 지지하는 네덜란드인의 충돌은 피할수 없었다. 반란을 일으킨 네덜란드의 선봉장이었던 오라녜 공은 원래 카를로스 1세의 심복이었으며 충성심 있는 신하였다. 오라녜 공은 신교루터파를 믿는 집안에서 성장했으나 카를로스 1세는 그의 능력을 보고중용했다. 펠리페 2세 통치 초기에도 오라녜 공은 네덜란드 평의회의 의원으로 활동하며 정치에 참여했다. 그러나 오라녜 공은 펠리페 2세의 강압적인 통치 방식에 동조하지 않았기 때문에 펠리페 2세와 사이가 좋지않았다. 가장 의견 차이가 큰 부분은 종교였다. 펠리페 2세에게 종교 문제는 타협할 수 있는 사항이 아니었다. 펠리페 2세는 통치 지역에서 가톨릭교 외에 다른 종교를 용인할 생각이 없었다. 그런데 펠리페 2세의 바람과는 달리 네덜란드의 신교도 숫자는 계속해서 늘어만 갔다.

펠리페 2세는 1565년 10월, 네덜란드에서도 이단자를 스페인에서처럼 예외 없이 처벌하라고 왕령을 내렸다. 하지만 네덜란드는 스페인처럼 통제가 잘되는 곳이 아니었다. 네덜란드는 전통적으로 지방 자치적이었고, 중앙 세력이 통제하는 것에 반감을 품었다. 네덜란드 사람은 자유를 중요시했다. 왕령이 내려졌을 당시 네덜란드에는 가톨릭교도가 신교도보다 훨씬 더 많았지만, 가톨릭교도조차 펠리페 2세가 가톨릭교를 강요하고 신교를 탄압하는 것에 대해서 찬성하지 않았다.

이런 분위기 속에서 네덜란드의 칼뱅파 교도들이 성당에 난입하여 성상을 파괴하는 일이 발생했다. 펠리페 2세는 이 사건을 반란으로 받아들였다. 이 시기 네덜란드의 총독은 카를로스 1세가 1521년부터 1522년까지 만나던 요한나 마리아 반 데어 그힌스트Johanna Maria van der Gheynst로부터 얻은 딸 마르가리타 데 파르마Margarita de Parma였다. 펠리페 2세의 이복 누나인 그녀는 스페인과 네덜란드 사이에서 중용적인 입장을 취하여 큰 문제없이 네덜란드를 통치한 인물이었다. 펠리페 2세는 그녀가 평화를 유지하는 데는 뛰어날지 몰라도 반란을 진압하기에는 적합한 인물이 아니라고 판단했다. 펠리페 2세는 1567년 뛰어나고 잔혹한 군인인 알바 공작을 네덜란드로 보냈다. 알바 공작은 카를로스 1세 때부터 충신이었다. 그는 밀라노 공국, 나폴리 왕국, 네덜란드, 포르투갈을 넘나들며 왕을 위해 고생을 마다하지 않았다. 그는 펠리페 2세가 네덜란드의 반란을 진압하기 위해 선택할 수 있는 가장 믿을 만한 사람이었다. 알바 공작이 군대를 이끌고 네덜란드에 도착한 뒤 마르가리타 데 파르마는 총독에서 사퇴했다.

알바 공작은 가혹한 피의 법정을 세웠다. 수많은 사람들이 알바 공작의 법정에서 목숨을 잃었다. 처형당한 이들 중에는 생 캉탱 전투에서 스페인 편에 서서 싸웠던 고위 귀족 에그몬트 백작과 스페인 궁정에서 활동했던 호른 백작 등 스페인에 호의적이며, 이성적으로 스페인이 네덜란드를 통치할 수 있도록 돕던 이들도 있었다.

사실, 에그몬트 백작, 호른 백작, 오라녜 공은 네덜란드에 스페인과 같은 종교재판소를 도입하려는 것에 반대하며 뜻을 같이하던 사이였다. 알바 공작이 스페인 군을 이끌고 네덜란드로 오는 것을 알았을 때 오라녜 공은 에그몬트 백작과 호른 백작에게 도망가야 한다고 설득했다. 그러나 두 사람은 떠나지 않았고, 결국 목숨을 잃었다.

알바 공작은 도망친 오라녜 공의 모든 영지를 몰수하고, 그의 아들은 스페인으로 추방해 버렸다. 네덜란드 곳곳에서 알바 공작의 폭정에 불만을 품은 귀족들을 중심으로 반란이 일어났다. 그 반란의 중심에는 오라녜 공이 있었다.

1568년 오라녜 공이 이끄는 반란군은 출발이 좋았다. 1568년 4월 23일 헤일리게레에서 스페인 군대를 물리쳤다. 하지만 첫 승리 이후 네덜란드의 반란군은 이렇다 할 성과를 거두지 못했다. 오라녜 공의 전쟁 자금은 곧 떨어졌고 그는 수세에 몰렸다. 다행인 것은 네덜란드 근해에서 활동하던 '바다의 거지'의 활약으로 해상의 지배권이 오라녜 공에게 있었다는 점이다. '바다의 거지'의 유래는 다음과 같다.

나싸우의 루이스라는 인물은 오라녜 공의 동생으로 펠리페 2세의 압제에 대항하기 위해 모인 귀족들의 모임 리더였다. 그와 헨드릭 반 브레데로더Hendrick van Brederode는 1566년 4월 5일 300명의 기사와 함께 편지를 가지고 네덜란드의 총독 마르가리타 데 파르마를 찾아갔다. 그 편지에는 네덜란드에서 종교재판을 중지하고 네덜란드인의 권리와 자유를 존중해 달라는 내용이 담겨 있었다. 마르가리타 데 파르마는 불만을 가진 귀족들과 많은 기사들이 그녀 앞에 나타나자 겁을 먹었다. 그때 그녀를 보좌하던 버레이몬이 다음과 같이 말했다.

"두려워할 것 없습니다. 그들은 오직 거지들일 뿐입니다."

마르가리타 데 파르마 앞에 있던 귀족들은 그 말을 잊지 않았다. 스페인의 통치에 반대하는 300여 지역 대표들은 3일 뒤에 쿨렘부르그 호

오라녜 공

오라녜 공의 초상화. 레이크스 미술관 소장.
네덜란드 독립 전쟁을 이끌었던 오라녜 공은 오늘날의
네덜란드를 만든 국부와 같은 존재다. 그의 상징색이었던
오렌지색은 오늘날 네덜란드를 상징하는 색이기도 하다.

텔에 모였다. 헨드릭 반 브레데로더는 다음과 같이 말했다.

"만약 나라를 위해서 거지가 되어야 한다면 기꺼이 받아들이겠다."

네덜란드 독립전쟁이 일어난 이후 이들은 소규모로 네덜란드 근해에서 해적 활동을 벌이며 오라녜 공의 든든한 후원군으로 활약했다. 사람들은 이들을 '바다의 거지'라고 불렀다.

오라녜 공의 세력이 더욱더 성장할 수 있었던 건 알바 공작의 실책 덕분이었다. 알바 공작이 1571년에 네덜란드 의회의 반대에도 모든 판매 수익과 토지 수익에 1할의 세금을 걷는 1할세를 실시하자, 참고 있던 네덜란드의 가톨릭 신자도 스페인에 불만을 품기 시작했다. 오라녜 공이 첫 승리를 거두었음에도 고전하던 이유는 아직도 많은 네덜란드인이 스페인에 대항하려 하지 않아 세력이 크지 못해서였다. 그런데 알바 공작이 1할세를 실시하자 스페인 통치에 불만을 가지고 네덜란드의 독립을 원하는 세력이 늘어나면서 오라녜 공의 반란 세력이 커졌다.

그렇다면 알바 공작이 1할세를 걷지 않았으면 아무 문제없지 않았을까? 하지만 알바 공작으로서는 군대를 유지하기 위해 세금을 올리는 것 외에 별다른 도리가 없었다. 펠리페 2세가 보내는 돈은 군대를 유지하기에는 턱없이 부족했기 때문이다. 더군다나 알바 공작은 네덜란드를 일반적인 식민지로 생각했다. 본국의 군대를 유지하기 위해서 식민지에서 세금을 걷는 것은 그로서는 너무나도 당연한 일이었다.

이처럼 상황이 나빠지는 와중에도 스페인은 왜 가톨릭교에 집착하게 되었을까? 그 이유는 이슬람 세력의 지배를 받았던 스페인 역사에서 찾아볼 수 있다. 이슬람은 711년에 스페인에 넘어와서 12년 만에 스페인의 거의 모든 지역을 지배했다. 나라의 개념이 희박했던 시기였고, 더군다나 이슬람 제국은 피지배 지역에 관용적인 태도를 보였기 때문에 민심도 이슬람 쪽으로 흘렀다. 스페인 사람들은 이슬람 세력이 들어오기 전까지 하나가 되어 뭉친 적이 별로 없었다. 강압적인 무력으로 지배를 받기도 했지만, 그 지배자는 대개 외부에서 왔다. 소수가 다수를 다스리는 구조였고, 그 다수를 구성하는 구성원들의 출신 또한 다양했다. 이슬람 세력이 들어오기 전에 존재했던 서고트 왕국 때도 마찬가지였다. 서고트 왕국의 지배 계층인 서고트족은 기존 스페인에 살던 사람들에 비해 수가 훨씬 부족했다. 서고트 왕국 이전에는 로마 지배의 영향으로 스페인 사람들이 가톨릭교를 믿고 있었는데, 서고트 귀족은 이단에 속하는 아리우스파를 믿었기 때문에 종교적으로 통합할 수도 없었다. 따라서 서고트 왕국이 가톨릭교를 국교로 선포한 일은 중요한 사건이었다. 서고트 왕국이 왕국을 종교적으로 통합하여 영향력을 넓히려고 한 계기이기 때문이다.

이슬람 세력의 최대 약점은 이슬람이라는 것이었다. 스페인의 남은 서고트 왕국의 후예들은 거대한 이슬람 제국에 대항하기 위해 가톨릭교를 이용했다. 이교도를 몰아내자고 하자, 드디어 스페인은 하나로 뭉쳐 이슬람과 싸울 수 있었다. 가톨릭교는 손쉬운 통치 도구였고, 권력자들은 그 통치 도구를 손에서 놓을 생각을 하지 못했다.

네덜란드를 더 멀어지게 만든 스페인 군대의 약탈

1572년은 오라녜 공의 반란군이 네덜란드 남부에서 세력을 점점 키워 가던 시기였다. 네덜란드 남부의 부유한 도시였던 메헬렌은 1572년 8월 31일 오라녜 공의 편에 섰고, 반란군에게 도움을 주었다. 알바 공작은 네덜란드 남부에서 오라녜 공의 반란군과 싸울 때 메헬렌에 군대를 주둔하게 해 달라고 요청했다. 메헬렌의 대표는 이 제안을 거절했다. 반란군이 이길 것으로 생각했기 때문이다.

　알바 공작은 유능한 정치인은 아니었지만 뛰어난 군인이었다. 그가 이끄는 스페인 정예군은 패배를 몰랐다. 오라녜 공은 알바 공작에 패해서 9월 21일 퇴각했다. 이제 곤란하게 된 것은 메헬렌이었다. 알바 공작은 자신의 부탁을 거절했던 메헬렌을 잊지 않고 있었다. 그는 아들 파드리케에게 군대를 통솔하게 하여 메헬렌으로 보냈다. 맨 처음 스페인군이 메헬렌에 들어서자 그곳에 있던 가톨릭교도들은 스페인군을 환영했다. 그들은 어쩔 수 없이 반란군의 편에 섰지만 가톨릭교를 믿으며 스페인을 지지했기 때문이다. 하지만 스페인군은 신교도나 가톨릭교도나 가리지 않고 약탈하기 시작했다. 네덜란드 가톨릭교 세력의 핵심인 그랑벨 추기경의 집도 예외는 아니었다. 이 약탈은 군인들이 제멋대로 날뛴 것이 아니라 알바 공작의 공식적인 명령에 따른 것이었다.

　알바 공작은 메헬렌을 약탈해서 반란군의 편에 선 다른 도시에 스페인에 대적하면 어떻게 되는지 보여 주려고 했다. 또한 오랫동안 급여를 받지 못하고 있던 스페인 군인들은 약탈로 보수를 챙길 수도 있었다. 공식적으로 알바 공작이 지시한 메헬렌의 약탈은 3일간이나 계속되었다. 이 기간 동안 메헬렌 시민은 재산을 강탈당하고 목숨을 잃기도 했다.

　스페인 군대에 메헬렌 시만 약탈당한 것은 아니었다. 알바 공작의 아들 파드리케의 군대가 네덜란드 남부에서 북부로 올라갈 때 오라녜 공의 군대를 주둔하도록 허락했던 도시 쥣펀과 나르던도 약탈을 당했다. 두 도시는 메헬렌 시보다 사정이 더 좋지 않았다. 두 도시의 많은 시민이 목숨을 잃었다. 스페인군에 겁먹은 다른 도시는 알바 공작에게 큰 보상금을 주고 겨우 약탈을 면할 수 있었다.

　네덜란드 남부를 정리하고 중부까지 올라온 스페인군은 하를럼에서 멈췄다. 스페인군은 1572년 12월 11일부터 하를럼의 포위를 시작했다.

하를럼은 원래 반란 진영에 가담하지 않은 중립적인 도시였다. 하지만 펠리페 2세가 네덜란드 각 지방의 자치권을 빼앗고, 알바 공작이 강압적으로 통치하자 이에 반기를 들어 1572년 7월 4일 반란군의 편에 가담했다. 하를럼은 7개월 동안 포위를 견뎠지만 물자 보급이 끊겨 더 이상 버티기가 힘든 상황이었다. 하를럼의 대표는 더는 저항이 어렵게 되자 알바 공작과 협상해서 막대한 돈을 주고 시민의 안전과 재산을 보호받기로 했다. 시민의 생명을 구하고 약탈을 면할 수 있다면 큰돈을 준다 해도 나쁘지 않은 조건이라 생각했기 때문이다.

하를럼은 항복한 뒤 성문을 열었다. 성안으로 들어온 스페인군은 약속과 달리 저항을 포기한 하를럼을 그냥 두지 않았다. 스페인군은 하를럼 시민 위주로 구성된 2,000명 이상의 수비군을 죽였다.

표면적으로는 승리하고 있었지만 길게 보면 알바 공작의 이러한 행동은 스페인에 해가 되고 있었다. 약속을 저버리고 하를럼의 수비군을 처형시키는 스페인군을 보며 반군 편에 선 도시는 앞으로 절대 스페인군에게 물러서지 않고 맞서 싸워야 한다고 마음먹었다. 또한 반란 진영은 하를럼이 7개월이나 스페인군의 포위를 견디는 것을 보고 어쩌면 스페인군에 승리할 수도 있겠다는 희망을 보았다. 스페인군은 네덜란드가 스페인의 통치 지역으로 남아야 할 이유를 하나씩 없애고 있었다.

이러한 약탈이 계속된 이유 중의 하나는 스페인 용병들의 급여가 제때 지불되지 못했기 때문이었다. 다국적 출신의 용병으로 이루어진 스페인 군인들은 애국심으로 전쟁에 참여하는 것이 아니었다. 군인들은 돈을 벌기 위해 전쟁에 참여했을 뿐이다. 스페인에서 급여가 지급이 안 되니 도시를 약탈해서라도 이득을 챙기고 보급을 해야만 했다. 이는 딱히 스페인만의 문제점은 아니었다. 이 시기 유럽의 대다수 나라는 용병을 주로 이용했는데 문제는 용병의 경우 군기가 엉망이었고, 급여를 지급받지 못하면 점령지를 약탈하는 일도 흔했다는 사실이다.

아메리카 대륙에서 많은 금과 은을 가져올 수 있었던 스페인이 왜 군인들에게 급여를 지급하지 못했을까? 물론 아메리카 대륙에 많은 금과 은이 있었지만, 은행에서 필요할 때처럼 꺼내서 쓸 수 있는 게 아니었다. 아메리카 대륙과 스페인을 왕래하는 배편은 일 년에 많아야 두 편이었다. 게다가 해적들은 그 배를 약탈하기 위해 혈안이 되어 있었다. 스페인의 수송선이 무사히 세비야에 도착했다고 네덜란드에 바로 보급할 수 있는 것도 아니었다. 아메리카 대륙에서 가져온 금과 은을 다시 네덜란드의 지역으로 수송해야 했다.

문제는 네덜란드로 가기 위해서는 영국을 지나야 했는데, 악명 높은 영국 해적들이 앞마당을 지나는 스페인 선박을 가만둘 리 없었다는 점이다. 영국 해적들을 따돌리고 무사히 네덜란드에 도착해도 막상 네덜란드의 북부 해안가는 수심이 낮아서 큰 배를 델 곳이 마땅치가 않았다. 더군다나 네덜란드 북부에는 신교 세력이 강했고 바다의 거지들이 활동하고 있었으므로, 쉽게 정박하여 물건을 내릴 수 있는 상황도 아니었다. 따라서 스페인은 바다를 이용한 보급이나 군대 증원이 어려웠다.

해로를 이용하기 어렵다고 해서 육로로 보내는 방법이 쉬운 것도 아니었다. 당시에는 스페인과 네덜란드 사이에 도로가 잘 닦인 것도 아니어서 바다를 이용해서 수송하는 일만큼이나 육로를 이용하는 것도 힘들었다.

게다가 스페인의 재정 상태도 좋지 않았다. 스페인은 돈이 필요하면 높은 이율로 빚을 내어 급한 불을 끄는 방식을 썼다. 그 결과 아메리카 대륙에서 금과 은이 스페인으로 들어오더라도 금세 빠져나갔다. 국가 재정 관리를 계획 없이 엉망으로 하다 보니 1559년에는 이자가 국가 세입보다 많을 정도였다. 니얼 퍼거슨의 저서 『시빌라이제이션 Civilization』에 따르면, 1584년에는 상황이 나아져 국가 세입의 84퍼센트가 이자로 지출되었지만 1598년에는 다시 국가 세입 100퍼센트가 모두 이자로 빠져나갔다.

그렇다면 왜 스페인은 그렇게 비싼 이자로 돈을 빌릴 수밖에 없었을까? 스페인은 네덜란드와 달리 금융업자로부터 신뢰를 얻지 못했기 때문이다. 스페인은 네덜란드와 반대로 기일에 맞춰 돈을 갚지 않았다. 스페인 왕이 사법 제도에 관여했기 때문에 돈을 갚지 않을 목적으로 금융업자를 위협할 수도 있었다. 따라서 금융업자 입장에서는 신용 불량자에다 협박까지 하는 스페인은 꺼려지는 대출 고객이었다. 그러다 보니 스페인이 아무리 강대국이라도 적은 이율로는 돈을 빌려줄 금융업자가 없었다. 스페인과 네덜란드의 신용 차이는 결국 전쟁의 승패를 갈랐고, 나중에는 국가의 운명도 다르게 결정지었다.

둘로 나뉜 네덜란드와 끝나지 않은 전쟁

스페인이 네덜란드를 통치하는 방식은 강압적이었기 때문에 네덜란드인의 지지를 이끌어 내기 어려웠다. 네덜란드인의 본성은 스프링 같았다. 누르면 누를수록 네덜란드인은 다시 그만큼의 힘으로 밀어 올렸다. 그 꺾이지 않는 강한 힘의 원천은 바로 열린사회였다. 네덜란드는 상인의 자유로운 상업 활동을 장려하고 존중해 주는 전통이 있었다. 사회에 해가 되지 않는다면 다른 민족도 받아들였다. 일례로 스페인에 살던 유대인들이 1492년 알람브라 칙령으로 쫓겨났을 때 갈 곳 없는 유대인들을 받아준 나라가 네덜란드였다. 네덜란드의 유대인 인구는 1580년 펠리페 2세가 포르투갈의 왕을 겸하면서 포르투갈의 유대인이 네덜란드로 이주하며 더욱더 늘어갔다. 그전에 네덜란드까지 올 수 없었던 유대인들은 스페인에서 가까운 포르투갈에 정착했다. 그런데 펠리페 2세가 포르투갈의 왕이 되자 탄압을 두려워해 다시 네덜란드로 이민을 간 것이다. 종교가 다르다는 점 외에 유대인은 근면 성실하고 유능한 엘리트들이었다.

네덜란드는 유대인들이 마음껏 능력을 발휘할 수 있는 곳이었다. 자유를 찾아 뛰어난 사람들이 계속해서 밀려 들어왔다. 능력 있는 외부인을 받아들임으로써 네덜란드는 더 강해졌고, 종교가 다른 그들이 함께 지낼 수 있는 사회를 만들려고 노력하면서 더 열린사회가 되었다.

펠리페 2세는 이런 네덜란드를 그냥 두고 보지 않았다. 펠리페 2세가 네덜란드의 신교도를 탄압하기 위해 보낸 알바 공작의 스페인 군대는 표면적으로 네덜란드에서 이기고 있었다. 하지만 알바 공작의 공포정치와 제멋대로 날뛰는 스페인군을 보며 내부적으로 네덜란드인은 스페인과 함께 갈 수 없다고 확신하면서 독립의 의지를 불태웠다.

펠리페 2세도 알바 공작이 문제를 해결하기는커녕 오히려 더 키우고 있다고 생각했는지, 알바 공작을 1573년 루이스 데 레케센스 이 수니가Luis de Requesens y Zúñiga로 대체했다. 그는 펠리페 2세의 이복동생 돈 후안 데 아우스트리아의 가정교사였다. 루이스는 알바 공작보다 온건한 편이었다. 그는 신교를 인정하지는 않았지만 알바 공작처럼 강압적으로 네덜란드를 통치하지 않았다. 하지만 네덜란드는 알바 공작의 폭정으로 이미 독립심이 고취되어 있는 상황이었다. 게다가 이미 칼뱅파가 많이 퍼져 있었다. 루이스가 네덜란드를 다시 스페인으로 붙잡아 두는 일은 쉽지 않았다.

1573년 오라녜 공은 칼뱅교로 귀의하고 본격적으로 네덜란드 독립운동에 앞장섰다. 이때 스페인 쪽에 더 안 좋은 일이 발생했다. 루이스가 1576년 3월 5일 갑작스럽게 병사한 것이다. 펠리페 2세가 예상하지 못했던 일이었다. 펠리페 2세는 급히 이복동생 돈 후안 데 아우스트리아

알바 공작

안토니스 모르가 그린 알바 공작의 초상화.
알바 공작은 군사 분야에서는 탁월한 장군이었지만
그리 훌륭한 통치자는 아니었다. 그의 강압 정책으로 인해
네덜란드에서는 독립의 열의가 더욱 고취되었다.

Don Juan de Austria를 네덜란드 총독에 임명했으나 그가 부임하기까지 몇 달이 걸릴지 몰랐다.

이 시기 스페인군은 1년 가까이 급료를 받지 못하고 있었다. 돈을 벌기 위해 전쟁에 참전했던 군인들은 돈을 받지 못하게 되자 강도로 변했다. 스페인군은 1576년 11월 4일 앤트워프를 약탈했다. 앤트워프는 네덜란드의 문화와 경제의 중심지였다. 오랫동안 월급을 받지 못한 군인들은 돈을 못 준 스페인 당국의 복잡한 사정까지 헤아릴 마음의 여유가 남아 있지 않았다. 앤트워프에는 2만 명의 시민이 있었으나, 일반 시민들은 군인들의 총칼 앞에서 무력했다. 이 약탈로 도시 수비군 2,000명과 시민 5,000명이 사망했고, 시민들의 재산은 스페인 군인들에게 모두 빼앗겼다. 이 일이 있고 난 뒤 네덜란드에서 펠리페 2세의 명성은 땅에 떨어졌다. 네덜란드에 남아 있는 가톨릭교도들은 그래도 펠리페 2세에 대한 희망이 있었으나 스페인 군인들의 약탈을 보면서 희망을 버렸다. 네덜란드의 신교와 가톨릭 제후들은 1576년 11월 8일 간테에서 종교에 상관없이 힘을 합쳐 스페인군을 네덜란드 지방에서 몰아내기로 합의했다.

1577년에 도착한 돈 후안은 네덜란드인들과 협상을 했다. 하지만 둘의 차이는 좁히기가 어려웠다. 네덜란드인은 스페인군이 물러나길 바랐고, 스페인은 가톨릭교를 국교로 하고 그를 공식적인 총독으로 받아들일 것을 원했기 때문이다. 하지만 두 세력 모두 언제까지 싸울 수만은 없었다. 더군다나 네덜란드인은 네덜란드 땅에서 전쟁이 계속되는 한 혼란 속에서 살 수밖에 없었다. 결국 서로 전쟁을 멈추기 위해 스페인의 대표 돈 후안과 네덜란드의 대표 오라녜 공은 1577년 2월 7일 아래 사항에 합의했다.

- 네덜란드의 자유를 인정하고 대신 펠리페 2세를 왕으로, 돈 후안을 총독으로 인정한다.

- 네덜란드는 가톨릭교를 국교로 한다.
- 스페인, 이탈리아, 독일, 보르고뉴의 스페인군은 이 협약이 발효한 뒤 20일 안에 네덜란드 지역에서 모두 철수한다.
- 종교재판소를 없앤다.

이 협약에 사인한 오라녜 공은 돈 후안의 수행원 자격으로 함께 브뤼셀에 입성했다. 스페인군은 이탈리아로 철수했다. 하지만 한순간에 모든 문제가 싹 사라지지는 않았다. 신·구교 간의 갈등은 여전히 남아 있었다. 신교 세력이 강했던 홀랜드와 젤랜드 지역은 오라녜 공을 통치자로 받아들이며 가톨릭교로 돌아가기를 거부했다. 네덜란드의 앞날을 알수 없는 가운데 추가로 1578년 돈 후안이 발진티푸스로 사망하고 만다.

펠리페 2세는 파르마 공작인 알레한드로 파르네시오Alejandro Farnesio를 네덜란드 총독으로 임명했다. 그는 알바 공작이 오기 전에 네덜란드 총독이었던 마르가리타의 아들이었다. 그는 어머니가 네덜란드 총독으로 지낼 때 함께 네덜란드에서 머물렀기 때문에 아무래도 다른 총독보다 네덜란드의 상황을 잘 이해할 수 있었다. 하지만 네덜란드는 여전히 내부 갈등 중이었다. 펠리페 2세를 왕으로 인정하는 도시가 있는가 하면 오라녜 공을 군주로 인정하는 도시도 있었다. 전혀 다른 두 입장이라 하나가 될 수 없었다.

결국 네덜란드는 둘로 나뉘어 1579년에 펠리페 2세를 왕으로 인정하는 지역은 아라스 동맹을 결성했고, 며칠 지나지 않아 오라녜 공을 군주로 인정하는 도시는 위트레흐트 동맹을 결성했다. 두 진영은 계속해서 대립했고, 네덜란드의 긴장은 계속되었다.

1581년 3월 15일 펠리페 2세는 반란 진영의 리더인 오라녜 공을 공식적으로 반역자로 지목하고, 그를 인류의 적이라고 비난했다. 펠리페

2세는 오라녜 공을 산 채로 잡아 오거나 죽이는 이에게 귀족 지위를 주고 25,000코로나의 보상금을 주겠다고 선언했다. 이에 네덜란드 반란군 진영은 7월 26일 고국 포기 선언으로 맞섰다. 그 선언은 위트레흐트 동맹에 속한 지방이 더는 펠리페 2세에 충성하지 않겠다는 뜻이었다. 그이유는 아래 고국 포기 선언문에 잘 나타나 있다.

> 군주는 백성의 통치자로 신이 임명한 사람이며, 양치기가 양 떼를 보호하듯 압제와 폭력으로부터 그들을 보호해야 한다. 신은 민중을 군주의 노예로 창조한 것이 아니라, 군주를 신민을 위한 노예로 창조했다. 군주가 백성의 소망에 따르지 않으면 더는 군주가 아니라 압제자일 뿐이다.*

위트레흐트 동맹은 스페인의 지배에서 벗어나 네덜란드 공화국을 선포하며 독립을 선언했다. 하지만 펠리페 2세는 당연히 네덜란드 공화국을 인정하지 않았고, 전쟁은 계속되었다. 펠리페 2세는 죽기 전까지 서류에 파묻혀 열심히 일했지만 뛰어난 왕은 아니었다. 만약 펠리페 2세가 네덜란드에 자치권을 주고 종교의 자유를 인정하며 상업 활동에 대해 세금을 받았다면 어땠을까? 그리고 네덜란드 편에 서서 다른 나라의 침략을 보호해 주는 든든한 수호자를 자처했더라면? 그렇다면 스페인은 네덜란드에서 전쟁을 치르느라 국력을 소모할 필요도 없었을 테고 재정이 파탄날 일도 없었을 것이다. 네덜란드는 스페인에게 저주가 아니라 축복의 땅이었을 것이다. 하지만 스페인은 종교재판에서 보여 주듯 지나치게 가톨릭을 강요하여 사회에 다른 생각을 인정할 만한 틈이 없었다.

* 『전쟁 연대기』 2권. 조셉 커민스 지음, 김지원·김후 옮김, 니케북스, 2013

거대한 스페인을 몰락시킨 원인은 이교도를 인정할 수 없었던 스페인 내
부에 있었다.

앤트워프의 수난

반란군 지역은 프랑스 엔리케 2세의 아들 프란시스코 왕자를 네덜란드
의 왕으로 내세웠다. 왕이 되기 위해서는 혈통이 중요했기 때문에 네덜
란드 출신의 귀족을 왕으로 옹립할 생각은 하지 못했다. 게다가 프랑스
출신이 네덜란드의 새로운 왕이 되면 프랑스 군대의 도움을 빌려 펠리페
2세와 대적할 수 있다고 판단했다. 네덜란드인은 절대군주로 군림하려
는 펠리페 2세 때문에 반란을 일으킨 것이었기 때문에 프란시스코에게
는 네덜란드인의 자치와 자유를 인정해 주겠다는 약속을 받았다. 따라서
프란시스코 왕의 힘은 제한적이었다.

　그런데 프란시스코는 왕이 되기 위해 약속을 했을 뿐이었다. 왕이
된 후에는 금세 네덜란드인과 했던 약속을 잊어버렸다. 그는 1583년에
인구 10만의 대도시 앤트워프를 공격하여 손에 넣을 계획을 짰다. 반란
진영의 핵심인 앤트워프를 손에 넣으면 나머지 지역은 알아서 그의 명령
에 모두 복종할 것이라고 생각했다. 그는 앤트워프에 입성할 때 왕의 명
예를 위해 그의 군대가 함께 들어갈 수 있게 해 달라고 요청한 뒤 앤트워
프에 들어가면 무력을 동원해 도시를 손에 넣을 계략을 짰다.

　앤트워프는 예전에 스페인 군대에 약탈을 당한 경험이 있었다. 그래
서 프란시스코의 말을 쉽게 믿지 않고, 다른 계획이 있는지 알아보기 위
해 정보력을 총동원했다. 이를 통해 그들은 프란시스코가 앤트워프에 입
성한 후 군대로 도시를 점령할 계획이라는 정보를 얻었다. 앤트워프 사

람들은 프란시스코의 계략을 역이용하기로 했다. 앤트워프 수비군과 시민들은 프란시스코가 4,000명의 군인과 함께 앤트워프 안으로 들어오도록 내버려 두었다. 만약 앤트워프 사람들이 아무런 준비가 되지 않은 상태에서 프란시스코가 갑자기 공격했다면 앤트워프 사람들은 프란시스코에게 넋 놓고 당할 수밖에 없었을 것이다. 하지만 앤트워프 사람들은 이미 프란시스코의 생각을 꿰뚫고 있었기 때문에 그와 싸울 만반의 준비가 되어 있었다.

앤트워프 사람들은 프란시스코의 군대가 들어오자마자 성문을 닫았다. 그런 다음은 앤트워프 수비군과 시민들이 프란시스코의 군대를 둘러싸고 공격했다. 갑작스러운 공격에 프란시스코군은 1,500명이 사망했고, 프란시스코는 겨우 앤트워프를 탈출해 도망쳤다. 네덜란드인은 프란시스코와 프랑스 사람들을 네덜란드 땅에서 내쫓았다. 네덜란드인의 마음속에는 스페인이나 프랑스나 이제 다른 나라 출신의 왕은 받아들이지 않겠다는 생각이 자리 잡았다. 지금껏 다른 나라 출신의 왕은 네덜란드인을 착취하고 그 위에 군림하며 자유를 짓밟기만 했기 때문이다.

1584년 7월은 네덜란드 반란군 진영에 불운한 달이었다. 앞에서 언급했듯이 펠리페 2세는 오라녜 공을 인류의 적으로 규정하고 그의 목에 현상금을 걸어놓았다. 열혈 가톨릭교도들은 굳이 현상금이 아니더라도 신교의 우두머리인 그를 처단하려고 했다. 오라녜 공은 수많은 암살 시도에서 살아남았지만 1584년 7월 10일에는 그러지 못했다. 그는 암살자의 총격을 맞고 쓰러졌다. 죽기 전 의식이 남아 있을 때 오라녜 공은 다음과 같은 유언을 남겼다.

"신이시여, 제 영혼을 가엾게 여겨 주소서. 신이시여, 이 불쌍한 이들은 가엾게 여겨 주소서."

오라녜 공은 군주가 아닌 개인이 종교를 결정할 수 있다는 신념을 저버릴 수 없었다. 그가 네덜란드의 독립 전쟁을 주도하는 동안 그의 영지와 재산은 몰수되었고, 동생이 전투 중에 사망했으며 그의 아들은 스페인으로 납치되어 죽을 때까지 아들을 다시 보지 못했다. 만약 그가 펠리페 2세에 동조하여 신교 세력을 억압했더라면 그는 가족 모두와 영달을 누리며 행복하게 살 수 있었다. 하지만 그는 모든 것을 버리고 네덜란드 독립을 위해 평생을 노력했다. 이것이 바로 그가 네덜란드의 완전한 독립을 지켜보지 못하고 암살당했지만, 네덜란드의 건국 영웅으로 아직까지 칭송받는 이유다.

1584년 7월 오라녜 공의 죽음 말고 또 힘든 일은 앤트워프에 프랑스 군대가 물러가자 스페인 군대가 나타났다는 것이다. 파르마 공작이 이끄는 스페인군은 1584년 7월부터 앤트워프를 포위하기 시작했다. 반군 진영은 지도자인 오라녜 공이 목숨을 잃어 뒤숭숭한 상황이었지만 있는 힘껏 저항했다. 하지만 고립된 상황에서 계속 버틸 수는 없었다. 앤트워프는 1년을 버티다 1585년 8월 17일 항복했다.

앤트워프 사람들은 이후에 있을 일을 두려워했다. 과거에 알바 공작은 저항했던 도시를 점령하면 시민을 죽이고 약탈했기 때문이다. 하지만 네덜란드에서 지낸 경험이 있었던 파르마 공작의 처리 방식은 알바 공작과 사뭇 달랐다. 그는 스페인군의 약탈을 엄격하게 금지했다. 뿐만 아니라 도시 내 신교도들은 4년 안에 재산을 가지고 떠날 수 있도록 했다.

엘 에스코리알 궁전의 단출한 방에서 자려고 누웠던 펠리페 2세는 앤트워프의 함락 소식을 듣고는 침대에서 벌떡 일어나 이사벨 공주의 방으로 달려가 이렇게 소리쳤다고 한다. "앤트워프는 이제 우리의 것이야!"

앤트워프를 함락시키고 2주가 지난 1585년 9월에 스페인 군인들은 드디어 급료를 받았다. 군인 중에는 거의 3년간 급료를 지불받지 못한 경우도 있었다.

오렌지색이 네덜란드의 상징이 된 이유

네덜란드 축구팀이 등장할 때면 네덜란드 경기장에는 오렌지색이 물결친다. 그 이유는 무엇일까? 오렌지색이 바로 네덜란드의 건국 영웅 오라녜 공을 상징하는 색이기 때문이다. 오라녜 공의 출신 가문 오라녜가 영어로 하면 오렌지Orange이고, 오라녜 공은 네덜란드의 반군을 이끌 때 오렌지색, 하얀색, 파란색으로 이루어지는 깃발을 썼다. 그래서 오렌지색은 오라녜 공의 상징색이 되었다. 이 깃발은 1630년대까지 쓰이다가 나중에 오렌지색이 빨강색으로 바뀌었다. 바뀐 이유에 대해서는 여러 가지 설이 있으나, 가장 설득력 있는 이유는 바다에서 오렌지색과 파란색이 구별이 잘되지 않아 잘 보이도록 오렌지색을 빨강색으로 바꾸었다는 것이다.

미운 영국, 탐스러운 프랑스

펠리페 2세는 1585년부터 영국과도 전쟁을 벌였다. 영국과 전쟁을 벌인 이유는 크게 세 가지였다. 첫째, 영국이 네덜란드의 독립을 지지했기 때문이다. 영국은 네덜란드의 독립 세력과 경제 및 군사 동맹을 맺었다. 그러고는 스페인의 네덜란드 경제 봉쇄 정책을 무시하고 지속적인 교류를 했다. 두 번째는 해적 문제였다. 앤트워프의 약탈 사건은 1년 동안이나 급여를 받지 못한 군인들의 폭동이었다. 그런데 자꾸 급여가 밀렸던 이유는 군인들의 급여를 실은 스페인 선박을 영국 해적이 공격했기 때문이다. 엘리자베스 1세는 스페인을 견제하기 위해 해적 선장인 프랜시스 드레이크의 해적질을 용인하고 있었다. 펠리페 2세가 공식적으로 드레이크를 처형해 달라고 하자 엘리자베스는 이를 무시하고 드레이크에게 기사 작위를 수여했다.

여기까지는 스페인이 영국에 불만을 가졌던 이유라면 세 번째 이유는 엘리자베스 여왕이 스페인의 펠리페 2세에게 분노한 이유였다. 영국에서 가톨릭교도들은 엘리자베스 여왕을 암살할 계획을 꾸미고 있었다. 그들은 엘리자베스 여왕의 빈자리에 엘리자베스 여왕의 사촌이며 가톨릭교도인 메리 스튜어트를 앉히려고 했다. 독실한 가톨릭교도이며, 누구보다 엘리자베스 여왕을 증오했던 펠리페 2세는 영국 내의 가톨릭 세력을 지원했다. 하지만 엘리자베스 여왕의 신교 체제는 굳건했기에 가톨릭 세력은 반란에 성공하지 못했다. 반란군이 새 여왕으로 옹립하려던 메리 스튜어트는 18년 동안 유폐 생활을 하다 반역자로 1587년 참수당했다. 이러한 상황을 고려하면 스페인과 영국이 전쟁을 일으키지 않는 게 오히려 이상했다.

펠리페 2세가 엘리자베스 1세의 선왕인 메리 1세의 남편이었던 걸

고려하면 불과 몇 십 년 사이에 스페인과 영국의 관계는 극과 극으로 바뀐 셈이었다. 1588년 펠리페 2세는 무적함대를 조직하여 영국으로 출항시켰다. 무적함대의 목적은 네덜란드에 있는 스페인 육군을 영국의 본토로 상륙시키는 것이었다. 하지만 파르마 공작이 지휘하는 육군이 늦게 도착하고, 태풍이 부는 바람에 영국 본토 상륙 작전은 실패하고 말았다.

무적함대의 패배로 스페인이 완전히 무너진 것은 아니었다. 1597년 영국은 스페인의 코루냐 지방을 공격하지만 이번에는 영국 해군이 대패했다. 스페인과 영국은 승패를 주고받다 전쟁의 당사자였던 펠리페 2세와 엘리자베스 여왕이 모두 사망한 뒤인 1604년 런던 조약을 맺으며 전쟁을 끝냈다. 스페인은 무적함대의 패배 이후 영국에 점차 해상 지배권을 내주었다.

당시만 해도 영국과 스페인의 국력은 차이가 많이 나서 스페인이 앞서 있는 상황이었다. 그럼에도 영국이 스페인과 대등하게 싸울 수 있었던 이유는 엘리자베스 여왕이 성공적으로 인재를 등용했기 때문이다. 엘리자베스 여왕은 해적이라도 능력이 있다면 경쟁 세력을 견제하기 위해 중용했다. 스페인 선원들에게 악몽이었던 영국의 프랜시스 드레이크의 경우 본래 해적 출신이었다. 엘리자베스 여왕은 그의 능력을 알아보고 그가 정식으로 왕궁을 위해 일하도록 기사 작위까지 수여했다. 이는 스페인과는 정반대의 상황이었다.

스페인의 경우 순혈령으로 본인이 유대인이 아니더라도 선대에 유대인의 피가 섞였으면 아무리 뛰어난 인물이라도 높은 자리로 올라가는 데 한계가 있었다. 종교가 가톨릭이 아닌 경우에는 능력을 발휘할 기회조차 없이 종교재판소에 넘겨지는 경우가 많았다. 더욱이 인재를 등용하는 데 능력이 우선이 아니었다. 만약 스페인이 무적함대를 지휘하기로 했던 알바로 데 바산Álvaro de Bazán이 죽고 나서 경험이 별로 없는 메디나 시도니아Medina Sidonia가 아니라 신분이 낮더라도 영국 해협을 잘 알고 있는 인물에게 지휘를 맡겼다면, 그렇게 쉽게 해양 패권을 영국에게 넘겨주지는 않았을 것이다.

합스부르크 가문 출신답게 펠리페 2세의 욕심은 끝이 없었다. 1589년 8월 2일 프랑스의 앙리 3세Henri III가 암살당했다. 이미 포르투갈의 왕위까지 차지한 펠리페 2세였다. 그는 이 기회에 프랑스도 손에 넣고 싶었다. 앙리 3세에게는 뒤를 이를 후계자가 없었다. 전혀 가망성이 없는 생각은 아니었다. 펠리페 2세의 세 번째 부인이 프랑스 전왕이었던 앙리 2세Henri II의 딸이었기 때문이다. 펠리페 2세는 프랑스 왕의 후보로 세 번째 부인 이사벨 데 발로와Isabel de Valois 사이에서 낳은 딸 이사벨 클라라 에우헤니아Isabel Clara Eugenia를 밀었다. 펠리페 2세는 이사벨 데 발로와가 앙리 2세의 딸이니 그녀의 딸도 왕위 계승권이 있다고 주장했다. 프랑스 위그노 진영에서 추대하는 앙리 4세Henri IV는 프랑스 왕실과의 혈연관계만 놓고 봤을 때, 펠리페 2세의 딸보다 더 멀었다. 하지만 프랑스에는 여자는 왕위를 계승할 수 없다는 살리카 법이 있었다. 또한 프랑스 측에서는 이사벨 데 발로와가 스페인으로 시집을 갈 때 이미 프랑스 왕위 계승권은 포기했다고 주장했다.

당시 프랑스는 구교와 신교가 종교 전쟁을 하는 복잡한 상황이었다. 그런데 난데없이 펠리페 2세가 나타나 프랑스의 왕 자리에 자기 딸을 앉혀 스페인의 영향력을 확대하려 하자, 두 세력이 펠리페 2세에 맞서기 위해 하나가 되었다. 펠리페 2세는 딸 이사벨의 프랑스 왕위 계승권을 주장하여, 오히려 앙리 4세가 쉽게 프랑스 왕위에 오를 수 있도록 도움을 주었다.

모리스코 반란

선대 때부터 시작한 종교 개혁의 태풍 앞에서 펠리페 2세는 어떻게든 가톨릭을 지키려고 노력했다. 펠리페 2세는 종교재판으로 신교도와 가톨릭으로 개종하지 않은 유대인들을 축출해 냈다. 종교재판은 단순히 이교도뿐만 아니라 가톨릭의 교리에 반하는 책들의 반입을 금지해 스페인 내 신교의 확산을 막았다. 이 때문에 스페인은 신교로부터 가톨릭교를 지켜냈지만 그만큼 사상적으로 다른 유럽에 비해 뒤떨어졌고, 사회 분위기도 경직되었다.

모리스코는 무슬림 출신으로 가톨릭교로 개종하며 스페인에 사는 사람을 뜻한다. 16세기 중반 모리스코는 그라나다와 발렌시아 지역에서 그 수가 점점 늘어났다. 하지만 당시 스페인은 가톨릭교에서 갈라져 나온 신교도를 탄압하는 마당이었으니, 이교도였던 모리스코는 점점 더 스페인 사회에 걸리적거리는 존재가 되었다.

펠리페 2세가 처음부터 직접적으로 모리스코를 탄압한 것은 아니었다. 그라나다의 경우 비단을 만드는 일을 주로 모리스코가 담당했다. 펠리페 2세는 모리스코를 압박하기 위해 비단에 많은 세금을 물렸다. 이런 식으로 그는 모리스코가 주로 종사하는 산업에 과중한 세금을 부과하여 우회적으로 그들을 압박했다. 이는 예전에 이슬람이 이교도에게 세금을 부과하는 대신 그들의 종교를 유지할 수 있도록 하는 방식과 유사했다. 모리스코는 과중한 세금을 내는 대신 그들의 관습을 유지할 수 있었다. 개중에는 몰래 이슬람의 종교 의식을 거행하는 무리도 있었다.

16세기 중반에 이르러 펠리페 2세는 모리스코들을 더욱더 압박했다. 그 이유는 가톨릭의 수호자를 자처했던 스페인이 지중해의 패권을 두고 오스만 튀르크와 다투고 있었기 때문이다. 오스만 튀르크의 국교

알푸하라

모리스코들이 반란을 일으켰던 알푸하라 마을 전경.
시에라네바다 산맥에 있는 마을답게 경사지고 접근이 어려운
곳에 집들이 들어서 있다. 반란을 일으킨 모리스코들은
이곳에서 무슬림의 왕국을 꿈꿨다.

인 이슬람을 믿는 모리스코들은 전쟁으로 예민한 스페인 왕에게 적의 첩자처럼 보였다. 펠리페 2세의 눈에만 그렇게 보인 게 아니었다. 북아프리카 출신 해적들이나 오스만 튀르크의 해군이 스페인 해안가에 출몰하여 약탈하기도 했는데, 스페인 일반 사람들도 그 뒤에 모리스코가 있다고 믿었다. 사회적으로 모리스코를 배척하는 분위기가 팽배해지자 펠리페 2세는 1567년 다음과 같은 왕령을 발표했다.

- 모리스코는 3년 안에 스페인어를 의무적으로 배워야 한다.
- 공공장소뿐 아니라 집 안에서도 아랍어로 말하고, 쓰고, 읽는 것을 금지한다.
- 무슬림식으로 옷을 입는 것을 금지한다.
- 의무적으로 아랍식 성을 스페인식으로 바꾼다.
- 목욕탕에서 이슬람 의식을 거행하는 것을 금지한다.

모리스코들은 세금을 더 내겠다며, 대신 그들의 언어와 전통을 이어 갈 수 있게 해 달라고 제안했다. 하지만 펠리페 2세는 냉정히 거절했다. 그 결과 모리스코와 펠리페 2세의 갈등은 커졌고, 마침내 1568년 그라나다 시에라네바다 산맥에 있는 알푸하라에서 모리스코의 반란이 일어났다. 그라나다에서 반란을 일으킨 모리스코의 목표는 다시 그라나다를 탈환해 예전의 나사리 왕국처럼 무슬림들의 왕국을 세우는 것이었다.

펠리페 2세는 이 반란을 쉽게 진압할 줄 알았지만, 모리스코는 산악 지형을 이용하여 펠리페 2세를 괴롭혔다. 펠리페 2세는 플란데스에 있던 스페인 정예 병력의 일부를 빼서 반란을 진압할 수밖에 없었다. 모리스코 반란은 진압까지 2년이나 걸렸다. 그동안 수많은 모리스코가 전투 중에 죽었다. 펠리페 2세는 살아남은 모리스코를 스페인의 다른 지역으로 강제 이주시켰다. 그라나다에서 모리스코 반란으로 모리스코가 줄어들자 가톨릭교도가 그 자리를 대신했다. 하지만 그라나다에 살았던 모리스코가 3만 명이나 되었기 때문에, 그 빈자리를 완전히 채울 수는 없었다.

펠리페 2세가 점찍었던 후계자 루돌프 2세

오스트리아 합스부르크 왕가의 신성로마제국 황제 루돌프 2세Rudolf II는 1564년부터 1570년까지 어린 시절을 스페인에서 보냈다. 신성로마제국 황제의 아들이 스페인에서 교육을 받은 이유는 무엇일까? 이에 대해 체코 출신의 역사학자 야로슬라프 파네크Jaroslav Pánek는 다음과 같이 말한 바 있다.

"합스부르크 왕가는 스페인 계열과 오스트리아 계열로 나뉘어 있었지만, 그 둘은 긴밀한 관계를 유지했다. 합스부르크 왕가의 수장은 펠리페 2세였다. 그는 합스부르크 왕가가 가톨릭의 보호자가 되어야 한다고 믿었다. 그런데 신성로마제국 황제이자 루돌프 2세의 아버지인 막시밀리안 2세Maximilian II는 펠리페 2세처럼 신교를 박해하지 않고 용인했다. 펠리페 2세는 오스트리아 합스부르크 왕가의 황제가 될 루돌프 2세가 독실한 가톨릭교도가 될 수 있도록 그를 스페인으로 데려와 교육을 시켰다."

펠리페 2세가 루돌프 2세를 스페인으로 부른 데에는 다른 이유도 있었다. 펠리페 2세는 자신의 아들 카를로스는 정신 상태가 이상해서 스페인, 네덜란드, 이탈리아 일부, 아메리카 대륙에 이르는 거대한 왕국을 통치하기가 어렵다고 판단했다. 하지만 펠리페 2세에게는 카를로스 외에는 마땅한 후계자가 없었다. 펠리페 2세는 또 다른 아들을 얻지 못하고 죽을 경우 왕위를 루돌프 2세에게 넘겨줄 계획이었다. 그러므로 펠리페 2세는 루돌프 2세가 스페인의 왕이 될 경우를 대비해 스페인에서 교육을 받아야 한다고 생각했다. 막시밀리안 2세 입장에서는 아들이 유럽 최강대국 스페인의 수도 마드리드에 유학을 하고 거기다 아들이 미래에 스페인의 왕이 될 수도 있다고 하니 펠리페 2세의 제안을 거절할 이유가 없었다. 루돌프 2세가 스페인의 왕이 된다면 막시밀리안 2세에게 그보다 더 큰 영광은 없었다.

펠리페 2세는 조카인 루돌프 2세를 아꼈다. 내성적이고 예술품 감상이 취미였던 두 사람은 어딘가 통하는 면이 있었다. 루돌프 2세가 마드리드에 있을 때 펠리페 2세는 큰 아픔을 겪었다. 그의 세 번째 왕비 이사벨 데 발로와가 죽은 것이었다. 펠리페 2세의 첫 번째, 두 번째 부인은 사랑 때문이 아니라 국가를 위해 억지로 맞이한 것이었다. 그런데 세 번째 부인인 이사벨 데 발로와만큼은 진심으로 사랑했다. 그녀가 죽은 후 펠리페 2세는 루돌프 2세가 그 시신을 지키도록 했다. 이는 펠리페 2세가 루돌프 2세를 얼마나 믿고 아끼는지 보여 준 행동이었다.

펠리페 2세가 루돌프 2세에게 보인 호의는 이뿐만이 아니었다. 그는 루돌프 2세에게 자신이 가장 아끼는 딸이자 이사벨 데 발로와가 낳은 이사벨 클라라 에우헤니아와 결혼할 것을 권했다. 그녀는 펠리페 2세가 자기 일을 돕도록 허락한 유일한 자식이었다. 앤트워프 함락 소식을 들었을 때 펠리페 2세가 제일 먼저 뛰어가 기쁜 소식을 전한 사람도 바로 그녀였다. 그런데 루돌프 2세는 다른 일들은 펠리페 2세의 말을 들었지만 결혼만은 거부했다. 펠리페 2세는 포기하지 않았다. 펠리페 2세는 만약 자신이 아들을 낳지 못하면 루돌프 2세가 스페인의 왕이 되고 그가 가장 아끼는 딸이 왕비가 되어 자식을 낳아 계속 합스부르크 가문이 스페인을 통치하기를 바랐다. 펠리페 2세는 지속적으로 루돌프 2세와 딸의 결혼을 추진했다. 그는 루돌프 2세가 자신의 마음을 헤아리고 혼담을 받아들이기를 바랐다. 그러다 시간은 20년이 흘렀다. 20년간 지속된 혼담 뒤에 루돌프 2세는 돌연 누구와도 결혼하지 않겠다고 선언했다. 펠리페 2세는 결국 딸과 루돌프 2세의 혼인 계획을 포기하고 딸과 루돌프 2세의 동생 알베르토와 결혼을 추진했다.

펠리페 2세만 루돌프 2세를 아낀 것은 아니었다. 루돌프 2세도 삼촌 펠리페 2세를 존경하고 좋아했다. 펠리페 2세의 세 번째 부인 이사벨 데 발로와가 죽고 난 뒤, 루돌프 2세는 누나인 아나 데 오스트리아와 펠리페 2세의 결혼을 지지했다. 펠리페 2세와 아나 데 오스트리아는 1570년 5월 4일 프라하 성에서 결혼식을 올렸다.

스페인과 유럽의 핵심 도시 마드리드에서 지낸 경험이 어린 루돌프 2세에게 마냥 좋은 것만은 아니었다. 어렸을 때 부모로부터 떨어져 지내면서 루돌프 2세는 정서적인 불안을 겪었다. 펠리페 2세가 아무리 그를 챙겨 주었다고 하더라도 부모가 줄 수 있는 사랑을 줄 수는 없었다. 또 다른 문제는 루돌프 2세가 스페인 마드리드에서 예수회가 주관하는 교육을 받다 보니 보수적인 가톨릭교도가 되었다는 점이다. 스페인의 왕이라면 가톨릭의 수호자가 되는 것이 좋은 일이었지만 루돌프 2세는 신교와 가톨릭이 공존하는 차기 신성로마제국의 황제가 될 인물이었다. 신성로마제국 내에서는 가톨릭교, 루터교, 칼뱅교 등 세 종교가 화합하지 못하고 갈등을 겪고 있었다. 신성로마제국의 황제는 적절히 상황에 맞게 서로 다른 종교를 용인할 줄 알아야 했다. 어느 한쪽 편을 들거나, 한 종교를 강요하고 탄압하면 다른 종교의 신도들이 불만을 가지고 반란을 일으킬 가능성이 높았다. 그 부분에서 펠리페 2세의 마음에 들지는 않았지만, 루돌프 2세의 아버지인 막시밀리안 2세는 대처를 잘했다. 막시밀리안 2세는 신교에 대해서 너그러운 편이었고, 신교와 구교를 잘 중재하여 큰 문제없이 신성로마제국을 이끌었다.

1576년 막시밀리안 2세가 죽고 난 뒤 루돌프 2세는 신성로마제국의 황제가 되고, 헝가리와 보헤미아의 왕이 되었다. 황제가 된 루돌프 2세는 아버지와 여러 면에서 달랐다. 루돌프 2세는 스페인에서 어린 시절부터 보수적인 가톨릭 성향의 예수회의 교육을 받아 가톨릭교에 대한 신앙심이 투철했다. 그는 즉위하자마자 신성로마제국에 예수회가 들어오도록 했고, 가톨릭교를 신성로마제국의 유일한 종교로 삼기 위해 노력했다. 이는 펠리페 2세가 스페인과 네덜란드에서 통치하던 방식과 비슷했다.

펠리페 2세 시기 스페인이 네덜란드에서 종교 문제로 갈등을 겪었듯이 루돌프 2세의 신성로마제국은 보헤미아 지역에서 갈등을 겪었다. 신교 세력이 컸던 보헤미아의 경우 막시밀리안 2세 때는 큰 문제가 없었다. 하지만 루돌프 2세가 가톨릭교를 강요하자, 신교 출신의 귀족들은 불만이 점점 더 쌓였다. 신구교 간에 서로 좁힐 수 없는 입장 차이는 점점 커져서 결국 17세기 유럽을 휩쓸었던 30년 전쟁의 원인이 되었다.

루돌프 2세가 보수적인 가톨릭교도라는 점은 펠리페 2세와 비슷했지만 펠리페 2세에 비하면 통치에 대한 열정은 매우 부족했다. 루돌프 2세는 정사를 모두 친척과 신하들에게 맡겨 두고 연금술과 미술품 수집에 몰두했다. 심지어 그는 1583년에 신성로마제국의 수도 격인 빈을 떠나 프라하에 자리 잡았다. 표면상의 이유는 오스만 튀르크가 빈을 위협하기 때문이었지만 실제로는 빈을 떠나 프라하에 그의 거대한 은신처를 만들기 위해서였다.

루돌프 2세는 열 살 때 처음으로 프라하를 보자마자 그 도시에 반했다. 그는 프라하 성에서 화려한 색으로 치장한 집들이 옹기종기 모여 있는 풍경을 바라보는 것을 좋아했다. 그의 눈에는 자신이 태어났던 빈보다 프라하가 훨씬 더 아름답고 신비로웠다. 프라하에 사는 것이 어렸을 적부터 그의 소망이었다.

루돌프 2세는 소원대로 프라하에 머물며 프라하 성을 멋지게 꾸미기 시작했다. 펠리페 2세 시절 마드리드는 유럽 최고 수준의 문화를 향유했다. 마드리드에서 지내면서 루돌프 2세는 선진 문화를 접하며 예술을 보는 눈을 키웠다. 루돌프 2세는 미술품, 신기한 물건 수집에 광적이었다. 어느 정도였느냐면, 펠리페 2세가 헝가리와 전쟁을 하고 있는 루돌프 2세를 위해 전쟁 자금을 보내 주었는데, 그 돈으로 그의 왕관을 장식할 보석을 사는 데 써 버릴 정도였다. 루돌프 2세는 당대 유럽 최고로 꼽히는 3,000여 점의 예술품을 프라하 성에 두었다. 추가로 그는 전 세계에서 이국적인 식물, 진귀한 광물, 기계 장치, 이른바 거인의 뼈 등등 별의별 신기한 물건을 수집했다. 시간이 지나면서 루돌프 2세의 프라하 성은 국립 박물관과 미술관을 방불케 했다. 그의 궁정에는 예술가뿐만 아니라 케플러 같은 천문학자, 점성술사, 연금술사, 흑마술사 등이 출입했다. 프라하 성에 있는 연금술사의 길은 루돌프 2세가 초빙한 이들이 지내던 곳에서 유래했다. 루돌프 2세는 연금술과 흑마법에도 관심이 있었다. 루돌프 2세가 교류한 인물 중에는 노스트라다무스도 있었다. 루돌프 2세의 특이한 점은 또 있었다. 합스부르크 가문 출신의 왕들은 어떻게든 왕자를 얻기 위해 근친 간의 결혼도 불사했는데, 루돌프 2세는 결혼에 관심이 없었고, 아들을 낳아 황제 자리를 물려주는 일에도 신경을 쓰지 않았다.

2. 아버지가 신을 원망하게 만든 펠리페 3세

펠리페 2세는 열심히 일하는 군주의 전형이었다. 루돌프 2세가 이처럼 수집에 열중하는 동안 한 시대를 풍미했던 펠리페 2세도 결국 죽고 말았다. 펠리페 2세는 평생 춤이나 술, 파티 등을 좋아하지 않았다. 그의 취미는 책을 읽고 미술품, 시계, 무기, 특이한 물건 등을 모으는 일이었다. 그는 건축물과 정원에도 관심이 많았다. 또한 부인과 친밀하게 지내지 않았고 거리를 두는 편이었으며 금요일, 토요일, 종교 축제 전날에는 혼자 저녁을 먹을 정도였다. 펠리페 2세는 스페인의 왕이 된 후에 나라 걱정으로 쉴 새가 없었다. 그는 통치하는 곳에서 일어나는 모든 일을 알고 싶어 했다. 일 중독자였던 펠리페 2세는 아침 일찍 기상해서 점심때까지 수많은 보고서를 검토하고 결재했다. 점심 식사 시간은 늘 일정했다. 그 시간이 되면 펠리페 2세는 매일매일 같은 접시에 담겨 나오는 같은 음식을 먹었다. 식사 시간 이후 그는 왕을 기다리는 서류에 서명하고 일주일에 3~4번은 사냥을 나갔다. 가족과 거리를 두고 일을 열심히 하는 것 때문에 펠리페 2세는 차갑고 감수성이 없는 사람으로 보였다.

　펠리페 2세의 건강은 1592년부터 급격히 악화되었다. 그는 평생 고기 위주로 식사했다. 그래서 말년에 통풍을 앓았다. 통풍이 점점 심해져서 나중에는 고통으로 눕지도 못했고, 앉을 수도 없었다. 궁정 의사와 목수는 펠리페 2세가 고통을 느끼지 않고 쉴 수 있는 의자를 특별 제작했다. 그 후 펠리페 2세는 겨우 그 의자에만 앉아서 쉴 수 있었다. 해가 지지 않는 나라의 왕이었지만 꺼져 가는 생명의 불꽃까지 어찌할 수는 없었다. 그는 점점 더 쇠약해졌고 그의 얼굴에는 죽음의 기운이 드리워졌다. 그를 진찰하던 궁정 의사는 1598년 9월 8일에 자칫 잘못해서 성체가 목에 걸려 죽을 것을 염려해 미사 때 성체를 모시는 것까지 금지했다. 너무나도 쇠약해져서 밀가루로 만든 얇은 성체를 삼키지 못할 정도였던 것이다. 결국 펠리페 2세는 9월 13일 엘 에스코리알에서 71세의 나이로 사망했다. 그의 시신은 그가 만든 엘 에스코리알에 묻혔다. 그는 생전에 신이 자신에게 넓은 왕국을 주셨지만, 그 왕국을 다스릴 아들은 주지 않으셨다고 한탄했다. 그 말대로 펠리페 2세는 자식 복이 없었다. 만약 그가 정식 왕비로부터 아들을 얻지 못했다면 왕위는 신성로마제국 황제 루돌프 2세에게 넘어갔겠지만 다행히도 펠리페 2세에게는 네 번째 결혼에서 얻은 아들 펠리페가 있었다. 펠리페 왕자는 열정적인 아버지와 달리 정치에 별 관심이 없는 평범한 아이였다. 딱 잘라 말해서 왕이 될 재목은 아니었다. 그저 겁 많고 놀기를 좋아하는 보통 사내아이였다.

　펠리페 3세Felipe III가 어린 시절 친하게 지내던 사람 중에는 시종이었던 프란시스코 고메스 데 산도발Francisco Gómez de Sandoval도 있었다. 프란시스코 고메스는 후에 레르마 공작이 되는 인물이다. 프란시스코 고메스는 펠리페 3세가 즉위하기 전에 어린 시절부터 친분을 쌓으며 스페인 제일의 권력자가 되겠다는 계획을 하나하나 실행해 나갔다. 펠리페 3세는 그가 좋은 사람인지 나쁜 사람인지도 모르고 그를 믿고 따랐다. 하지만 그는 펠리페 2세의 눈은 속이지 못했다. 펠리페 2세는 프란시스코 고메스의 눈에서 가식적이고 탐욕으로 가득 찬 늑대를 보았다.

펠리페 2세는 아들에게 프란시스코 고메스를 멀리하라고 충고했다. 동시에 프란시스코 고메스를 마드리드에서 쫓아냈다. 하지만 자식 이기는 부모 없다는 말이 펠리페 2세에게도 딱 들어맞았다. 펠리페 3세는 프란시스코 고메스에게 이미 푹 빠져서 그가 다시 마드리드로 돌아오자마자 프란시스코 고메스를 불러 회포를 풀었다.

잔소리하던 아버지가 죽고 왕이 된 펠리페 3세는 왕이 누리는 특권은 좋았지만 복잡하고 골치 아픈 정치는 질색이었다. 그는 그냥 걱정 없이 놀고만 싶었다. 많은 직장인의 꿈은 로또에 당첨되어 직장을 그만두고 취미 생활을 하거나 여행을 다니며 사는 것이다. 펠리페 3세 역시 다르지 않았다. 단지 그가 평범한 직장인과 달랐던 점은 그 꿈을 실제로 이루었다는 것이다.

펠리페 3세에 대해서는 "인생의 절반을 기도하는 데에 나머지 절반은 파티하고 노는 데 써 버렸다"라는 평이 있는데 그 말이 딱 들어맞았다. 펠리페 3세는 복잡한 일은 모두 프란시스코 고메스에게 맡기고 인생을 즐겼다. 모든 궂은일은 도맡아 하며 신분 상승을 꿈꾸던 프란시스코 고메스는 펠리페 3세에게 딱 맞는 인물이었다.

펠리페 3세 즉위 후 프란시스코 고메스는 무서울 것이 없는 궁정 일인자로 올라섰다. 레르마 공작이 된 그는 점점 궁정에서 장악력을 넓혀 갔다. 나중에는 펠리페 3세에게 가는 모든 보고서가 그를 통해서 들어갔다. 당연히 레르마 공작에게 불리한 사안들은 펠리페 3세의 귀에 들어가지 않았다. 펠리페 2세 시절만 해도 귀족들은 궁정에서 큰 힘을 쓰지 못했다. 그런데 펠리페 3세는 아버지와 달리 정치 능력이 뒤떨어졌고 정치에 큰 관심도 없었기 때문에 정치를 대신해 줄 사람, 섭정이 필요했다. 권력을 휘두르고 싶던 레르마 공작과 누군가 대신해서 나라를 통치해 주었으면 하고 바라던 펠리페 3세는 서로에게 딱 필요한 사람이었다.

현재를 즐기자는 자세는 펠리페 3세가 왕이 아니었더라면 괜찮았을 것이다. 하지만 그는 광대한 영토에 막대한 영향력을 가진 왕이었다. 그가 나랏일을 외면하자 신하들도 나랏일을 뒷전으로 내팽개치고 자신들의 이권을 챙기느라 바빴다. 펠리페 3세가 100퍼센트 신임했던 권력 서열 1위인 레르마 공작은 부정부패 서열에서도 1등이었다.

1601년 레르마 공작은 바야돌리드 귀족의 뇌물을 받고 멀쩡한 마드리드 궁정을 바야돌리드로 옮겼다. 그는 궁전을 옮기기 전 바야돌리드 땅값이 올라갈 것을 알고 미리 몇 달 전에 땅을 사 놓았다. 바야돌리드에 궁정이 들어간다고 하니 당연히 그가 사 놓은 땅값은 올라갔고, 레르마 공작은 여기서 막대한 이익을 취했다. 그런데 여기서 끝이 아니었다. 그는 그 돈으로 궁정이 옮겨 가면서 내려간 마드리드의 건물과 땅을 사들였다. 사람들은 레르마 공작이 이미 한물간 도시에 투자하니 어리석다고 비웃었다. 레르마 공작은 뒤돌아 웃었다. 왜냐하면 1606년 다시 마드리드로 궁정을 옮겨 버렸기 때문이다. 마드리드로 궁정이 다시 돌아온다고 하니 이번에는 마드리드의 부동산 가격이 폭등했다. 알토란 같은 건물이며 땅은 모두 레르마 공작의 소유였다. 그는 건물과 땅을 엄청난 차익을 덧붙여 비싼 값에 펠리페 3세에게 팔았다. 이로써 레르마 공작의 재산은 끊임없이 불어났다.

스페인 역사학자들의 대체적인 의견은 레르마 공작이 마드리드에서 바야돌리드로 아예 궁정을 옮길 계획은 아니었다는 것이다. 레르마 공작이 결국 궁정을 옮겼던 이유는 그의 사리사욕을 채우기 위해서였다.

펠리페 3세

후안 판토야 데 라 크루스(Juan Pantoja de la Cruz)가 그린
펠리페 3세 초상화. 프라도 국립 박물관 소장.
펠리페 3세는 현재를 즐기자는 자세로 정치에 관심이 없었다.
그의 통치 시기는 곧 레르마 공작의 통치 시기이기도 했다.

팍스 히스파니카

팍스 히스파니카Pax hispánica는 1598년부터 1621년까지 펠리페 3세가 통치했던 시기를 말한다. 팍스 히스파니카는 팍스 로마나Pax Romana에서 나온 말이다. 팍스 히스파니카를 연 펠리페 3세 시기에는 스페인의 대외 정책에 변화가 있었다. 펠리페 3세의 판단인지 레르마 공작의 판단인지 정확하지는 않지만, 이 시기의 스페인은 아우구스투스 황제처럼 통치 지역을 늘리는 것보다는 지키는 것에 중점을 두었다. 스페인은 군사적 충돌을 줄이기 위해 경쟁 관계에 있었던 프랑스, 영국과 평화 협정을 맺었다.

네덜란드와의 관계에도 변화가 있었다. 1598년 펠리페 2세는 네덜란드를 자신의 조카인 알베르토와 결혼하는 딸 이사벨 클라라 에우헤니아에게 지참금으로 주었다. 그리고 둘을 네덜란드의 공동 통치자로 임명했다. 펠리페 2세는 그 둘이 통치하면 네덜란드 반란의 문제를 해결할 수 있다고 믿었다. 하지만 네덜란드의 분쟁은 끊이지 않았고, 스페인군은 네덜란드 지역에서 머물며 작전을 수행해야만 했다. 펠리페 2세의 뒤를 이은 펠리페 3세는 네덜란드의 분쟁을 끝낼 수 없다면 중지하기라도 원했다. 재정 수입보다 군사비 지출이 너무 많아 재정이 파탄 나기 일보 직전이었기 때문이다. 그리고 마침내 스페인은 1609년 16세기 말 종교 갈등으로 시작해 독립을 위해 무장투쟁을 벌이던 네덜란드 반군과 휴전 협정을 체결했다. 이 휴전 협정은 1621년까지 두 나라에 평화를 가져다 주었다.

팍스 로마나라고 해서 그 시기에 전쟁이 한 번도 없었던 건 아니다. 마찬가지로 팍스 히스파니카 시기에도 160여 회의 적지 않은 전투가 있었다. 하지만 카를로스 1세와 펠리페 2세 때를 생각하면 오랜만에 찾아온 평화로운 시절이었다. 사실 카를로스 1세 때부터 매일매일 전쟁이 있었기 때문에, 펠리페 3세 시기에는 전쟁을 수행할 자원이 부족하기도 했다. 어쩔 수 없는 선택이었다 하더라도 펠리페 2세처럼 빚을 내어 소득 없는 전쟁으로 국력을 낭비하는 것보다 주변국과 평화를 유지하는 편이 스페인에는 여러모로 더 이득이었다.

팍스 히스파니카 시기는 모리스코들에게는 전혀 평화롭지 못한 시기였다. 이 시기 모리스코 추방이 진행됐기 때문이다. 모리스코는 가톨릭교로 개종했다고는 하지만 실제로는 이슬람교도로 살아가는 경우가 있었기에 가톨릭 성직자는 모리스코들에 대한 시선이 곱지 않았다. 1567년 펠리페 2세는 모리스코가 쓰는 말, 입는 옷, 전통 행사 등을 금지하자 모리스코는 이에 반발하여 반란을 일으켰다. 1570년 그라나다에서 반란이 진압된 이후 모리스코는 스페인식으로 살 것을 강요받았지만 쫓겨나지는 않았다.

하지만 종교재판이 횡행할 만큼 보수적인 스페인의 가톨릭 세력은 여전히 모리스코를 사회악으로 보았다. 그럼에도 딱히 모리스코를 스페인에서 몰아낼 방도가 없었다. 1609년 레르마 공작은 과감히 1610년과 1614년 사이 스페인에 있던 모리스코를 모두 추방했다. 이때 추방된 모리스코는 30만 명에 이르렀다. 레르마 공작이 나서서 모리스코 추방에 앞장서자 가톨릭 성직자 사이에서 그의 위상이 높아졌다. 레르마 공작은 모리스코들을 내쫓고 난 뒤 그들이 남기고 간 재산을 국고로 환수했다.

당시 17세기에는 전 유럽의 상황이 나빴기 때문에 모리스코 추방의 타이밍도 좋지 않았다. 흑사병이 돌아 많은 사람들이 죽어 나갔고, 흉년으로 먹을 것이 부족했다. 거기에 최초의 국제전이라 할 수 있는 30년 전쟁이 발발하면서 상황은 최악으로 치달았다. 스페인도 예외는 아니었다. 흑사병, 흉년, 전쟁 등이 겹치며 스페인 인구가 줄면서 상업 거래와 생산량도 축소되었다. 1600년에 스페인 인구는 약 8백만 명이었는데,

발렌시아에서 승선하는 모리스코들
레르마 공작의 주도로 1610년부터 많은 모리스코가
스페인에서 추방당했다. 이들은 북아프리카로 이동했는데
하루아침에 생활 터전을 잃은 탓에 상당수가 해적이 되어
다시 스페인을 공격하기에 이른다.

1700년에는 7백만 명으로 백만 명 정도 감소했다. 게다가 전쟁, 전염병 외에 스페인 본토에서 신대륙으로 주민들이 많이 이주했다. 인구가 줄어 드는 시점에 모리스코를 추방하자 스페인 경제는 타격을 입었다.

제일 큰 피해는 농촌에서 나타났다. 모리스코는 주로 농촌에서 힘든 일을 하며 살아가고 있었다. 모리스코가 추방당해 스페인을 떠나자 대체 인력을 구할 수 없었던 농촌 경제는 파탄이 났다. 인구가 줄어들어 작물 을 기르고 가축을 돌볼 사람이 없었다. 거기다 17세기 초중반에는 포르 투갈과 카탈루냐에서 반란이 일어나면서 많은 농경지와 목초지도 파괴 되었다. 경기가 좋지 않아서 농산물과 가축을 거래하기도 어려웠다.

추방된 모리스코도 문제였다. 하루아침에 생활 터전을 잃은 이들은 북아프리카 지방에 정착했지만 살길이 막막했다. 마땅한 일을 찾지 못한 일부 모리스코는 해적이 되어 스페인 선박을 공격하거나, 지리를 잘 안 다는 이점을 이용하여 스페인 해안가의 마을을 약탈했다.

그 아버지에 그 아들

각종 비리를 저지르며 레르마 공작의 재산은 계속 늘어났다. 레르마 공 작은 펠리페 3세 시기에 제일 바쁘고 잘 나가는 사람이었다. 하지만 그 도 한 가정의 가장이었다. 사회에서 잘 나가는 아버지는 가정에 소홀하 기 쉽고 자식 교육에 신경을 쓰기 어렵다. 레르마 공작도 바빠서 가정을 잘 돌보지 못했던 것일까? 레르마 공작의 권력이 약해지자, 그를 비난하 며 그의 자리를 노리는 세력이 나타났다.

그 세력의 우두머리는 다름 아닌, 그의 아들 크리스토발Cristóbal이었 다. 크리스토발은 '우세다'라는 지역을 사서 '우세다 백작'이라 불리기도

했다. 그는 아버지 덕분에 가문이 몰락할까 봐 걱정했다. 아버지는 가문을 살리기 위해 밤낮으로 왕의 비위를 맞추느라 고생했지만 아들은 레르마 공작이 일군 가문의 명예와 부를 당연한 것으로 생각했다. 아들의 유일한 걱정은 아버지가 저지른 비리가 밝혀져 가문과 자신이 피해를 보는 것이었다.

아버지를 끌어내리기 위해 아들이 찾은 파트너는 수니가 가문의 발타사르였다. 수니가 가문은 스페인에서 명문 가문으로 큰 세력을 떨쳤다. 그 가문의 발타사르는 무적함대의 해군으로 복무 당시 영국과 싸우고 스페인에 돌아와 상승 가도를 달리고 있었다. 우세다 공작은 발타사르와 힘을 합쳐 레르마 공작에게 대항했다.

레르마 공작은 눈치가 빨랐다. 뭔가 일이 심상치 않게 돌아가고 있었다. 그는 권력을 믿고 크고 작은 비리를 수없이 저질렀다. 하지만 레르마 공작은 권력이 영원할 것이라고 믿을 정도로 우둔하지 않았다. 그는 나중에 자신이 권좌에서 내려왔을 때 살 궁리를 이미 마련해 두었다. 레르마 공작은 모리스코 추방에 앞장섰기 때문에 가톨릭 성직자들의 호의를 사고 있었다. 그는 성직자들의 지지를 받아 추기경의 자리에 올랐다. 이는 결과적으로 레르마 공작이 한 일 가운데 가장 잘한 일이었다. 레르마 공작은 1618년 그의 아들과 발타사르에 의해 공직에서 쫓겨났고 그의 측근은 수많은 비리가 밝혀져 교수형에 처해졌다. 하지만 레르마 공작만은 예외였다. 사람들은 만약 레르마 공작이 추기경이 아니었다면 그역시 교수형 당했을 것이라고 비웃었다.

우세다 백작은 아버지 대신 왕의 총신이 되어 권력을 휘둘렀다. 하지만 그 기간은 그리 길지 못했다. 1621년 펠리페 3세가 죽고 펠리페 4세Felipe IV가 즉위하면서 우세다 공작은 힘을 잃었다. 펠리페 4세 역시 아버지 펠리페 3세처럼 정치에 관심이 없어서 직접 나라를 통치하지 않고 섭정을 두었다. 펠리페 4세에게도 펠리페 3세의 레르마 공작 같은 이가 있었으니 바로 올리바레스Olivares 대공이었다.

펠리페 4세가 왕이 되면서 일인자가 된 올리바레스 대공은 우선 우세다 백작을 쫓아냈다. 우세다 공작은 가문을 지키기 위해 아버지를 배신했지만 그의 최후는 비참했다. 그는 모든 재산을 빼앗긴 채 차갑고 좁은 감옥에서 생을 마감했다.

그동안 펠리페 3세는 무능력한 왕으로 알려져 있었다. 하지만 펠리페 3세가 그저 나쁜 왕이기만 했을까? 스페인의 지배 영토로만 본다면 펠리페 3세 시기와 펠리페 2세 시기의 지역이 크게 다를 바 없다. 펠리페 3세가 레르마 공작에게 통치를 일임하고 그가 부패를 일삼도록 한 것은 비판받을 만한 일이다. 경제가 파탄이 날 때까지 수습하지 못한 것도 비난받아 마땅하다. 그러나 국가의 지출이 급격히 늘어나기 시작한 것은 카를로스 1세의 대외 확장 정책 때문이었고, 펠리페 2세도 왕위를 물려받자마자 경제적 어려움에 직면했다. 펠리페 3세가 왕위를 물려받을 때 스페인의 경제 상황은 펠리페 2세가 스페인을 물려받을 때보다 더 심각했다. 따라서 주변 다른 나라와의 평화 정책을 추구했던 펠리페 3세의 조치는 나름 현명한 결정이었다.

3. 바람둥이 왕과 단추 제조자의 길

펠리페 3세가 죽고 왕위에 오른 펠리페 4세는 곧장 올리바레스 대공에게 전권을 위임했다. 올리바레스는 레르마에 비하면 훨씬 능력이 뛰어난 인물이었다. 그는 외삼촌 발타사르 수니가와 함께 국가의 발전을 위해 노력했다. 올리바레스 대공은 먼저 국가의 기강을 바로 세우기 위해 공직을 매매하는 행위와 공직자의 부정부패와 맞서 싸웠다. 펠리페 2세 이후 쓸데없이 많이 늘어난 공직자의 수를 줄이려고 했으며 매춘과 도박도 금지했다. 스페인 경제를 살리기 위한 노력도 있었다. 그는 외국에서 생산된 물건의 수입을 제한했고, 전염병이나 이주 등으로 인구가 줄어든 마을에 사람을 이주시켜 나라 전체에 생기를 불어넣었다. 올리바레스 대공은 스페인이 중앙집권적인 국가가 되기를 원했다. 그는 강한 나라가 되기 위해서는 중앙에서 모든 것을 통제하고, 모든 재화가 자유롭게 오갈 수 있어야 한다고 생각했다. 스페인 내에는 아라곤 왕국, 포르투갈 등 여러 왕국이 있었다. 각 스페인 내의 왕국은 펠리페 4세를 왕으로 인정했지만 각국이 자치권을 유지했고, 스페인이라는 한 나라에 속해 있다는 인식이 없었다. 각 왕국마다 쓰는 화폐가 달랐고, 각기 다른 의회가 있었으며, 고유의 법도 있었다. 식민지 또한 각 왕국마다 따로 관리했다. 아메리카 대륙은 스페인의 식민지였지만, 엄밀히 말하면 카스티야 왕국의 식민지였다. 아라곤 왕국에 속한 바르셀로나 사람이 카스티야 왕국의 영토인 아메리카 대륙에 갈 때에는 외국인과 똑같은 취급을 받아 세금을 내고 허가를 받아야 했다. 그 정도로 스페인의 각 왕국은 분리되어 있었다. 프랑스의 경우 지방 왕국이라 부를 만한 곳이 없었고, 귀족의 힘이 셌다. 프랑스의 왕은 힘을 키워 귀족을 제압해 절대왕정으로 나아갈 수 있었다. 하지만 스페인은 프랑스와 여러모로 상황이 달랐다.

올리바레스 대공이 원한 건 하나의 강한 스페인이었다. 그는 카를로스 1세 때의 광대한 영토를 회복하고 유럽에서 떵떵거리며 살던 때로 돌아가기를 원했다. 그렇기 위해서는 스페인의 모든 힘을 하나로 모아야 했다. 하지만 스페인의 여러 왕국은 여전히 뿔뿔이 흩어져 힘을 하나로 모으지 못하고 있었다. 올리바레스 대공은 카스티야 왕국을 중심으로 스페인의 다른 왕국들이 뭉쳐야 한다고 생각했다. 왜냐하면 스페인에서 카스티야 왕국의 영향력이 제일 컸고, 스페인이 치루는 거의 모든 전쟁 비용은 카스티야 왕국이 부담했기 때문이다. 하지만 자치권을 누리고 있던 다른 왕국들이 자치권을 포기하고 카스티야 왕국 중심으로 통합된다는 제안에 찬성할 리가 없었다.

올리바레스가 내놓은 개혁 정책 중 가장 핵심적인 것은 연합군 제도였다. 연합군 제도는 스페인을 구성하는 각 왕국들이 전쟁 시에 각국의 형편을 고려하여 정해진 비율대로 군인을 모병하자는 것이었다. 이전까지 스페인은 전쟁을 할 때마다 용병을 썼다. 그런데 용병을 유지하기 위해서는 돈이 많이 들었다. 게다가 용병은 충성심이 없어서 돈에 따라 편을 바꾸기도 했고 임금이 체불되면 도적 떼가 되어 민간인을 약탈했다. 올리바레스는 용병의 문제점을 해결하고 하나의 강한 스페인을 만들기 위해 아래와 같이 14만 명의 군대를 만들자고 제안했다.

카스티야 왕국과 아메리카 식민지: 44,000명

포르투갈: 16,000명

카탈루냐: 16,000명

나폴리 왕국: 16,000명

플란데스: 12,000명

아라곤 왕국: 10,000명

밀라노 공국: 8,000명

발렌시아: 6,000명

시칠리아: 6,000명

지중해 섬 왕국(마요르카와 세르데냐) + 대서양 섬: 6,000명

연합군은 유사시 한 왕국이 공격을 받으면 그 왕국을 도와주기 위해 각 왕국마다 할당된 병력을 동원해 보내 주기로 되어 있었다. 예를 들어 나폴리 왕국이 공격을 받아 총 2만 명의 병력이 필요하다고 치자. 그러면 할당 비율로 카스티야 왕국은 6,286명의 군사를 보내고 카탈루냐는 2,286명을, 나머지 왕국도 각 예비군의 7분의 1만큼을 보내서 총 2만여 명의 병력을 모집하는 것이었다. 하지만 이 계획은 다른 왕국들의 반대로 무산되었다. 각 왕국들은 왜 우리가 다른 나라의 싸움에 휘말려 들어야 하느냐며 반기를 들었다. 올리바레스는 이 개혁을 통해 하나의 스페인을 만들려고 했지만, 지방 자치적인 성격이 강했던 각 왕국은 이 제안을 받아들일 생각이 없었다.

특히 포르투갈에서 불만이 많았다. 펠리페 2세는 포르투갈 왕위에 오를 때 포르투갈의 자치권을 인정해 주었다. 올리바레스가 포르투갈을 카스티야 왕국 식으로 바꾸려고 하니 포르투갈 사람들은 뒤통수를 맞은 느낌이었다. 거기에 포르투갈과 상관없는 카스티야 왕국의 전쟁에 포르투갈 사람들이 참전해 피를 흘려야 한다니 분노가 폭발했다. 카탈루냐 지방에서도 반란이 일어났다. 카탈루냐 사람들은 전통적인 지방 자치제가 사라지고, 카스티야 왕국 중심으로 스페인이 합쳐지는 것을 상상하기도 싫었던 것이다. 올리바레스의 연합군 제도에는 군대 유지비용도 절약하고 스페인 출신의 강력한 국민군을 육성하여 유럽을 지배하겠다는 거창한 목적이 있었다. 19세기 초 유럽 전역을 휩쓴 나폴레옹 군대도 용병이 아닌 프랑스의 국민군이었다. 비록 실패로 돌아갔지만 만약 스페인이 올리바레스 대공의 원안대로 연합군을 마련할 수 있었다면, 스페인은 프랑스와 영국을 공략하여 다시 한 번 유럽의 패권자가 될 수도 있었을 것이다.

스페인 경제가 어려웠던 이유

16세기 스페인 사회에서는 귀족과 성직자가 전체 인구의 5%를 차지했는데 이들이 스페인의 거의 모든 땅과 부를 소유했으며, 세금을 낼 의무도 없었다. 나머지 95%는 농촌과 도시에 사는 평민들이었다. 이들은 세금을 내야 하는 의무가 있었고, 대다수 삶은 비참하고 고달팠다. 이중에 잘 사는 이들은 그나마 운이 좋아 부를 쌓은 부르주아들이었다.

왕이나 귀족은 평민들의 어려움에는 별 관심이 없었다. 오히려 정부는 17세기에 스페인 인구가 줄어 세입이 줄어들자 세금을 올려 부족한 부분을 메꾸었다. 스페인의 경제는 항상 적자였다. 흑자로 돌릴 답이 없었다.

<생필품 가격표>

기간	밀	와인	기름	소고기	양고기
1561~1570	100	100	100	100	100
1581~1590	149	136	110	184	115
1611~1620	203	178	131	115	140
1641~1650	234	208	170	145	237

출처: MANUEL FERNANDEZ ALVAREZ, FELIPE II Y SU TIEMPO, 1999, S.L.U. ESPASA LIBROS

1561~1570년 사이 각 생필품의 가격을 100으로 계산한 위의 가격 표를 보면 16세기 중반부터 17세기 중반까지 생필품의 가격이 1.5~3배 까지 가격이 올랐다는 것을 알 수 있다. 서민은 가혹한 세금에 물가까지 오르면서 궁핍한 삶을 살 수밖에 없었다.

아메리카 식민지에서 나오는 금은보화도 스페인을 잘살게 하지는 못했다. 카를로스 1세 시절부터 지속적인 전쟁으로 돈이 부족하자 급한 불을 끄기 위해 빚을 끌어다 쓰고 제때에 돈을 못 갚다 보니 나중에는 낮은 이율로 빌려주려는 이들이 없었다. 카드 빚을 막기 위해 이자가 40퍼센트에 이르는 사금융에서 돈을 빌리는 사람처럼 스페인은 높은 이자를 주기로 하고 돈을 빌릴 수밖에 없었다. 그러자 점점 이자 비용이 높아져서 펠리페 2세 시기에는 돈이 들어와도 바로 이자로 다 나갈 지경이었다. 스페인은 돈을 갚겠다는 약속을 지키지 못하는 경우가 많았다. 채권자들이 항의하면 스페인 정부는 그들을 달래기 위해 귀족 지위를 주었다. 그 결과 점점 시간이 갈수록 새로운 귀족이 늘어났다.

항상 자금난에 시달리던 스페인 정부는 세금을 올리고, 화폐의 가치를 절하하고, 국채를 발행하는 등 여러모로 애를 썼지만 나아질 기미가 없었다. 그나마 신대륙에서 흘러 들어오는 금과 은 때문에 버티고 있었으나 시간이 갈수록 이마저도 바닥을 드러내고 있었다.

스페인은 분명히 신대륙의 발견으로 강대국으로 올라서고 주민들이 잘살 수 있는 나라를 만들 수 있었다. 하지만 그런 세상은 오지 않았다. 신대륙의 금은보화는 산업을 발전시키기 위해 투자되지 않았다. 금은보화는 오직 왕과 귀족들에게만 돌아갔다. 그리고 그들은 그 돈으로 땅과 집을 사고, 사치품을 구매하는 데 썼다. 좋은 물건을 만들어 수출해서 돈을 벌 필요가 없다 보니 스페인 산업은 점점 더 뒤처졌다. 스페인에서 생산되는 제품은 타국에서 들어오는 제품과 경쟁이 되지 않았다. 네덜란드인이나 영국인처럼 상업 활동에 능했던 아라곤 왕국 출신의 상인들은 신대륙과의 교역에 참여하기 어려웠다. 카스티야 왕국은 아라곤 왕국 출신을 외국 출신과 동일하게 간주해서 신대륙 활동을 제한했기 때문이다.

펠리페 4세는 바람둥이로 유명했다. 그가 만난 연인은 처녀, 유부녀, 과부, 귀부인, 하녀, 중산층 여자, 직공, 배우, 창녀 등 계층과 직업이 다양했다. 심지어 암말과도 관계한다는 소문이 돌았다. 그는 왕궁에서부터 마을의 술집까지 장소를 불문하고 여자를 찾아다녔다. 그런데 펠리페 4세는 여자와 헤어지면 그녀를 수녀원에 강제로 집어넣는 못된 습관이 있었다. 사람들은 "펠리페 4세를 안고 난 이후에는 오직 신만을 안을 수 있다"라고 수군거렸다. 펠리페 4세가 한 여인을 수녀원에 들여보내려 할 때 그녀는 수녀원에 들어가기 싫다고 사정하며 다음과 같이 말했다.

"죄송합니다. 전하, 하지만 저는 수녀가 되기 위해 태어나지 않았답니다."

학자마다 주장이 다르기는 하지만 그의 자식은 30명에서 40명 사이였던 것으로 추정된다. 펠리페 4세는 스페인 왕 중에 가장 많은 자식을 남긴 왕이다. 그런 남편을 둔 부인의 심정이 어땠을까? 펠리페 4세의 첫 번째 왕비였던 이사벨 데 부르봉Isabel de Borbón은 남편 때문에 항상 머리가 아팠다.

한창 펠리페 4세가 마리아 데 칼데론이라는 여배우에게 빠져 있을 때였다. 처음에는 잠깐 스쳐 가는 바람인 것 같았지만, 마리아와 펠리페 4세의 관계는 더욱더 깊어지기만 했다. 왕비는 남편이 여배우와 계속해서 놀아나는 꼴을 두고 보지 않았다. 그녀는 남편에게 마리아를 더는 만나지 말라고 경고했다. 이사벨의 아버지는 프랑스의 앙리 4세였고 그녀의 오빠는 프랑스의 루이 13세Louis XIII였다. 펠리페 4세는 그녀의 경고를 무시할 수 없었다.

이사벨 데 부르봉은 남편이 정신을 차리고 한눈을 팔지 않자 안심했다. 왕비는 오랜만에 펠리페 4세와 함께 마요르 광장이 훤히 보이는 발코니에 나갔다. 그런데 펠리페 4세의 시선이 자꾸 딴 곳을 향했다. 왕비가 고개를 돌리자 한 여자가 황급히 발코니 안으로 들어가는 모습이 보였다. 왕비는 뒷모습만 보고도 그녀가 누구인지 알아챘다. 바로 펠리페 4세의 정부였던 마리아 데 칼데론이었다. 왕비는 펠리페 4세에게 그 여자가 누구인지 캐물었다. 펠리페 4세는 시치미를 떼며 처음 보는 여자라고 발뺌을 했다. 왕비는 울화가 치밀어 올랐지만 증거가 없으니 더는 따질 수 없었다. 괜히 그녀만 집착이 심해 망상까지 하는 정신 나간 여자로 몰릴 따름이었다.

현명한 그녀는 자신이 잘못 본 모양이라며 한발 물러섰다. 그러고 나서 마드리드의 마요르 광장 옆에 있는 단추 제조자 길Calle de las botoneras로 향했다. 그 길에는 단추 제조자들이 모여 살고 있었다. 당시 단추 제조자는 단순히 단추만 만드는 사람들이 아니었다. 단추 제조자에게 일을 맡기는 손님은 값비싼 옷을 입을 수 있고 지위가 높은 귀족들이었다. 귀족들의 일을 하면서 단추 제조자들은 신분 높은 사람들 사이에서 일어나는 온갖 소문을 들었다. 그러다 보니 단추 제조자들이 힘을 합치면 어떤 정보든 캐낼 수 있었다. 왕비는 이들에게 발코니에서 그녀가 보았던 여자의 정체와 여자가 머무는 집이 누구의 것인지 알아 오라고 시켰다.

왕비의 명을 받은 단추 제조자들은 얼마 지나지 않아 정보를 가져왔다. 왕비가 예상했던 대로 발코니에 있던 그녀는 마리아 데 칼데론이었고 그녀가 사는 집의 주인은 바로 펠리페 4세였다. 펠리페 4세는 왕비가 마리아 데 칼데론을 못 만나게 하자 마요르 광장에 집을 구해서 그녀와 밀회를 즐기고 있었다. 단추 제조자들은 어떻게 구했는지, 그 집에서 나온 마리아 데 칼데론의 머리카락 뭉치와 그녀의 소지품까지 증거물로 가져왔다.

왕비는 당장에 달려가서 펠리페 4세를 추궁했다. 그 집에서 가져온 마리

단추 제조자의 길
펠리페 4세와 왕비 이사벨 데 부르봉의 일화가 남아 있는 단추
제조자 거리의 모습. 당시 단추 제조자들은 단순한 기능공이
아닌 고위층의 정보를 캐내고 취합할 수 있는 전문가들이었다.

아 데 칼데론의 소지품까지 내밀자 펠리페 4세는 잘못을 시인하고 사죄할 수밖에 없었다. 하지만 그는 왕비에게 일러바친 단추 제조자들에 대한 분노로 활활 타올랐다. 그 일이 있고 난 뒤 얼마 안 가 펠리페 4세는 모든 단추 제조자들의 영업 허가를 박탈하고, 단추 제조자의 길에서 쫓아내라고 명령했다. 그러나 이 명령은 효력이 없었다. 의리가 있던 왕비는 자신을 돕느라 생계를 잃을 위기에 처한 단추 제조자들에게 곧바로 새로운 허가를 내주었고, 그들이 다시 일할 수 있는 새 거처를 마련해 주었다.

마리아 데 칼데론은 펠리페 4세의 아들을 출산했는데, 그 아들은 정식으로 펠리페 4세의 아들로 인정받았다. 하지만 펠리페 4세는 나중에 마리아 데 칼데론에게 싫증을 느끼고 결국 그녀를 수녀원으로 보내 버렸다. 왕의 애인이었던 영향인지는 모르겠지만, 마리아 데 칼데론은 수녀원장으로 고속 승진을 했다. 소문으로는 이후에 그녀가 자유로운 삶을 동경한 나머지 수도원을 탈출하여 가난하게 살다 죽었다고 한다.

30년 전쟁의 발단

30년 전쟁은 1618년부터 1648년까지 여러 나라가 참여하여 유럽 전역에서 벌어진 국제적인 종교 전쟁이었다. 30년 전쟁은 독일 지역인 신성로마제국에서 일어났다. 왜 하필 신성로마제국에서 전쟁이 일어났을까?

이 시기 신성로마제국은 360여 개국의 제후국으로 이루어져 있었는데 각 제후국은 제한적인 신앙의 자유가 보장되었다. 16세기 초 마르틴 루터의 종교 개혁 운동이 일어나자 카를로스 1세는 1555년 아우크스부르크 화의에서 루터파를 인정하고 각 영지는 영주의 신앙을 따라가도록 했다. 영주가 루터파라면 영지의 종교는 자동적으로 루터파가 되었다. 16세기는 이 방식으로 가톨릭교와 루터파가 공존하며 지낼 수 있었다. 하지만 17세기에 이르러서는 상황이 변했다. 신성로마제국 황제는 약속과 달리 신교를 탄압했고 아우크스부르크 화의에서 정한 것들은 무시되었다. 가톨릭교도는 신교 교회를 파괴하고 예배를 방해했다.

거기다 칼뱅파가 퍼지기 시작했다. 아우크스부르크 화의에서 언급된 종교는 가톨릭교와 루터교밖에 없었다. 칼뱅파를 비롯한 다른 신교들은 정식 종교로 인정받지 못하고 탄압받았다. 수많은 신교도는 종교의 자유를 얻기 위해 투쟁했다. 덕분에 신성로마제국 내부의 종교 갈등은 극에 달했다. 문제는 그뿐만이 아니었다. 1604년 헝가리의 보크스카이 이스트반Bocskai István은 오스만 튀르크 술탄의 도움을 받아 반란을 일으켜 트란실바니아를 공격했다. 오스만 튀르크의 군대는 그라츠를 공격하며 빈을 점령할 것처럼 위협했다. 신성로마제국은 내외부로 최악의 상황에 처해 있었다. 신성로마제국 황제 루돌프 2세는 이런 문제를 해결할 능력이 없었다. 황제는 정신마저 오락가락하는 상황이었다. 1593년에는 갑자기 성체 성사를 거부했다. 그 이후에는 좀 나아졌다 싶더니 1600년부터는 몇 년 간이나 방에서 나오지 않고 세상과 담을 쌓고 살기도 했다. 과대망상증에 걸린 듯 그는 자신이 독에 중독되어 있다고 생각했으며, 사람들이 그를 해하려 한다고 두려워했다. 황제가 제 할 일을 하지 못하니 그의 동생 마티아스Matthias가 나섰다.

마티아스는 1606년 빈 협약을 통해 헝가리에 종교 자유를 보장해 주고 반란을 무마시켰다. 반란군의 리더격인 보크스카이 이스트반Bocskai István은 헝가리가 있는 트란실라바니아의 총독으로 부임해서 전권을 휘둘렀다. 트란실바니아의 문서상 지배자는 합스부르크 가문이었지만, 실질적인 지배권은 모두 그에게 있었다.

오스만 튀르크와는 그라츠와 카니샤의 지배권을 넘겨주는 조건으로 평화 협정을 체결했다. 루돌프 2세는 마티아스가 체결한 협약을 굴욕적이라고 생각했다. 그리고 그러한 협약을 체결한 이유가 바로 그의 힘을 키우기 위해서라고 판단했다. 루돌프 2세의 생각도 일리가 있었다. 루돌프 2세의 영향력이 줄어드는 만큼 마티아스의 힘은 커졌다. 하지만 전쟁을 피하기 위해서는 마티아스도 별다른 방법이 없었다. 마티아스는 애써 문제를 해결해 놓고 왔더니 루돌프 2세가 칭찬은커녕 의심을 하자 화가 났다. 두 사람은 서로 각자의 처지에서 생각하며 서운한 마음을 쌓아 두었다. 그 결과 두 사람 사이는 점점 더 멀어져 갔다.

오스트리아 합스부르크 가문에서는 여전히 루돌프 2세가 정신병자처럼 괴상한 행동을 했기 때문에 루돌프 2세가 황제 업무를 제대로 실행할 수 없다고 판단했다. 루돌프 2세는 결혼을 하지 않아 후계자가 없었다. 루돌프 2세가 동성애자로 남자 시종과 깊은 관계를 맺었다는 이야기도 돌았다. 그가 후사 없이 죽는다면, 후계자를 놓고 큰 혼란이 벌어질 게 분명했다. 가문 입장에서 루돌프 2세의 가장 적합한 후계자는 그의 동생 마티아스였다. 결국 합스부르크 가문은 루돌프 2세에 대한 지지를 거두고 마티아스를 신성로마제국의 황제로 밀기로 했다.

마티아스는 합스부르크 가문의 지지를 바탕으로 헝가리, 오스트리아, 체코 동쪽의 모라바 지역에서 힘을 키워 갔다. 급기야 그는 루돌프 2세에게 반기를 들어 위 지역의 지배권을 넘겨달라고 압박을 가했다. 루돌프 2세는 동생에게 권력을 순순히 넘겨줄 생각이 없었다. 그는 보헤미아로 도망가서 기회를 엿보았다. 보헤미아 지역은 예수회 출신 가톨릭교도들이 정부 요직을 장악하고는 신교도들을 탄압하고 있었다. 보헤미아 지역의 신교도 귀족들은 루돌프 2세와 마티아스가 다투고 있는 상황을 이용하여 루돌프 2세에게 종교의 자유를 요구했다.

루돌프 2세는 난감한 상황에 부닥친 틈을 타 어려운 부탁을 하는 그들이 얄미웠지만, 사방에 적을 둘 수는 없었다. 루돌프 2세는 보헤미아의 신교 세력을 달래서 자신의 편으로 만들기 위해 루돌프 칙령을 내렸다. 이 칙령은 보헤미아 지역에서 종교의 자유를 보장해 주었다. 루돌프 2세가 신교에 보여 준 관용은 어쩔 수 없으므로 보여 준 것이지, 그가 자발적으로 원한 것은 아니었다.

정치적인 이유로 루돌프 2세와 마티아스는 신·구교 간의 종교 갈등을 줄이고자 노력했다. 자신이 신성로마제국의 황제로 남을 수 있고, 합스부르크 가문의 힘을 유지할 수 있다면 괜히 종교적 갈등을 부추길 필요가 없었다. 이러한 생각은 루돌프 2세나 신성로마제국의 황제 자리를 노리는 동생 마티아스나 비슷했다.

루돌프 칙령까지 내리며 고군분투하고 있었지만 루돌프 2세의 힘은 여전히 부족했다. 한계를 깨달은 루돌프 2세는 마지못해 동생 마티아스를 헝가리 왕, 오스트리아 대공, 모라바 변경백으로 임명했다. 마티아스는 주민들에게 종교의 자유를 약속하며 지지에 화답했다. 루돌프 2세는 앞에서는 마티아스에게 박수를 쳐 주었지만, 뒤로는 마티아스를 제거하기 위한 칼을 갈았다.

　이제 루돌프 2세의 목표는 마티아스를 제거하는 것이었다. 루돌프 2세와 마티아스는 형제지간이 아니라 원수지간이었다. 마티아스는 신성로마제국의 일인자였으므로 그를 루돌프 2세 혼자서 처리할 수는 없었다. 함께 싸울 사람이 필요했다. 루돌프 2세 주위에는 온통 그의 적뿐이라 그를 도울 새로운 세력이 필요했다. 루돌프 2세가 마티아스에 대적하기 위해 선택한 파트너는 사촌이며 파사우의 주교인 레오폴트 대공이었다. 루돌프 2세는 레오폴트 대공을 후계자로 지목한 뒤, 파사우에서 마티아스를 제거하기 위해 용병 위주의 황제군을 양성했다. 문제는 용병들에게 급여가 제대로 지급이 되지 않았다는 것이다. 스페인 군대가 임금이 체납되어 도시를 약탈했듯이 통제할 수 없어진 파사우의 황제군은 보헤미아로 향하며 약탈을 감행했다. 그 결과 보헤미아 신교 귀족들은 파사우에 용병이 존재한다는 사실을 알게 되었다. 그들은 겉으로는 신교를 인정했다지만 뒤에서 몰래 군대를 키운 루돌프 2세를 보며 다른 꿍꿍이가 있을지 모른다고 의심하기 시작했다. 게다가 황제의 군대가 약탈을 자행하자 보헤미아인들은 마티아스를 보헤미아의 왕으로 추대하며 보호를 요청했다.

　마티아스는 환영을 받으며 보헤미아에 입성했다. 미처 날뛰는 황제의 용병들은 마티아스의 군대를 당해 낼 수 없었다. 마티아스는 루돌프 2세를 밀어내고 보헤미아의 왕이 되었다. 루돌프 2세는 그가 좋아하던 프라하 성에 갇혀 사는 신세가 되었다. 그리고 1년 뒤 숨을 거두었다.

　마티아스는 1612년 루돌프 2세가 죽고 난 뒤 신성로마제국의 황제가 되었다. 그는 외교 수완이 탁월했고, 판단력이 좋았다. 하지만 그도 나이가 들면서 쇠약해졌다. 마티아스는 더 이상 전성기 때처럼 통치할 수 없었다. 그도 루돌프 2세와 마찬가지로 뒤를 이을 자식이 없었다. 마

루돌프 2세
조셉 하인츠 더 엘더(Joseph Heintz the Elder)가 그린
루돌프 2세 초상화. 빈 미술사 박물관 소장. 루돌프 2세는
대표적인 암군 가운데 한 사람이다.

티아스의 후계자를 노리는 이는 여러 명이었다. 그중에 가장 두드러지는 후보자는 페르디난트 2세Ferdinand II였다.

페르디난트 2세는 페르디난트 1세의 손자이며, 마티아스와는 사촌이었다. 그는 루돌프 2세와 마티아스의 다툼에서 중립을 지켜 양쪽의 미움을 받지 않았다. 페르디난트 2세는 신교가 퍼진 오스트리아의 그라츠에서 태어났지만, 1590년부터 1595년까지 예수회가 운영하는 잉골슈타트 대학에서 공부했다. 당연히 이 대학의 교육 목표는 신실한 가톨릭교도가 되는 것이었다. 페르난디트 2세를 담당했던 교사는 그가 착실한 학생이며, 종교적 확신이 뿌리 깊게 박혀 있다고 칭찬했다. 신앙심이 깊은 페르디난트 2세는 1596년에 이탈리아로 순례를 떠났고, 로레토 수도원에서 그가 통치하는 지역에서 이단을 뿌리 뽑고 가톨릭을 지키겠다고 맹세했다. 그의 통치 철학은 펠리페 2세처럼 "한 나라에는 하나의 종교만"이었다.

마티아스 사후 신성로마제국 황제는 페르난디트 2세가 될 확률이 높았다. 페르난디트 2세는 그 가능성을 높이기 위해 스페인의 합스부르크 왕가의 지원이 필요했다. 1617년에 페르디난트 1세는 스페인과 비밀 협약을 맺었다. 이 협약에서 그는 신성로마제국의 황제가 될 수 있도록 스페인이 도와주면 알자스와 이탈리아 지역의 신성로마제국 영토를 스페인에 넘겨주겠다고 약속했다. 스페인으로서는 나쁠 게 없었다. 스페인은 신교의 확산을 막고 가톨릭을 수호하고자 하는 목표가 있었다. 페르디난트 2세는 독실한 가톨릭 신자였다. 그는 스페인 합스부르크 왕가에서 바라는 완벽한 황제였다. 게다가 추가로 영토까지 얻을 수 있었으니 거절할 이유가 없었다.

페르디난트 2세는 마티아스의 후계자로 마티아스가 죽기도 전인 1617년에 보헤미아의 왕, 1618년에 헝가리의 왕위에 올랐다. 페르디난트 2세의 발자취는 펠리페 2세와 비슷했다. 그는 황제가 되자마자 신교를 인정하고 종교의 자유를 주는 법을 폐지했다. 이에 특히 보헤미아 지방에서 반발이 심했다. 보헤미아는 신교의 힘이 셌고, 귀족 다수가 신교도였다. 보헤미아는 어렵게 루돌프 2세와 마티아스로부터 종교의 자유를 인정받았다. 그런데 갑자기 페르디난트 2세가 신교도를 억압하려고 하니 보헤미아인들이 가만히 있을 리 없었다. 마티아스는 페르디난트 2세에게 보헤미아 왕위를 이양했지만, 여전히 신성로마제국 황제 자리에 있었다. 보헤미아 귀족들은 페르디난트 2세를 제쳐 두고 마티아스와 이 문제를 해결하려고 했다. 하지만 마티아스는 도움이 되지 못했다. 그는 노쇠하여 정치적인 문제에 관여할 수 있는 상황이 아니었다.

천문학자 케플러는 별을 보고 1618년 5월에 큰 사건이 있을 것이라고 예언한 바 있었다. 그의 예언대로 분위기가 심상치 않게 돌아갔다. 페르디난트 2세와 보헤미아의 신교도 간의 갈등은 점점 더 깊어졌다. 보헤미아인들은 팔츠의 선제후인 프리드리히 5세Friedrich V를 보헤미아의 왕으로 옹립했다. 페르디난트 2세는 이 사태를 수습하기 위해 사절을 보냈다. 1618년 5월 23일 페르디난트 2세의 사절은 보헤미아의 신교도 귀족들을 더 화나게 했다. 감정이 격해진 보헤미아인들은 페르디난트 2세가 보낸 사절을 창밖으로 던져 버렸다. 다행히 창밖으로 떨어진 사람들은 짚더미 위에 떨어져 목숨을 구했다. 페르디난트 2세는 이를 전쟁 선포로 받아들였다. 결국 페르디난트 2세와 보헤미아 지역의 신교도 간에 전쟁이 시작되었다. 다만 케플러나 페르디난트 2세는 물론 보헤미아의 신교 귀족들도 그 전쟁이 얼마나 오래갈지는 전혀 예상하지 못했다.

마티아스가 1619년 3월 20일에 사망하자 페르디난트 2세는 신성로마제국의 황제로 즉위했다. 힘이 더 세진 페르디난트 2세는 보헤미아의 반란을 진압하기 위해 군대를 보냈다. 신성로마제국의 제후국들은 신교 연합과 가톨릭교 연합으로 나뉘어 전쟁에 빠져들었다.

신교 연합의 리더였던 팔츠 선제후의 프리드리히 5세는 영국 제임스 1세James I의 사위였다. 그는 영국의 지원을 기대했지만 전체적으로 신교 세력이 가톨릭교 세력에 대적하기에는 여러모로 부족했다. 가톨릭 연합에는 작센, 바이에른 같은 강력한 제후국들과 아직 무시할 수 없는 스페인이 있었다. 펠리페 3세의 스페인은 레르마 공작이 활동하던 당시에는 외국과 전쟁을 하지 않는 평화주의 정책을 추구했다. 그런데 1618년 레르마 공작이 실각하고, 그 자리를 레르마 공작의 아들 우세다 공작과 발타사르가 대신하면서 스페인의 대외 정책이 변화했기 때문에, 스페인은 30년 전쟁에 깊숙이 개입했다.

스페인의 30년 전쟁 참전과 대외 정책의 변경

레르마 공작이 집권하는 동안 스페인의 대외 정책은 외국과의 전쟁을 멈추고 평화를 추구하는 것이었다. 하지만 30년 전쟁이 발발하면서 노선을 바꿔 다시 전쟁에 참여했다. 그 정책을 바꾼 이는 발타사르 데 수니가Baltasar de Zúñiga였다. 그의 출신인 수니가 가문은 그 당시 손꼽히는 명문가였으며, 선행을 베풀어 사람들로부터 존경을 받았다. 수니가 가문 출신의 사람들은 스페인 정계 요직을 차지했다. 그 대표적인 인물로 발타사르의 형 가스파르 데 수니가Gaspar de Zúñiga가 있다. 그는 멕시코의 부왕을 거쳐 페루의 부왕을 지냈다. 멕시코의 부왕 재임 시절 그는 호의를 가지고 식민지를 다스렸기 때문에 원주민들의 지지를 받았다. 그가 페루의 부왕으로 임명받아 멕시코를 떠나게 되자 원주민들은 그들의 진정한 후원자가 떠난다고 울면서 그를 배웅할 정도였다. 형이 아메리카 신대륙에서 지

프라하 창문 투척 사건
페르디난트 2세가 보헤미아 지방의 신교도들을 억압하자
왕과 보헤미아인들 사이는 험악하게 변했다. 그 와중에
페르디난트 2세가 보낸 사절을 창밖으로 던져 버리는
프라하 창문 투척 사건이 벌어진다. 창문 밖으로 내던져진
사절들은 다행히 거름 더미 위에 떨어져 목숨을 구했다.

낼 때 동생 발타사르는 스페인과 외국을 오가며 정치 경험을 쌓아 갔다.

발타사르는 1617년 마드리드의 상위 귀족들이 모여 국가의 중요한 문제를 논의하고 결정하는 국무원에 들어갔다. 그는 오랜 외교 경험과 식견을 인정받아 스페인의 새로운 대외 정책 노선을 세우는 데 관여했다. 1618년 30년 전쟁이 시작될 때 신성로마제국을 지원해야 한다고 주장한 이가 바로 발티사르였다.

발타사르가 신성로마제국을 지원해야 한다고 주장한 데에는 나름의 이유가 있었다. 이 시기 네덜란드와 스페인은 휴전 중이었다. 네덜란드와의 휴전은 1621년까지였다. 휴전이 끝나면 발타사르는 네덜란드를 다시 스페인의 식민지로 두고 싶었다. 그러기 위해서는 신성로마제국의 오스트리아 합스부르크 왕가의 도움이 필요했다. 신성로마제국의 도움을 받기 위해서는 당연히 신성로마제국을 도와주어야 했다.

발타사르가 네덜란드 문제를 처리하는 방식은 펠리페 2세와 비슷했다. 그는 무력을 동원해서라도 네덜란드를 식민지로 두어야 한다고 생각했다. 네덜란드가 독립하면 이탈리아가 독립할 것이고, 이어서 아메리카 대륙의 식민지들도 차례로 독립할 것이라고 예상했기 때문이다. 이렇게 모든 식민지가 독립하면 결국 스페인은 몰락할 게 뻔했다. 그의 결론은 단순히 신교를 억압하고 가톨릭을 수호해야 한다는 이념에서 나온 게 아니었다. 그의 오랜 외국 경험으로 주변 정세를 파악해서 내린 결론이었다.

그의 의견에 따라 스페인은 개전 초기 신성로마제국에 20만 두카도를 지원하고, 두 달 뒤에는 50만 두카도를 지원했다. 1619년에는 신교와의 갈등이 점점 더 커지자 340만 두카도를 지원하는 동시에 1만 7천여 명의 군대를 보냈다.*

* Historia de España, Juan Antonio Sánchez Belén, Temas de hoy, p110, 1996

30년 전쟁의 영웅들

가톨릭 연합은 두 갈래로 나누어 신교 연합을 공격했다. 신성로마제국에 속한 가톨릭 제후국의 군대와 펠리페 3세가 보낸 스피놀라Ambrosio Spínola의 스페인 군대는 신교 연합의 본거지인 팔츠를 공격했다. 스페인은 프리드리히 5세의 땅인 팔츠를 공격하면서 동시에 네덜란드도 공격했다. 이때 벨기에 출신의 틸리 장군이 이끄는 가톨릭 연합군은 보헤미아를 공격했다.

신교 연합은 종교의 자유에 대한 열망은 대단했지만, 전쟁 경험이 많은 가톨릭 연합군을 당해 내기 어려웠다. 신교 연합은 가톨릭 연합에 패배하면서 세력이 점점 약해졌다. 페르디난트 2세는 1620년에 프라하 근처에서 프리드리히 5세를 상대로 승리를 거두었다. 보헤미아는 페르디난트 2세의 손에 들어갔다.

신교 연합군은 이 패배 이후 결집력이 약해졌고, 반란의 기세도 누그러졌다. 만약 외부 개입이 없었다면 30년 전쟁은 이대로 끝날 수도 있었다. 하지만 최초의 국제전이라는 타이틀이 붙은 것처럼 30년 전쟁은 점점 다른 양상으로 흘러갔다. 그간 유럽의 각국은 힘을 비축해 놓고 국력을 과시할 수 있는 날을 기다리고 있었다. 신성로마제국은 국력을 자랑할 수 있는 멋진 무대였다.

제일 먼저 무대에 등장한 나라는 덴마크였다. 루터파인 덴마크의 왕 크리스티안 4세Christian IV는 신교 편에 서서 가톨릭 연합군과 싸웠다. 덴마크의 정치는 안정되어 있었고, 국가의 부도 많이 쌓여 있었다. 크리스티안 4세는 재산도 많고 현명한 군주였다. 스페인처럼 전쟁을 위해 국민의 희생을 강요하지도 않았다. 덴마크군의 규모는 2만 명에 달했다. 그 대부분이 용병이었는데 크리스티안 4세는 그의 사재를 털어 용병에게 급여를 지급했다. 그는 신성로마제국에서 가톨릭 연합군이 승리하면, 덴마크에서도 가톨릭의 힘이 우세해지면서 그의 지위도 위태로워지리라 판단했다. 덴마크 군대는 신교 연합의 편에 서서 신성로마제국의 북부를 공격했다.

신교 연합에 크리스티안 4세가 있었다면 가톨릭 연합에는 발렌슈타인Albrecht Wallenstein이 있었다. 그는 보헤미아의 귀족으로 가톨릭 연맹 쪽에서 싸우며 공을 세워 페르디난트 2세로부터 보헤미아 북부의 프리틀란트를 영지로 부여받고 큰 부를 쌓았다. 페르디난트 2세가 덴마크의 참전에 불안해하고 있을 때, 발렌슈타인은 페르디난트 2세에게 사비를 털어 군대를 조직해서 싸우겠다고 제안했다. 단, 그가 전쟁에서 승리하여 얻은 영토는 약탈할 수 있게 해 달라는 조건을 달았다. 페르디난트 2세로서는 손해 볼 일이 없었다. 그는 발렌슈타인을 황제군의 총사령관으로 임명했다. 발렌슈타인은 틸리 장군과 힘을 합쳐 덴마크의 크리스티안 4세와 싸웠다. 크리스티안 4세의 덴마크군이 강력하기는 했지만 발렌슈타인이 이끄는 가톨릭 연합군을 이길 수는 없었다.

페르디난트 2세는 신교 연합의 세력이 약해지자 슬슬 욕심이 생겼다. 그는 이 기회를 살려 신교 세력을 억압하고 가톨릭교를 신성로마제국의 유일한 국교로 삼고자 했다. 그 목적을 달성하기 위해 그는 첫 번째로 1621년에 종교의 자유를 인정한 루돌프 칙령을 무효화시켰다. 1622년에는 신교 성직자들을 추방했으며 1627년에는 신교도들에게 가톨릭으로 개종하거나 떠나라는 칙령을 내렸다. 1629년에는 회복 칙령을 내려 1552년 이후 신교도들이 획득한 교회 재산을 가톨릭에 모두 반환하도록 했다. 그 결과 신교도들의 재산이 가톨릭교도에게 넘어갔고, 일순간에 재산을 빼앗긴 신교도들은 복수의 칼날을 갈았다. 신교에 대한 탄압이 본격적으로 시작되자, 보헤미아와 오스트리아에 살던 신교도들은 페르디난트 2세의 탄압을 피해 피난을 떠났다.

구스타브 2세
브라이텐펠트 전투에 나선 구스타브 2세를 그린 요한 발터의
그림. 구스타브 2세는 30년 전쟁의 영웅 가운데 한 사람으로
근대적인 군대를 만든 장본인으로 유명하다.
스웨덴군은 그의 지휘 아래 북방의 강군으로 거듭났다.

페르디난트 2세는 발렌슈타인의 활약으로 신교 세력을 물리칠 수 있었다. 사실 가톨릭 연합의 영웅인 발렌슈타인은 원래 신교도 출신이었다. 그가 가톨릭으로 개종한 이유는 가톨릭의 귀족 여성과 결혼하기 위해서였다. 신교와 가톨릭의 두 편에 서 보았던 그는 양쪽 처지에서 생각할 줄 알았다. 그가 보기에 페르디난트 2세의 회복 칙령은 당시 현실과 맞지 않았다. 오히려 제국의 발전을 저해시키는 정책이었다. 발렌슈타인은 페르디난트 2세가 그리는 신성로마제국의 미래에 의문을 품고, 신교를 억압하는 회복 칙령에 반대했다.

페르디난트 2세는 회복 칙령을 반대하는 발렌슈타인이 마음에 들지 않았다. 때마침 신성로마제국의 제후들이 페르디난트 2세에게 황제군을 해산하고 발렌슈타인을 해임하라고 요청했다. 신성로마제국의 제후들은 종교를 막론하고 발렌슈타인이 이끄는 강력한 황제군에 위협을 느꼈다. 동시에 페르디난트 2세가 프랑스처럼 절대왕정을 추구할까 봐 걱정하기 시작했다. 1630년에 가톨릭 제후들과 신교 제후들은 오랜만에 의견을 통일했다. 페르디난트 2세는 내키지 않는 척 연기를 했지만 기쁜 마음으로 발렌슈타인의 해임안을 받아들였다.

토사구팽을 당한 발렌슈타인은 일선에서 쫓겨나 재기할 기회만을 엿보았다. 그 기회는 생각보다 빨리 왔다. 구스타브 2세의 스웨덴 군대가 신성로마제국을 침공했기 때문이다. 사실 발렌슈타인은 복수를 위해 스웨덴군을 이끌고 페르디난트 2세를 공격하려고 구스타브 2세와 은밀히 협상을 진행하는 중이었다. 그런데 우연히 그 협상 내용이 담긴 편지가 페르디난트 2세의 손에 들어갔다. 적과 손잡고 황제를 공격하려던 계획이 발각된 이상 발렌슈타인이 다시 페르디난트 2세에게 중용될 일은 없어 보였다.

스웨덴의 구스타브 2세가 전쟁에 참여하자 가톨릭 연합이 우세하던 판도가 뒤집어졌다. 구스타브 2세가 이끄는 스웨덴군은 당시 유럽에서 가장 강력한 군대로 손꼽혔다. 현대 전술의 아버지라고 불리우는 구스타브 2세는 그 명성에 걸맞는 완벽하고 강한 군대를 양성했다. 특히 구스타브 2세는 무기의 중요성을 깨닫고 있었다. 그는 전쟁에서 이기기 위해 화승총인 머스킷을 적극적으로 활용했다. 구스타브 2세는 머스킷의 무게를 줄이고 화약이나 탄약을 일정량씩 채워 둔 탄약통과 화약 용기를 제작하도록 했다. 이 덕분에 구스타브 2세의 군대는 다른 나라 군대에 비해 세 배나 빠른 속도로 사격할 수 있었고, 명중률도 훨씬 더 높았다. 구스타브 2세에게는 강력한 군대뿐만 아니라 풍부한 자금도 있었다. 스웨덴의 국력도 강했지만, 프랑스의 리슐리외Richelieu 추기경이 은밀히 구스타브 2세에게 아낌없는 지원을 해 주었다. 훈련이 잘되고 강력한 무기로 무장한 군대와 풍부한 자금을 바탕으로 구스타브 2세는 가톨릭 연합군을 무찔렀다.

1632년에 가톨릭 연합군의 틸리 장군이 사망하면서 가톨릭 연합군의 상황은 더 안 좋게 흘러갔다. 틸리 장군을 대체할 만한 사람이 마땅치가 않자 페르디난트 2세는 어쩔 수 없이 발렌슈타인을 다시 불렀다. 충성심이 의심스럽기는 했지만 그만큼 용병술이 뛰어난 전략가는 가톨릭 연합군 측에 없었다. 다시 복귀한 발렌슈타인은 뤼첸에서 구스타브 2세의 군대와 맞서 싸웠다. 세기의 명장 둘이 맞붙은 이 대결에서는 누가 이겼다고 말하기 어려웠다. 전투에서는 발렌슈타인이 패배했지만 그렇다고 스웨덴군의 승리라고 하기에도 애매했다. 왜냐하면 이 전투에서 스웨덴군은 그들의 지도자인 구스타브 2세를 잃었기 때문이다.

페르디난트 2세는 발렌슈타인을 다시 등용했지만 여전히 그에 대한 의심을 거두지는 않고 있었다. 그런데 1633년에 발렌슈타인은 가톨릭과 신교의 싸움을 중재하고자 나섰다. 페르디난트 2세에게는 중간이라는 것이 없었다. 가톨릭이 아니면 모두 이교도였다. 발렌슈타인이 신교와의 화해를 주장하자 황제는 그 속에 다른 의도가 있다고 확신했다. 그런데 그게 또 사실이기도 했다. 발렌슈타인은 신교도들과 연합하여 반란을 일으킬 계획을 꾸미고 있었다. 배신을 반복하던 발렌슈타인과 그를 믿지 못하는 황제는 서로를 노렸다. 황제의 움직임이 좀 더 빨랐다. 페르디난트 2세는 발렌슈타인의 용병 대장 월터 데버루를 매수하여 발렌슈타인을 암살했다.

기나긴 전쟁으로 신성로마제국의 국토는 대부분이 황폐해졌고, 많은 사람이 죽었다. 거기에 흉년으로 먹을 것도 없었고, 전염병이 발생해서 수많은 이가 목숨을 잃었다. 일찍이 네덜란드 독립 전쟁에서 임금을 지불받지 못한 스페인군 용병들은 통제 불능이 되어 네덜란드 도시를 약탈한 적이 있었다. 30년 전쟁 때도 각 나라는 용병을 많이 썼는데, 가톨릭 연합 소속이든 신교 연합 소속이든 급여를 제때 받지 못한 용병들은 신성로마제국의 민간인 마을을 약탈했다. 미쳐 날뛰는 용병들은 딱히 종교를 가리지 않았다.

전쟁에 지친 가톨릭 연합과 신교 연합은 1635년에 프라하에서 평화 조약을 맺었다. 평화 조약에서는 회복 칙령을 무효로 하여 신교 측의 재산을 보호하고, 황제군과 가톨릭 연합군을 신성로마제국군으로 통합시키기로 했다. 또한 칼뱅파를 비롯한 다른 신교도 공인받았다. 전쟁을 그만두기 위해 양측은 스웨덴군을 신성로마제국의 영토에서 몰아내고, 제후들끼리 연합하는 것을 금지하기로 했다.

하지만 전쟁은 끝나지 않았다. 프랑스의 전권을 휘둘렀던 리슐리외 추기경은 가톨릭 성직자였지만 그동안 은밀히 신교 측을 지원하면서 합스부르크 왕가가 몰락하기만을 바랐다. 하지만 신교 연합이 가톨릭 연합을 압도하지 못하자 프랑스의 참전을 결정했다. 만약 프랑스가 참전하지 않았다면 신교와 가톨릭의 세력이 균형이 맞아 떨어져 평화 조약이 의미가 있었다. 그런데 프랑스가 신교 연합으로 가담하자 무게 추는 신교 쪽으로 기울어졌다. 프랑스는 네덜란드, 스웨덴과 연합 전선을 결성했다. 든든한 우방이 생긴 신성로마제국의 신교 연합은 완전한 자유를 위해 다시 한 번 총칼을 움켜쥐었다.

1640년 반란

1469년 카스티야 왕국의 이사벨 여왕과 아라곤 왕국의 페르난도 왕이 결혼을 했다. 가톨릭 부부왕의 탄생으로 카스티야 왕국과 아라곤 왕국이 합쳐졌지만, 완전한 통일은 아니었다. 역사적으로 아라곤 왕국은 지방 자치를 선호했다. 17세기에도 스페인에 소속된 왕국들은 여전히 각 왕국의 법과 의회를 유지하고 있었다. 올리바레스는 하나의 강력한 스페인을 탄생시키기 위해 카스티야 왕국 중심으로 여러 왕국을 통일하려 했다. 지방 자치를 유지하려던 아라곤 왕국 내 바르셀로나 중심의 카탈루냐 세력은 아라곤 왕국을 카스티야 왕국으로 흡수하려던 올리바레스에게 불만이 많았다.

카탈루냐 지방의 불만은 30년 전쟁 말기 프랑스가 신교 편에 서서 참전하면서부터 더욱더 쌓여 갔다. 가톨릭 연합군의 대표인 스페인과 신교 연합의 핵심 전력이 된 프랑스와의 전쟁은 피할 수 없었다. 두 나라는 피레네 산맥이 사이에 있기는 했지만, 거리상 가까웠다. 특히 바르셀로나가 있는 카탈루냐 지방은 프랑스와 가까이 있었다. 1635년 두 나라의 군대는 카탈루냐의 북쪽에서 맞부딪혔다. 올리바레스 대공은 프랑스군을 저지하기 위해 카스티야인과 용병으로 이루어진 카스티야 왕국의 군대를 카탈루냐로 보냈다. 올리바레스 대공은 4만 명의 군인이 필요하니,

카탈루냐에서 6,000명의 군인을 소집하라고 했다. 이뿐 아니라 카탈루냐에 카스티야 군대가 머물 곳을 마련해 주라고 지시했다.

카스티야의 군대에는 돈만 보고 군대에 지원한 용병들이 많이 섞여 있어서 군기가 형편없었다. 카스티야 군인은 카탈루냐인의 집에서 지내면서 물건을 훔치거나 폭행을 가하기도 했고, 마을을 약탈하기도 했다. 카탈루냐에서 카스티야 군대가 불법 행위를 계속해서 저지르니 카탈루냐인들의 불만이 늘어났다. 카탈루냐의 부왕이었던 산타 콜로마 백작은 올리바레스 대공의 명령에 따라 카스티야 군인들을 머무르지 못하게 하거나, 카스티야 군인들의 행위를 비난하는 카탈루냐 사람들을 처벌했다. 이에 카탈루냐 사람들은 분노했다. 결국 카탈루냐 농민들을 중심으로 1640년 5월 반란이 일어났다. 반란군은 5월 말에는 바르셀로나까지 진격했다. 카탈루냐인들은 바르셀로나에 입성한 뒤 카스티야 왕국의 이익을 위해 앞장섰던 카탈루냐의 부왕 산타 콜로마 백작을 찾았다. 백작은 바르셀로나를 버리고 탈출하려다 반란군에 체포되어 살해당했다. 상황이 이렇게 돌아가자 올리바레스 대공으로선 난처했다. 군대는 프랑스와 싸우기 위해 국경 쪽에 있었기 때문이다. 프랑스군이 버티고 있는데 국경에 있는 군대를 빼서 카탈루냐의 반란을 진압하기도 어려웠다.

카탈루냐인들은 올리바레스 대공에게 대항하기 위해 프랑스에 손을 내밀었다. 프랑스의 리슐리외 추기경은 내분을 반기며, 카탈루냐인들을 뒤에서 지원해 주었다. 카탈루냐 의회는 프랑스의 군함이 카탈루냐의 모든 항구를 이용할 수 있도록 허락했다. 뿐만 아니라 프랑스 군인 3,000명을 유지하기 위한 비용을 내고 프랑스군의 도움을 청했다.

1641년 카탈루냐 의회는 프랑스 왕의 보호 아래 공화국을 유지한다는 방침을 정했다. 프랑스는 카탈루냐의 요구를 들어준다고 약속했다.

이렇게 결성된 프랑스-카탈루냐 연합군은 바르셀로나를 공략하려는 펠리페 4세에 대항하여 어렵게 바르셀로나를 지켜 냈다. 그런데 프랑스인들은 카탈루냐에 입성하자 돌변했다.

맨 처음에는 프랑스 출신의 카탈루냐 부왕이 탄생했다. 부왕은 그다음에 핵심 요직을 친프랑스 인사들로 채웠다. 카탈루냐인들이 힘들게 쌓아온 상업 기반도 프랑스인들에게 주었다. 바르셀로나는 프랑스 상인을 위한 기지로 변해 갔다. 거기다 프랑스군이 카스티야 왕국의 군대로부터 보호해 주겠다며 걷어 가는 세금은 점점 늘어갔다. 카탈루냐인은 프랑스의 루이 13세가 구원자가 아니라 펠리페 4세보다 더한 악당이라는 사실을 깨달았다. 카탈루냐인은 이제 펠리페 4세가 아니라 프랑스의 폭정에 저항했다. 프랑스는 카탈루냐의 반발로 뜻대로 이권을 챙길 수 없게 되자 카탈루냐에 점점 관심이 없어졌다. 이러한 상황은 10년 가까이 지속되었고 펠리페 4세는 프랑스와 카탈루냐 사이가 멀어지는 틈을 타 바르셀로나를 공격했다.

결국 1652년 바르셀로나는 항복했다. 펠리페 4세는 카탈루냐인들에게 자치를 약속했고, 카탈루냐인들은 펠리페 4세를 왕으로 인정했다. 프랑스는 카탈루냐를 포기하는 조건으로 카탈루냐 지역 북쪽 로세욘의 지배권을 얻었다. 로세욘은 피레네 산맥 넘어 프랑스 지역으로 나아갈 수 있는 곳으로 조그마한 땅이었다. 하지만 스페인은 프랑스와 전쟁을 할 때 피레네 산맥을 넘어 로세욘 지역에 병력을 배치하면 바로 프랑스 쪽으로 나 있는 평지로 나아갈 수 있었기 때문에 전략적으로 중요한 위치에 있었다. 로세욘이 프랑스에 넘어가면서 스페인과 프랑스의 국경은 피레네 산맥이 되었다. 덕분에 프랑스로서는 국경을 지키기가 쉬워졌다.

모든 역사는 어떤 사실을 나열하느냐에 따라서 달라진다. 카탈루냐의 반란이 일어난 이유는 올리바레스 대공이 카탈루냐에 가혹한 요구를 했고, 카스티야 군대가 카탈루냐인들을 못살게 굴었기 때문이다. 이렇게 만 보면 모든 일이 올리바레스 대공의 잘못으로 보인다. 그런데 사정을 들여다보면 꼭 그렇지만은 않다. 카탈루냐가 속한 아라곤 연합 왕국에는 아라곤 왕국, 바르셀로나 백작령, 발렌시아 왕국, 마요르카 왕국, 시칠리아 왕국, 나폴리 왕국, 사르데냐 왕국이 있었다. 아라곤 연합 왕국의 각 왕국은 지금 유럽 연합의 각 국가가 자치권을 가지고 있듯이 아라곤 연합에 속했지만 독립적이었다. 중앙 정부는 힘이 부족했고 각 지방은 자치적인 성격이 강하다 보니 세금이 잘 걷히지 않았다. 아라곤 왕국 연합의 영토는 스페인 북동부에서 이탈리아까지 뻗쳐 있었다.

아라곤 왕국 연합의 영토에서도 많은 전쟁이 있었다. 아라곤 왕국의 군사력은 카스티야 왕국보다 약했기 때문에 군사적인 어려움이 있을 때는 카스티야 왕국에 도움을 청했다. 카스티야 왕국은 아라곤 왕국 연합을 위해 군대를 동원해 싸우기도 했으니, 연합군을 결성한다는 아이디어가 완전히 불공평한 것도 아니었다.

1640년에는 포르투갈에서도 반란이 일어났다. 포르투갈은 1580년 스페인 합스부르크 가문의 왕 펠리페 2세를 포르투갈의 왕으로 받아들였다. 단, 포르투갈의 자치권을 인정해 주어야 한다는 조건이었다. 펠리페 2세 때는 포르투갈인과의 약속을 존중했기 때문에 큰 문제가 없었다. 하지만 17세기에 이르러 올리바레스 대공은 포르투갈의 자치권을 하나 둘씩 빼앗았다. 그러더니 나중에는 스페인 연합군을 만들 테니 스페인이 치르는 전쟁에 포르투갈인이 참전하라고 요구했다. 스페인은 30년 전쟁에 20년 넘게 돈을 쏟아붓고 있었으나 소득은 없었고, 전쟁의 끝은 보이지도 않았다. 올리바레스 대공은 모자라는 재정을 메꾸고자 다른 왕국에서 돈을 끌어모으고 군사를 마련하려고 했다. 포르투갈은 자신들과 상관없는 스페인 합스부르크 왕가의 전쟁에 희생을 해야 하니 불만이 커질 수밖에 없었다. 결국 브라간사 공작이 포르투갈의 독립을 위해 반란을 일으켰다. 이 반란에 올리바레스 대공의 통치에 불만이 많았던 포르투갈인들이 동참했다. 이 시기 스페인 내에서는 카탈루냐, 안달루시아에서도 반란이 일어나고 있었다. 나라 바깥에서는 30년 전쟁 중이었다. 스페인은 서남쪽 끝에 있는 포르투갈의 반란까지 진압할 여력은 없었다. 결국 브라간사 공작은 주앙 4세João IV로 즉위하여 스페인으로부터 독립했다.

바르셀로나가 프랑스의 루이 13세에게 도움을 요청한 이유

1640년 바르셀로나를 중심으로 뭉친 카탈루냐인들이 펠리페 4세를 상대로 반란을 일으키면서 프랑스의 루이 13세에게 도움을 요청했다. 그 이유는 무엇일까? 그건 바르셀로나의 탄생 역사와 무관하지 않다. 그 이유를 이해하기 위해 간단히 바르셀로나의 역사를 살펴보자.

기원전 바르셀로나에는 이베로족이 살았다. 이후 그리스인이 들어와 살았다. 암푸리아스라는 곳이 바로 그리스인이 바르셀로나에 세운 도시이다. 그리스인이 물러가고 그다음 들어온 이는 로마인이었다. 로마가 스페인을 식민지로 만들었을 때 바르셀로나가 핵심 도시는 아니었다. 카탈루냐 지방에서는 타라고나가 더 중요했다. 로마가 멸망하고 서고트왕국 때도 바르셀로나는 주목을 받지 못했다. 이후 메카에서 시작된 이슬람의 열풍은 스페인까지 점령했다. 이슬람은 서고트 왕국을 무너뜨리고 이베리아 반도의 새로운 지배자가 되었다. 물론 바르셀로나도 이슬람의 영향력 아래에 있었다. 바르셀로나를 점령하고 더 북쪽으로 전진하던 이슬람군은 732년 투르푸아티에 전투에서 프랑스군에 패배한 뒤 진군을 멈추었다. 바르셀로나가 역사 무대에 본격적으로 등장하기 시작한 것이 이 무렵부터이다.

사둔 알 루야니Sadun al-Ruayni는 792년부터 800년까지 바르셀로나 지역을 다스린 무슬림 군주였다. 코르도바에 있는 칼리프에게 불만이 많았던 그는 반란을 일으켜 독립하기를 원했다. 그가 찾은 동맹군은 프랑스 지역을 차지하고 있던 프랑크 왕국이었다. 사둔 알 루야니는 프랑크 왕국의 카롤루스Carolus 대제에게 반란을 일으키는 자기를 도와 반란에 성공할 경우 바르셀로나를 넘겨주겠다고 약속했다. 카롤루스 대제는 아들 루트비히 1세Lud'wig I를 보내 사둔을 돕게 했다. 이때 프랑크 왕국의 다른 귀족들도 함께 사둔을 돕기 위해 떠났다. 사둔은 루트비히 1세의 도움으로 반란에 성공했지만 막상 목표를 이루고 나니 생각이 달라졌다. 바르셀로나를 넘겨주겠다고 약속했던 그는 시간을 질질 끌며 바르셀로나를 지킬 궁리를 했다. 루트비히 1세는 바르셀로나를 넘겨주지 않으려는 사둔의 속셈을 꿰뚫어 보았다. 루트비히 1세는 더 이상 기다리지 않고 바르셀로나를 공격했다. 사둔은 프랑크군을 당해 낼 수가 없었다.

바르셀로나를 탈출한 그는 코르도바의 칼리프에게 잘못을 사죄하고 프랑코군을 무찌르게 도와달라고 할 작정이었다. 배신에 배신을 거듭하는 그였기에 이미 창피함도 없었다. 하지만 그는 바르셀로나를 떠나 얼마 못 가 붙잡혔다. 바르셀로나는 포위당했고, 안에 있는 시민들은 동요했다. 루트비히 1세가 바르셀로나를 공격하자 바르셀로나는 얼마 버티지 못하고 항복했다. 마침내 801년 4월 3일, 루트비히 1세는 바르셀로나를 손에 넣게 된다. 그전까지 바르셀로나는 80여 년간 무슬림의 지배를 받았다. 무슬림의 지배자들은 종교의 자유를 주는 대신, 이슬람을 믿지 않을 경우 세금을 내게 했다. 세금을 내지 않기 위해 무슬림으로 개종했던 '물라디'와 가톨릭교도는 바르셀로나에 입성하는 프랑크 왕국의 군대를 환영했다.

　루트비히 1세는 바르셀로나 함락에 공을 세웠던 프랑크 왕국의 고트족 출신인 베라에게 바르셀로나 백작 지위를 주어 다스리게 했다. 이게 바로 바르셀로나 백작령의 시작이다. 바르셀로나는 서고트 왕국 시기까지 스페인 역사에 속했다. 하지만 이슬람 지배 시기에는 프랑크 왕국의 영향력 안으로 들어가게 되었다.

　루트비히 1세는 바르셀로나를 서고트 왕국 출신의 귀족 베라에게 맡기고 본국으로 돌아갔다. 프랑크 왕국은 바르셀로나 지역을 중립 지역으로 만들어 프랑크 귀족들과 서고트인들로 하여금 이슬람군의 진격을 막도록 했다.

　바르셀로나는 프랑크 왕국에 속했지만, 프랑크 왕국은 멀리 떨어져 있던 바르셀로나를 통제할 수 없었다. 베라는 외진 곳에서 왕의 간섭을 받지 않고 군주 노릇을 하다 보니 슬며시 욕심이 들었다. 그는 급기야 820년에 반란을 일으키고는 스스로 왕이 되어 바르셀로나 왕국을 세우려고 했다. 하지만 그의 반란은 실패했고 그를 대신해 람폰이 새로운 바르셀로나 백작이 되었다. 하지만 바르셀로나의 문제는 끝이 나지 않았다.

　물러났던 이슬람 세력은 다시 힘을 비축하여 에브로강을 넘었다. 이슬람 세력은 추운 이베리아 반도의 북서쪽 지방보다 북동쪽에 있는 따뜻하고 비옥한 카탈루냐 지방을 탐냈다. 바르셀로나도 예외는 아니었다. 이슬람군은 827년, 850년, 852년, 856년에 걸쳐 바르셀로나를 매섭게 공격했다. 프랑크 왕국은 바르셀로나를 도와줄 의무가 있었지만 막상 바르셀로나가 어려움에 부딪혔을 때 도움을 주지 못했다. 프랑크 왕국의 카롤링거 왕조는 이 시기 쇠약해져 있었다. 결국 바르셀로나는 독자적으로 생존해야 했다. 878년 프랑크 왕국에 의해 임명된 바르셀로나의 백작 위프레도는 자신들을 지켜 주지 못하는 프랑크 왕국의 왕이 바르셀로나의 백작을 임명할 권리는 없다고 생각했다. 따라서 위프레도 백작이 죽은 뒤부터는 프랑크 왕국에 허락을 요청하지 않고 그의 아들이 자체적으로 백작 작위를 계승했다.

바르셀로나와 프랑크 왕국의 연결 고리는 점점 더 약해져 갔다. 둘의 연결 고리가 결정적으로 끊어진 시기는 965년 코르도바의 알만소르 Almanzor가 바르셀로나를 침략했을 때였다. 알만수르가 활약하던 당시는 스페인 내 이슬람의 힘이 제일 강할 때였다. 바르셀로나의 백작 보렐 2세는 침략을 막기 위해 프랑크 왕국에 도움을 청했다. 하지만 프랑크 왕국도 사정이 여의치가 않아서 도와줄 수 없었다. 이 시기만 해도 프랑크 왕국의 왕이 다스리던 땅은 크지 않았다. 귀족의 땅을 돈 주고 사거나 결혼을 통해서 영토를 늘리는 데 몰두하던 왕으로서는 먼 바르셀로나까지 군대를 보내 도와줄 여력이 없었다. 결국 985년 알만수르는 프랑크 왕국의 도움을 받지 못하고 고립된 바르셀로나를 점령했다. 도시는 파괴되었고, 많은 사람이 죽었다. 보렐 2세는 불타는 도시를 바라보며, 프랑크 왕국으로부터 독립해야겠다는 다짐을 했다.

이후 바르셀로나 백작령은 여러 지역으로 나누어졌다. 바르셀로나 백작령의 영주들은 프랑스 왕을 바르셀로나의 왕으로 인정하지 않았다. 강력한 왕이 없으니 영주들은 9세기부터 12세기까지 서로 싸우기 바빴다. 바르셀로나 백작령과 프랑크 왕국은 별개로 존재했다. 하지만 1256년까지는 프랑크 왕국에서 여전히 바르셀로나를 프랑크 왕국의 영토로 간주했다.

1035년에는 사라고사를 수도로 하는 아라곤 왕국이 탄생했다. 아라곤 왕국에서도 각 영주들의 힘이 셌기 때문에 아라곤 왕국의 왕은 큰 힘이 없었다. 아라곤 왕국이 등장했을 때에도 바르셀로나 백작령은 별개의 지역이었다. 그런데 1150년에 바르셀로나의 백작과 아라곤 왕국의 공주가 결혼하면서 두 지역에 속하던 아라곤 왕국, 바르셀로나 백작령, 마요르카 왕국, 발렌시아 왕국이 아라곤 왕국으로 합쳐졌다. 하지만 그 결합은 단단하지 않았다. 아라곤 왕국은 연합의 성격을 띠었기 때문에 카스티야 왕국처럼 중앙으로 힘이 모이지 않았다. 카스티야 왕국은 국력을 무슬림과 싸우는 데에 집중했고, 싸우기 위해서는 내부의 힘을 하나로 합쳐야 했으므로 카스티야 왕국은 중앙 집권적인 성격을 띠었다.

아라곤 왕국 연합이 성립되었을 시기에 이베리아 반도에는 카스티야 왕국과 이슬람 세력이 버티고 있어서 아라곤 왕국이 더 확장할 만한 지역은 없었다. 대신 아라곤 왕국은 지중해로 눈을 돌렸다. 눈을 돌리자 기회가 보였다. 일찍이 기원전에 그리스인은 무역을 위해 바르셀로나까지 오기도 했다. 바르셀로나는 지중해로 나아가기 위한 최적의 위치에 있었다. 바르셀로나가 지중해 무역 루트의 거점으로 부상하면서 많은 상인이 몰려들었고 그와 함께 바르셀로나도 성장하며 도시가 커졌다. 베네치아, 제노바, 밀라노, 피렌체 등 상인의 힘이 센 도시에서는 국정 운영에 상인들의 입김이 많이 작용하기 마련이었다. 바르셀로나도 마찬가지로 상인의 힘이 셌고 왕의 힘은 약했다.

오늘날 바르셀로나가 있는 카탈루냐 지방에서는 카탈란Catalán이라는 고유어를 쓴다. 카탈란은 프랑스어와 비슷한 면도 있고 스페인 공식 언어인 카스테야노와 유사한 면도 있다. 그 이유는 바르셀로나가 이슬람이 이베리아 반도를 지배할 때 프랑스 귀족이 정착해서 만든 도시이기 때문이다. 그리고 지속적으로 카탈루냐 지방에서 스페인으로부터 독립하려는 움직임이 나타나는 이유는 카스티야 왕국과 다른 길을 걸었던 역사적 배경과 무관하지 않다.

30년 전쟁에서 프랑스가 신교 연합에 참여하면서 신교 연합의 힘이 강해지기는 했지만 그렇다고 가톨릭 연합을 압도한 것은 아니었다. 가톨릭 연합군은 1636년에 프랑스를 공격해서 파리까지 쳐들어가기도 했다. 다시 양측은 패배와 승리를 주고받으며 시간을 보냈다. 어느 한쪽이 강력해서 다른 한쪽을 압도할 수 없는 상황이었다.

프랑스에서는 30년 전쟁 참전을 주도했던 리슐리외 추기경이 1642년에 죽었다. 그다음 해에는 루이 13세가 죽었다. 리슐리외 추기경의 뒤를 이어 권력자가 된 마자랭Jules Mazarin 추기경은 어린 루이 14세Louis XIV를 대신하여 프랑스를 통치했다. 마자랭 추기경은 더 이상 전쟁을 지속하고 싶지 않았다. 때마침 신성로마제국에서도 큰 변화가 있었다. 강경한 가톨릭교도였던 페르디난트 2세가 죽고 페르디난트 3세Ferdinand III가 즉위했다. 페르디난트 3세 역시 기나긴 전쟁을 끝내기 위해 신교 연합과 협상을 시도했다. 스페인도 마찬가지로 평화를 원했다. 계속되는 전쟁으로 자원이 고갈되고 있었고, 포르투갈과 카탈루냐에서 일어난 반란으로 스페인 국내 상황도 복잡했다.

평화 협상은 진행 중이었지만 양측의 이견을 좁히기는 어려웠다. 프랑스와 스웨덴은 협상 중에도 전투를 벌이며 착실히 야금야금 영토를 넓혀 갔다. 1648년에 이르러서는 신성로마제국 황제가 다스릴 수 있는 땅이 합스부르크 가문의 오스트리아 영지 정도밖에 남아 있지 않았다. 가톨릭 연합과 신성로마제국은 더는 고집을 부리며 버티기가 어려웠고 결국 패배를 받아들였다.

1648년 스페인, 신성로마제국의 가톨릭 진영 대표와 프랑스, 스웨덴의 신교 진영 대표 그리고 네덜란드와 신성로마제국 내의 제후들이

뮌스터 조약
베스트팔렌 조약 가운데 하나인 뮌스터 조약. 원래 베스트팔렌 조약은
뮌스터 조약과 오스나브뤼크 조약으로 구성되어 있다.
두 조약은 상호보완적 성격을 띠었고, 조약이 이뤄진 두 도시 모두 독일의
베스트팔렌 지방에 있었으므로 편의상 한데 묶어 베스트팔렌 조약이라 부른다.

베스트팔렌 지방에 모여 협상을 진행했다. 이 협상에서 공식적으로 네덜란드와 스위스의 독립이 승인되었고, 칼뱅파가 정식 종교로 국제적으로 공인을 받았다. 신성로마제국에서 신교 재산권을 침해했던 회복 칙령은 무효가 되었다. 이 협상으로 신성로마제국 황제의 힘은 크게 줄어들고 신성로마제후국이 독립적인 주권을 획득하여 모든 제후는 독립적으로 외교를 할 수 있었고 조약을 체결할 수도 있었다. 제후들은 영지에서 화폐 발행, 세금 징수, 군대 모병이 가능해졌고, 황제의 허락 없이 전쟁을 할 수도 있었다. 다만 여기에는 신성로마제국의 황제에게는 전쟁을 선포할 수 없다는 조항이 있었다. 리슐리외 추기경 때부터 프랑스가 원하던 그림은 신성로마제국 황제의 권력을 약화시키는 것이었다. 황제의 힘이 약해야 신성로마제국이 분열되고 분열된 제후국은 프랑스에 상대할 수 없는 약한 존재이기 때문에 걱정을 하지 않아도 되었기 때문이다.

승리의 주역인 프랑스는 알자스 땅 대부분과 메츠, 툴루즈, 베르됭 등을 차지했다. 프랑스보다 먼저 신교 연합을 위해 싸웠던 스웨덴은 서부 포메른, 비스마르, 브레멘, 슈테틴 주교령을 획득했다. 추가로 프랑스와 스웨덴은 신성로마제국 제후 모임에서 투표권을 얻었다. 신성로마제국과 스페인은 30년 전쟁에 오랜 기간 막대한 물자를 쏟아부었으나 결국 가톨릭 연합군이 패배하면서 아무것도 얻지 못했다.

30년 전쟁의 희생자 수는 750만 명에 이르렀다. 신성로마제국은 가장 큰 피해를 보았다. 30년 전쟁이 일어나기 전에 2,100만 명이던 신성로마제국의 인구는 1,350만 명으로 줄어들었다. 종교가 전부라고 믿었던 사람들은 30년 전쟁을 겪으며 종교 때문에 지옥과 같은 일들이 현실 세계에 펼쳐지자 신과 종교가 무엇인지 고민했다. 아무리 종교가 중요하다 하더라도 수백만 명의 사람이 죽을 만한 가치가 있는지에 대해서는 의문을 던질 수밖에 없었다. 그러한 고민을 바탕으로 17세기 영국, 프랑스, 이탈리아에서는 위대한 과학자와 철학자들이 속속 등장해서 새로운 사상을 전파하고 과학 발전에 기여해 사회에 새로운 활력을 불어넣었다. 종교보다 이성을 중시하는 흐름이 생겨나며, 종교의 힘은 약해졌다.

스페인은 신성로마제국처럼 초토화되지는 않았다. 하지만 이 시기 이후부터 본격적으로 몰락의 길을 걷기 시작했다. 다른 유럽은 신교를 인정하며 새로운 사상을 받아들이며 발전해 나갔다. 루터는 이미 가톨릭교회의 부패함을 지적해서 종교 개혁을 일으켰고, 30년 전쟁 이후 가톨릭의 힘은 갈수록 줄었다. 이 모든 변화에서 스페인은 예외였다. 프랑스에서는 이미 데카르트가, 영국에서는 베이컨과 뉴턴이 활동하던 시기에 스페인을 대표하는 과학자나 철학자는 잘 떠오르지 않는다. 그 이유는 스페인 사회에서는 위대한 사상가나 과학자가 활약할 무대가 없었기 때문이다. 스페인에서는 가톨릭교회의 힘이 절대적이었다. 스페인의 가톨릭은 왕과 결탁하였기 때문에, 종교재판소는 가톨릭의 교리에 배반되는 것뿐만 아니라 절대왕정을 위협하는 것에도 칼날을 들이댔다. 게다가 가톨릭의 예수회가 대학을 장악하고 있었기 때문에 연구도 가톨릭의 입맛에 맞는 연구만 진행되었다. 예수회는 전반적으로 상업에 대해서는 좋지 않게 생각했기 때문에, 활발한 상업 활동을 장려하는 분위기도 아니었다. 또한 책을 통해 새로운 사상을 접하는 것도 어려웠다. 종교재판으로 책을 검열해서 가톨릭 외 다른 사상을 다루는 책의 출판을 막고 금서를 읽는 경우는 처벌했기 때문이다. 이처럼 지극히 보수적인 스페인 사회에서 세상을 바꿀 만한 사상, 인물은 나올 수 없었다.

가톨릭을 고집한 스페인과 달리 16세기 영국은 헨리 8세Henry VIII가 가톨릭과 대립하여 교황의 간섭을 받지 않는 성공회를 설립했고, 프랑스는 낭트 칙령으로 종교의 자유를 보장해 주었다. 스페인은 여전히 이 시기에 가톨릭을 고수하며 변화를 거부했다. 한때 세계에서 제일 넓은 영토를 자랑하던 스페인은 판단 착오로 패권을 잃었다. 이러한 스페인의 역사는 나라가 발전하기 위해서는 그에 걸맞은 사상적 토대가 받쳐 주어야 한다는 것을 다시 한 번 증명해 주고 있다.

세상에서 가장 찜찜한 세제

역사상 최고로 찜찜한 세제는 무엇일까? 아마도 17세기 마드리드에서 쓰였던 세제였을 것이다. 그 세제의 원료에 대해서 말하기 전에 우선 17세기 스페인의 마드리드로 가 보자.

어머니 수산나는 아들 안토니오에게 세제를 사 오라고 심부름을 시킨다. 안토니오는 투덜거리며 집을 나선다. 세제를 파는 곳은 마드리드의 변두리에 있는 골목길이다. 그 골목길에는 아궁이를 청소하느라 늘 옷과 얼굴에 검은 그을음이 묻어 있는 청소부들이 살고 있다. 청소부들은 집에서 세제를 팔았다. 안토니오가 세제 심부름을 하러 갈 때마다 투덜거리는 건 단순히 심부름하기가 귀찮기 때문만은 아니었다. 그들이 모여 사는 골목길에는 어딘가 음침한 구석이 있었고, 세제를 파는 청소부들은 하나같이 웃음기가 없었다. 안토니오는 늘 가던 청소부의 집으로 들어갔다. 그의 집 안에는 구석구석 재가 가득한 포대 자루가 쌓여 있었다. 안토니오는 그에게 얼른 돈을 건네고 그 집을 나섰다. 아궁이 청소부들이 사는 음침한 구역에서도 나갔지만 어딘가 찜찜한 기분은 가시질 않았다. 안토니오가 계속 찜찜하게 느낀 이유는 무엇일까?

중세 유럽은 가톨릭의 힘이 셌다. 가톨릭교회는 교리에 어긋나거나 다른 종교를 믿는 사람들을 종교재판으로 심판하여 그들의 목숨까지 빼앗을 수 있었다. 종교재판으로 제일 악명 높은 나라는 스페인이 맞다. 하지만 종교재판이 유럽에 처음 도입된 곳은 스페인이 아니었다. 유럽 최초의 종교재판은 프랑스에서 1184년 실시됐으며, 스페인은 15세기 말에 이르러서야 세비야에서 종교재판을 시행했다. 프랑스의 경우에는 프랑스 주교가 카타르파를 없애기 위해서 종교재판을 주관했다. 이에 반해 스페인은 왕이 종교재판관을 지명했기 때문에 종교재판은 왕의 영향력으로부터 벗어날 수 없었다.

마드리드는 펠리페 4세 시기에 종교재판소가 설치되기 전까지는 톨레도의 종교재판소를 사용했다. 하지만 이후 마드리드가 커지면서 늘어나는 이교도를 심판하기 위해 마드리드에도 종교재판소가 들어섰다. 이교도의 색출은 대부분 밀고자의 신고에 의지했다. 밀고자가 신분을 밝히지 않아도 되다 보니 이교도로 체포되어 종교재판에 넘겨지는 사람 중에는 죄가 없는 경우도 많았다. 마드리드에서 종교 문제로 체포된 사람들은 이사벨 라 카톨리카 길^{calle Isabel la Católica}로 끌려갔다. 이 길의 이름은 예전에는 종교재판의 길^{calle de la Inquisición}이었다. 이곳에는 1869년까지 산토 도밍고 수도원이 있었다.

죄수들은 수도원 지하에 있는 감옥에서 밤낮으로 그들의 죄를 고백할 때까지 고문을 받았다. 지금 이 지하 감옥은 현재 머큐어^{Mercure} 호텔에서 칵테일바로 사용하고 있다. 그 역사를 안다면 아마 그 바는 세계에서 제일 음침한 칵테일바의 후보로 올라갈 수 있을 것이다.

자발적이든 자발적이지 않든 죄를 고백한 죄수들은 그다음에 종교재판이 시행되는 마요르 광장으로 끌려갔다. 그곳에는 신의 뜻을 거역한 자들의 운명을 지켜보기 위해 수많은 사람이 모여 있었다. 종교재판관들은 그들에게 화형을 선고하기도 하고 교수형을 명령하기도 했다. 마요르 광장은 마드리드 중심부였기에 이곳에서 교수형이나 가로테 빌(목을 졸라 죽이는 사형 기구)을 이용해서 사형을 시키기는 했지만, 화형을 집행하지는 않았다. 화형의 경우에는 알칼라 문^{puerta de Alcalá}에서 집행되었다. 알칼라 문은 마요르 광장처럼 마드리드 시내의 중심부는 아니었지만, 그렇다고 외곽도 아니었다. 알칼라 문에서 태우는 이교도의 타는 냄새가 온 마드리드에 진동했고, 그 주변의 부동산 가격은 폭락했다. 왕이나 가톨릭교회가 원하는 것은 종교재판을 통한 통

마요르 광장

종교재판이 시행되던 마요르 광장의 오늘날 모습. 마요르 광장은 마드리드
중심부였기에 이곳에서 교수형이나 가로테 빌을 이용한 사형을 집행하곤 했지만
화형을 집행하지는 않았다. 오늘날의 관점으로 보자면 조금 끔찍하게 들리지만
당시 사형 집행은 사람들이 관심 있게 지켜 보는 중요한 이벤트 가운데 하나였다.

제였지, 악취나 땅값이 떨어진다고 항의하는 귀족의 원성이 아니었다. 결국
화형장은 알칼라 문에서 당시 마드리드 외곽에 있는 글로리에타 데 루이스
히메네스Glorieta de Ruiz Giménez로 이사 갔다.

글로리에타 데 루이스 히메네스에 있던 화형장의 모닥불은 꺼지지 않고
계속 타올랐고, 그만큼 타고 남은 재도 끝없이 쌓여 갔다. 재는 종교재판의
불길이 유일하게 남긴 죄인의 흔적이었다. 그리고 그 흔적은 아궁이를 청소
하는 사람들이 치워야 했다. 옛날에는 같은 직업에 종사한 사람들끼리 모여
살았는데 아궁이 청소부들이 살던 곳은 아토차역 근처였다. 이들은 시키면
일을 할 뿐 어떤 일을 할지, 말지를 결정할 힘은 없었다. 어떤 날은 제과점의
아궁이를 치우기도 했고, 또 다른 날은 화형장을 치우기도 했다. 화형장 재

를 치우는 청소부들은 처음에는 그 악취와 불길한 느낌 때문에 일하기를 꺼렸다. 하지만 점점 시간이 지나면서 화형장의 재를 치우는 게 익숙한 일이 되었다. 나중에는 그 일이 짭짤한 부수입도 올릴 수 있어 제법 괜찮은 일이라는 것을 깨달았다.

화형장에서는 재가 다른 곳보다 유난히 더 많이 나왔다. 청소부들은 그 재를 치운 뒤 버리지 않았다. 그들은 그 재를 가져가서 팔았다. 그들이 어떤 형태로 재를 판매했는지는 알 수 없다. 오늘날 향기 나는 락스처럼 재에 향이 나도록 처리하거나 특별한 용기에 넣어서 판매하지는 않았을 것이다. 가끔 다 타지 않은 뼈나 머리카락 등이 나올 수 있었지만, 마드리드 사람들은 그 재를 물과 섞어서 락스 대용으로 썼을 것이다.

잿물은 재를 우려 낸 물이라는 뜻으로 락스의 효과가 있어서 우리나라에서도 현대적인 세제가 도입되기 전까지 사용했다. 아토차 기차역 근처에는 지금도 재받이의 길calle de Cenicero이 있는데 바로 그곳이 아궁이 청소부들이 거주하며 재를 팔던 곳이다. 17세기 마드리드 사람들은 그 재로 잿물을 만들어 집 안과 길 곳곳을 청소했다. 마드리드에서는 1834년에 이르러 종교재판이 사라졌다.

사실 여기까지는 전설이다. 그런데 화형장의 불길이 365일 꺼지지 않을 정도로 그렇게나 많은 사람들이 화형을 당했을까? 종교재판의 서기로 근무했던 후안 안토니오 요렌테Juan Antonio Llorente가 1822년 펴낸 『종교재판의 역사 비평Historia crítica de la Inquisición』에서는 그때까지 약 34만 명이 종교재판에 넘겨졌고, 3만 2천여 명이 사형을 당했다고 적었다. 종교재판의 희생자 수는 역사학자들마다 제시하는 수치가 다르다. 후안 안토니오 요렌테가 활동하던 시기는 스페인 내에서 자유주의가 태동하면서 가톨릭과 갈등이 극에 달하던 시기였다. 후안 안토니오 요렌테는 교회의 권력이 약화되길 바라는 자유주의

아토차역

오늘날의 아토차역은 옛날 아궁이 청소부들이 모여 살던 지역에 들어서 있다. 아궁이 청소부들은 아궁이뿐만 아니라 종교재판의 화형장까지 청소해야 했다. 이들은 청소 이외에도 모은 재를 세재 대신 팔아 부가수입을 얻었다.

자였다. 자유주의자들은 가톨릭의 종교재판에서 처형당한 사람의 수를 과장함으로써 가톨릭교회의 힘을 빼앗으려고 했다. 그러므로 후안 안토니오 요렌테는 종교재판의 희생자 수를 과장하여 가톨릭교회에 불리한 자료를 내놓았을 가능성도 있다.

스페인 종교재판에서 화형을 선고받는 경우는 그리 많지 않았다고 주장하는 학자도 있다. 덴마크 출신의 구스타프 헤닝센Gustav Henningsen 교수는 1540년과 1700년 사이에 44,674건의 이단 재판이 스페인과 스페인령 식민지에서 열렸고, 사형 선고를 받은 이는 1,604명이었다는 연구 결과를 발표했다. 그러나 실제로 사형을 당한 이는 826명이고, 778명은 사람이 아닌 지푸라기로 만든 인형을 대신 태웠다고 한다.

마드리드의 도토리 줍기 행사

마드리드에서는 매년 11월 15일 도토리를 줍는 행사 La Romería de las Bellotas가 있다. 이 행사의 기원은 펠리페 4세가 통치하던 1642년으로 거슬러 올라간다. 1642년 11월 15일 펠리페 4세는 마드리드에 있는 왕실 사냥터로 사냥하러 갔다. 펠리페 4세는 통치 능력은 형편없었지만, 사냥 실력은 뛰어났다. 다만 그 실력을 발휘할 사냥감을 만나기가 어려웠다. 그날은 운이 좋았다. 펠리페 4세 앞에 멧돼지 한 마리가 나타난 것이다. 멧돼지는 펠리페 4세가 지금껏 사냥했던 어떤 멧돼지보다 크고 날쌨다. 그는 재빨리 활을 쐈다. 화살은 멧돼지의 급소에서 빗나가 등에 꽂혔다. 놀란 멧돼지는 피를 흘리며 펠리페 4세 반대편으로 질주했다.

펠리페 4세와 호위병들은 말을 타고 멧돼지를 쫓아갔다. 하지만 멧돼지가 어찌나 빠른지 어느새 보이지 않았다. 그들은 멧돼지가 흘린 피의 흔적도 놓치고 말았다. 평소 같았으면 다른 사냥감을 찾았을 테지만 그렇게 큰 멧돼지를 본 적이 없었기 때문에 펠리페 4세는 꼭 그 멧돼지를 잡고 싶었다. 등에 화살을 맞은 멧돼지는 피를 흘리며 조금씩 힘이 빠질 터였다. 펠리페 4세는 멧돼지가 완전히 도망간 게 아니라, 근처에 숨어 있을 것으로 생각했다. 그는 말에서 내려 호위병들과 함께 근처를 수색했다.

수색한 지 얼마 지나지 않아 수풀에서 커다란 생명체가 움직이는 소리가 났다. 분명히 화살을 맞은 멧돼지가 틀림없다고 생각한 펠리페 4세는 시위를 팽팽하게 당겨 언제든지 쏠 준비를 한 채 수풀로 다가갔다. 가까이 다가가서 보니 수풀 안에 분명히 무언가가 있었다. 또 도망갈까 염려한 펠리페 4세가 활을 쏘려는 순간이었다. 수풀 속에서 초라한 차림을 하고 삐쩍 마른 한 남자가 두 손을 들고 나왔다.

"쏘지 마세요!"

호위병들은 느닷없이 낯선 사람이 출몰하자 얼른 그를 제압하여 포승줄로 묶었다. 그가 왕에게 어떤 위협을 가할지 몰랐기 때문이다. 암살자라기에는 그의 행색은 초라했다. 그는 포박을 당할 때도 아무런 저항을 하지 않았다. 호위병들은 그를 왕 앞에 꿇어 앉혔다. 왕은 그에게 물었다.

"너는 누구냐?"

"저는 이 아래 사는 평민입니다."

"여기는 왕실 사냥터다. 네가 여기 왜 있느냐?"

그는 수풀 속에서 커다란 자루를 가리켰다. 그 안에는 도토리가 가득 들어 있었다.

"아내와 아이들이 굶고 있는데 집에 먹을 것이 아무것도 없었습니다. 먹을 것을 찾아 떠돌다가 여기에 오니 도토리가 있더라고요. 그래서 도토리를 줍고 있었습니다."

그는 두려움에 떨면서 말했다. 왕실 사냥터에 침입해서 도토리를 훔쳤으니, 왕의 소유물을 훔친 셈이었다. 늘 왕궁에서 먹고 마시며 편하게 지내다보니 펠리페 4세는 평민의 삶이 어떤지 알 수 없었다. 그날의 만남으로 펠리페 4세는 평민이 얼마나 힘들게 사는지 알 수 있었다. 펠리페 4세는 그를 풀어주고, 매일 11월 15일에 왕궁 사냥터를 개방하여 어떤 사람이든 원하는 만큼 도토리를 가져갈 수 있도록 했다. 이날은 에우헤니오 성인San Eugenio의 축일이었다. 사람들은 이날을 '에우헤니오 성인의 순례 여행Romería de San Eugenio'이라고 불렀다. 도토리 줍기 행사는 펠리페 4세 이후 계속되다 스페인 내전이 일어나며 중단되었다. 이후 1993년부터 다시 시작되어 마드리드에서 매년 11월 셋째 주 일요일에 열린다.

펠리페 4세와 명예혁명

1649년 영국에서는 올리버 크롬웰Oliver Cromwell이 이끄는 의회파가 찰스 1세Charles I를 처형했다. 공화국을 출범시킨 올리버 크롬웰은 두 가지 난관을 극복해야 했다. 첫 번째는 영국 내에 왕정 복귀를 원하는 이들을 공화제 안으로 통합시켜야 했다. 두 번째는 대외적으로 영향력이 있는 강대국으로부터 공식 정부로 인정을 받아야 했다.

스페인과 프랑스는 30년 전쟁에서 맞수로 싸웠으나 왕정 체제라는 공통점이 있었다. 영국에서 왕이 처형당하는 모습을 보면서 스페인이나 프랑스의 왕정을 옹호하는 왕이나 귀족들은 영국의 공화정을 비판적으로 바라보았다. 영국에서 시작된 공화정이 확산되면 좋을 게 없었다. 왕이 처형당했다는 사실은 유럽의 왕정 체제를 뿌리째 흔들 수 있는 사건이었다. 왕이나 귀족들이 가장 두려워하는 것은 자기 나라의 시민들이 영국 공화정의 성공을 바라보며 왕을 처형시키고 공화제가 가능하다고 생각하는 것이었다. 상황이 이렇다 보니 공화제의 수장 올리버 크롬웰이 왕정 체제의 이웃 국가에 혁명의 정당성을 설득시키는 일이 쉬울 리 없었다. 하지만 올리버 크롬웰은 운이 좋았다. 그 옆에 최고로 뛰어난 외교 비서관이 있었기 때문이다. 그 외교 비서관의 이름은 존 밀턴John Milton이었다.

『실낙원Paradise Lost』으로 유명한 영국 시인 존 밀턴은 올리버 크롬웰의 외교 비서관으로 외교 문서 작성을 도맡았다. 올리버 크롬웰의 정부가 출범한 지 1년 뒤 1650년 존 밀턴은 아래와 같이 시작되는 외교 문서를 스페인의 펠리페 4세에게 보냈다.

"지혜로우시고 용맹하신 펠리페 4세 폐하께 앤서니 애스컴Anthony Ascham을 사절로 보냅니다. 그는 훌륭한 가문의 자제로 박식하고 사리에 밝아 현재 당면한 영국과 스페인의 외교 문제를 논하기에 적절한 인재입니다."

앤서니는 1650년 5월 존 밀턴이 쓴 외교 문서를 가지고 마드리드에 도착했다. 그는 올리버 크롬웰의 공화정에 찬성하는 핵심 인물 가운데 한 명이었다. 앤서니는 마드리드에 있는 고급 숙소에 묵으며, 펠리페 4세를 비롯해 귀족들과 면담했다. 그의 말은 존 바티스타 데 리파John Baptista de Ripa가 유려한 스페인어로 통역해서 스페인 권력층과 의사소통에 문제가 없었다. 앤서니는 올리버 크롬웰이 출범시킨 공화 정부가 스페인으로부터 인정받을 수 있도록 최선을 다했다. 존 밀턴이 말한 대로 그는 박식하고 사리에 밝은 인물이었다.

하지만 그는 스페인에서의 일정을 다 소화하지 못했다. 마드리드에 체류한 지 이틀째 되는 날 앤서니는 통역사 존과 함께 숙소를 나섰다. 숙소를 나서서 외진 골목길을 돌아서 나가는데 갑자기 6명의 무리가 험악한 표정으로 그들을 둘러쌌다. 강도인가 싶었는데, 그들은 유창한 영어를 썼다. 바로 찰스 1세를 지지하는 영국의 왕당파 열혈 단원들이었다. 그들은 찰스 1세의 처형을 주도한 의회파와 앤서니를 질책하고 난 뒤 앤서니와 존을 칼로 찔러 죽였다. 둘의 목숨이 끊어진 것을 확인하고 난 뒤 왕당파 무리는 서둘러 도망갔다. 비명을 듣고 뒤늦게 사건 현장으로 출동한 마드리드의 경비대는 왕당파 무리를 쫓아갔다. 왕당파 무리와의 거리는 점점 좁혀졌다. 왕당파 무리는 경비대에게 체포되지 않기 위해 아토차의 한 성당으로 숨어 들어갔다. 그들은 성당에서 농성했지만, 사방이 포위되어 탈출하지 못하고 결국 체포되었다.

문제는 그다음이었다. 앤서니를 살해한 무리는 영국의 왕정을 지지하는 이들이었다. 영국의 올리버 크롬웰 정부는 공화정의 핵심 인물인 앤서니를 살해한 그들을 처형하라고 스페인에 압박을 가했다. 그런데 스페인 입장에서 영국 왕당파 무리를 쉽게 처형할 수 없었다. 스페인은 엄연히 왕이 국가를 다스리는 왕정 체제였기 때문이다. 영국의 외교 사절을 죽인 것은 죽을죄였다. 하지만 왕정을 옹호하고 왕을 처형한 죄를 물어 앤서니를 암살한 것은 왕정 체제의 스페인에서는 오히려 상을 주어야할 행동이었다. 스페인 정부에서 이러지도 못하고, 저러지도 못하는 사이 영국의 올리버 크롬웰 정부는 어서 빨리 왕당파 살인자 무리를 처벌하라고 닦달했다. 결국, 스페인 정부는 그 무리 중의 리더를 가로테 빌로 처형하고 나머지는 감옥에 가두었다.

앤서니의 희생은 헛되지 않았다. 펠리페 4세는 앤서니와 면담했을 때 그의 말을 주의 깊게 들었다. 그러면서 펠리페 4세의 마음이 점점 영국의 공화제 정부를 인정하는 쪽으로 기울어졌다. 그 결과 스페인은 1651년 왕정 국가로는 최초로 올리버 크롬웰의 영국 공화정을 인정했다. 스페인이 왕정 체제를 유지하고 있었던 17세기 중반의 상황을 고려하면 이는 파격적인 움직임이었다.

물론 꼭 스페인이 영국 공화정을 인정한 게 단순히 영국만의 이익을 위해서는 아니었다. 스페인은 영국과 동맹을 맺어 30년 전쟁에서 승리하여 전리품을 두둑이 챙긴 숙적 프랑스를 견제하고자 했다. 또 한 가지이유가 더 있었다. 영국과 네덜란드의 사이가 좋지 않았기 때문이다. 적의 적은 친구라는 말처럼 스페인은 영국과 동맹을 맺는 게 현명했다. 하지만 역사상 영원한 적도 친구도 없다. 올리버 크롬웰이 1654년 스페인의 아메리카 대륙 식민지인 자메이카를 공격하면서 스페인과 영국의 끈은 얼마 못 가 끊어졌다.

마르가리타 공주가 일찍 죽은 또 다른 이유

펠리페 4세의 공식적인 딸은 여러 명이었지만, 어렸을 때 죽지 않고 성인이 된 딸은 마리아 테레사^{María Teresa}와 마르가리타 테레사^{Margarita Teresa de Austria} 두 명뿐이었다. 벨라스케스^{Diego Velázquez}의 「시녀들」에 등장하여 귀여움을 뽐낸 마르가리타 테레사 공주는 스페인에서 가장 유명한 공주가 아닐까 싶다. 스페인 왕의 딸로 태어나, 신성로마제국 황제 레오폴트 1세와 결혼한 그녀는 한 가지만 빼고 세상 모든 것을 다 가질 수 있었다. 그녀가 가질 수 없었던 단 한 가지는 건강이었다.

그녀는 몸이 약한 편이었으나 후계자를 낳기 위해 계속해서 임신해야만 했다. 그녀는 21년을 살았는데 그동안 네 번 임신했고 그중 두 번을 유산했다. 두 번째 유산을 하고 나서 몸에 무리가 가면서 원래 앓고 있던 기관지염이 더 심해졌다. 몸을 우선해서 돌봐야 했으나 그녀에게는 아들을 낳아야만 한다는 압박감이 있었다. 그녀는 몸 상태가 좋지 않았지만 네 번째 아이를 임신했다. 마르가리타 공주는 간절히 배 속의 아이가 아들이며, 건강하게 태어나게 해 달라고 기도드렸다. 마침내 그녀는 네 번째 아이를 출산했다. 다행히 출산에는 성공했지만 딸이었고, 원래 몸이 약한 데다 힘든 출산으로 그녀의 몸은 훨씬 안 좋아졌다. 그녀가 건강을 회복하도록 모든 노력이 동원되었지만 그녀의 몸 상태는 점점 더 악화되었고 결국 그녀는 병상에서 일어나지 못하고 21세의 나이로 죽고 말았다.

보통 마르가리타 공주가 단명한 이유로는 이 같은 무리한 출산 및 유산과 더불어 근친 간의 결혼으로 태어나 몸이 약했다는 이유를 꼽는다. 하지만 그 외에 다른 이유가 있다는 주장도 있다. 이러한 주장의 근거는 벨라스케스가 그린 「시녀들」 그림에 잘 나타나 있다. 그림에서 마르가리타 공주의 왼쪽을 보면 시녀인 마리아 아구스티나 사르미엔토가 조그만 도자기병을 공주에게 건네고 있다. 그 도자기병 안에는 17세기 귀족 여인들이 얼굴을 하얗게 만들어 준다고 믿었던 비밀의 명약이 들어 있었다. 그 명약은 바로 향수를 섞은 진흙이었다. 17세기에 사람들은 진흙을 먹으면 얼굴이 하얘진다고 믿었다. 그래서 그 시기 여자들은 하얗게 질린 얼굴을 유지하기 위해 매일매일 작은 도자기 분량의 진흙을 먹었다.

21세기 초 스페인에서는 해변에서 태운 구릿빛 피부의 여인들이 인기가 좋다. 그래서 여자들은 햇살에 살이 타들어 갈 것 같은 날에도 해변에 나가 일광욕을 즐긴다. 반대로 17세기 스페인에서는 창백한 피부가 인기 있었다. 돈 냄새를 귀신같이 맡는 발 빠른 상인들은 진흙에 향수를 섞어 고급 도자기에 담아 팔았다. 게다가 진흙에도 등급을 매겨 귀족들이 더 많은 돈을 쓰게 부추겼다. 이 시기에 가장 상급품은 포르투갈의 에스트레모스에서 나오는 진흙이었다.

진흙을 먹어서 얼굴이 정말 하얘질 수 있을까? 그럴 수도 있고, 아닐 수도 있다. 진흙 자체에 얼굴을 하얗게 해 주는 성분은 없다. 하지만 진흙을 먹으면 소화 기관에 큰 무리를 준다. 진흙은 위에서 소화를 못 시키기 때문에 진흙이 장에 쌓여서 장이 막히는 경우도 있었다. 진흙으로 인해서 장이 막히거나 소화기관에 문제가 생겨 많이 아플 때에는 아무래도 얼굴이 하얗게 질려 보이지 않았을까? 얼굴만 창백해지면 그나마 다행이었다. 진흙에는 독이 있는 경우도 있어서 많은 여인이 진흙을 먹고 목숨을 잃기도 했다.

진흙을 먹는 유행은 마르가리타 공주가 태어났을 때도 여전했다. 17세기 스페인에서 활동했던 시인 케베도는 "진흙을 먹었던 아름다운 처녀[A una moza

시녀들
벨라스케스의 대표작 가운데 하나인 「시녀들」.
시녀들에 등장하는 주인공인 마르가리타 테레사 공주는
단명했다. 그녀가 단명한 것은 당시 미용을 위해 유행하던
향수 섞은 진흙을 자주 먹은 탓이라는 흥미로운 가설도 존재한다.

hermosa que comía barro"라는 표현을 썼다. 로페 데 베가는 「마드리드의 강철 El Acero de Madrid」이라는 작품에서 "얼굴이 창백한 소녀여, 너는 사랑에 빠져 있거나 진흙을 먹는구나Niña de color quebrado, o tienes amor o comes barro"라고 적었다. 이처럼 스페인 문학 작품에 등장할 만큼 진흙은 유명한 미용 보조제였다.

하얀 얼굴은 스페인에서만 미인의 조건이 아니었다. 영국에서도 여인들이 얼굴을 하얗게 보이기 위해 목숨을 건 노력을 했다. 스페인에서는 귀부인들이 진흙을 먹었다면, 영국에서는 얼굴에 납으로 만든 분을 발랐다. 납으로 만든 분은 '베네치아의 백연 Venetian ceruse'으로 불렸다. 백연으로 만든 분은 얼굴에 펴 바르면 얼굴이 하얗게 보였다. 그런데 그 부작용은 진흙을 먹는 것만큼 치명적이었다.

진흙을 먹었을 때 배에 탈이 나서 얼굴이 창백해 보이는 것처럼 백연도 얼핏 보기에는 피부를 하얗게 만드는 것 같았다. 하지만 실제로는 얼굴을 노란색, 녹색, 붉은색이 돌도록 만들었다. 부작용도 심각했다. 탈모를 유발해서 머리가 한 움큼씩 빠졌다. 눈은 통통 붓고 새빨갛게 충혈되었으며 눈물이 계속 흘러나왔다. 백연은 이에도 치명적이었다. 백연은 이를 썩게 했고, 그 과정에서 지독한 냄새가 났다. 외적으로만 부작용이 있는 게 아니었다. 몸 안쪽에는 더 심각한 부작용이 있었다. 백연은 식도를 타고 들어가 폐까지 안 좋은 영향을 미쳤다.

피부 미백 보조품인 진흙의 애호가로 마르가리타 공주가 있었다면, 영국의 유명한 백연 화장품 애호가로는 엘리자베스 여왕Elizabeth I을 꼽을 수 있다. 엘리자베스 여왕은 어렸을 적에 천연두를 앓아서 얼굴 피부에 흉터가 많았다. 그래서 피부의 흉터를 가리기 위해 백연 화장품을 매우 두껍게 얼굴에 펴 발랐다고 한다. 백연 중독은 성형 중독만큼 무서웠다. 백연을 쓰면 처음에는 하얘 보이지만 부작용으로 피부 상태가 더 안 좋아진다. 엘리자베스 여왕은 백연으로 안 좋아진 피부를 가리기 위해 점점 더 많은 백연을 발라야 했다. 평생 백연을 애용했던 엘리자베스 여왕의 얼굴 피부는 완전히 망가져서 회복할 수 없을 지경이었다. 그녀는 말년에 자신의 얼굴을 보기 싫어서 궁전의 모든 거울을 치우기까지 했다.

화장품이라기보다는 산업 폐기물에 가까운 백연으로 만든 화장품은 19세기 말까지 판매되었다. 그때까지 많은 여성이 납 중독으로 목숨을 잃었다. 현대에도 성형 수술을 받다가 죽는 일도 있고 부작용으로 우울증에 빠지기도 한다. 방법은 다르지만 예뻐지고자 하는 욕망은 인간의 내면에 자리하여 옛날이나 지금이나 시공간을 초월해 존재하는 것 같다.

4. 카를로스 2세의 탄생

1661년 마드리드의 관보는 펠리페 4세의 귀한 왕자 카를로스의 탄생을 알렸다. 관보에는 왕자가 잘생겼을 뿐만 아니라 얼굴이 크고, 머리는 검고, 살도 통통히 올랐다고 적혀 있었다. 관보의 적힌 내용이 모두 진실은 아니었다. 왕궁 사람들은 대중 앞에 왕자를 소개할 때 비단옷으로 꽁꽁 둘러 싸매서 얼굴만 간신히 보일 수 있도록 가렸다. 펠리페 4세가 힘들게 얻은 아들, 카를로스의 모습은 사람들의 기대에 미치지 못했다. 왕자는 많은 사람이 기원했던 것처럼 총명해 보이지도 않았고, 건강해 보이지도 않았다. 신체 일부는 기형이었다. 펠리페 4세는 점성술사에게 카를로스의 미래를 점쳐 달라고 했다. 점성술사는 카를로스가 오래오래 행복하게 살 것이고, 왕국도 성공적으로 물려받아 좋은 통치자가 될 것이라고 했다. 그 후에 일어난 일을 고려해 본다면, 점성술사의 말은 하나도 들어맞지 않은 셈이었다.

카를로스의 얼굴은 못생긴 편에 가까웠고, 신체는 균형이 잡혀 있지

카를로스 2세

후안 카레뇨 데 미란다(Juan Carreño de Miranda)가
그린 카를로스 2세 초상화. 빈 미술사 박물관 소장.
스페인 왕실에서 이루어진 잦은 근친 간의 결혼으로 인해
카를로스 2세는 어렸을 때부터 무척이나 병약했다.

않았다. 유전학자가 그의 모습을 보았다면, 근친 간의 결혼 때문이라고 말했을지도 모른다. 어릴 적에 그는 구루병에 걸려 있었다. 구루병은 비타민 D가 모자라 생기는 병이다. 비타민 D는 햇볕을 쬐면 몸 안에서 자연적으로 생성된다. 일반적인 생활을 하는 사람은 구루병에 웬만해서는 걸리지 않는다. 그런데 귀한 대접을 받으며 왕궁에서 살던 카를로스 2세 Carlos II가 구루병에 걸린 이유는 어릴 때부터 건강이 워낙 좋지 않아서, 왕궁 사람들이 그가 혹시 감기에 걸릴까 봐 웬만해서는 밖으로 내보내지 않았기 때문이었다. 그러다 보니 그의 몸에 비타민 D가 부족해졌고, 결국 구루병에 걸리고 말았다. 구루병에 걸리면 뼈 생성에 문제가 생긴다. 그 때문에 카를로스는 여섯 살 때까지 제대로 서지도 못했다. 카를로스를 괴롭힌 건 구루병뿐만이 아니었다. 그는 홍역, 수두, 천연두, 뇌전증(간질) 등을 앓았다. 머리에는 부스럼 딱지가 군데군데 있었다. 또한 입술에는 늘 상처가 있었고, 잇몸 궤양이 있었으며, 목에서는 고름이 흘러나왔다. 그의 피부색은 초록색을 띠어서 아파 보였다.

한마디로 펠리페 4세에게 남은 단 한 명의 왕자인 카를로스는 언제 죽어도 이상하지 않을 상태였다. 스페인 왕위에 관심이 있는 주변 국가가 심어 놓은 첩자는 카를로스의 상태를 본국으로 보고했다. 카를로스는 스페인 왕실에는 절망을, 주변 국가 왕들에게는 희망을 주었다. 스페인 왕실은 카를로스의 건강과 그가 일찍 사망할 경우 이후의 후계자에 대해서 걱정하기 바빴다.

다행히 카를로스는 병을 이겨 내며 잘 자랐다. 그는 열 살 때까지 제대로 글을 못 읽고, 죽을 때까지도 제대로 잘 쓰지 못했다고 한다. 그 이유가 그의 지적 능력이 떨어졌기 때문만은 아니다. 왜냐하면 그는 어렸을 적에 제대로 된 교육을 받은 적이 없었다. 그는 몸이 워낙 허약해서 그 다음 날 살아 있을지 죽어 있을지도 모르는 상황이었다. 그런 상황에서 무슨 공부를 할 수 있었겠는가. 그는 그저 살아 있는 것만으로도 왕실에서 소중한 존재였다.

카를로스 2세가 20세일 때의 모습을 묘사한 교황 대사 보고서의 내용은 다음과 같았다.

> "카를로스 2세는 키가 작은 편이었지만 몸의 형태는 나쁘지 않았다. 얼굴은 못생긴 편이었다. 목과 얼굴이 전체적으로 길었다. 그의 턱은 합스부르크 가문에 내려오는 주걱턱이었다. 눈은 크지 않았고 파란색이었다. 피부는 얇고 민감했다. 그는 긴 금발의 앞머리를 귀가 보일 정도로 뒤로 넘기고 다녔다. 그의 몸은 걸을 때나 벽이나 탁자 같은 것에 기댈 때를 제외하면 늘 구부정했다. 그는 허약한 편이었고 정신력도 약했다. 가끔은 그도 총명하고 기억력이 뛰어나고 두뇌 회전이 빠른 모습을 보여 준 적도 있다. 하지만 보통 그는 느리고, 서툴고, 게으르고, 주의력이 산만했다. 그는 시키는 것은 할 수 있었지만, 무엇을 할 때 자발적인 의지는 부족했다."*

카를로스 2세의 혼인

1679년 카를로스 2세는 프랑스 왕 루이 14세의 조카였던 마리아 루이사와 결혼했다. 둘이 결혼한 이유는 1678년 프랑스와 스페인이 맺은 네이메헌 조약 때문이었다. 이 조약에서 두 나라는 두 사람이 결혼하여 평화를 유지하기로 합의했다.

* Ludwig Pfandl, Madrid : Afrodisio Aguado , 1947, p.386

마리아 루이사는 빼어난 미모로 유명했다. 한 명은 스페인 출신, 한 명은 프랑스 출신이라 처음에는 서로의 문화가 달라서 맞춰 가는 데 힘들었다. 특히 그녀는 낯선 나라에서 적응하는 데 어려움을 겪었고, 남편도 낯설었다. 처음에 그녀는 카를로스 2세에게 마음을 주지 않았다. 이에 반해 카를로스 2세는 정략결혼이었지만 그녀를 보고 한눈에 반했다. 그는 그녀가 원하는 것은 무엇이든 들어주려고 노력했다. 시간이 지나면서 카를로스 2세의 진심을 알게 된 왕비는 나중에 그를 받아들였다. 왕과 왕비가 서로 사랑하는 보기 드문 커플이었지만, 아이가 생기지는 않았다. 둘은 10년 동안이나 아이를 갖기 위해 다양한 노력을 하고, 왕자를 낳게 해 달라고 수없이 기도를 드렸다. 어떻게든 합스부르크 가문의 핏줄을 이어 가고자 노력했지만, 인간의 의지로 자연의 섭리를 넘어설 수는 없었다. 카를로스 2세는 생식 능력이 없었기 때문이다.

마리아 루이사 왕비는 아이를 낳지 못하고 카를로스 2세와 결혼한 지 10년 만에 갑자기 사망했다. 누구도 예상하지 못한 일이었다. 그녀는 산책하다가 쓰러졌는데, 바로 그날 밤에 숨을 거두었다. 그녀의 죽음은 누구도 예상치 못했기 때문에 그녀가 독살당했다는 주장도 있고, 당시 의술로는 치료할 수 없었던 충수염으로 사망했다는 이야기도 있다. 이유야 어찌 됐든 그녀를 진심으로 사랑했던 카를로스 2세는 크나큰 충격을 받았다. 그녀는 죽기 전에 카를로스 2세를 곁으로 불러 말했다.

"많은 여자가 당신을 가질 수 있을 것입니다. 하지만 어떤 여자도 저만큼 당신을 사랑하지는 않을 것입니다."

카를로스 2세가 첫 번째 왕비를 잃은 슬픔을 추스르기도 전에 신하들은 새로운 왕비 후보감의 초상화를 가지고 왔다. 왕비의 죽음은 애석하지만 후계자를 낳을 왕비를 다시 맞이하는 것이 더 중요했다. 후보는 이탈리아 메디치 가문의 아나 마리아 루이사와 독일 출신의 마리아나 데 네오부르고였다. 카를로스 2세는 초상화를 곰곰이 보았다. 그리고 입을 열었다.

"토스카나의 여인은 예쁜 편이고, 네오부르고의 여인도 추녀라고 할 수는 없다. 하지만……."

그는 한숨을 쉬고 고개를 돌려 마리아 루이사의 초상화를 바라보았다.

"그녀야말로 아름답다고 할 수 있다."

카를로스 2세는 어떤 여자가 새로운 부인으로 들어오든 상관없었다. 그의 마음에는 마리아 루이사밖에 없었다. 스페인 궁정에서는 두 번째 왕비로 적합한 여인을 고르기 위해 이리저리 재 보았다. 그리고 마침내 새로운 왕비로 마리아나 데 네오부르고를 선택했다. 그녀를 선택한 이유는 의외로 간단했다. 그녀의 어머니가 문제없이 17명의 자식을 낳았기 때문이다. 그녀 가문의 여인들은 대체로 다산했기에 스페인 궁정에서는 마리아나 데 네오부르고가 어머니와 가문의 유전자를 물려받아 카를로스 2세의 자식을 많이 낳아 주기를 바랐다. 거기에 추가로 그녀의 큰언니는 오스트리아 합스부르크 가문 출신 신성로마제국 황제 레오폴트 1세Leopold I의 왕비였다. 따라서 마리아나 데 네오부르고와 결혼으로 스페인 합스부르크 가문과 오스트리아 합스부르크 가문의 결속력을 강화할 수도 있었다.

카를로스 2세의 죽음과 왕위 계승 갈등

카를로스 2세는 가문의 영광을 이어 가야 한다는 목표를 가지고 태어났다. 하지만 근친 간의 결혼을 일삼던 가문의 잘못으로 생식 능력 없이 태어났다. 그는 아이를 낳기 위해 희한한 의식에도 참여해서 고통을 받았으나, 어떤 의식도 그를 다시 태어나게 할 수는 없었다. 그는 '바보왕'이라고 불렸으나 그를 그렇게 만든 건 그 자신이 아니라 그의 가문이었다. 그는 네 살 때부터 꼭두각시 왕으로 올랐지만, 제대로 왕 노릇을 한 적이 없었고, 병약한 그의 몸 때문에 주위 사람들은 그가 금방 죽을 것이라고 수군대며 후사를 걱정했다. 거기에 인간으로서의 카를로스 2세는 없었다. 그가 인간적으로 만나서 사랑한 사람은 마리아 루이사가 전부였다. 하지만 마리아 루이사는 10년 만에 그의 곁을 떠났다. 그녀가 떠나고 새로운 왕비가 들어왔지만, 그는 그녀를 사랑하지 않았다.

카를로스 2세의 건강은 점점 더 악화되었지만, 사람들은 카를로스 2세의 건강에 관해서는 관심이 별로 없었다. 모든 이는 과연 누가 그의 뒤를 이어 스페인의 왕이 될 것인지에만 신경을 썼다. 카를로스 2세는 죽기도 전에 강제로 후계자를 정하라는 압력을 받았다. 스페인의 새로운 왕이 누가 되느냐에 따라서 전 유럽의 균형이 깨질 수 있었다. 따라서 카를로스 2세의 후계자는 스페인 사람뿐만 아니라 주변 국가도 주목했다. 스페인의 왕위에 오르기만 하면 스페인과 아메리카 대륙에 이르는 광대한 영토를 손에 넣을 수 있었다. 유럽의 각 나라는 어느 나라의 어떤 인물이 스페인 왕이 될 때 어떤 손익이 있을지 계산기를 튕겼고, 누구의 줄에 설지 고심했다.

유력한 차기 스페인 왕 후보는 프랑스와 신성로마제국 출신이었다. 그 이유는 카를로스 2세의 직속 후계자가 없을 경우 카를로스 2세의 형제자매에게 우선권이 있는데, 펠리페 4세의 공식적인 딸 마리아 테레사는 프랑스의 루이 14세와 결혼을 했고, 마르가리타 테레사는 신성로마제국의 레오폴트 1세와 혼인을 했기 때문이다. 따라서 루이 14세와 레오폴트 1세는 부인의 핏줄을 내세워 차기 스페인 왕위 계승권 경쟁에 뛰어들었다.

후보자들은 자신의 몸 어딘가에 흐르는 합스부르크 가문의 피를 증표 삼아 나야말로 왕이 될 자격이 있다고 나섰다. 그 뒤에는 그 후보자들보다 거대한 배후 세력이 버티고 있었다. 프랑스 쪽 후보자의 뒤에 있는 세력은 프랑스와 카스티야 왕국, 나바라 왕국이었다. 스페인 북부와 프랑스 남부는 피레네 산맥으로 국경선이 그어져 있었다. 따라서 프랑스와 카스티야 왕국, 나바라 왕국은 직접적인 무력 충돌 경험이 많지 않았기 때문에 프랑스 출신 왕에 대한 반감이 카탈루냐 왕국보다 적었다.

프랑스의 루이 14세는 1660년 펠리페 4세의 큰딸 마리아 테레사와 결혼을 했다. 카를로스 2세가 후사 없이 죽었기 때문에, 마리아 테레사가 살아 있었다면 스페인의 여왕으로 즉위할 수도 있었다. 하지만 마리아 테레사는 1683년에 세상을 떠난 상태였다. 그녀가 계승할 수 없으면 그녀의 장남이 스페인 왕위를 노릴 수 있었다. 그녀에게는 루이 드 프랑스Louis de France라는 아들이 있었다(루이 드 프랑스는 죽을 때까지 프랑스의 왕이 되지는 못했다. 루이 14세가 프랑스 역사상 가장 오래된 기간을 통치하는 동안 그는 숨을 거두었기 때문이다). 그는 루이 14세의 뒤를 이을 프랑스 왕위 계승자였다. 프랑스는 루이 드 프랑스를 스페인 왕위 계승 후보자로 내세우지 않았다. 왜냐하면 루이 드 프랑스가 스페인의 왕위에 오른다고 쳤을 때, 루이 14세가 사망하면 그는 프랑스의 왕이 될 수도 있었기 때문이다. 유럽 국가들은 프랑스와 스페인을 합친 거대하고 막강한 나라의 탄생을 원하지 않았다. 만약 루이 드 프랑스가 스페인 왕 후보로 나선다면 전 유럽 국가들이 결사반대할 게 뻔했다. 그래서 프랑스가 내세운 후보자는 바로 루이 드 프랑스의 아들 펠리페였다.

하지만 펠리페를 후보자로 내세우기에는 프랑스 루이 14세와 스페인 마리아 테레사가 혼인할 때 협의한 사항이 문제였다. 미래에 이런 상황이 발생할 것을 고려한 펠리페 4세는 스페인의 왕위가 프랑스로 넘어

가는 것이 싫었다. 그래서 스페인 측은 마리아 테레사나 프랑스인이 스페인의 왕위를 노리지 못하도록 그녀가 결혼할 때 지참금을 가져가는 대신 스페인의 왕위 계승권을 박탈시켰다. 펠리페 4세는 죽을 때도 큰딸 마리아 테레사가 아닌 작은딸 마르가리타 테레사가 카를로스 2세 다음의 상속인이라고 유언을 남겼다. 이게 사실이라면 프랑스는 애초부터 스페인의 왕위를 넘볼 수가 없었다. 그런데 루이 14세도 할 말이 있었다. 그의 주장은 다음과 같았다.

1. 마리아 테레사는 시집올 때 지참금을 가져오지 않았다.
2. 마리아 테레사가 포기한 것은 그녀 자신의 스페인 왕위 계승권이지 그녀 자식의 계승권을 포기한 것은 아니다. 그러므로 1순위로 그녀의 아들 루이 드 프랑스에게 왕위 계승권이 있으며 만약 그가 포기한다면 그의 아들에게 왕위 계승권이 있다.

이제 신성로마제국 쪽의 상황을 살펴보자. 펠리페 4세는 왕자를 얻기 위해 그의 조카인 오스트리아 합스부르크 가문의 마리아나와 결혼했다. 마리아나는 벨라스케스의 그림 「시녀들」의 주인공으로 유명한 마르가리타 테레사와 카를로스 2세를 낳았다.

마르가리타 테레사는 신성로마제국의 황제인 오스트리아 합스부르크 가문의 레오폴트 1세와 1666년 결혼했다. 레오폴트 1세는 마르가리타 테레사의 어머니인 마리아나의 동생, 즉 외삼촌이었다. 마르가리타 테레사는 총 4명의 아이를 출산했는데 단 1명, 마리아 안토니아Maria Antonia만 성인이 되었다. 만약 카를로스 2세가 죽고 마르가리타 테레사가 살아 있었다면 스페인의 왕위는 마르가리타 테레사에게 돌아가야 했다. 그것은 펠리페 4세의 유언이기도 했다. 하지만 마르가리타 테레사는

1673년에 사망했다. 그녀가 죽었을 경우 왕위 계승권은 그녀의 자식에게 넘어가는데 그녀에게는 딸 마리아 안토니아밖에 없었다. 마리아 안토니오가 카를로스 2세의 뒤를 잇는다면 간단한 문제였지만 마리아 안토니오의 사정도 간단하지가 않았다.

마리아 안토니아는 1685년 신성로마제국의 바이에른 선제후 막스 에마누엘Max Emanuel과 결혼했다. 그는 스페인령 네덜란드(벨기에 지역)의 총독과 룩셈부르크의 공작을 겸했다. 마리아 안토니아의 아버지인 레오폴트 1세는 막스 에마누엘과 딸의 결혼을 통해서 네덜란드를 손에 넣으려는 속셈이었다. 막스 에마누엘은 더 큰 그림을 그려 스페인 왕인 카를로스 2세가 죽으면 왕위가 마리아 안토니아에게 넘어가는 것을 노리고 결혼을 했다. 계산기를 두드려 한 둘의 결혼은 불행했다. 막스 에마누엘의 주변에는 끊임없이 많은 여자가 있었고, 마리아 안토니아는 남편의 바람기를 막지 못했다.

1692년 마리아 안토니아가 출산을 앞두고 있을 때도 남편은 카노사라는 여자와 바람을 피우고 있었다. 레오폴트 1세는 딸을 전혀 돌보지 않는 사위가 마음에 들지 않았다. 그는 사람을 보지 않고 정치적 이익만을 따져 딸을 불행하게 만든 것 같아 마음이 좋지 않았다. 그러나 결혼을 되돌릴 수도 없었다. 그가 할 수 있는 일은 사위 막스 에마누엘에게 애인과 당장 헤어지고 딸의 곁으로 돌아가라고 편지를 쓰는 것뿐이었다. 막스 에마누엘은 허울뿐인 권력을 가진 신성로마제국의 황제 레오폴트 1세는 하나도 무섭지 않았다. 그는 편지를 받고 매우 화를 냈다. 그리고 곧 레오폴트 1세에게 내 삶에 끼어들지 말라고 답장했다. 임신한 부인을 내팽개쳐 두고 바람을 피우는 데다 말리는 장인에게 막말하는 막돼먹은 그였지만 스페인에 있는 카를로스 2세와 마르가리타의 어머니이며, 마리아 안토니아의 외할머니인 마리아나에게는 살갑게 편지를 썼다. 마리아나는 스페인 왕위 계승자를 선택하는 데 막대한 영향력을 미칠 수 있었기 때문이다. 그가 마리아나에게 보낸 편지는 다음과 같았다.

> "제 사랑하는 아내 마리아는 빈에 있습니다. 마리아와 뱃속의 아이는 매우 건강합니다. 저는 뮌헨에서 출산하는 계획을 세웠습니다. 뮌헨에서 출산한다면 저와 제 신하들에게 큰 영광일 것이기 때문입니다. 하지만 빈의 의사들은 지금 여행하는 것은 임산부와 태아에게 좋지 않을 수 있다고 충고했습니다. 저는 마리아가 뮌헨에서 출산하기 바라지만 의사의 충고에 따라 제 욕심을 버렸습니다. 저는 매일매일 하느님께 마리아가 무사히 건강한 아이를 출산할 수 있게 해 달라고 간절히 기도하고 있습니다."

마리아 안토니아는 1692년 10월 28일 아들 요제프 페르디난트Joseph Ferdinand를 낳았다. 그 소식은 스페인까지 전해졌다. 카를로스 2세는 그 소식을 듣고 그가 아들을 낳은 것처럼 기뻐했다. 그런데 그 기쁨은 오래 가지 않았다. 마리아 안토니아는 출산 후 건강이 나빠졌다. 평소에 우울증을 앓고 있었던 그녀에게는 살고자 하는 의지가 없었다. 스페인 왕위 계승 후보자이며, 신성로마제국 황제의 딸이었지만 그녀는 평생 제대로 된 사랑을 받아 보지 못했다. 어머니 마르가리타는 그녀가 네 살 때 죽었고 남편은 그녀에게 사랑을 준 적이 없었다. 그녀를 잘 돌보라고 편지를 썼던 아버지 레오폴트 1세가 있기는 했다. 하지만 그녀를 이용하여 스페인 왕위 계승권을 노리는 아버지도 사실 남편과 다를 바가 없었다.

레오폴트 1세는 첫째 부인 마르가리타 테레사가 죽고 난 뒤 다시 결혼했지만 뒤를 이을 아들이 없었다. 둘째 부인도 3년 만에 죽고 말았다. 그는 후계자를 얻지 못해 조급해졌다. 더 이상 결혼을 통해 어떤 이득을 얻을 수 있느냐는 중요하지 않았다. 이제 제일 중요한 조건은 왕비가 건강하고 아이를 많이 낳을 수 있느냐는 것이었다. 그렇게 뽑힌 셋째 부인은 대대로 10명 정도의 자식을 낳는 가문의 여인이었다. 그녀의 이름은 엘레오노레 막달레나Eleonore Magdalene였다. 그녀는 카를로스 2세의 두 번째 왕비 마리아나의 큰언니이기도 했다. 독실한 가톨릭 신자였던 그녀는 원래는 수도원에 들어갈 계획이었다. 그런데 레오폴트 1세와 혼담이 오가면서 가문의 영광을 위해 레오폴트 1세와 결혼을 결심했다. 그녀는 다산으로 유명한 가문의 출신답게 레오폴트 1세의 아이를 10명이나 출산했으며, 그중에는 2명의 아들도 있었다. 그 아들의 이름은 요제프와 카를이었다.

신성로마제국의 황제 레오폴트 1세는 200년 전 카를로스 1세가 스페인과 신성로마제국을 동시에 다스렸듯이 거대한 합스부르크 왕국을 건설하고자 하는 야심이 있었다. 레오폴트 1세가 딸 마리아 안토니아가 막스 에마누엘에게 시집가기로 했을 때, 그가 그녀에게 건넨 말은 가서 행복하게 살라는 말이 아니었다. 그는 딸에게 스페인 왕위 계승권을 포기하고 그 권리를 그가 얻은 셋째 부인 엘레오노레 막달레나의 아들에게 넘겨주라고 강요했다. 레오폴트 1세는 스페인 왕위 계승권이 사위 막스 에마누엘이나 그의 자식에게 넘어가는 것을 원하지 않았다. 마리아 안토니아는 아버지의 말에 따를 수밖에 없었다. 하지만 이 모든 절차는 스페인 의회의 승인을 받지 않고 이루어졌다. 스페인 의회는 레오폴트 1세가 셋째 부인으로부터 얻은 아들의 왕위 계승권을 인정하지 않았다.

평생 그녀를 이용하려는 남자들 사이에서 마음고생을 하던 마리아 안토니아는 1692년 12월 24일 크리스마스이브에 고열로 쓰러진 뒤 다시는 일어나지 못했다. 비정한 아버지보다 바람을 피우는 남편이 더 나았던 것일까? 그녀는 남편을 벌하기는커녕 자신의 스페인 왕위 계승권을 남편에게 넘긴다는 유언을 남겼다. 막스 에마누엘은 걸리적거리던 부인이 죽고, 스페인 왕위 계승권까지 넘어오자 신이 나서 춤이라도 추고 싶은 심정이었다. 하지만 춤을 추기에는 일렀다. 스페인 의회는 마리아 안토니아의 유언을 무효라고 선언했다. 이유는 마리아 안토니아의 유언이 의회의 승인을 받지 못했기 때문이다. 스페인 의회는 스페인의 왕위 계승권은 마리아 안토니아의 아들 요제프 페르디난트에게 있다고 선언했다. 요제프 페르디난트에게는 스페인 합스부르크 왕가의 피가 흘렀기 때문이다. 이리하여 요제프 페르디난트는 스페인에서 카를로스 2세의 정식 후계자로 인정을 받았다. 카를로스 2세도 요제프 페르디난트를 마음에 들어 하며 그를 후계자로 지명했다.

이로써 스페인 왕위 계승 문제는 다 정리된 것 같았다. 만약 계속 요제프 페르디난트가 살아 있었더라면 자연스럽게 스페인의 왕위는 그에게 돌아갔을 것이다. 그런데 요제프 페르디난트가 1699년 여섯 살에 천연두로 사망하면서 다시 왕위 계승 문제가 불거졌다. 레오폴트 1세는 이 기회를 놓치지 않고, 오스트리아 합스부르크 출신의 새로운 스페인 왕위 계승 후보자로 다시 자신의 셋째 부인으로부터 얻은 둘째 아들 카를을 내세웠다.

레오폴트 1세가 두 명의 아들 중에서 둘째 아들 카를을 스페인 왕위 후계자로 내세운 이유는 프랑스에서 루이 14세의 아들 루이 드 프랑스 대신 그의 아들 펠리페를 후보로 미는 이유와 같았다. 첫째 아들 요제프의 경우 신성로마제국의 황제 계승자였으므로, 주변국이 신성로마제국과 스페인이 합쳐져 거대한 세력이 탄생하는 것을 경계하여 반대할 게 뻔했다. 카를의 경우는 형 요제프가 살아 있는 한 신성로마제국 황제가 될 가능성이 적었기 때문에, 다른 나라의 지지를 받기가 수월했다.

그러나 레오폴트 1세의 갖은 노력에도 불구하고 스페인 차기 왕은 프랑스 출신이 될 확률이 높았다. 프랑스와 신성로마제국은 카를로스 2세가 죽기 전부터 후계자로 자국의 후보자를 지명하도록 스페인 궁정에서 치밀한 물밑 작전을 펼쳤는데, 외교전에서 승리한 쪽은 프랑스였다. 카를로스 2세는 유언으로 스페인의 법, 궁중 문화, 신하, 의회 등을 카를로스 2세가 다스렸을 때처럼 유지해야 한다는 조건을 단 뒤 프랑스의 펠리페를 후계자로 지명했다.

프랑스 부르봉 가문 출신의 스페인 왕 펠리페 5세

카를로스 2세는 후사 없이 1700년 11월 1일에 죽었다. 그는 죽기 전에 첫 번째 부인이었던 마리아 루이사가 잠들어 있는 관을 열어 시신을 바라보며 밤새도록 울었다고 한다. 스페인 합스부르크 왕가가 근친 간의 결혼으로 이어 가던 위태위태한 릴레이는 카를로스 2세가 성불구로 태어나면서 결국 막을 내렸다.

　프랑스의 루이 14세는 카를로스 2세의 건강이 악화되었을 때부터 그의 상태를 계속해서 보고받고 있었다. 물론 카를로스 2세의 건강을 걱정해서는 아니었다. 루이 14세는 카를로스 2세가 죽었다는 소식을 기다렸다. 그는 카를로스 2세가 죽고 난 뒤 손자 펠리페가 스페인의 왕위에 오르는 데에만 관심이 있었다. 1700년 9월 26일 스페인에 있는 프랑스 대사는 "카를로스 2세의 상태가 악화되어 시체를 보는 것 같습니다"라고 루이 14세에게 보고했다. 이후 10월 14일에는 "뼈에 피부만 붙어 있습니다"라는 편지가 날아왔다.

　마침내 카를로스 2세의 부고가 11월 6일 베르사유 궁전에 전해졌다. 이제 드디어 프랑스 부르봉 왕가 출신의 스페인 왕이 탄생할 수 있었다. 이미 모든 준비는 끝나 있었다. 1700년 11월 16일, 루이 14세는 열여섯 살의 펠리페가 스페인의 왕이라고 선포했다. 그는 의회에서 펠리페 5세Felipe V에게 다음과 같이 말했다.

"스페인에서 행실을 올바르게 하여라. 그게 네가 첫 번째 해야 할 일이다. 하지만 네가 프랑스에서 태어났다는 것을 잊지 말아라. 스페인과 프랑스의 동맹을 유지해야 두 나라 모두 행복하게 살 수 있으며, 유럽의 평화를 지킬 수 있다."

스페인의 왕 펠리페 5세는 루이 14세의 아들 도팽루이와 바이에른의 마리아 안나 빅토리아의 둘째 아들로 1683년 12월 19일에 태어났다. 그는 루이 14세의 손자로 금수저를 물고 태어나 돈 걱정 없이 가질 수 있는 것은 다 가질 수 있었고, 모든 이의 관심을 받으며 자라났다. 행복했을 것 같지만 펠리페 5세는 평생 우울증에 시달렸다. 그는 베르사유 궁전에서 자라 모든 혜택을 누릴 수 있었다. 하지만 어머니 마리아가 일곱 살 때 죽고 나서 그 나이 때 평범한 어린아이가 받는 사랑을 받지 못했다. 게다가 아버지 도팽루이는 자유분방한 성격이었다. 그는 어린 아들을 보살피는 데에는 관심이 없었다. 그의 주된 관심사는 여자, 승마와 수영 등의 운동뿐이었다.

그런데 사실 어머니가 살아 있었다 하더라도 펠리페 5세의 성격이 밝고 활발해졌을 것이라고는 보장할 수 없었다. 펠리페 5세는 어머니가 살아 있을 때도 사랑을 많이 받지 못했다. 그의 어머니 마리아도 우울증을 앓았다. 그녀는 우울증이 심할 때면 방에서 틀어박혀 나오지 않았다. 비관적인 어머니와 가정에 관심이 없는 아버지 사이에서 펠리페 5세는 이미 어렸을 때부터 소심하고, 의지가 약하고, 낯을 많이 가리는 아이로 자라났다.

고아나 다름없는 그를 키운 이는 오를레앙의 공작부인 엘리자베스 샤를로트Élisabeth-Charlotte였다. 오를레앙 공작부인을 만난 것은 그나마 어린 펠리페 5세에게는 다행스러운 일이었다. 그녀는 펠리페 5세에게 이야기를 읽어 주고, 외출을 함께하며 그가 왕자의 덕을 익히고 수줍음을 극복할 수 있도록 도와주었다. 펠리페 5세는 문학과 음악에 관심이 많았는데, 이는 오를레앙 공작부인의 영향력이 컸다.

펠리페 5세 옆에 오를레앙 공작부인만 있었던 것은 아니다. 그의 옆에는 가정교사인 페넬론Fenelon도 함께 있었다. 후에 대주교가 되는 그는 독실한 가톨릭 신자이자 엄격한 선생이었다. 그는 어린 펠리페 5세에게 한 치의 타협도 없이 가톨릭 교리대로 살아가도록 엄격히 가르쳤다.

펠리페 5세는 본성이 우울하고 자기 안으로 파고드는 성격이었다. 그런 성격의 경우에는 기운을 북돋아 줘 긍정적인 자아상을 갖도록 도와주는 게 좋지 않았을까? 하지만 페넬론은 선과 악이 분명하고 엄격한 사람이었기에 펠리페 5세의 일탈 행동을 용납하지 않았다. 이러한 엄격함은 펠리페 5세의 첫 번째 왕비가 죽고 난 뒤 왕의 섹스 중독 증세로 나타났다. 펠리페 5세의 섹스 중독 증세는 자위행위에 대처했던 페넬론의 방식 때문에 생겨났을 가능성이 높다. 자위행위는 사춘기의 남자아이라면 누구나 경험해 볼 수 있는 일이었지만 페넬론은 절대 용납하지 않았다. 펠리페 5세는 자위행위는 나쁜 것이라고 배웠기 때문에 자위행위 후에는 늘 양심의 가책으로 괴로워했다. 마음이 불편해져서 견딜 수 없으면 괴로움을 덜기 위해 고해성사로 죄를 고백하고 사함을 받았다. 하지만 그는 어렸을 적부터 성욕이 강한 편이었던 데다 우울증으로 인해 자위행위를 참을 수 없었다. 결국 자위행위와 고해성사가 되풀이되는 악순환이 계속되었다. 이 과정에서 펠리페 5세는 스스로 욕망을 참지 못하고, 의지가 박약해서 죄를 저지르는 죄인이라고 여겼다. 그는 부정적인 자아상을 가지게 되었고, 점점 더 소심해졌다. 이런 그가 스페인 왕이 된 것은 전적으로 루이 14세의 노력 덕택이었다.

펠리페 5세는 파리를 떠나 스페인 마드리드에 1701년 2월 18일에 도착했다. 펠리페 5세는 왕궁에 도착한 뒤에 발코니에 나와 여러 번 군중들에게 인사를 해야만 했다. 마드리드의 시민들이 새로운 왕을 보기 위해 밤새 궁 앞에 모여들었기 때문이다. 그의 성격에 낯선 사람들 앞에 계속 나서야 하는 상황이 달갑지는 않았다. 왕의 심정이 어떻든 왕의 즉위를 축하하는 불꽃놀이가 밤새도록 계속되었다.

펠리페 5세의 궁정 생활은 외로웠다. 그는 사실 죽을 때까지 스페인어를 할 줄 몰랐다. 그래서 모든 신하와 프랑스어로만 대화했다. 스페인어는 낯설기만 했고, 스페인 사람은 가까이해도 말이 통하지 않으니 답답하고 불편했다. 그뿐 아니라 그가 지내는 궁정도, 외출할 때 타는 마차도 불편했다. 그는 마드리드에 도착하자마자 극심한 우울증에 빠져서 두 달 뒤에는 도저히 스페인을 못 견디겠다며, 프랑스로 돌아가겠다고 선언했다. 그렇다고 그가 마음대로 스페인 왕위를 내려놓고 돌아갈 수 있는 것은 아니었다. 무엇보다 루이 14세가 가만있지 않을 게 뻔했다. 소심한 성격의 사람이 대개 그렇듯 그는 하기 싫었지만, 수동적으로 군주의 임무를 다해 주요 의사 결정을 하고 회의에도 참석했다. 하지만 어느덧 그의 소망은 지긋지긋한 왕 자리에서 물러나는 것이 되었다. 펠리페 5세는 스페인의 왕을 원한 적이 없었고 왕이 되고 싶지도 않았다.

루이 14세는 스페인에 적응을 잘하지 못하고 우울증과 향수병에 걸린 손자의 소식을 듣고 걱정했다. 그는 펠리페 5세가 부인을 맞이하면 기운을 회복할 수 있다고 믿고 왕비감을 물색했다. 펠리페 5세의 부인으로 뽑힌 여자는 사보이의 공작 비토리오 아메데오 2세Vittorio Amedeo II의 딸 마리아 루이사María Luisa였다. 그녀는 프랑스 국왕 앙리 4세와 왕비 마리 드 메디시스Marie de Médicis의 둘째 딸인 크리스틴 마리 드 프랑

펠리페 5세 가족

장 라크(Jean Ranc)가 그린 펠리페 5세 가족 그림.
왼쪽부터 페르난도 6세, 펠리페 5세, 루이스 1세, 파르마 공 필리포,
엘리자베스 파르네제, 마리아나 빅토리아, 카를로스 3세.
그림 속에서 펠리페 5세는 가족들에 둘러싸여 있지만
언제나 궁정 생활의 외로움을 토로하던 왕이었다.

스Christine Marie de France의 증손녀였다.

그녀는 스페인어를 할 줄 모르는 펠리페 5세를 보좌할 수 있을 정도로 스페인어를 잘했고, 스페인 문화를 좋아하여 자주 스페인식으로 옷을 입기도 했다. 결혼식은 1701년 11월 2일 카탈루냐 지방에 있는 피게레스에서 열렸다. 금발에다 파란 눈이 매력적인 그녀는 불과 열세 살이었다.

둘의 첫날밤에는 아무런 일도 일어나지 않았다. 어린 신부는 긴 여행 뒤의 피로로 완전히 지쳐 있었고, 결혼식 피로연에서 먹은 스페인 음식에 속이 뒤집혀 있었다. 둘째 날에도 그녀의 몸 상태는 나아지지 않았다. 둘의 실질적인 첫날밤은 세 번째 날이었다. 루이 14세의 바람대로 다행히 펠리페 5세와 마리아 루이사는 서로를 의지하고 이해하며 잘 살아갔다. 마리아 루이사는 루이스, 펠리페, 펠리페 페드로, 페르난도를 출산했다. 나중에 루이스는 루이스 1Louis I세로, 페르난도는 페르난도 6세 Fernando VI로 즉위한다.

스페인 왕위 계승 전쟁

오스트리아 합스부르크 왕가를 제외하면 다른 유럽 국가는 카를로스 2세의 유언이 있었기 때문에 펠리페 5세를 공식적으로 스페인의 왕으로 인정했다. 펠리페 5세는 12월 4일 베르사유 궁전을 떠나 1701년 2월 18일 마드리드에 입성했다. 그런데 몇 달 지나지 않아 펠리페 5세를 스페인의 왕으로 인정하던 몇몇 유럽 국가들의 태도가 변하기 시작했다. 왜냐하면 프랑스에서 펠리페 5세의 프랑스 왕위 계승권을 인정했기 때문이다. 여러 변수가 있지만, 루이 14세가 죽으면 펠리페 5세가 프랑스와 스페인을 모두 다스리는 상황도 발생할 수 있었다. 유럽의 다른 나라는 카를로스

1세의 스페인처럼 힘의 균형을 깨뜨리는 초대형 국가의 등장을 바라지 않았다.

펠리페 5세가 스페인 왕으로 즉위하는 데 제일 반대한 국가는 영국이었다. 스페인의 무적함대를 물리친 이후 영국은 유럽에서 가장 강한 해군력을 자랑했다. 그 해군력을 바탕으로 영국은 조그만 섬나라에서 스페인의 왕위 계승에 관여할 만큼 큰 나라로 성장했다. 영국은 신성로마제국 출신의 후보자를 줄곧 지지했다. 영국과 프랑스의 관계도 껄끄러웠다. 루이 14세는 1701년 프랑스에 망명해 있던 영국의 왕 제임스 2세James II가 죽자 그의 아들 제임스 프랜시스 에드워드 스튜어트James Francis Edward Stuart를 영국과 스코틀랜드의 왕으로 지지했다. 그런데 영국은 제임스 2세의 딸인 메리와 메리의 남편 네덜란드 오라녜의 빌럼 3세Willem III를 지지하여 메리 2세Mary II와 윌리엄 3세William III 공동왕으로 임명했다. 또한 1688년 공동왕은 의회와 국민의 권리를 지켜주겠다는 내용의 권리장전을 승인하여, 영국은 이미 의회가 큰 힘을 가진 입헌 군주제를 확립시킨 상태였다. 당연히 영국에서는 이미 쫓겨난 왕의 자손을 지지해서 국내 문제에 간섭하는 루이 14세가 미웠다. 30년 전쟁에서 승리한 프랑스는 영국과 라이벌 관계에 있었는데, 이미 충분히 강한 프랑스가 스페인과 아메리카 대륙의 식민지까지 손아귀에 넣는다면 영국과 비교할 수 없을 정도로 강해질 게 분명했다. 이에 따라 영국은 프랑스 출신의 왕이 스페인의 왕이 되는 것보다 신성로마제국 황제가 스페인의 왕위에 오르길 바랐고, 막강한 해군력을 동원해 프랑스를 압박했다.

네덜란드도 프랑스에 불만이 많았다. 루이 14세는 네덜란드 스페인령에 프랑스 군대를 보내 네덜란드를 위협했기 때문이다. 포르투갈은 스페인을 견제하기 위해 영국과 좋은 관계를 맺는 것이 외교의 기본 전략이었다. 포르투갈은 영국을 따라 펠리페 5세에게 반기를 들었다. 이에 영국, 네덜란드, 포르투갈이 오스트리아 합스부르크 왕가의 후보자를 지지하자, 스페인 왕위 계승을 둘러싼 갈등이 커졌다.

스페인 외부에서만 의견이 갈라진 것은 아니었다. 스페인 내부에서도 펠리페 5세에게 불만이 있는 사람들이 많았다. 앞서 보았듯이 카를로스 2세는 유언으로 그가 스페인 왕이 되는 대신 스페인의 법, 궁중 문화, 신하, 의회 등을 카를로스 2세가 다스렸을 때처럼 유지해야 한다는 조건을 걸었다. 하지만 펠리페 5세는 카를로스 2세의 유언을 무시하고 스페인을 프랑스처럼 바꾸어 나가기 시작했다. 펠리페 5세가 스페인 왕이 되면서 마드리드 궁정의 고위 관리직을 거의 모두 프랑스인들이 차지했고, 그들이 스페인의 정책을 정했다. 그러다 보니 이 정책들이 스페인을 위한 것인지 프랑스를 위한 것인지 알 수가 없었다.

마드리드를 중심으로 한 카스티야 지역은 프랑스 부르봉 왕가의 펠리페 5세를 왕으로 인정했으나, 카탈루냐 지방이 속해 있던 아라곤 왕국은 펠리페 5세를 왕으로 인정하지 않았다. 아라곤 왕국은 펠리페 5세가 집권하면 중앙집권화를 시도하여 의회가 없어지고 자치권이 사라질지 모른다고 걱정했다. 특히 카탈루냐 지방에서는 바르셀로나를 중심으로 귀족, 성직자, 신흥 상인 계급 등 사회 주도층이 펠리페 5세의 집권을 반대했다. 이미 프랑스는 1640년에 바르셀로나에 반란이 일어나 이 지역을 편입했을 때 프랑스인들에게 이권을 주기 위해 프랑스인을 위한 법을 만든 전력이 있었다. 합스부르크 왕가는 자치권과 의회 활동을 보장해 주었기 때문에 아라곤 왕국은 신성로마제국 오스트리아 합스부르크 왕가의 후보자를 지지했다.

카탈루냐의 불운한 선택

프랑스 출신의 왕과 신성로마제국 출신의 왕을 지지하는 양쪽의 힘이 팽팽히 맞서면서 결국 스페인은 30년 전쟁에 이어 또다시 국제전에 휘말리게 되었다. 두 진영의 대결은 10년이나 계속되었지만, 어느 한쪽이 압도하지를 못했다. 그 균형이 깨지게 된 계기는 1711년 오스트리아 합스부르크 왕가 출신의 후보자 카를 대공이 그의 형 요제프 1세Joseph I가 죽자, 신성로마제국의 황제로 즉위하면서부터였다. 이에 신성로마제국의 후보자를 지지하던 영국과 네덜란드가 태도를 바꾸었다.

영국과 네덜란드가 카를 대공을 지지한 것은 프랑스가 지나치게 강해질 것을 두려워했기 때문이다. 그런데 카를 대공이 신성로마제국과 스페인의 통치자가 되면 전 유럽을 호령했던 카를로스 1세 때와 같은 상황이 되니, 더는 카를 대공을 위해 싸울 이유가 없었다. 스페인 왕위 계승전쟁의 양상도 1707년 알만사 전투에서 신성로마제국 연합군이 패배하면서 프랑스와 카스티야 연합군 쪽으로 승기가 많이 기울고 있었다.

영국과 네덜란드는 차라리 이쯤에서 프랑스 부르봉 왕가의 펠리페 5세를 인정하되, 그의 왕권을 스페인으로만 제한시키고, 자국의 이익을 극대화하는 쪽으로 태도를 바꾸었다. 그 결과 나온 것이 1713년 위트레흐트 조약이다. 위트레흐트 조약에서는 정식으로 펠리페 5세를 스페인의 왕으로 인정했고, 대신 펠리페 5세의 프랑스 왕위 계승권을 박탈했다. 거기에 더해 신성로마제국 오스트리아 합스부르크 왕가 편에 섰던 나라들은 펠리페 5세로부터 스페인의 영토를 양도받았다. 이 시기 양도한 가장 대표적인 지역이 영국이 얻은 지브롤터와 메노르카이다. 영국이 지브롤터와 메노르카를 요구한 이유는 지중해로 진출할 계획을 갖고 있었기 때문이다. 영국은 대서양에서 지브롤터로 들어와서 메노르카를 지나 몰타를 거쳐 이집트에 도착한 뒤 아시아까지 연결하는 무역 루트를 만들려고 했다. 당시 아메리카 대륙과 유럽을 오가는 길은 스페인이 독점하고 있었고, 아프리카 대륙을 지나 아시아로 가는 루트는 포르투갈이 선점했기 때문이다. 스페인은 1802년 메노르카는 회복했다. 하지만 지브롤터는 아직 영국의 영토로 남아 있다.

영토뿐만 아니라 영국은 아메리카 대륙의 스페인령 식민지의 독점 노예 무역권을 보장받았다. 이외에 영국은 아메리카 대륙 무역에 참여할 권리를 얻어 냈다. 이로써 스페인과 포르투갈의 아메리카 대륙 독점 거래 체제가 무너졌다. 영국이 아메리카 무역에 참여하기 전에는 유럽과 아메리카 대륙은 주로 금과 은 위주로 교역했으나 이 이후로, 설탕과 카카오, 커피 등 더 많은 제품의 교역이 늘어났다.

신성로마제국은 네덜란드에 아직 남은 스페인의 영토, 나폴리 왕국, 사르데냐, 밀라노 공국의 많은 부분을 얻었다. 스페인이 유럽에 넓게 퍼져 있는 자국의 영토를 잃은 것은 아이러니컬하게도 스페인 입장에서도 좋은 일이 되었다. 왜냐하면 예전에는 모든 은이 스페인에 들어왔다가 전쟁으로 모두 빠져나갔다. 하지만 이 조약으로 스페인은 유럽의 다른 영토를 잃었기 때문에 아메리카 대륙에 집중할 수 있게 되었고, 더는 유럽의 멀리 떨어져 있는 영토를 지키기 위해 비용이 들어갈 필요가 없게 되었다.

펠리페 5세에 대항하여 전쟁에 참여했던 각국은 각자 이익을 챙기고 떠났다. 1713년 3월부터 카탈루냐의 든든한 지원군이었던 영국군은 한 손에는 지브롤터를, 다른 한 손에는 메노르카를 들고 미소를 띠며 스페인에서 속속 철수했다. 펠리페 5세의 군대는 주요 병력이 빠진 스페인 전역을 쉽게 장악해 나갔다.

스페인 왕위 계승 전쟁은 프랑스 부르봉 왕가의 펠리페 5세를 스페

비야비시오사 전투
장 알로(Jean Alaux)가 그린 비야비시오사 전투에서의 펠리페 5세.
그림에서 오른쪽이 펠리페 5세이다. 비야비시오사 전투는
스페인 왕위 계승을 둘러싸고 무수히 벌어졌던 전쟁 가운데 하나였다.

인의 새로운 왕으로 받아들이고 끝을 내는 상황이었다. 그런데 자막이 올라가고 불이 켜지고 관객들이 하나둘 나가는데 자리에 앉아서 끝까지 그 마무리를 받아들이지 못하는 이가 있었다. 바로 카탈루냐 지역과 그 지역 저항의 중심지인 바르셀로나였다.

펠리페 5세는 저항하는 바르셀로나를 치기에 앞서 바르셀로나에 그를 왕으로 받아들이고 항복하라고 사절을 보냈다. 1713년 6월 바르셀로나에는 두 가지 선택이 있었다. 프랑스의 펠리페 5세를 왕으로 받아들이느냐, 아니면 홀로 끝까지 싸울 것인가? 펠리페 5세는 자신을 왕으로 받아들인다면 신성로마제국 편에 서서 싸운 과거도 용서해 주겠다고 약속했다. 하지만 바르셀로나는 부르봉 왕가의 펠리페 5세와 끝까지 싸우기로 했다.

1713년 7월부터 펠리페 5세와 카탈루냐의 전쟁이 시작되었다. 펠리페 5세는 카탈루냐가 저항한 벌로 카탈루냐와의 전쟁 시작부터 끝까지 발생한 모든 비용을 카탈루냐에서 받아내겠다고 선포했다. 카탈루냐 지방은 차례차례 펠리페 5세에게 점령당했다. 애초부터 펠리페 5세의 뒤에는 루이 14세가 있었기 때문에 정면 승부로 붙어서는 게임이 되지 않는 싸움이었다. 카탈루냐의 중심지였던 바르셀로나는 1년간 저항했다. 힘의 차이를 생각한다면 바르셀로나가 1년간 버틴 것만 해도 대단한 일이었다. 바르셀로나는 저항하는 동안 마드리드 궁정 내 펠리페 5세의 통치에 불만을 가진 세력과 동조하여 궁정을 전복시킬 방안을 찾아보았지만 여의치가 않았다. 이미 궁정은 모두 펠리페 5세의 편이었다.

1714년 7월 베릭 공작인 제임스 피츠-제임스James Fitz-James가 2만 명의 프랑스군을 이끌고 바르셀로나로 왔다. 바르셀로나가 1년이나 저항을 할 수 있었던 이유는 굳건한 성벽 때문이었다. 이번에 베릭 공작이 이끌고 온 프랑스군은 성벽을 무너뜨리기 위해 수많은 대포를 가지고 있었다. 펠리페 5세는 바르셀로나를 포위한 뒤 포격했다. 바르셀로나의 성벽은 튼튼했지만 무자비한 포격에 결국 무너져 내렸다. 더 이상 희망이 없어진 바르셀로나는 1714년 9월 펠리페 5세에게 항복했다. 그 후 펠리페 5세는 카를 대공을 지지했던 세력을 스페인에서 모두 추방했다. 그 수가 무려 2만 5천 명에 달했다.

바르셀로나만 불행한 게 아니었다. 카를 대공의 이모이자 카를로스 2세의 두 번째 왕비인 마리아나도 비참했다. 카를로스 2세는 유언으로 펠리페 5세에게 두 번째 왕비 마리아나를 잘 보살펴 달라고 부탁했다. 하지만 펠리페 5세는 자신보다 신성로마제국의 카를 대공을 지지했던 그녀를 곱게 볼 수 없었다. 펠리페 5세는 마리아나를 톨레도에 있는 알카사르로 보내고는 지원을 끊고 나 몰라라 했다. 마리아나는 경제적으로 어려워져 살기 힘들 지경이었다. 1704년 가을, 그녀는 신성로마제국에 있는 어머니에게 다음과 같은 편지를 썼다.

"저는 완전히 버림받았습니다. 제게는 연금이 지급되지 않습니다. 돈이 없어서 하인을 부릴 수도 없습니다. 어떨 때는 먹을 것을 살 돈이 부족할 때도 있습니다. 저는 불행합니다. 저는 이제 아무도 믿을 수 없습니다. 하지만 또한 모두가 나를 버릴까 두렵습니다."

펠리페 5세에게 저항했던 저항했던 카탈루냐는 그 대가를 치러야 했다. 펠리페 5세는 점령 후 카탈루냐의 자치권을 빼앗아 카스티야 왕국으로 통합시켜 버렸다. 이사벨 여왕과 페르난도 왕이 결혼해서 갈라졌던 스페인의 왕국들이 같은 깃발 아래 하나로 뭉치긴 했었다. 하지만 진정한 의미의 통일은 아니었다. 이후 카를로스 1세는 이사벨 여왕과 페르난도 왕으로부터 카스티야 왕국과 나바라 왕국의 왕권을 물려받았다. 하지만 그를 지칭할 때는 스페인의 왕이라고 하지 않고 카스티야 왕국의 왕, 나바라 왕국의 왕 등 각 왕국의 왕이라고 호칭했다. 펠리페 2세 때도 마찬가지였다. 그는 스페인의 왕이라고 하지 않고, 카스티야 왕국의 왕, 나바라 왕국의 왕, 나폴리의 왕 등등이라고 지칭했다. 현대의 스페인 모습이 갖춰지기 시작한 건 펠리페 5세가 카탈루냐 지방을 카스티야 왕국으로 통일시키면서부터였다.

루이 14세는 "짐이 곧 국가다"라고 말하며 프랑스 전체를 절대적인 권력으로 지배했다. 펠리페 5세는 할아버지의 나라 프랑스처럼 스페인을 만들기 위해 프랑스의 통치 모델을 도입했다. 왕의 힘은 무제한으로 하고, 의회의 기능은 축소시켰다. 대신 직접 통치를 할 수 있도록 정부의 기능을 강화하여 절대 권력을 휘두를 수 있도록 했다. 또한 사법부의 통제를 받지 않기 위해 그가 사법부의 수장이 되었다. 왕은 주변에 유능하고 왕에게 충성스러운 장관이나 보좌관들을 거느리고, 왕권의 강화에 반대하는 세력을 무찔렀다.

펠리페 5세의 절대왕정 체제가 스페인에서 완전히 새로운 것은 아니었다. 카스티야 왕국에서는 이미 왕권이 세서 카스티야 왕국의 의회 기능은 세금 징수를 승인하는 역할밖에 없었다. 그나마 카스티야 의회는 1665년 이후 소집되지 않았다. 하지만 카스티야 왕국과 달리 아라곤 왕국, 나바라 왕국, 바스코의 경우에는 자체 의회가 있었고, 왕의 권력을 견제하는 힘을 가지고 있었다. 펠리페 5세는 여러 왕국으로 나누어진 스페인을 통합하기 위해 프랑스 루이 14세의 절대왕정 체제와 카스티야의 통치 모델을 스페인 전역에 적용하기 위해 노력했다. 그 결과 카탈루냐 지방이 속해 있던 아라곤 왕국은 의회가 힘을 잃으며 자치권이 사라졌고, 카스티야에 통합되어 펠리페 5세의 직접 통치를 받았다. 하지만 나바라와 바스코 지역은 어느 정도의 자치권을 인정받았다. 이 두 지역은 펠리페 5세가 집권할 때 그에게 반기를 들지 않았기 때문이다.

왕비의 죽음과 펠리페 5세의 기행

펠리페 5세의 첫 번째 왕비 마리아 루이사는 어느 날 갑자기 극심한 두통을 느꼈다. 그리고 그 뒤부터 목에 큰 종기가 나기 시작했다. 그녀는 스카프로 종기를 가렸지만, 통증은 해결할 수 없었다. 내로라하는 의사들이 그녀의 병을 치료하기 위해 모였지만 그녀의 병은 차도가 없었다. 그녀는 식욕도 잃어서 먹기를 거부했다. 어떤 의사는 그녀에게 아이를 갓 출산한 여인의 모유를 받아서 먹으라고 했지만 소용이 없었다. 당시에는 아무리 돈이 많아도 의학이 발달하지 못해 그녀의 병을 치료할 방법이 없었다. 결국, 그녀는 고통 속에서 1714년 2월 14일 숨을 거두고 말았다.

펠리페 5세는 원래 성격이 어둡고 우울했다. 아내의 죽음은 그런 그에게 큰 충격을 주었다. 그는 무력감에 휩싸였고 매일매일 악몽을 꾸었으며 심한 두통을 느꼈고 소화도 잘 시키지 못했다. 하지만 그 충격을 추스를 틈도 없었다. 주변 사람들은 새로운 왕비를 물색하기 시작했다. 7개월 뒤에 그는 이사벨 파르네제와 재혼했다. 이사벨은 매력적이었고, 음악 애호가였다. 그녀는 권력욕이 강했고 권위적이었으며 재미있는 화술로 좌중을 이끌어 갈 능력도 있었다. 스페인의 왕비가 된 이사벨 파르네제는 왕비라는 자리가 꼭 마음에 들어서 기뻤지만, 펠리페 5세는 첫 번째 왕비를 잃은 충격에서 헤어나지 못하고 있었다. 그는 점점 더 기이한 행동을 보였다.

펠리페 5세가 첫 번째 보인 기이한 행동은 성에 집착하는 것이었다. 그는 성욕을 자제하지 못하고 건강을 해칠 정도로 매일매일 여러 번 오르가슴을 느낄 때까지 관계를 맺었다. 그는 회의에 참석하는 시간도 아까워서 침실에서 신하들과 회의를 하기도 했다. 궁정에서는 그의 잦은 성관계 때문에 그의 건강이 상할까 봐 걱정했고, 그의 지나친 성에 대한 집착을 험담하기도 했다. 성에 집착하기는 했지만 어릴 적부터 독실한 가톨릭 신도로 자라난 펠리페 5세는 불륜을 저지르면 지옥에 간다고 믿어서 부인 외에는 다른 여자와 잠자리를 하지 않았다. 1716년 베르사유 궁전을 찾은 주스페인 프랑스 대사는 펠리페 5세가 이사벨 왕비와 지나치게 많은 성관계를 해서 왕비가 야위어 간다고 걱정할 정도였다.

펠리페 5세는 왕성한 성생활을 유지하기 위해서 그의 식단을 정력에 좋은 음식으로 채웠다. 그는 아침에는 우유, 포도주, 달걀 노른자, 설탕, 계피, 정향나무 꽃의 마른 꽃봉오리를 넣어 만든 꾸아하도라는 음식을 먹었다. 점심과 저녁때는 정력을 위해 매일매일 삶은 암탉과 정력에 좋은 식재료로 만든 탕을 먹었다.

펠리페 5세는 1717년부터 우울한 경우 침대 밖으로 나오지 않았다. 나오지 않는 시간은 하루에서 몇 주, 심지어 몇 달이 되는 경우도 있었다. 이러한 행동은 펠리페 5세의 어머니가 베르사유 궁전에서 우울할 때 보이던 행동과 유사했다.

펠리페 5세의 정신 상태는 점점 더 나빠졌다. 펠리페 5세는 어느 순간부터 하얀 천이 안 좋은 광선을 내뿜는다고 믿었다. 그는 옷, 침대보 등 무엇이든 하얀색으로 된 천을 두려워했다. 곧 그의 주위에서 모든 하얀 천이 사라졌다. 하얀 천에 대한 두려움은 나중에는 햇볕에 대한 두려움으로 변했다. 그는 햇빛이 몸을 뚫고 들어가 내장과 신체 기관을 파괴한다고 믿기 시작했다. 그는 햇빛이 몸에 닿는 것을 거부하다가 나중에는 햇빛 자체를 보는 것도 두려워했다. 왕궁은 동굴처럼 어두워졌다. 그가 이러한 행동을 하는 데에는 마리아 루이사 왕비에 대한 죄책감이 깔려 있었다. 그는 마리아 루이사 왕비가 죽은 뒤 그녀가 영원한 안식을 취할 수 있도록 충분히 많은 미사를 봉헌하지 못했다고 자책했다.

펠리페 5세의 위생에 대해서도 할 말이 많다. 만약 당시 유럽에서

펠리페 5세와 이사벨 왕비의 묘

언제나 왕관을 내려놓고 싶어 했던 펠리페 5세는 죽어서야
그 꿈을 이룰 수 있었다. 왕 노릇을 가장 하기 싫어했던 이 왕은
아이러니컬하게도 무려 45년 3일 동안 왕위에 있으면서
스페인 역사상 가장 오랫동안 재위를 유지하는 기록을 세웠다.

대사들이 알현하기 싫은 왕을 주제로 투표했다면 그는 다섯 손가락 안에 꼽혔을 것이다. 펠리페 5세는 혹시 독에 중독될까 봐 성스러운 수녀들이 만든 속옷을 갈가리 찢어질 때까지 입었다. 또한 옷을 갈아입는 것은 물론, 씻거나 면도도 하지 않았고, 머리를 자르지도 않아서 모습도 괴이하고 악취도 대단했다. 그는 손톱과 발톱을 자르면 악운이 따른다고 믿어서 그대로 놔두어 나중에 길게 자란 손톱이 나선 모양이 될 지경이었고, 발톱 역시 길어서 정상적으로 걷지도 못할 정도였다. 펠리페 5세는 대사들을 만날 때도 씻지 않은 머리에 가발을 쓰고 냄새나는 오래된 옷을 걸친 채 나왔다. 대사들은 그에게서 나는 냄새와 이상한 외모 때문에 그와 만나는 걸 꺼렸다.

의사의 도움을 받아 신체적, 정신적 문제를 치료받았으면 좋았겠지만 펠리페 5세는 의사에 대해서 거부감을 가졌다. 그는 의사들을 못 믿었으며 자신을 죽일 것이라고 끝없이 의심했다. 그는 위가 좋지 못해서 고생했는데, 이 역시 의사들이 독을 썼기 때문이라고 의사들을 탓했다.

애당초 왕이 되기 싫었던 펠리페 5세는 아들이 커서 스페인의 왕이 될 날만 기다렸다. 첫째 왕비 마리아 루이사가 낳은 두 아들 루이스와 페르난도는 건강하게 잘 자라나고 있었기에, 펠리페 5세의 꿈을 이룰 날도 점점 다가오고 있었다. 그는 1720년 엘 에스코리알에서 열린 비밀회의에서 1723년에 권력을 내려놓겠다고 선언했다. 그 선언대로 1724년 1월 15일 열일곱 살이 된 아들 루이스에게 스페인 왕위를 이양했다. 그런데 불행하게도 루이스는 얼마 살지 못하고 1724년 8월 31일 천연두로 사망한다.

이사벨 왕비는 펠리페 5세와 함께 왕궁에서 물러났으나, 궁전에서 일어나는 소식은 빠짐없이 듣고 있었다. 루이스 1세가 후세 없이 사망하면 다음 왕위는 그의 동생 페르난도에게 돌아가야 했다. 하지만 이사벨 왕비는 권력욕이 심한 여자였다. 이왕이면 첫째 부인이 낳은 아들이 아니라 그녀가 낳은 자식들이 스페인을 다스리기를 바랐다. 그녀는 펠리페 5세를 설득하여 그가 다시 스페인의 왕이 되도록 조종했다. 펠리페 5세는 왕이 싫어서 왕위를 이양했지만, 다시 7개월 만에 왕이 돼야 했다. 두 번 왕이 된 경우는 스페인 역사상 최초였다. 이사벨 왕비는 펠리페 5세가 두 번째로 왕이 된 1724년 이후부터 실질적인 최고 권력자였다. 왕이 상태가 좋지 않아 집무를 보지 못할 때마다 왕비가 왕이 서명해야 할 서류에 '왕과 나El rey y yo'라고 서명했다.

펠리페 5세는 1728년 이후부터는 아예 밤낮을 완전히 바꾸어서 생활했다. 그는 자정에 회의를 시작하고 저녁을 새벽 5시에 먹었다. 그리고 7시부터 잠자리에 들어 12시에 일어나 아침을 먹고, 해가 지면 하루를 시작했다. 신하도 왕비도 그의 생활 리듬을 쫓아가는 데 어려움이 있었다. 말년에 그는 우거지상을 하고 다녔고, 정신병 증세가 심해져 스스로 물기도 하고, 노래하고, 괴로움에 소리를 지르기도 했다. 그는 사람들을 피해 다녔고, 옷은 이사벨 왕비가 입었던 옷만 입었다. 다른 옷은 독이 묻어서 입으면 죽는다고 생각했기 때문이다. 어떨 때는 갑자기 입고 있던 옷을 집어 던지고 알몸으로 걸어 다녔다. 펠리페 5세는 상태가 점점 안 좋아져서 이사벨 왕비와 큰 소리로 다투기도 했고 때로는 그녀를 때리기까지 했다. 그러다 어떨 때는 왕궁을 탈출하려고도 했다. 왕비는 그가 탈출하지 못하도록 경비를 두어 왕을 감시했다. 언제나 왕관을 내려놓고 쉬고 싶었던 펠리페 5세는 1746년 7월 9일 죽어서야 그 꿈을 이룰 수 있었다. 늘 왕위를 내려놓고 싶어 했던 펠리페 5세는 45년 3일을 왕위에 있으면서, 스페인 역사상 가장 오랫동안 왕위에 있었던 왕으로 기록에 남았다.

5. 페르난도 6세와 새어머니

펠리페 5세가 죽고 난 뒤, 펠리페 5세의 첫째 부인이 낳은 막내아들 페르난도가 페르난도 6세로 즉위했다. 펠리페 5세의 넷째 아들 페르난도는 1713년 9월 태어났다. 그의 어머니 마리아 루이사는 그를 낳고 난 뒤 5개월 뒤에 사망했기 때문에, 페르난도는 어머니의 얼굴을 몰랐다. 그는 태어나자마자 유모에게 맡겨졌고, 그 이후에는 가정교사에게 넘겨졌다. 펠리페 5세는 페르난도 6세에게 별다른 관심이 없었다. 펠리페 5세의 어머니 역시 그가 어릴 때 일찍 죽었고, 자유분방한 아버지 도팽루이는 자식에 관한 관심이 없었기 때문에 펠리페 5세는 외로운 어린 시절을 보냈었다. 사랑도 받아 본 사람이 줄 수 있다는 말이 정말로 맞는지, 제대로 된 사랑을 받아 본 적이 없었던 펠리페 5세는 그의 아버지처럼 자식들을 보살피지 않았다.

  펠리페 5세는 페르난도의 어머니가 죽은 뒤 몇 개월 뒤 이탈리아 출신의 새 왕비를 맞아들였다. 새 왕비이자 페르난도의 새어머니 파르네제는 첫 번째 왕비의 자식들을 돌보지 않았다. 오히려 페르난도와 루이스를 그녀가 낳은 자식들의 경쟁자라고 생각하고 그들의 앞길을 가로막으려 노력했다. 페르난도가 유일하게 믿고 의지할 만한 사람은 친형 루이스였다.

자식에 관심이 없는 아버지와 가뜩이나 첫째 부인 소생의 아들들을 못마땅하게 생각하는 파르네제 사이에서 지내야 하는 어린 페르난도는 외롭고 우울했다. 파르네제는 페르난도가 펠리페 5세와 가까이 지내는 것도 싫어했기 때문에, 페르난도는 펠리페 5세와 편지로 소통을 해야 할 정도였다. 사실 펠리페 5세는 첫째 왕비가 사망한 이후 정신 착란 증세를 보이면서, 자신도 제대로 보살필 수 없었다. 파르네제가 펠리페 5세와 첫째 부인의 아들 루이스, 페르난도 사이를 멀어지게 한 것은 그녀가 궁정을 장악하기 위한 계획의 일부였다.

첫째 부인이 죽고 펠리페 5세의 정신은 정상이 아니었지만, 육체는 건강하고 성욕은 왕성했다. 펠리페 5세는 독실한 가톨릭교도였기 때문에 부인 외에 다른 여자를 만난다는 것은 상상하지도 못했다. 펠리페 5세는 파르네제와 늘 함께했고, 그녀는 그의 성욕을 이용하여 펠리페 5세를 쥐고 흔들었다. 파르네제는 자식들을 계속해서 출산했다. 파르네제의 영향력이 커질수록 궁정 내에 루이스와 페르난도의 자리는 작아졌다. 하지만 루이스는 누가 뭐래도 정식 왕위 계승자였다.

왕이 되었을 때부터 왕관을 내려놓고 프랑스로 돌아가고 싶었던 펠리페 5세는 루이스가 열일곱 살이 되자, 1724년 왕위를 이양했다. 루이스는 루이스 1세로 즉위했다. 어린 나이였지만 펠리페 5세는 자신이 그랬듯이 루이스가 스페인의 훌륭한 왕이 될 수 있다고 믿었다. 그런데 루이스 1세는 천연두로 그해를 넘기지 못하고 죽고 말았다. 어린 나이였기 때문에 남긴 자식도 없었다. 스페인 사람들은 루이스의 죽음 뒤에 파르네제가 있다고 수군거렸다.

그럼 다음 왕은 누가 되어야 할까? 루이스는 자식이 없었고, 펠리페 5세의 첫째 부인이 낳은 둘째, 셋째 아들은 모두 어릴 적에 사망했다. 그러면 당연히 스페인 왕위는 루이스의 동생 페르난도에게 돌아가야 했다. 그런데 그렇게 되면 파르네제는 권력에서 밀려날 수밖에 없었다. 펠리페 5세는 조종할 수 있었지만, 페르난도와는 남보다 못한 사이였다. 그녀는 펠리페 5세가 다시 왕위에 오르도록 판을 짰다. 그리고 페르난도를 차기 왕위 계승자인 아스투리아스 공이 되도록 만들었다.

페르난도는 아직 어린 나이라 왕이 되지 못한 것은 별 상관이 없었다. 하지만 유일하게 의지하며 지내던 형 루이스가 죽으면서 깊은 슬픔에 빠졌다. 파르네제의 견제는 계속되었다. 페르난도는 왕위 계승자인 아스투리아스 공으로서 정치 경험을 쌓을 수 있도록 국가의 중대 사안을 결정하는 국가 평의회에 참석할 수 있는 자격이 있었다. 이를 위해 국가 평의회 건물에는 아스투리아스 공을 위한 집무실도 있었다. 그런데 파르네제는 페르난도를 견제하기 위해 국가 평의회에 페르난도가 참석하지 못하게 만들고 그를 위한 집무실도 폐쇄해 버렸다. 페르난도는 파르네제의 방해로 22년간 아스투리아스 공으로 있으면서 제대로 된 제왕 교육을 받지 못했다. 반면 파르네제의 자식인 카를로스는 나폴리 왕으로 있으면서 정치 경험을 차곡차곡 쌓았다.

외로웠던 페르난도는 1729년 삶의 동반자를 만났다. 그녀는 포르투갈 주앙 5세João V의 딸 브라간사의 바르바라로 페르난도보다는 두 살이 많았다. 페르난도는 열여섯 살에 그녀와 정략결혼을 했다. 아무리 정략결혼이라지만, 신부의 얼굴이 어떤지는 알아야 했다. 결혼 전에 스페인 궁정에서는 바르바라의 초상화를 보내 달라고 포르투갈 왕실에 요청했다. 포르투갈 왕실은 요청을 받은 지 몇 달 만에 초상화를 그려서 보냈다. 초상화를 그려서 보내는 데 오래 걸린 이유는 바르바라의 외모 때문이었다. 그녀는 어릴 적에 천연두를 앓아서 얼굴에 곰보 자국이 있었고, 뚱뚱한 데다 얼굴도 예쁘다고는 말하기 어려웠다. 그녀를 유럽 공주 중 가장 추녀라고 말하는 사람들도 있었다. 포르투갈 왕실은 페르난도가 그녀의 초상화를 보고 거절할까 봐 두려워 외모의 단점은 감추고 장점은 드러내는 멋진 초상화를 그리기 위해 심혈을 기울였다. 결국 몇 달간 고심 끝에 포르투갈 왕실에서 그려 보낸 바르바라의 초상화는 그녀의 실제 모습과는 매우 달랐다.

페르난도와 바르바라는 1729년 포르투갈 국경에서 가까운 바다호스에서 결혼했다. 바다호스는 포르투갈에서 가깝기는 했지만, 스페인 왕자의 결혼식을 올리기에는 적합하지 않은 조그만 곳이었다. 페르난도는 처음에 부인을 잘 믿지 못했다. 그녀가 추녀여서가 아니었다. 그는 어린 시절부터 새어머니의 눈칫밥을 먹고 자란 데다 사랑을 받지 못했기 때문에 낯선 사람을 경계하는 습관이 있었다. 페르난도는 시간이 가면서 바르바라에게 마음을 열었고, 그녀의 진심을 알게 된 후 그녀가 최고의 동반자라고 확신했다. 애초에 바르바라를 페르난도의 배우자로 추천한 스페인 대사는 그녀의 외모를 보고 이야기한 것이 아니었다. 바르바라는 6개 국어를 할 정도로 똑똑했고, 독실한 가톨릭 신자였고, 인정 많고, 양식을 갖춘 사람이었다. 페르난도처럼 음악 애호가였으며, 우수에 젖은 분위기도 페르난도와 어딘가 비슷했다. 그녀는 페르난도가 어린 시절 받지 못한 사랑을 듬뿍 주었고, 페르난도는 그녀를 평생 사랑했다.

어쩌면 둘이 가까워질 수 있었던 것은 공동의 적이 있었기 때문일 수도 있다. 그 적은 바로 페르난도의 새어머니이자 바르바라의 시어머니인 파르네제였다. 파르네제는 기회만 있으면 바르바라를 괴롭히고 무시했다. 페르난도는 왕위 계승자였고, 그녀는 페르난도의 정식 부인이었다. 하지만 파르네제가 따돌려서 둘은 공공 행사에 초대를 받지도 못했다. 이뿐만이 아니었다. 파르네제는 신혼부부였던 두 사람이 궁전 내에서도 떨어져 살도록 했다. 두 사람은 마음대로 만나지도 못했다. 페르난도 왕자 부부가 꼴도 보기 싫었던 파르네제는 나중에는 아예 두 사람을 안달루시아 촌구석으로 쫓아냈다. 두 사람은 화려한 왕궁을 떠나 안달루시아의 쇠락한 도시를 떠돌며 지냈다. 일정한 거처도 없이 도시와 도시를 오가는 떠돌이 생활이었다. 그렇다고 두 사람이 불행하지는 않았다. 부부는 함께 음악을 듣고, 극장을 방문하며 연극도 보면서 행복하게 지냈다.

1733년 둘은 다시 마드리드로 돌아왔다. 파르네제가 페르난도를 아무리 미워해도 그가 왕위 계승자인데 계속 마드리드 궁정 밖을 떠돌도록 할 수는 없었다. 페르난도 부부가 마드리드에 돌아온 이후에도 파르네제는 둘을 여전히 경계했다. 두 사람을 방문하는 모든 사람은 자신의 신분과 이름을 적어 내야 했고 방문 횟수도 제한되어 있어서 마음대로 두 사람을 만날 수가 없었다. 특히 프랑스와 포르투갈의 대사는 둘을 접견하는 것이 금지되어 있었다. 두 사람이 받은 차별은 그뿐이 아니었다. 둘은 공공장소에서 식사나 산책을 할 수도 없었다. 수도원 방문도 금지되었다. 무엇보다 페르난도는 자기 아버지인 펠리페 5세를 마음대로 만날 수 없었다.

파르네제는 페르난도와 그의 부인이 귀족과 연락을 하지 못하고 궁정 신하들과 거리를 두게 만드는 데 필사적이었다. 왜냐하면 이 시기 펠리페 5세가 페르난도에게 왕위를 이양하려고 했기 때문이다. 파르네제는 정신이 이상한 펠리페 5세를 대신해 권력을 휘두르고 있었기 때문에 펠리페 5세가 왕으로 남아야 계속해서 권력을 휘두를 수 있었다. 파르네제는 펠리페 5세가 페르난도에게 죽기 전에 왕위를 양위하려는 계획을 바로 취소시켜 버렸다.

하지만 파르네제도 막을 수 없는 것이 있었다. 바로 남편 펠리페 5세의 죽음이었다. 새어머니의 미움을 받다 왕비가 된 신데렐라처럼 페르난도는 페르난도 6세로 즉위하며 스페인의 왕이 되었다. 페르난도 6세는 새어머니 이사벨 왕비가 아버지 펠리페 5세를 대신해 권력을 휘두른 것을 알고 있었다. 못된 새어머니는 안절부절못했다.

페르난도 6세는 즉위하자마자 새어머니인 파르네제를 추방해 버렸다. 파르네제는 자식 루이스와 딸 마리아 빅토리아를 데리고 오수나 공작부인의 집으로 떠났다. 권력의 중심에서 멀어졌지만, 그녀의 권력욕은 병적이었다. 그녀는 권력에 대한 미련을 버리지 못하고 페르난도 6세를 끌어내리기 위한 음모를 준비했다. 하지만 그 음모는 실행 전에 발각되어 페르난도 6세는 그녀를 아예 세고비아 근처에 있는 라 그랑하 데 산 일데폰소La granja de San Ildefonso 왕궁으로 쫓아냈다. 그곳은 펠리페 5세가 생전에 좋아했던 궁전이었으며, 그가 묻힌 곳이기도 했다. 그녀는 온종일 새소리밖에 들리지 않는 조용한 그곳이 답답하기만 했다. 그녀에게 어울리는 곳은 음모와 암투로 가득 찬 마드리드 궁전이었다. 그녀는 자존심을 접고 의붓아들 페르난도 6세에게 그녀가 잘못한 것이 있다면 고치겠다는 편지를 써서 다시 궁전으로 돌아갈 방법을 모색했다. 이에 페르난도 6세는 그의 명령에 복종하고 실행하기 전에는 누구의 조언도 받지 않을 것이라고 하면서 그녀의 복귀를 거절하는 서한을 보냈다.

페르난도 6세의 정치

페르난도 6세는 적법한 왕위 계승자였지만 파르네제의 방해로 왕에게 필요한 제대로 된 교육을 받지 못했다. 그리고 그의 성격은 냉철하게 판단을 내려야 할 때가 많은 왕의 자리에 맞지도 않았다. 하지만 페르난도 6세에게는 신하를 보는 눈이 있었다. 그는 펠리페 5세 시절 활동한 신하 중 유능한 이들이 능력을 마음껏 펼칠 수 있도록 해 주었다. 그 신하들은 정직하고 똑똑하며, 무엇보다 그에게 충성심이 있었다. 이들은 페르난도 6세의 부족한 정치 경험과 유한 성격을 보완해 주었다. 페르난도 6세는 뛰어난 신하에게는 그에 맞는 자리를 주고 보상을 해 주었지만, 펠리페 5세 때 권력에 빌붙어 부패를 일삼은 신하들은 모두 궁정에서 추방했다.

페르난도 6세 시기 활동한 인물 가운데 두각을 드러낸 이는 엔세나다 후작Marqués de la Ensenada과 호세 데 카르바할José de Carvajal이었다. 두 사람은 모두 뛰어난 정치가이며, 개혁가였지만 외교적으로 중립적인 인물은 아니었다. 엔세나다 후작은 친프랑스 성향이었고, 호세 데 카르바할은 친영국 성향이었다. 페르난도 6세 시기 스페인은 프랑스와 영국 사이에서 중립 외교를 펼쳤다. 이 둘이 나란히 권력의 핵심에 있다 보니 자연스럽게 한쪽 편만 들 수가 없었다. 두 사람이 서로 프랑스와 영국 가운데 어느 한쪽에 치우칠 때면 상대를 견제했기 때문에 스페인은 자연스럽게 프랑스와 영국 사이에서 중립 외교를 실행할 수가 있었다.

페르난도 6세의 중립 외교 정책은 1748년 오스트리아 왕위 계승 전쟁이 끝난 이후 체결한 엑스라샤펠 조약부터 드러났다. 페르난도 6세가 보기에 펠리페 5세와 파르네제가 일으키거나 동맹국으로 참전한 전쟁에서 이득은 없고, 지출만 있었다. 그 때문에 국가 재정은 파탄이 났다. 페르난도 6세는 전쟁을 피하면서 국가 발전을 하겠다는 기본 방향을 세웠다. 그는 전쟁을 피하고자 동맹을 체결하지 말라고 지시했다.

스페인은 중립 외교 정책을 고수하여 영국과 프랑스 간의 7년 전쟁이 있었을 때 전쟁에 참여하지 않아 국력을 아낄 수 있었다. 그렇다고 페

카디스

오늘날 평화로워 보이는 카디스에 페르난도 6세는 군함을
건조하기 위한 조선소를 세운 바 있다. 그는 카디스뿐만 아니라
카르타헤나, 페롤에도 조선소를 새워 군함을 건조하기 위해
애썼다. 그럼에도 과거 무적함대의 명성은 되찾을 수 없었다.

르난도 6세가 무조건 전쟁을 피하기만 하고 국방을 소홀히 한 것은 아니었다. 그는 전쟁에 쓰지 않아 남은 돈을 국방력과 국경의 수비를 강화하는 데에 썼다. 그는 힘이 있어야 중립국이 유지될 수 있다는 사실을 잘 알고 있었다.

스페인에 시급한 것은 아메리카 식민지 방어를 위한 해군력이었다. 스페인의 광대한 식민지를 통치하기 위해서는 바다를 마음대로 오갈 수 있어야 했지만 스페인은 제대로 된 배를 만들 수 있는 조선소조차 없었다. 그는 엔세나다 후작을 시켜 카르타헤나, 카디스, 페롤에 군함을 건조하기 위한 조선소를 세웠다. 스페인은 기존에는 배를 만들지 않고 사서 썼기 때문에 배 만드는 기술이 없었다. 스페인은 배를 만들기 위해 갖은 노력을 다했다. 그 노력 중에는 첩자를 동원하여 영국 군함 조선소에서 건조 기술을 훔쳐 오는 방법도 있었다. 배를 만들겠다는 목표로 노력한 결과 1752년에 스페인은 40척의 대형 군함을 건조했다. 그 선단만으로는 바다의 지배자인 영국을 상대하기에는 무리였다. 하지만 조선소에서 계속 배를 추가로 건조했기 때문에 스페인의 해군은 점점 더 강력해졌다.

페르난도 6세는 만성적인 스페인의 재정 문제를 해결하려고도 노력했다. 그는 1746년 즉위 후 궁전의 지출을 줄이고, 전국 경제 우애 협회를 조직하여 농업과 산업이 발달하고, 무역이 활성화되도록 힘썼다. 1749년에는 토지 대상 조사 위원회를 설립했다. 이 위원회는 특정 땅에 어떤 농작물이 나는지, 땅의 상태는 어떤지, 그 땅의 주인은 누구인지 등을 조사했다. 토지 대상 조사 위원회의 목적은 땅의 상태를 파악하여 귀족들에게 세금을 걷으려는 데에 있었다. 또한 땅의 소재를 파악하고자 스페인 전국 지도를 제작했다.

1752년에는 히로 레알Giro Real이라는 은행을 만들었다. 이 은행이

설립되고 나서부터 스페인 국내외의 돈을 이동하기가 쉬워졌다. 이 은행은 페르난도 6세 다음 왕인 카를로스 3세가 만든 산 카를로스San Carlos 국영은행의 전신이다.

페르난도 6세는 산업 발달에도 신경을 썼다. 구아달라하라, 에스카라이, 브리우에가, 산 페르난도, 탈라베다데에는 국영 공장을 세웠다. 국가 재정이 좋아지고 일자리가 창출되자 국가는 점점 더 발전했다. 예전 같으면 그 돈을 전쟁에 쏟아부었겠지만, 페르난도 6세는 스페인에 재투자했다. 마드리드와 바르셀로나를 잇는 도로가 건설되었고, 카스티야 운하 사업이 착수되었다. 또한 낙후되고 노후화된 항만 시설, 도로, 운하를 정비했다. 지방 곳곳에 인구가 줄어 버려진 땅에는 새로운 거주지를 만들어 사람들이 다시 와서 살 수 있는 터전을 마련해 주었다.

페르난도 6세가 군사력과 경제에만 관심이 있었던 것은 아니다. 그는 학자와 예술인도 양성했다. 1752년에는 산 페르난도 왕립 예술 학술원을 세웠다. 동시에 뛰어난 학생들을 유럽의 선진국으로 보내어 선진 문물을 배워 오도록 했다. 프랑스인 위주로 국정 운영을 했던 펠리페 5세와 달리, 페르난도 6세는 스페인인을 적극적으로 활용했다. 그는 귀족이 아니어도 능력이 있다면 평민도 궁전에서 일할 수 있도록 했다. 이로 인해 외국에서 교육을 받거나, 학식이 있는 계몽주의자들도 궁정에서 활동할 수 있었다. 프랑스 외교 업무를 담당했던 아르헨손 후작은 다음과 같이 말했다.

"루이 14세가 살아 있을 때 스페인 궁정에는 프랑스인이, 루이 14세가 죽고 난 뒤 펠리페 5세의 나머지 시기에는 이탈리아인이 있었다. 지금은 궁정에 카스티야인과 스페인의 다른 도시 사람들이 있다."

페르난도 6세는 1753년에는 베네딕토 14세와 종교 협약을 맺어 성직자에 대한 과세권 및 스페인의 주교 임명권을 얻어 냈다. 이 협약으로

페르난도 6세 초상화(위)와 당시의 금화(아래)

페르난도 6세는 새어머니의 견제로 인해 왕이 되기 위한 후계자 수업을
제대로 받지 못했다. 그럼에도 그는 불필요한 전쟁을 종식시키고
스페인의 경제를 활성화시키는 등 여러 가지 치적을 쌓았다.

왕권은 강화되었고, 국가 재정은 한결 더 좋아졌다.

페르난도 6세 시기 활동했던 인물 중에는 원치 않게 거세되어, 성공한 카스트라토 성악가 파리넬리도 있었다. 파리넬리는 펠리페 5세가 우울증으로 고생하던 때 파르네제가 그의 우울증을 치료할 목적으로 데려왔다. 파리넬리는 왕 부부만을 위해 노래했으며, 펠리페 5세는 파리넬리의 목소리를 들을 때에는 차도가 있었다고 한다. 파리넬리가 궁정에 있을 때 페르난도와 사이가 좋았기 때문에, 페르난도가 왕이 되었을 때에도 파리넬리는 궁정에서 성악가로 활동했다. 파리넬리는 성악가였지만 왕의 신임을 받아 정치에도 관여했다. 그는 청렴결백해서 뇌물이나 청탁은 일절 받지 않았다.

페르난도 6세와 왕비는 타호강 유람을 즐겼다. 왕 부부가 타호강 유람에 나설 때는 왕 부부와 귀족들이 21척의 배에 나누어 탄 뒤 강의 흐름을 따라 천천히 흘러가는 배 위에서 음악 공연을 관람했다. 이때 파리넬리가 자주 노래를 불러 흥을 돋웠다. 여담으로 펠리페 5세부터 페르난도 6세까지 왕의 사랑을 듬뿍 받았던 파리넬리는 페르난도 6세에서 카를로스 3세Carlos III로 정권이 바뀌면서 추락했다. 그는 카를로스 3세 때 주변 사람들의 미움을 받아 이탈리아로 쫓겨나고 만다. 스페인에서 성악가이자 정치가로 활동했던 그의 파란만장한 삶은 1782년에 끝났다. 자식을 만들 수 없었던 그는 죽기 전에 전 재산을 하인들과 가난한 사람들에게 나눠 주고 죽었다.

페르난도 6세의 말년

바르바라는 1758년 봄부터 기침을 심하게 했다. 페르난도 6세는 왕비의 천식 치료를 위해 아란후에스 궁전으로 거처를 옮겼지만, 왕비의 병은 점점 더 심해져만 갔다. 의사가 진료를 해 보니 천식이 문제가 아니었다. 그녀는 자궁암을 앓고 있었다. 그녀의 아랫배에는 악성 종양이 가득 퍼져 있었고, 어떤 종양은 달걀만 한 크기였다. 왕비는 결국 그해를 넘기지 못하고 8월에 사망했다.

바르바라가 죽고 난 뒤 그녀가 쓰던 침대 아래에서 금화로 가득한 궤짝이 발견되었다. 그녀는 유언으로 7백만 레알에 이르는 재산을 포르투갈에 있는 남동생 돈 페드로(1777년 포르투갈의 페드로 3세로 즉위)에게 주었다. 페르난도 6세에게 남긴 유산은 보석 몇 개와 그녀 침대 옆에 걸려 있던 성화 한 점이 전부였다. 스페인 사람들은 왕비가 재산은 포르투갈로 빼돌리고 스페인의 왕이자 남편인 페르난도 6세에게는 보잘것없는 것들만 남겨주었다고 죽은 왕비를 비난했다. 게다가 왕비는 왕의 후사를 남겨야 하는데, 그녀는 자식을 낳지 못했다. 왕비 바르바라는 포르투갈인들에게는 칭송을 받을지 몰랐지만, 스페인인에게는 형편없는 왕비일 뿐이었다. 그런데 정말 그녀가 문제가 있어서 자식을 낳지 못했고, 페르난도 6세를 사랑하지 않아서 그에게 유산을 남기지 않을 것일까?

학자들은 불임의 원인이 그녀가 아니라 페르난도 6세에게 있었을 확률이 높다고 본다. 유산 문제에 있어서는, 페르난도 6세는 이미 충분한 재산을 가지고 있었기 때문에 돈이 필요한 상황이 아니었다. 그런데 그녀가 재산을 페르난도 6세에게 넘겨주면 그 돈은 결국 페르난도 6세를 거쳐서 그녀를 지독히 괴롭히던 새어머니와 얼굴도 잘 보지 못한 그녀의 자식에게 전달될 게 뻔했다. 어찌 됐든 그녀는 스페인 사람들의 미움을 받았다. 일부 스페인인은 그녀가 불임에다 탐욕스럽다며 벽에 낙서했다.

페르난도 6세는 그녀의 죽음에 큰 충격을 받았다. 그녀는 왕가의 무덤이 있는 엘 에스코리알에 묻힐 수 없었다. 엘 에스코리알에 묻히기 위해서는 왕비의 경우 낳은 자식이 왕이 되어야만 가능했다. 그녀는 자식을 낳지 못했기 때문에 라스 살레사스 레알레스 수도원에 안치되었다. 페르난도 6세는 비통한 마음에 차마 사랑하는 왕비가 묻히는 것을 보지 못했다. 페르난도 6세는 시간이 지나도 여전히 공황 상태에 빠져 있었다.

페르난도 6세의 상태는 갈수록 악화됐다. 그는 곳곳에 왕비와의 추억이 있는 궁전에서 살 수가 없었다. 그는 오돈에 있는 비야비시오사 성으로 거처를 옮겼다. 하지만 그의 슬픔은 나아지지 않았다. 오히려 점점 더 심해졌다. 나중에는 아예 삶의 의지를 잃었다. 그는 씻지도, 먹지도 않았으려 여러 번 자살을 시도했다. 한밤중에 괴성을 지르기도 했고 어떨 때는 죽은 척을 해서 하인들을 괴롭히고 놀라게 했다. 그는 침대에서 자지 않고 의자에서 잠을 잤다. 그의 모습은 첫 번째 부인을 잃은 슬픔으로 반쯤 미쳐 버려 그에게 관심을 주지 않았던 아버지 펠리페 5세의 모습과 비슷했다. 결국 그는 사랑하는 왕비가 죽은 지 1년 뒤인 1759년 8월 10일에 46세의 나이로 숨을 거뒀다. 그는 카를로스 1세 이후 모든 스페인 왕이 묻혀 있는 엘 에스코리알에 묻힐 수 있었다. 하지만 그는 사랑하는 왕비가 묻힌 라스 살레사스 레알레스 수도원에 묻어 달라는 유언을 남겼다.*

페르난도 6세는 펠리페 3세처럼 선왕이 오랫동안 통치한 상태에서 나라를 물려받았고 평화를 추구했다. 하지만 그는 펠리페 3세가 레르마 공작에 휘둘려 국정 운영을 그냥 팽개쳐 둔 것이 아니라 유능한 신하를 주위에 두고 국력을 일으키는 데 힘썼다. 페르난도 6세는 시민들에게 많은 사랑을 받았다. 페르난도 6세는 계몽을 해야 한다는 것은 알았지만 안타깝

---

* 엘 에스코리알에는 카를로스 1세 이후로 펠리페 5세와 페르난도 6세를 제외한 모든 스페인 왕의 무덤이 있다.

게도 그 계몽 운동에 사회의 많은 사람이 참여하지는 못했다. 특히 다른 나라처럼 사회를 개혁하는 데 힘을 불어넣었던 부르주아들이 스페인에서는 정치에 참여를 많이 하지 못했다. 페르난도 6세의 개혁은 위에서부터 아래로 내려왔다. 그러한 개혁에는 한계가 있었다. 지배 계층은 개혁을 위해서 그들의 특권을 내려놓지 않았고, 피지배 계층은 타성에 젖어 왜 개혁이 필요한지 몰랐고, 개혁을 위해 적극적으로 참여하지도 않았다.

물론 페르난도 6세가 다스릴 때 좋은 정책만 있었던 것은 아니다. 그는 집시를 대대적으로 추방하거나 체포하는 등 외국인 차별 정책을 펴기도 했다. 하지만 전체적으로 보자면 그 시기에 스페인은 과거와 비교해 사회 전반에 걸쳐 발전을 이루었다. 외교적으로는 중립주의로 패권 전쟁에 참여하지 않아 쓸데없이 국력을 낭비하지 않았다. 그렇게 해서 남은 힘을 사회 경제 발전에 힘쓰고 지금의 스페인으로 태어나는 데 썼다. 그가 사망했을 때 국고는 3백만 레알 흑자였다. 큰 금액은 아니었지만, 스페인에서 선왕이 재정을 흑자 상태로 물려주는 경우는 수백 년 동안이나 일어나지 않은 드문 일이었다.

페르난도 6세는 좋은 왕이었지만 후손이 없었다. 페르난도 6세가 자손이 없는 형의 뒤를 이어 왕이 되었듯이, 페르난도 6세의 뒤는 페르난도 6세의 이복동생 카를로스가 이었다. 펠리페 5세가 살아 있을 당시 카를로스 위로 루이스 1세와 페르난도 6세가 되는 두 명의 왕자가 있었기 때문에 카를로스가 왕위에 오를 가능성은 희박했다. 하지만 파르네제의 아들 카를로스는 그 희박한 가능성을 뚫고 그의 어머니의 바람대로 카를로스 3세로 즉위했다.

6. 계몽 전제군주 카를로스 3세

카를로스 3세는 1716년 1월 20일 펠리페 5세와 그의 두 번째 왕비 파르네제 사이에서 태어났다. 펠리페 5세의 첫째 왕비 소생의 루이스와 페르난도가 있었기 때문에 카를로스의 스페인 왕위 계승 가능성은 크지 않았다. 파르네제는 펠리페 5세의 정신이 이상해지자 그를 대신해 권력을 휘둘렀다. 그녀의 목표는 펠리페 5세가 스페인 왕위 계승권을 얻기 위해 포기했던 이탈리아의 땅을 회복하는 것과 자식들을 최고의 권력자로 만드는 것이었다.

카를로스는 1733년에 프랑스와 협정을 맺고 폴란드 왕위 계승 전쟁에 참전했다. 그가 직접 전장에서 싸운 것은 아니었다. 적의 손길이 닿지 않는 전쟁터의 후방에서 지휘만 했을 뿐이다. 카를로스 3세는 평생 한 번도 갑옷을 입은 적이 없었다. 그는 전쟁터에 직접 나가 싸우는 것을 좋아하지 않았기 때문이다.

1734년 이탈리아 파르마와 피아첸체의 공작이었던 카를로스는 나폴리와 시칠리아를 점령한 뒤 두 지역의 왕이 되었다. 카를로스는 파르네제의 도움으로 나폴리와 시칠리아의 왕이 되어 스무 살 이전부터 정치 경험을 쌓을 수 있었다. 그에 반해 비슷한 시기 정식 스페인 왕위 계승자였던 페르난도 6세는 파르네제의 방해로 제대로 된 교육을 받지도 못하고, 귀족들과의 접견도 원하는 대로 하지 못했으며 행동 반경도 제한을 받았다.

파르네제가 카를로스와 페르난도 6세를 차별하기는 했지만, 카를로스만 놓고 봤을 때 그는 왕이 되기에 적절한 인물이었다. 카를로스는 나폴리 왕으로 있을 때부터 좋은 신하들을 곁에 두고 백성들을 위한 통치를 할 줄 알았다. 그는 귀족과 부딪히지 않으면서 중산층을 잘살게 하는 정책들을 시행했다. 그 결과 나폴리의 농업과 산업이 발달했고, 교역도 늘어났다.

페르난도 6세가 후손을 남기지 못하고 사망하면서, 카를로스는 카를로스 3세로 스페인 왕위에 올랐다. 그가 스페인으로 떠나게 되자 제일 아쉬워한 사람들은 그의 통치를 받던 나폴리 사람들이었다. 카를로스 3세도 나폴리를 떠나는 것이 기쁘지만은 않았다. 그는 나폴리에 있던 멋진 조각상들을 특히나 사랑했다. 카를로스 3세는 스페인에서 나폴리를 추억할 수 있도록 그 조각상들을 복제해서 보내 달라고 부탁했다. 그는 그 조각상들을 스페인 마드리드 곳곳에 장식했다. 일부 조각상들은 스페인과 멕시코의 미술 학교에 보내서 예술학도들에게 참고가 되게 했다.

카를로스는 작센의 마리아 아말리아Maria Amalia와 1738년에 결혼했다. 그녀는 모두 13명의 자식을 낳았는데 그중에서 7명만 살아남았다. 정략결혼이었지만 둘은 문제없이 잘 살았다. 카를로스는 나폴리 왕으로 지내다 훨씬 더 높은 자리인 스페인 왕위에 올랐다. 이는 카를로스에게도 그가 사랑하는 부인에게도 크나큰 영광이었다. 하지만 왕비는 그 영광을 오래 누리지 못했다. 그녀는 스페인의 왕비로 마드리드에 온 지 2년 만에 1760년 결핵으로 죽었다. 카를로스 3세의 상심은 이루 말할 수 없었다. 그는 다음과 같이 말했다.

"그녀의 죽음이 내가 겪은 첫 번째 고뇌이다."

이때 그의 나이가 마흔네 살이었다. 그가 원한다면 얼마든지 새로운 왕비를 맞이할 수 있었지만 카를로스 3세는 그 후로 여자를 멀리하며 죽을 때까지 새로운 왕비를 맞아들이지 않았다.

카를로스 3세는 정돈되지 못한 삶을 싫어했기 때문에, 엄격하게 매일매일 일정에 따라 움직였다. 그 덕분에 그의 일정을 관리하는 신하와 왕의 의복을 만드는 재단사는 일이 편했다. 왜냐하면, 그의 일정은 매일매일 똑같았고, 몸 관리를 철저히 하여 옷의 치수가 10년간 똑같았기 때문에 치수를 다시 잴 필요가 없었다. 카를로스 3세의 왕궁을 방문한 사람들은 그의 왕궁을 유럽에서 제일 지루한 왕궁이라고 평했다. 하지만 바꿔 말하면 카를로스 3세의 왕궁은 왕이 할 일을 하는 가장 바람직한 왕궁이었다.

역사학자 후안 에스라바 갈란Juan Eslava Galan은 그를 '침착한 왕'이라고 평했다. 그는 왕이었지만 부르주아 중산층처럼 검소했으며, 신중하고 금욕적인 삶을 살았다. 그의 일상은 하루하루가 거의 똑같았다. 카를로스 3세는 새벽에 기상해서 미사에 참석한 다음 초코라떼와 함께 아침을 먹었다. 오전에는 집무를 보고 신하들과 미팅을 했으며 점심때는 아침에 썼던 식기를 그대로 사용해 먹었다. 오후에는 매일매일 사냥을 나갔다. 그렇다고 그가 단순히 사냥에 미친 건 아니었다. 그보다는 맑은 정신을 유지하기 위해서는 규칙적인 운동을 해야 한다고 믿었기에 사냥을 나갔다.

카를로스 3세는 평생 정신병자가 될까 봐 두려워하며 살았다. 그는 자기 피에 정신병의 유전자가 흐르지 않을까, 그 정신병이 언제 튀어나오지 않을까 노심초사했다. 그의 걱정이 근거가 없는 것은 아니었다. 그의 아버지 펠리페 5세는 첫째 부인이 죽고 괴이한 행동을 일삼았고, 그의 형 페르난도 6세는 말년에 아버지와 마찬가지로 정신 이상 증세를 보였다. 그뿐 아니라 카를로스 3세의 아들 펠리페도 정신이 온전치 못했기 때문에 카를로스 3세는 그의 가문에 내려오는 정신병에 대한 걱정을 내려놓을 수가 없었다.

카를로스 3세의 통치

안톤 라파엘 멩스Anton Raphael Mengs가 그린 카를로스 3세의 가장 유명한 초상화는 프라도 미술관에 있다. 그 초상화에서 그의 얼굴은 부르봉 가문 출신답게 코는 크지만, 얼굴이 길쭉하고 마른 편이다. 그의 모습을 보았을 때 위대한 느낌을 받거나 잘생겼다는 생각은 들지 않지만 카를로스 3세는 스페인에서 가장 위대한 왕으로 꼽히는 계몽전제군주이자 개혁가였다. 그는 스페인 발전을 위해 궁정의 낭비를 없애고 발전을 가로막는 방해물을 제거했다. 펠리페 5세의 아들인 카를로스 3세와 페르난도 6세는 비록 어머니가 달랐지만, 통치 방향에서는 통하는 면이 있었다. 그는 페르난도 6세처럼 스페인의 근대화를 위해 노력했으며, 유능한 신하를 적재적소에 배치해 재능을 펼칠 수 있도록 했다.

페르난도 6세는 수세기 동안 지속해서 전쟁을 일으키며 파탄이 난 스페인 재정을 흑자로 돌려놓았고, 스페인이 근대화에 성공하여 발전할 수 있는 기틀을 마련해 놓았다. 만약 카를로스 3세가 페르난도 6세와 반대되는 이상을 공유했다면, 페르난도 6세가 심어 놓은 근대화의 싹은 자라날 수 없었을 것이다. 다행히 카를로스 3세는 페르난도 6세가 심어 놓

카를로스 3세의 초상화

안톤 라파엘 멩스가 그린 카를로스 3세의 초상화.
초상화를 보면 부르봉 가문의 특징인 큰 코에 마루고 길쭉한 얼굴형이
잘 드러나 있다. 얼핏 보면 위대한 인물이라는 느낌이 잘 들지 않지만
카를로스 3세는 스페인에서도 손꼽히는 성군으로 알려져 있다.

은 씨앗이 자라날 수 있게 물을 주는 사람이었다. 카를로스 3세는 페르난도 6세와 또 다른 개혁을 추진하여 스페인을 더욱더 발전시켰다.

매일 오후 사냥을 나갔던 카를로스 3세는 비가 너무 많이 와서 사냥하지 못할 경우에는 실내에서 의자 다리를 둥글게 깎는 일을 했다. 귀족들은 왕이 그들이 천하게 여기는 목수처럼 나무를 다루는 일을 하자 깜짝 놀랐다. 귀족들의 생각에도 일리는 있었다. 왜냐하면 1447년에 구두 제작자, 재단사, 정육업자, 무두질하는 사람, 목수 등을 비롯한 수공업과 관련된 직업은 비천하다고 규정한 문서가 있었기 때문이다. 카를로스 3세는 그 생각에 반대했다. 그는 스스로 의자의 다리를 깎으며 목수의 일이 비천한 일이 아니라는 것을 몸소 보여 주었다. 카를로스 3세는 행동으로 보여 줄 뿐만 아니라 1783년에는 수공업과 관련된 직업이 비천하다고 규정한 것을 취소했다. 그리고 수공업자가 공직에 오를 수 있는 길도 열어 주었다.

토머스 모어Thomas More는 『유토피아Utopia』에서 "양이 사람을 먹어 치운다!"라며 영국의 인클로저 운동을 비판했다. 인클로저 운동의 결과 영국에서는 지주들이 돈을 더 많이 벌기 위해 농경지를 줄이고 양을 키우는 목장이 늘어나는 현상이 나타났다. 같은 상황이 스페인에서도 발생했다. 스페인의 거대한 양모 산업 뒤에는 목장주 협회가 있었으며, 이들은 특권을 누리며 점점 더 목초지를 늘려 갔다. 카를로스 3세는 특권을 가진 일부 계층이 잘사는 걸 원하는 게 아니라, 중산층이 더 많아지고 잘살기를 바랐다. 그러기 위해서는 양모 산업보다 농업을 발달시켜야 했다. 카를로스 3세는 목장주 협회의 부당한 특권을 없애서 농업을 보호했고, 목초지를 줄이고 경작지를 늘렸다. 그는 아란후에스 왕궁 소유의 농장에서 농작물의 생산량을 늘리기 위한 실험을 하고 교역을 자유화시켜 곡물 생산이 늘어나도록 유도했다.

카를로스 3세는 농업뿐만 아니라 산업을 발전시키는 데에도 관심을 두었다. 그는 대포, 무기, 화약 등의 군수 제품과 생활 필수품 및 도자기, 유리, 태피스트리 등 수입에 의지하던 제품들을 직접 생산할 수 있도록 공장을 곳곳에 설립했다. 1778년에는 멕시코를 제외한 아메리카 식민지의 무역을 자유화하여 교역량이 늘 수 있도록 했다. 근대화된 우편 제도를 시행했고, 전쟁으로 남편을 잃은 과부와 고아들을 위해 기초적인 사회보장제도도 마련했다. 카를로스 3세는 대학을 개혁해 신분이 낮은 사람도 대학에서 공부할 수 있도록 하여 인재를 양성했다.

한편 그는 페르난도 6세가 실시했던 스페인의 버려진 땅에 사람들을 이주시키는 일을 확대하여 진행했다. 이주 대상은 주로 가난한 사람들이었다. 이 이주는 마드리드와 카디스를 지나는 시에라 모레나 지역에 집중되었다. 가난한 사람들은 새로운 터전에서 국가의 지원을 받으며 희망을 꿈꿀 수 있었다. 스페인 정부도 이득이었다. 시에라 모레나 지역에는 인구가 적어 도적들이 활동을 많이 해서 바다로 물건이 들어오는 카디스와 물건을 받아서 쓰는 마드리드 간에 이동이 어려웠다. 그런데 사람들이 이 지역에 살기 시작하면서 도적들이 활동할 구역이 점점 더 줄어들었다. 또한 스페인에는 17세기 초부터 인구 부족 문제가 있었는데 카를로스 3세는 출생률이 늘어나도록 유도했다.

카를로스 3세는 현재 사용하고 있는 스페인 국기의 창시자이기도 하다. 이전에 부르봉 왕가의 깃발은 흰색 바탕에 가문의 상징을 집어넣었다. 그런데 18세기에 부르봉 왕가가 다스리는 지역이 프랑스, 스페인, 이탈리아 지역에 이르다 보니, 각국의 깃발이 잘 구별이 되지 않았다. 지금처럼 빨간색과 노란색 바탕의 깃발은 1785년 카를로스 3세 때부터 사용되었다. 일설에는 깃발을 바꾼 이유가 영국군이 깃발로 스페인 군함이 적인지 아군인지 구별하기 어렵게 하여 공격을 피하려고 했기 때문이라고도 한다. 1843년 이후 이 깃발은 스페인의 공식 깃발이 되었으며, 제2공화국 시절을 제외하고 현재까지 스페인의 국기로 사용되고 있다.

카를로스 3세는 스페인의 왕이었지만 마드리드의 시장처럼 마드리드의 발전에 신경을 많이 썼다. 마드리드에 있는 프라도 미술관과 소피아 미술관을 건설한 것이 카를로스 3세이다. 현재 소피아 미술관의 본관으로 사용되는 건물은 카를로스 3세 시절에는 마드리드 국립 병원으로 사용되던 곳이었다. 알칼라 문, 시벨레스 분수도 카를로스 3세 시기에 지어졌다. 그는 마드리드의 위생 상태와 치안을 끌어올리기 위해서도 많은 노력을 했다. 카를로스 3세 이전까지 마드리드에는 하수 처리라는 개념이 없었다. 길거리에는 오줌 위에 대변이 둥둥 떠다닐 정도였다. 그렇다고 청소를 제대로 하는 것도 아니었다. 카를로스 3세는 하수 처리 시설을 도입해서 길거리를 깨끗하게 하고, 위생 상태를 끌어올렸다. 아울러 치안 유지를 위해 밤에 가로등을 설치했고, 신분을 숨기기 쉬운 챙이 넓은 모자와 검정 망토 착용을 금지했다. 이 모두는 마드리드 시민을 위한 일이었지만, 보수적인 마드리드인은 카를로스 3세가 쓸데없이 멀쩡한 것을 바꾼다며 분노를 표출했다.

카를로스 3세의 개혁은 페르난도 6세의 개혁처럼 위로부터 아래로 내려간다는 한계가 있었다. 그는 옛 풍습이라도 발전을 가로막는다면 없애야 한다고 생각했다. 카를로스 3세의 개혁은 마드리드 시민에게 도움이 되었지만 중하위 계층의 사람들은 개혁에 불만을 품었다. 그 개혁이 가져올 변화에 대해서 잘 이해하지 못했기 때문이다. 카를로스 3세는 자신이 하는 일에 확신이 있었다. 그 때문에 백성들에게 개혁이 의미하는 바를 제대로 전달하지 않았다. 카를로스 3세는 개혁에 반발하는 사람들이 있다는 이야기에 "내 백성들은 씻으려고 하면 우는 아이와 같다"

소피아 미술관(위)과 프라도 미술관(아래)
소피아 미술관은 처음에 마드리드 국립 병원으로 이용되었다.
이외에도 카를로스 3세는 알칼라 문, 시벨레스 분수 등을
만들었으며 마드리드의 위생 상태와 치안에도 신경을 많이 썼다.

라고 답한 뒤 근대화를 추진했다.

변화시키려는 왕과 변화를 거부하는 민중의 갈등은 계속되었다. 그 결과 1766년 3월 23일 마드리드에서 에스킬라체 난이 일어났다. 이 반란은 스페인 전국으로 퍼져 나갔다. 카를로스 3세의 근대화에 불만을 가진 사람은 마드리드 밖에도 많이 있었다. 스페인인들이 가진 불만 가운데 하나는 카를로스 3세의 궁정에 이탈리아 출신들이 많다는 것이었다. 카를로스 3세는 나폴리의 왕을 지냈기 때문에 이탈리아에 각별한 애정을 품고 있었다. 카를로스 3세는 스페인의 발전에 도움이 될 능력이 뛰어난 이탈리아인을 궁정으로 불러들인 것이었는데, 스페인 사람들의 눈에는 그저 스페인의 왕이 이탈리아 사람들을 중용하고, 스페인의 전통을 무너뜨리는 것으로 보였다.

반란이 거세지자 카를로스 3세는 한발 물러섰다. 그는 이탈리아 출신의 정치인들은 추방하고 반대가 심한 개혁안을 철회했다. 카를로스 3세는 자신의 주장을 끝까지 고집하지 않고 물러섬으로써 반란을 진정시켜 평화를 가져왔다. 명령에 무조건 복종하기만을 바라고 백성의 이야기는 듣지 않아 문제를 키우는 어리석고 오만한 왕도 있었지만, 카를로스 3세는 물러설 때는 물러설 줄 아는 현명한 왕이었다. 하지만 카를로스 3세는 이 사태에 서운함과 모욕감을 느꼈다. 모든 그의 정책은 스페인이 더 잘살기 위한 것들이었는데 돌아온 것은 비난뿐이었다. 한발 양보하여 반란은 누그러뜨렸지만, 그의 마음은 큰 상처를 입었다. 생각할 시간이 필요했던 카를로스 3세는 8개월간 마드리드를 떠났다.

다시 돌아온 카를로스 3세는 예전과 달라져 있었다. 그는 예전보다 훨씬 더 권위적으로 행동했다. 카를로스 3세는 돌아오자마자 충격적인 명령을 내렸다. 그 명령은 바로 스페인 및 식민지에서 예수회를 추방하라는 것이었다. 예수회가 에스킬라체 난을 선동했다는 이유 때문이었지만 이는 예수회를 추방하기 위한 구실에 불과했다. 실제 이유는 예수회가 스페인 국내와 아메리카 대륙에서 점점 더 영향력을 넓혀 가면서 왕의 권력을 위협했기 때문이다. 카를로스 3세의 의지가 확고했기에 예수회 추방 명령은 그의 명령대로 이루어졌다. 하지만 예수회의 갑작스러운 추방은 부작용을 불러일으켰다. 우선 교육의 공백이 생겨났다. 예수회는 스페인과 아메리카 대륙에 있는 식민지의 교육을 담당하고 있었다. 그다음 부작용으로 아메리카 대륙의 식민지에서 스페인으로부터 독립하고자 하는 움직임이 생겨났다. 아메리카 대륙의 식민지에서는 예수회의 지지도가 높았다. 그런 예수회가 쫓겨나자 이들은 이에 반발해 스페인으로부터 독립을 꿈꾸기 시작했다.

카를로스 3세와 페르난도 6세는 외교에서는 다른 입장을 고수했다. 페르난도 6세는 철저하게 중립주의를 고수했다. 하지만 카를로스 3세는 프랑스 부르봉 왕가와 동맹을 맺고 영국과 맞서 싸웠다. 카를로스 3세 역시 전쟁을 좋아하지는 않았지만, 영국의 세력이 점차 커지며 스페인의 아메리카 대륙에 있는 식민지를 위협하고 있었기에 영국을 그대로 둘 수 없었다. 카를로스 3세는 영국을 약화시키기 위해 미국의 독립을 지원했다. 이에 카를로스 3세의 충신 아란다Aranda 백작은 미국의 독립이 스페인 아메리카 식민지에도 영향을 미칠 수 있기 때문에 신중해야 한다고 조언했다. 카를로스 3세는 우선 다급한 것이 영국의 세력을 약화시키는 것이었으므로 미국 독립을 지지하는 입장을 바꾸지 않았다. 미국이 카를로스 3세의 바람대로 독립을 하고, 영국은 기세가 약간 꺾였지만 스페인의 외교적 승리라고 볼 수는 없었다. 왜냐하면 19세기 초 아란다 백작의 우려대로 미국의 독립에 자극을 받은 스페인의 아메리카 대륙 식민지들이 우르르 독립을 했기 때문이다.

외교 부문에서는 뛰어난 성과가 없었지만, 카를로스 3세는 화려한 겉치레보다 실속을 추구하는 뛰어난 왕이었다. 그는 백성을 위해 법률을 제정했고, 세금을 낭비하지도 않았다. 그는 24년간 스페인을 통치한 뒤 1788년 숨을 거두었다. 그는 펠리페 2세처럼 자식 복이 없었다. 그의 뒤를 이은 카를로스 4세는 융통성이 없었으며 우둔했다. 그는 페르난도 6세와 카를로스 3세가 이루어 놓은 개혁을 유지하고 발전시켜 나갈 창의성과 추진력이 부족했다.

마드리드 외부에서 마드리드로 들어오는 사람들은 5개의 성문 중 하나를 지나야 했다. 그중 알칼라 문은 카탈루냐, 아라곤, 프랑스 방면에서 출발한 사람이 들어오는 문이었다. 카를로스 3세는 알칼라 문 자리에 있던 옛날 문이 마음에 들지 않았다. 마드리드에 대한 사랑이 각별했던 카를로스 3세는 특히 카탈루냐, 아라곤, 프랑스에서 온 사람들이 감탄할 만한 문을 만들고 싶었다.

카를로스 3세는 새로운 알칼라 문 설계 공모전을 열었다. 그 공모전에서 우승한 이는 프란시스코 사비티니Francesco Sabatini였다. 그는 로마의 개선문을 본떠 스케치를 그려 냈다. 다만 그가 그린 알칼라 문 스케치는 한 장이 아니라 두 장이었다. 카를로스 3세에게 한 장을 선택해 달라고 했는데, 카를로스 3세는 두 장을 모두 마음에 들어 하며 고르지 못했다. 현명한 프란시스코는 왕에게

알칼라 문
카를로스 3세가 세운 알칼라 문. 이 문은 로마의 개선문을 본뜬 것으로 알려져 있다. 신고전주의를 상징하는 건축물 가운데 하나다.

어느 하나를 고르라고 강요해서 미움을 사지 않았다. 그는 알칼라 문 앞면에는 처음 스케치의 설계를 적용하고 문 뒷면은 두 번째 스케치 모양을 적용하였다. 이것이 오늘날 알칼라 문 앞모습과 뒷모습이 다른 이유다.

카를로스 3세 시기에는 신고전주의의 바람이 불었다. 1769년부터 건설을 시작한 알칼라 문은 신고전주의로 로마의 개선문을 본떠 만든 유럽의 건축물 가운데 가장 먼저 건설되었다. 가장 이름이 잘 알려진 신고전주의 건축물은 파리의 개선문으로 1836년에 완공되었다. 또 다른 신고전주의 건축물인 베를린의 브란델부르크 문은 1791년에 세워졌다.

마드리드 왕궁의 비밀

현재 마드리드 왕궁이 있는 자리에는 원래 9세기 이슬람 장군인 마이리트 Mayrit가 마드리드를 점령하고 건설한 알카사르(성)가 있었다. 이슬람인이 쫓겨난 이후에도 스페인 왕은 마드리드에 머물러야 할 때는 알카사르를 사용했다. 왕은 알카사르에 머물며 더 넓은 방이 필요하면 증축했고 낡은 경우에는 보수해서 사용했다. 스페인을 지배했고 이교도인 이슬람인들이 만들었지만 어떤 스페인 왕도 알카사르를 무너뜨리고 새로운 왕궁을 만들어야겠다는 생각을 하지 않았다.

마드리드 왕궁에 대대적인 변화가 생긴 시기는 펠리페 5세가 스페인을 통치할 때였다. 카를로스 2세가 후손 없이 죽으면서 스페인 왕이 된 펠리페 5세는 프랑스 파리의 베르사유 궁전에서 태어나고 자라났다. 펠리페 5세는 마드리드 알카사르를 증축한 왕궁에 머물렀다. 그런데 그의 눈에는 마드리드의 왕궁이 프랑스의 베르사유 궁전과 비교하면 너무 초라해 보였다. 그는 베르사유 궁전보다 더 멋진 왕궁을 짓고 싶었지만, 그 이유로는 신하들을 설득하기가 어려웠다. 가뜩이나 스페인의 재정 상태는 좋지 않았다. 그런데 멀쩡한 왕궁을 놔두고 베르사유 궁전보다 볼품없으니 신왕궁을 건설해야겠다고 한다면 신하들과 백성들이 반대할 게 뻔했다.

펠리페 5세가 어떻게 하면 신왕궁을 건설할 핑계를 찾을 수 있을까 고민하던 중 1734년 12월 24일에 알카사르에 큰 화재가 일어났다. 당시 알카사르는 나무 위주로 지어졌기 때문에 화재에 취약했다. 화재를 빨리 진압하려면 불을 끄기 위해 사람들이 들어올 수 있도록 알카사르의 문을 활짝 열어야 했다. 하지만 검은 연기가 피어오르는 왕궁의 문은 열리지 않았다. 알카사르에는 오랫동안 왕가에 내려오는 각종 보물, 값을 매기기조차 어려운 예술품과 성물 등이 많이 보관되어 있었다. 왕실에서는 혹시 사람들이 밀려 들어와서 혼란 도중에 보물들을 훔쳐 갈까 봐 두려웠다. 화재를 진압하기 위해 문을 여는 것과 약탈에 대한 걱정으로 고민하는 사이 불은 더욱더 활활 타올랐다.

초기 진압이 늦어지니 불은 나중에 걷잡을 수 없이 번졌다. 불은 왕궁을 장식하고 있던 은과 철을 녹여 버릴 정도로 뜨거웠다. 4일 밤낮으로 알카사르를 태운 뒤에야 불은 꺼졌다. 그런데 화재를 진압하는 과정에 참여했던 사람들이 이상한 소리를 했다. 분명히 아무도 없는 왕궁 안에서 괴이한 아랍어처럼 들리는 목소리를 들었다는 것이다. 금속이 녹아내릴 정도로 활활 타고 있는 건물 안에 사람이 남아 있을 리 없었다. 대피할 때 왕궁 안에 남아 있는 사람이 없는 것을 확인했으며, 설사 남아 있었다 해도 연기에 질식사해 소리를 지를 수 없을 터였다. 펠리페 5세는 괴이한 목소리를 들었다는 신하의 보고를 듣고 그냥 헛소리라고 생각했다.

펠리페 5세는 잿더미 위에 새롭고 멋진 왕궁을 건설할 생각으로 들떠 있었다. 그의 거처가 불타 버렸으니 새 왕궁을 짓는다고 해도 반대할 사람이 없었다. 펠리페 5세는 세상에서 제일 크고 불에 타지 않도록 돌로 만든 왕궁을 원했다. 신왕궁 건설 프로젝트가 시작된 시기는 1735년이었다. 왕궁의 건축을 맡은 책임자는 필리포 후바라Filippo Juvara였다. 그는 이탈리아 출신의 뛰어난 건축가로 이전에 라 그랑하 데 산 일데폰소 왕궁과 아란후에스 궁전의 건축에도 참여했었다. 그런데 건강하던 필리포 후바라가 갑자기 1736년 1월 31일 죽었다. 미신을 믿는 사람들은 필리포 후바라가 죽은 게 불길한 징조라고 생각했다. 그들은 이슬람인의 한이 서려 있는 알카사르 터에 새로운 왕궁을 올리려 해서 이슬람인의 저주를 받았기 때문이라고 수군거렸다.

펠리페 5세는 신왕궁 건설 책임자가 죽어서 진행에 차질이 생겼지만 포기하지 않았다. 그는 후바라의 제자이며 동료인 조반니 바티스타 사케티Giovanni Battista Sacchetti를 책임자로 선임했다. 책임자가 바뀌며 신왕궁은 계획한 지 3년이 지난 1738년에서야 첫 삽을 뜰 수 있었다. 계획 단계도 어려웠지만, 건설 과정도 순탄치 않았다.

신왕궁 건설 작업은 예상치 못한 일 때문에 중단됐다. 인부들이 신왕궁 터에서 일하기를 거부하고 일부는 도망가기까지 했다. 왕궁 건설이라는 큰 공사에 참여하면 인부들은 어려운 시기에 경제적인 어려움을 이겨 낼 수 있었을 텐데 그들이 일하기를 거부하고 도망간 까닭은 무엇이었을까? 그 이유는 건설 현장에서 기괴한 일들이 벌어졌기 때문이다. 인부들은 무너진 성벽 안에서 슬픔에 가득 찬 절규, 기괴한 웃음소리, 아랍어로 들리는 중얼거림을 들었다고 주장했다. 어떤 인부는 성벽에서 공사하는 데 성벽을 올라가는 유령을 봤다거나 성벽 속에 악마가 갇혀 있는 것을 보았다고 증언했다. 펠리페 5세는 인부들이 일하려고 하지 않고, 계속해서 이상한 일이 벌어지자 건설 현장에서 유령을 몰아내는 의식을 거행했다.

펠리페 5세는 전 유럽 사람들이 부러워할 만한 멋진 왕궁을 만들라고 했지만, 결국 그 왕궁이 완성되는 모습을 보지 못했다. 신왕궁은 페르난도 6세 때도 완공되지 못하고 카를로스 3세 때에 이르러서야 완성됐다. 1759년 스페인 왕이 된 카를로스 3세는 하루 빨리 왕궁을 사용하고 싶었다. 그는 공사를 재촉하여 완공을 앞당긴 뒤 1764년 12월 1일부터 왕궁에 머물렀다.

왕궁에는 특이한 점이 하나 있었다. 그것은 그 큰 왕궁에 조각상이 없다는 점이었다. 당시 스페인 경제가 어렵고 국력이 예전만 못하다 해도, 왕이 사는 곳인데 조각상을 살 돈이 부족할 리 없었다. 실제로 왕궁이 완공될 무렵 스페인 전역에서 100여 점의 크고 멋진 조각상을 왕궁으로 보냈다. 조각상은 왕궁 곳곳에 전시되었지만 얼마 지나지 않아 모두 왕궁에서 사라졌다. 그 이유는 카를로스 3세의 어머니인 파르네제가 왕궁에서 지낸 지 얼마 되지 않아 꾼 꿈 때문이었다. 꿈에서 그녀는 화려한 석상으로 둘러싼 방에 있었다. 그런데 갑자기 지진이 일어나며 건물이 흔들렸다. 그 바람에 석상이 그녀 위로 넘어졌다. 그녀는 뼈를 짓누르는 고통 속에 어떻게든 몸 위로 넘어진 석상을 들어 올리려고 했지만 아무런 소용이 없었다. 그녀는 결국 석상에 깔려 죽고 말았다.

파르네제는 비명을 지르며 꿈에서 깨어났다. 그녀는 곧바로 왕궁에 있는 모든 조각상을 왕궁 밖에 있는 오리엔테 광장Plaza de oriente으로 옮겨 놓으라고 명령했다. 마드리드 오리엔테 광장에 있는 거대한 석상들은 바로 그때 옮겨진 것들이다. 파르네제는 이후에도 왕궁에 조각상을 두어서는 안 된다고 강력하게 주장했다.

마드리드 왕궁은 알폰소 13세Alfonso XIII까지 왕의 거처로 사용되었다. 20세기에는 스페인 내전으로 일부가 파괴되어 보수 공사를 했으며, 현재는 관광객들에게 공개되고 있다. 다만 한 가지 주의할 점이 있다. 혹시 마드리드 왕궁을 관람하다 길을 잃었는데 거대한 석상을 마주한다면 즉시 도망쳐야 한다. 마드리드 왕궁 어딘가에 숨겨진 석상의 전설 때문이다. 펠리페 5세는 왕궁의 건설이 끝나면 건축가가 마드리드 왕궁과 같은 왕궁을 다시 지을 수 없도록 그의 눈을 뽑고 팔을 자르고 혀를 뽑은 뒤 궁전 안에 석상으로 만들어 숨겨 놓으라고 했다고 한다. 마드리드의 왕궁에는 오늘날에도 밤마다 건축가의 한이 담긴 석상이 이상한 소리를 내고 가구의 위치를 바꾸고 문을 두들긴다는 이야기가 전해져 내려온다.

오리엔테 광장의 조각상
오늘날 오리엔테 광장에서 볼 수 있는 조각상들 모습.
조각상에 깔려 죽는 꿈을 꾼 파르네제는 이후 왕궁의 모든
조각상을 밖으로 옮기도록 조치했다. 그 탓에 오늘날 광장에
조각상들이 놓이게 되었다고 전해진다.

7. 어딘가 부족한 왕 카를로스 4세

카를로스 4세Carlos IV는 1748년 11월 11일 이탈리아 나폴리에서 카를로스 3세와 마리아 아말리아 사이에서 태어났다. 카를로스 4세는 부르봉 왕가 출신답게 길고 큰 코를 자랑했다. 프라도 미술관에 걸려 있는 고야와 멩스가 그린 그림에는 드러나지 않지만, 실제 그의 이마는 네안데르탈인처럼 넓고 푹 꺼져 격투기 선수처럼 보였다고 한다. 그의 눈은 커서 선해 보이는 한편 유약해 보이기도 했다. 사냥을 즐겼기에 튼튼한 근육질의 다리를 자랑했고, 체격도 젊은 시절에는 호리호리했다. 그러나 전체적으로 카리스마 있는 왕의 모습과는 거리가 멀었다.

그가 태어났을 때 카를로스 3세는 나폴리 왕으로 있던 시기라서 그는 이탈리아에서 어린 시절을 보냈다. 카를로스 4세는 유약했고, 자발적으로 무언가를 하는 똑똑한 어린아이는 아니었다. 그는 자유분방한 면이 있어서 어린 시절에는 왕궁의 마구간에서 하인들과 웃고 농담을 하며 어울렸다. 때로는 하인들과 레온 지방식 레슬링을 하면서 즐겁게 놀았다.

카를로스 4세

프란시스코 고야가 그린 카를로스 4세 초상화.
프라도 국립 박물관 소장. 그다지 정치에 관심이 없었던
카를로스 4세는 펠리페 5세부터 카를로스 3세를 거치며 조금씩
발전해 가고 있던 스페인을 다시 원래의 약한 나라로 바꿔 버렸다.

하지만 성격은 어딘가 좀 괴팍한 면이 있었다. 하인들이 카를로스와 함께 장난도 치고 이야기도 많이 나누면서 이제 카를로스가 가까워졌다고 생각할 무렵이면 카를로스는 갑자기 다른 사람으로 변했다. 그는 함께 놀던 하인들을 무시하기도 했고, 그의 손과 신발에 입을 맞추게 해 권위를 세웠다.

그는 음악 감상이 취미였다. 왕답게 취미 생활을 즐길 때도 통 크게 놀았다. 그는 이탈리아 출신 작곡가이자 첼리스트 보케리니Luigi Bocherini의 음악에 빠져 있었다. 카를로스 4세는 그의 연주회에 쓰도록 1775년 바이올린 계의 명품인 스트라디바리우스를 구매했다. 이 바이올린은 마드리드 궁전에 보관되어 있다.

그는 미술 작품의 애호가이기도 했다. 그의 통치 능력이나 좋은 신하를 알아보는 눈은 보잘것없었지만, 화가를 보는 눈은 당대 최고였다. 1789년 고야Francisco Goya를 궁정 화가로 임명한 게 바로 카를로스 4세였다. 아이러니한 사실은 17세기와 18세기 스페인에서 무능하기로는 우열을 가릴 수 없는 펠리페 3세와 카를로스 4세가 나란히 궁정 화가로 스페인 역사상 가장 뛰어난 화가인 벨라스케스와 고야를 두었다는 점이다.

부지런하고 똑똑한 군주였던 카를로스 3세가 보기에 카를로스 왕자는 왕이 되어 나라를 이끌기에는 부족해 보여서 걱정이 많았다. 이는 펠리페 2세가 펠리페 3세를 보며 한탄을 할 때와 비슷했다. 펠리페 2세는 그 마음을 펠리페 3세에게 전하지는 않았지만, 카를로스 3세는 직설적인 면이 있었다. 어느 날 궁정에서 연회가 열리고 있었는데, 카를로스 왕자가 카를로스 3세에게 물었다.

"아버지, 이해 안 되는 것이 한 가지 있습니다. 만약에 모든 왕이 신의 뜻에 따라 선택되었다면, 어떻게 나쁘고 멍청한 왕이 있을 수 있는 건가요? 모두 현명하고 좋은 왕만 있어야 하는 것 아닐까요?"

카를로스 3세는 아들을 한번 쓱 내려다보더니 이렇게 말했다.

"그러게 말이다. 그런데 그 멍청한 게 바로 너란다."

스페인은 1700년 이후부터 부르봉 왕가 출신의 펠리페 5세, 페르난도 6세, 카를로스 3세를 거치며 발전을 거듭하고 있었다. 조금만 더 근대화를 위해 노력한다면 옛날의 영광을 되찾을 수도 있었다. 그런데 스페인의 옛 영광을 재현할 수도 있겠다는 희망이라는 배는 거대한 암초를 만나 파도처럼 부서졌다. 그 암초는 바로 카를로스 4세였다.

카를로스 4세는 1788년 12월 14일 마흔 살의 나이로 왕이 되었다. 카를로스 4세의 일상은 단순했다. 그는 오전 5시에 기상해서 미사에 참석하여 기도를 드렸다. 그리고 6시에는 책을 읽고 아침 식사를 했다. 카를로스 3세는 취미로 의자의 다리를 깎고는 했었다. 아버지를 닮아 손재주가 뛰어났던 그는 취미로 시계를 고치거나 목공예를 했다. 그러다 12시가 되면 점심을 먹고 오후 1시에 사냥을 나갔다. 그는 사냥에 미쳐 있어서 훌륭한 무기 제조자가 만든 뛰어난 장비는 모조리 구비해 두고 있었다. 카를로스 4세는 날씨와 관계없이 매일매일 해질 때까지 사냥했다. 그가 사냥하지 않을 때는 부활절 전날과 그에 버금가는 중요한 행사가 있을 때뿐이었다. 해가 지면 사냥에서 돌아와서 30분 정도 궁정 회의를 했다. 그 후 카드놀이를 하거나 바이올린 연주를 감상하고 시간을 보내다 푸짐한 저녁 식사를 하고 11시에 잠이 들었다. 카를로스 3세 역시 사냥에 심취해 있었지만, 그는 맑은 정신을 유지하기 위해서라는 목적이 있었고, 사냥에 빠져 정사를 소홀히 하는 법도 없었다. 이에 반해 카를로스 4세는 사냥 자체에 심취해서 그 밖의 것에는 별 관심이 없었다.

그의 아버지 카를로스 3세는 스페인 역사상 가장 뛰어난 왕 가운데 한 명으로 손꼽히나, 카를로스 4세는 아버지와 달라도 너무 달랐다. 펠리페 2세 때와 상황이 비슷했다. 펠리페 2세는 아들 펠리페 3세의 우둔함을 걱정하며 그를 보좌할 수 있는 뛰어난 신하들을 뽑아 놓고 나라를 물려주었다. 카를로스 3세도 마찬가지였다. 카를로스 3세는 어리석은 카를로스 4세가 나라를 잘 꾸려 나갈 수 있을지 걱정했다. 하지만 자신이 뽑은 뛰어난 신하들이 아들을 보좌해 준다면 괜찮을 것으로 생각했다. 카를로스 3세의 이복형이었던 페르난도 6세도 제대로 된 제왕 교육을 받지 못했음에도, 훌륭한 신하를 둔 덕분에 스페인을 발전시킬 수 있었다.

하지만 펠리페 2세가 경험이 많은 그의 신하들을 시켜 펠리페 3세를 보좌하게 했을 때 어떤 일이 벌어졌던가? 펠리페 3세는 펠리페 2세의 신하들을 중용하지 않고 자신의 비위를 맞추는 레르마 공작의 말만 들었다. 카를로스 4세도 마찬가지였다. 그는 나중에 고도이Manuel de Godoy라는 하급 장교에게 전권을 위임하고 국정 운영은 나 몰라라 했다. 펠리페 3세 시기는 그래도 카를로스 4세 시기보다 나았다. 왜냐하면 펠리페 3세가 통치하던 시기에는 새로운 패러다임이 바뀌는 시기가 아니었고, 전쟁도 평소 때보다 많지 않던 때였다. 하지만 카를로스 4세가 통치하던 시기는 구체제에서 신체제로 패러다임이 바뀌는 시기였다. 특히나 17세기 이후 계몽주의 사상이 전 유럽에 널리 퍼지면서 피지배 계층도 왕의 권력은 신이 준 것이라는 말에 대해서 의문을 품기 시작하던 때였다. 카를로스 4세가 즉위한 뒤 1년 만에 프랑스 대혁명이 일어났고, 프랑스 왕이 참수되었다. 절대왕정 체제가 무너지는 일은 카를로스 4세는 물론 그의 신하도 겪어본 적이 없는 중대한 사건이었다. 그 큰 파도에 어떻게 대처하느냐에 따라 스페인은 강대국으로 나아갈 수도 있었고 파도에 휩쓸려 한참 뒤로 밀려날 수도 있었다.

하지만 카를로스 4세에게는 그 변화의 파도를 헤쳐 나갈 수 있는 능력이 없었다. 이 당시 실권은 플로리다블랑카Floridablanca에게 있었다. 그는 프랑스 혁명으로 절대왕정이 무너지는 것을 보면서 동요했다. 주변의 절대왕정 국가들도 마찬가지였다. 프랑스 혁명은 단순히 프랑스에서 일어난 일만이 아니었다. 절대왕정이 무너지고 루이 16세의 목이 날아가는 것을 보면서 다른 유럽의 절대왕정 국가들의 왕과 귀족들은 언제 그 일이 자신들에게 일어날지도 모른다고 생각하며 두려워했다. 플로리다블랑카의 방침은 프랑스에 참견하지 않되, 개혁을 추진하는 것이었다. 만약 이대로 스페인이 방향을 잡고 앞으로 계속 나아갔다면, 스페인은 이후 백 년 넘게 반복할 보수주의와 자유주의의 갈등에서 벗어나 강대국의 반열에 설 수 있었을 것이다. 하지만 플로리다블랑카는 얼마 지나지 않아 실권을 빼앗기고, 그가 추진하려던 개혁은 물거품으로 돌아갔다. 이후 스페인에서 프랑스 혁명은 절대 이야기해서는 안 되는 금기어가 되었고, 절대왕정에 반하는 모든 서적은 종교재판에서 검열당했다.

스페인과 프랑스는 계속 반대의 길을 걸었다. 17세기 스페인은 지방자치를 인정하는 국가였고, 프랑스는 왕이 권력의 정점에 있는 절대왕정 국가였다. 18세기 말에 이르러서 프랑스에는 절대왕정이 무너지고 공화정이 들어섰으나, 스페인은 변화를 거부하고 절대왕정을 고수했다. 프랑스가 국익을 생각하여 신교를 인정하고 30년 전쟁의 신교 편에 싸울 때, 스페인은 가톨릭의 편에 서서 신교를 억압하고 가톨릭을 고집했다.

스페인은 역사에서 큰 변화가 있을 때마다 시대의 요구와는 다른 길을 걸었다. 첫 번째는 신교가 등장했을 때였고, 두 번째가 바로 절대왕정이 무너질 때였다. 두 번 모두 스페인은 변화에 순응하지 않고 기존 체제를 고수했다.

바보 왕의 이해할 수 없는 삼각관계

카를로스 4세는 사촌인 마리아 루이사 데 파르마María Luisa de Parma와 결혼했다. 그녀와의 결혼은 카를로스 4세 개인뿐만 아니라 스페인의 재앙이었다. 그녀는 펠리페 5세의 두 번째 부인 파르네제와 같은 파르마 출신이었고, 음모를 좋아한다는 면에서 비슷했다. 하지만 파르네제는 펠리페 5세를 두고 바람은 안 폈고, 바람 핀 남자를 궁정으로 불러들여 최고의 권력자로 만들지도 않았다. 반면 관능적이고 바람기가 있었던 마리아 루이사는 정반대였다. 그녀는 시아버지인 카를로스 3세가 죽기 전부터 왕실 경비대 출신의 고도이와 불륜 관계에 있었다. 고도이는 하위 귀족 출신으로 열일곱 살 때부터 왕실 경호대에서 근무하는 군인이었다. 왕비 마리아 루이사는 고도이와 사랑에 빠졌고, 그에게 최고의 권력을 선물하고자 수단 방법을 가리지 않았다.

카를로스 4세가 스페인의 왕이 된 후 프랑스 혁명이 일어나면서 국제 정세가 심상치 않게 돌아갔지만, 스페인 국내 상황도 좋지 않았다. 경제 위기가 몰아닥쳤고, 왕이 바뀌면서 혼란이 생겨 통치가 제대로 되지 않았다. 이 틈을 타 카를로스 3세가 죽고 난 뒤 그가 실행했던 개혁에 대해 의문을 제기하는 이들도 나타났다. 카를로스 4세는 이 모든 상황을 분석하고 적절할 해결책을 내릴 수가 없었다. 그에게는 골치 아픈 일들을 대신 처리해 줄 사람이 필요했다. 그때 등장한 이가 왕비 마리아 루이사와 내연 관계에 있던 고도이였다.

카를로스 4세는 왕비가 고도이와 부적절한 관계를 맺고 있다는 사실을 상상도 하지 못했다. 어렸을 적에 그는 아버지 카를로스 3세와 유부녀의 외도에 대한 주제로 이야기한 적이 있었다. 그는 대뜸 아버지에게 말했다.

"왕은 다른 남자보다 운이 좋은 편입니다."

"왜 그렇게 생각하느냐?"

"왕비는 왕보다 높은 사람을 만날 수 없지 않습니까? 그렇다면 왕은 왕비가 바람피울 걱정을 하지 않아도 될 테니까요."

왕자 카를로스는 여자가 남편보다 신분이 높은 사람과만 바람을 피우는 줄 알고 있었던 것이다. 왕은 왕자의 어리석음에 낮게 탄식했다.

"아들아, 넌 참 어리석구나, 어리석어. 왕실의 여자라도 바람을 피울 수 있는 것이란다."

아버지의 말대로 카를로스 4세의 부인은 그보다 지위가 낮은 남자들과 바람을 피웠다. 아버지의 경고대로 왕비가 다른 남자를 만날 수 있다는 것을 알았다면, 그의 부인에게 그렇게 당하고만 살지는 않았을 것이다. 하지만 카를로스 4세는 어릴 때처럼 여전히 왕은 왕비가 바람피울 걱정을 하지 않아도 된다고 생각했던 모양이다. 왕비는 우둔한 남편 모르게 고도이와 불륜을 저지르는 동시에 마요Mallo라는 다른 남자도 만났다. 마요는 돈이 없었으나 왕비와 바람을 피우며 왕비의 지원을 받아 돈 씀씀이가 커졌다. 카를로스 4세도 마요를 알고 있었다. 카를로스 4세는 가난했던 그가 사치를 부릴 수 있는 게 자기 부인 덕인지도 모르고 마요가 갑자기 돈을 펑펑 쓰고 다니는 것을 의아하게 생각했다. 마침 마요를 잘 아는 고도이가 곁에 있어서 카를로스 4세는 고도이에게 물었다. 그 자리에는 마리아 루이사 왕비도 옆에 있었다.

"마요가 유산이라도 물려받은 거냐? 매일매일 새롭고 멋진 마차와 말들을 보는구나. 어디서 그런 돈이 나느냐?"

고도이는 마요가 그의 애인이기도 한 왕비와 사귀는 것을 알고 기분이 좋지 않던 차였다. 고도이는 마리아 루이사 왕비를 쩨려보며 말했다.

"마요는 동전 한 푼 없습니다. 그저 나이 들고 못생긴 여자가 남편의 돈을 훔쳐 그의 정부에게 가져다주도록 만들 수 있을 뿐입죠."

바로 그 여자가 자기 부인이며, 그 남편이 자신인지도 모르고 카를로스 4세는 크게 웃었다. 기분이 좋아진 그는 왕비에게 어떻게 생각하느냐고 물었다. 왕비는 인상을 찌푸리며 대답했다.

"고도이가 항상 농담한다는 것을 모르십니까?"

어리석은 카를로스 4세는 왕비의 행실에 대해서는 까맣게 모른 채 고도이가 자신의 아내와 놀아나는 남자인지도 모르고 그를 자기편이라고 생각했다. 고도이는 정치 능력은 없었지만, 카를로스 4세에게 아첨하고 그의 마음을 휘어잡는 법은 잘 알고 있었다. 마리아 루이사 왕비는 카를로스 4세가 통치에는 별 관심이 없다는 것과 만약 누군가 나서서 카를로스 4세의 골칫거리를 해결해 주는 사람이 있다면 그에게 모든 걸 떠넘기리라는 사실도 잘 알았다.

마리아 루이사 왕비의 예상대로 어느새 고도이를 신임한 카를로스 4세는 왕으로서 처리해야 할 복잡한 문제를 척척 해결해 주는 그에게 전권을 주었다. 마침내 고도이는 펠리페 3세의 마음을 휘어잡고 마음대로 권력을 휘두르던 레르마 공작과 비슷한 위치에 섰다. 고도이가 권력자로 올라갈 수 있었던 데에는 마리아 루이사 왕비의 공이 컸다. 마리아 루이사 왕비는 고도이를 스페인 최고의 통치자로 만들기 위해 밤낮으로 노력했다.

모두 카를로스 4세처럼 사람 보는 눈이 없는 것은 아니었다. 아란다 백작과 카를로스 4세의 아들 페르난도는 고도이를 비판하고 그의 권력을 빼앗아야 한다고 카를로스 4세에게 건의했다. 하지만 카를로스 4세는 자신이 보았을 때 착하고 성실한 고도이를 험담하는 그들을 이해하지 못했다.

어느 나라, 어느 시기든 간에 왕이 통치에 관심이 없고 왕에게 아부하여 권력에 오른 자가 생기면 그 나라는 쇠락을 면치 못한다. 왕에게 빌붙어 권력을 얻은 자는 자기 실속만 차리기 위해 노력하고 나라의 발전에 대해서는 전혀 신경을 쓰지 않기 때문이다. 고도이는 나중에 프랑스의 황제가 된 나폴레옹과 연합하고 스페인의 이권을 개인의 이익보다 뒷전에 두면서 매국 행위도 저질렀다.

18세기 스페인은 페르난도 6세와 카를로스 3세를 거치며 앞날에 드디어 구름이 걷히고 햇살이 들어오나 싶었다. 그런데 고도이가 전권을 휘두르며 스페인은 다시 어두운 암흑기를 맞이하고 말았다.

가문을 위해 희생한 친촌 백작 부인

카를로스 4세는 고도이에게 권한을 조금씩 늘려주다가 나중에는 그를 총리로 임명했다. 왕의 신임을 받은 고도이는 모든 실권을 휘둘렀다. 고도이는 어떻게든 귀족의 힘을 제한하려고 노력했다. 그 이유는 단순했다. 바로 그의 신분이 비천했기 때문이다. 귀족들은 그를 최고 권력자로 인정하지 않았다. 그렇다면 낮은 신분에서 총리가 된 고도이를 평민들은 지지해 주었을까? 아쉽게도 그는 평민들로부터도 미움을 받았다. 카를로스 4세만 몰랐지 이미 스페인 국민은 고도이와 왕비가 불륜을 저지르고 있다는 사실을 다 알고 있었기 때문이다.

카스티야 왕국의 알폰소 10세Alfonso X는 장인어른에게 불륜을 감추기 위해 그의 불륜녀를 한 군인과 결혼을 시킨 적이 있었다. 왕비가 그 이야기에서 영감을 얻었는지는 확실하지 않다. 다만 그녀 역시 알폰소 10세처럼 고도이가 그녀의 연인이라는 소문을 막을 수 없을 지경이 되자 그를 다른 여자와 결혼시키려 했다. 왕비가 선택한 여인은 마리아 테레사 데 부르봉 이 바야브리가Maria Teresa de Borbón y Vallabriga였다.

왕비의 계획은 단순히 고도이를 결혼시켜 불륜 의심에서 벗어나는 데에만 있지는 않았다. 왕비는 고도이가 귀족에게 무시당하지 않도록 결혼을 통해 신분을 상승시킬 수 있는지까지 고려했다. 고도이의 신분 세탁을 위해서는 우선 명망이 있는 가문 출신의 여자여야 했고, 왕비의 제안을 받아들일 만큼 어려운 상황에 처해 있어야 했다. 마리아 테레사는 왕비의 조건에 딱 맞는 여인이었다. 그녀는 지체 높은 신분이었지만 비참한 삶을 살고 있었다. 그녀는 하수구에서 탈출하기 위해 왕비가 내미는 검은 손길이라도 잡을 준비가 되어 있었다. 그럼 도대체 마리아 테레사의 아버지는 누구일까? 그녀의 아버지는 바로 카를로스 3세의 동생인 루이스였다.

카를로스 3세가 나폴리 왕으로 경력을 쌓을 당시 루이스는 성직자의 길을 걸었다. 그 당시에 신분 높은 귀족 출신의 자제 가운데 장남이 아닌 아들은 성직자의 길을 걷는 게 일반적이었다. 하지만 루이스는 성직자가 적성에 맞지 않아 결국 그만두기로 했다. 카를로스 3세는 동생이 성직자로 자신에게 도움을 주었으면 했는데 성직자의 길을 포기한다고 하니 못마땅했다. 그런 와중에 추가로 루이스는 왕실 가문에 어울리지 않는 신분의 여인과 결혼하려 했다. 드라마에서 아들이 말을 듣지 않고 반대하는 결혼을 할 경우 부모가 호적에서 파 버리겠다고 하는 장면이 자주 나온다. 카를로스 3세는 부르봉 왕가의 수장으로서 루이스의 형이면서 동시에 아버지와 같은 존재였다. 카를로스 3세는 루이스가 그 여인과 결혼하지 않도록 협박도 하고 설득도 해 보았다. 하지만 결국 루이스의 의지를 꺾을 수 없자 그를 호적에서 파 버렸다. 카를로스 3세는 모든 문서에서 루이스를 언급할 때 부르봉의 성을 빼 버리라고 명령했다. 루이스는 궁전에 다시는 발을 들일 수 없었고, 그의 자식들은 부르봉 가문의 이름을 쓸 수 없었을뿐더러, 가문의 특권을 누릴 수도 없었다. 그의 자식들은 부르봉 가문의 성을 쓸 수 없어서 어머니의 성을 써야만 했다.

루이스는 결혼 후 2명의 딸과 한 명의 아들을 두었다. 그중 한 명이 마리아 테레사였다. 그녀는 고귀한 부르봉 가문의 출신이었지만, 부르봉 가문의 이름을 쓸 수 없는 처지였다. 아버지 루이스는 그녀가 다섯 살 때인 1785년에 사망했다. 카를로스 3세는 루이스가 죽자 혹시 루이스의 딸들이 다른 귀족과 결혼하여 부르봉 가문에 곤란한 일이 생길까 걱정했다. 카를로스 3세는 곤란한 상황을 미연해 방지하기 위해 동생의 두 딸을 톨레도에 있는 수도원으로 보내 버렸다. 수도원 생활은 바꿔 말하면 어린 두 소녀의 감금 생활이었다. 고귀한 가문 출신이었지만 그 가문을 드러내지 못하고 수도원에 갇혀 있던 마리아 테레사야말로 마리아 루이사가 고도이의 신분 상승을 위해 쓸 수 있는 매력적인 카드였다. 만약 고도이가 부르봉 왕가의 여인과 결혼한다면 고도이 역시 고귀한 가문 출신 행세를 할 수 있었다.

마리아 루이사 왕비는 마리아 테레사가 고도이와 결혼하면, 그녀 가족이 다시 부르봉 가문의 이름을 쓰도록 허락해 주겠다고 제안했다. 부르봉 가문의 이름을 쓰게 되면 그녀를 비롯한 그녀의 가족은 부르봉 가문의 일원으로 다시 고귀한 신분으로 살아갈 수 있었다. 마리아 테레사는 이미 12년간 수도원 생활을 하고 있던 터라 바깥세상에 나가고 싶었고, 자신이 왕비가 지목하는 남자와 결혼하면 가족에게도 도움이 되었기에 왕비의 제안을 받아들였다.

마누엘 고도이와 마리아 테레사는 1797년 10월 2일 엘 에스코리알에서 결혼했다. 둘은 쇼윈도 부부의 결정체였다. 고도이가 필요한 건 부르봉 가문의 여인과 결혼했다는 사실뿐이었다. 그는 결혼하자마자, 카를로스 3세가 모든 문서에서 빼 버린 장인 루이스의 성 부르봉을 다시 넣어 수정하라고 명령했다. 그래야만 고도이는 부르봉 가문의 여인과 결혼한 고귀한 사람이 될 수 있었기 때문이다.

여기까지가 고도이와 마리아 테레사가 결혼한 배경이다. 그럼 두 사람의 실제 결혼 생활은 어땠을까? 마리아 테레사는 수도원에서 탈출하기 위해 결혼했지만 고도이와의 결혼 생활은 수도원의 삶보다 낫지 않았다. 상식적으로 이해가 가지 않겠지만, 고도이는 왕비의 불륜남이면서 동시에 집에 페피타 투도라는 정부를 두었다. 왕비도 그 사실을 알고 있었다. 거기에 마리아 테레사를 정식 부인으로 맞아들인 것이다. 고도이와 왕비 사이는 애인 사이이기는 했지만 서로 집착하는 관계가 아니었다. 사실 왕비 역시 정부가 고도이 하나만 있었던 게 아니다. 마리아 루이사 왕비는 왕실 경비대에 여러 명의 정인을 두고 있었다.

고도이는 마리아 테레사와 결혼했지만, 애인을 내보내지 않고 함께 살았다. 오히려 페피타 투도가 정식 부인 행세를 할 정도였다. 계몽주의 정치가였던 호베야노스가 하루는 고도이의 초대를 받고 그의 집에서 저녁을 먹고는 이렇게 말하기도 했다.

"마리아 테레사는 고도이의 오른쪽에 앉고 페피타 투도는 그의 왼쪽에 앉았다. 나는 그 장면을 보면서 혼란스러웠다. 내 영혼이 상처받는 듯한 느낌이었다. 나는 저녁 식사 시간 동안 먹지도 않았고 말하지도 않았다. 내 영혼을 진정시키기가 어려웠다. 나는 그곳을 곧 떠났다."

마리아 테레사는 고도이에게 자신이 고귀한 신분임을 드러내는 증표 같은 존재일 뿐이었다. 그녀는 고도이의 집에서 존재 자체를 무시당하면서 점점 더 소심해졌다. 그녀는 점점 스스로 문을 닫고 자기 안으로 들어갔다. 그러다 그녀는 고도이의 아이를 뱄다. 고야가 임신 중인 그녀를 그린 그림이 바로 유명한 고야의 「친촌 백작 부인」이다. 이 초상화에서 그녀는 두 손을 배에 모으고 다소곳이 앉아 있는데 고도이의 얼굴이 그려진 커다란 반지를 끼고 있다. 보통 여자가, 남편이 그려져 있는 반지를 꼈다면 사랑과 존경을 표현하는 의미이겠지만, 고도이가 그녀를 대하는 태도를 보면 이 반지가 고도이에 대한 그녀의 사랑을 표현한 것인지는 말하기가 어려울 것 같다.

초상화에서 친촌 백작 부인은 옅은 미소를 짓고 있다. 대체로 중세와 근대 시대에 그린 여인의 초상화에서는 활짝 웃는 모습을 보기가 어렵다. 근엄한 표정으로 권위를 나타내고자 하는 목적도 있었지만 사실 더 큰 이유는 입을 벌리면 썩고 군데군데 빠진 이 때문에 아름답지 못한 경우가 많았기 때문이다. 물론 마리아 테레사의 경우에는 이가 멀쩡했다 하더라도 활짝 웃을 기분이 아니었을 것이다. 자신에게 눈길을 주지 않는 남편과 남편의 사랑을 독차지하는 제3의 여자 그리고 남편과 오랜 기간 불륜 관계를 이어 가는 왕비까지, 불안한 결혼 생활은 그녀를 억눌렀다. 마리아 테레사가 그나마 희미하게 웃은 것이 맞는다면 고도이가 그의 자녀 때문에라도 그녀를 다시 바라보지 않을까 하는 희미한 희망 때문이었을지도 모른다.

1800년 10월 7일, 그녀는 고도이의 딸을 낳았다. 하지만 바뀐 것은 아무것도 없었다. 고도이는 여전히 그녀를 바라보지 않았고, 딸에게도 관심이 없었다. 마리아 테레사는 깊은 슬픔과 무력감에 빠져 고도이를 증오하며 시간을 보냈다. 그러던 와중에 1803년 그녀의 오빠인 추기경 루이스는 그녀에게 아버지로부터 받은 모든 유산과 친촌 백작 작위를 물려주었다. 그녀가 친촌 백작 부인이라고 불리는 이유는 바로 이 때문이다.

그녀가 바라던 대로 그녀의 가족은 그녀의 희생으로 가문의 영광을 다시 누릴 수 있었다. 하지만 그녀는 괴로웠다. 고도이와 결혼하기 전에는 사랑하는 가족을 위해 모든 것을 버릴 수 있다고 생각했지만 고도이와 함께 보내는 시간은 수도원의 골방에 갇혀 희망 없이 살던 때보다 더

친촌 백작 부인 초상화
고야가 그린 이 유명한 그림의 주인공은 고도이의 부인이었던
마리아 테레사다. 그림 속의 마리아 테레사는 엷은 미소를 띠고 있지만
고도이와 정략결혼을 한 그녀의 삶은 사실 행복하지 않았다.

힘들었다. 도저히 참을 수 없던 지옥 같은 시간이 계속되자, 결국 그녀는 1804년에 고도이와 딸을 버리고 떠날 계획을 세웠다. 고도이의 연인이 자 왕비 마리아 루이사는 모든 정보력을 동원하여 그녀의 동태를 감시하고 있었다. 마리아 테레사가 고도이를 버리고 떠나려 한다는 첩보를 입수한 왕비 마리아 루이사는 그녀에게 편지를 보냈다.

"품위 있는 여자는 가족을 버리고 혼자 떠나지 않는다."

왕비가 과연 품위를 논할 자격이 있는지 의심스럽지만 어쨌든 왕비의 뜻을 거스르는 행위는 매우 위험했다. 그녀의 가족을 일으킬 수 있는 힘을 가진 사람이라면 반대로 나락으로 떨어뜨릴 수도 있었다.

불행한 결혼 생활은 1808년 3월 17일 아란후에스 폭동이 일어나면서 끝이 났다. 이때 최고의 권력자로 부패와 전횡을 일삼던 고도이가 체포당했기 때문이다. 마리아 테레사는 혼란스러운 틈을 타 톨레도의 추기경으로 있는 오빠에게 보호를 요청했다. 이후 그녀는 괴로운 추억만 있는 스페인과 남편 같지도 않던 고도이를 떠나 파리에서 여생을 보내다 1828년 11월 24일 자궁암으로 죽었다.

마리아 테레사가 죽었다는 이야기를 듣고 기뻐하는 이가 있었다. 바로 그녀의 남편 고도이였다. 고도이는 1808년 체포를 당했지만 살아남아 끈질긴 목숨을 이어 가고 있었다. 그의 곁에는 여전히 40여 년간 정부였던 페피타 투도가 있었다. 마리아 테레사가 죽은 뒤 고도이는 페피타 투도와 정식으로 결혼식을 올렸다.

프랑스의 스페인 침공과 아란후에스의 폭동

아부에는 능했지만 국정 운영 능력은 형편없었던 고도이는 국가 재정이 어려울 때마다 고민 없이 빚을 내어 막았다. 당연히 채무는 계속 늘어만 갔고, 국가 재정 상태는 최악으로 치달았다. 고도이는 상황이 어려워지자 교회의 재산에 눈이 갔다. 그는 교회의 토지를 매매하여 국고로 환수하는 개혁을 실행하려고 했다. 이 개혁만 성공한다면 급한 불을 끌 수 있을지 몰랐다. 하지만 그의 개혁은 귀족과 교회가 합심하여 강력하게 반대하는 바람에 실패했다. 귀족들이 교회의 토지를 몰수한다는 정책에 반대한 이유는 교회 다음이 바로 그들 차례임을 알고 있었기 때문이다.

성직자와 귀족은 건드릴 수 없고, 채무는 갚아야 하니 고도이는 제일 약한 농민들에게 세금을 더 걷을 수밖에 없었다. 그런데 고도이가 통치하던 시기에는 전염병이 돌고 기근이 발생하여 수십만 명의 농민이 목숨을 잃었기 때문에 농민들은 세금을 낼 수 있는 상황이 아니었다. 오히려 국가가 식량이 부족한 농민들에게 지원을 해 줘도 모자랄 지경이었다. 이 시기 스페인은 각 지역이 유기적으로 연결되지 않았고, 내수 경제도 활성화되지 않았기 때문에 한 마을에 식량이 부족하다고 해서 다른 곳에서 식량을 사 오는 것이 쉬운 일이 아니었다. 개인이 해결할 수 없는 문제였기 때문에 정부가 나서서 농민들이 살 수 있도록 도와줘야 했는데 고도이는 지원은커녕 오히려 세금을 올렸다. 국가가 지속적으로 국가의 기능을 하지 못하고 무능한 모습을 보여 주자, 스페인 민중은 더 이상 참지 못하고 들고 일어섰다. 민중은 모든 문제의 책임자로 고도이를 지목하며 전국 곳곳에서 폭동과 반란을 일으켰다. 스페인 사람들은 스페인이 이미 망가질 대로 망가져서 더 나빠질 것이 없다고 믿었다.

하지만 스페인은 더한 나락으로 떨어졌다. 그 시작은 1807년 고도이가 카를로스 4세의 대리인으로 나서서 나폴레옹과 퐁텐블로 비밀 협약에 서명을 하면서부터였다. 이 시기 나폴레옹은 앙숙인 영국을 고립시키기 위해서 대륙 봉쇄령을 내렸다. 그런데 포르투갈은 전통적으로 영국에 우호적이었다. 포르투갈은 나폴레옹의 대륙 봉쇄령을 무시하고 영국과 교역했다. 나폴레옹은 배가 없어서 영국을 치러 갈 수는 없었다. 하지만 자신의 말을 듣지 않은 포르투갈은 스페인을 육로로 지나 응징할 수 있었다. 퐁텐블로 협약의 핵심은 나폴레옹 군이 대륙 봉쇄령을 어긴 영국의 동맹국 포르투갈을 치러 가는데, 프랑스 군대가 스페인을 지나갈 수 있도록 해 주겠다는 것이었다.

프랑스와 스페인은 동맹을 맺고 있었지만, 프랑스의 군대를 스페인 국내에 들이는 것은 위험한 일이었다. 프랑스군이 스페인에 손쉽게 들어와서 포르투갈만 점령하고 다시 프랑스로 돌아간다는 보장이 없었기 때문이다. 긴 역사 동안 프랑스와 스페인이 각 나라의 본토에서 전투가 거의 없었던 이유는 두 나라 사이에 피레네 산맥이 있었기 때문이다. 스페인군이나 프랑스군 모두 피레네 산맥을 넘어 상대방을 치는 게 쉽지 않았다. 그런데 만약 프랑스 군대가 아무런 희생도 없이 스페인에 들어와서, 주요 거점을 점령한 뒤 공격한다면 막아 내기가 쉽지 않았다. 더군다나 그 군대가 백전백승을 자랑하는 나폴레옹의 군대라면 더더욱 위험했다.

상황이 이런데도 고도이가 협약을 맺은 까닭은 나폴레옹으로부터 협약을 맺는 대가로 보상을 받기로 비밀리에 약속받았기 때문이다. 협약에서는 포르투갈을 점령한 이후에는 포르투갈을 3등분하여 스페인과 프랑스가 나눠 가지기로 했다. 그리고 고도이는 나폴레옹에게 3등분 한 땅의 하나를 고도이와 그의 가족들에게 공국으로 넘겨준다는 약속을 받아냈다. 고도이는 왕을 제외한 최고 권력자로 만족을 못 하고 스스로 왕이 되고자 욕심을 부렸다. 프랑스군이 들어와서 스페인을 집어삼키든 말든 고도이는 상관할 바가 아니었다.

프랑스 군대는 1807년 10월부터 지속적으로 피레네 산맥을 넘어 스페인에 도착했다. 만약 스페인이 나폴레옹의 요청을 거절하고 피레네 산

마누엘 데 고도이

안토니오 카르니세로(Antonio Carnicero)가 그린 마누엘 데 고도이 초상화.
산페르난도 왕립 미술 아카데미 소장. 마누엘 데 고도이는 나폴레옹과
비밀 협약을 맺을 정도로 스페인 국익은 내팽개치고 오로지 개인의 이익만을 추구했다.

맥에서 프랑스 군대를 저지했더라면, 스페인은 적은 군대로 오랜 기간 프랑스에 저항할 수 있었을 것이다. 스페인 북부와 프랑스 남부는 지도상으로는 붙어 있었지만 피레네 산맥이 국경선처럼 버티고 있었다. 군대가 지나갈 수 있는 곳은 뻔했기 때문이다. 하지만 카를로스 4세와 고도이는 프랑스군에게 길을 열어 주었다.

스페인 국민은 프랑스 군인이 스페인 땅에 점점 더 많아지자 불안해했다. 스페인 왕실과 고도이는 이를 용인했던지라 그대로 보고만 있었다. 기우였던 것일까? 프랑스 군대는 스페인을 공격할 생각이 없어 보였다. 프랑스 군대는 약속대로 스페인을 지나 포르투갈로 행군했다. 강력한 프랑스군은 불과 4개월 만에 포르투갈을 점령해 버렸다. 나폴레옹은 프랑스에 호의적인 이들로 정부를 구성하여 그의 마음대로 포르투갈을 움직일 수 있도록 손을 써 두었다.

이제 약속대로 포르투갈을 스페인과 고도이와 3등분하여 나눠 가지고 프랑스군은 스페인 땅에서 철수하여 프랑스로 후퇴해야 했다. 하지만 프랑스 군대는 스페인 땅을 떠나지 않았다. 프랑스 군대는 스페인의 전략 도시인 팜플로나, 바르셀로나, 발렌시아, 산세바스티안에 주둔했다. 그곳은 스페인 사방팔방으로 군대를 용이하게 움직일 수 있는 요충지였다. 카를로스 4세와 고도이는 나폴레옹의 속셈을 알 수 없었다. 하지만 점차 나폴레옹의 스페인을 점령하겠다는 의도는 명확해졌다. 1808년 3월 나폴레옹의 군대가 마드리드를 향해 진군했기 때문이다. 그 소식을 듣고 불안해진 고도이는 왕실 사람들을 이끌고 마드리드 근교에 있는 아란후에스 궁전으로 피신을 갔다. 무능력하고 무책임한 카를로스 4세와 고도이는 프랑스군을 스페인 땅으로 불러들이고 프랑스군이 쳐들어오자 목숨을 부지하기 위해 마드리드를 버리고 떠난 것이다. 이 사실을 알게 된 마드리드 시민들은 분노했다. 그 분노는 1808년 3월 17일 아란후에스에서 폭발했다.

폭동에 참여한 이의 대부분은 일반 시민들이었다. 하지만 그들 뒤에는 귀족, 궁정 신하, 성직자 등이 있었다. 그들은 고도이를 끌어내리기 위해 군중을 뒤에서 움직였다. 귀족들은 근본 없는 고도이가 그들 위에 군림하며 나라를 엉망으로 통치하는 것에 불만이 많았다. 동시에 고도이를 중용하여 나라를 위기에 빠뜨리고, 성직자와 귀족의 권력과 특권을 빼앗으려 했던 카를로스 4세에게도 화가 나 있었다. 분노가 폭발한 군중들은 카를로스 4세를 폐위시키고 그의 아들 페르난도를 스페인의 새로운 왕 페르난도 7세Fernando VII로 즉위시켰다. 아란후에스의 폭동으로 고도이는 추락했다. 이 반란으로 새롭게 스페인의 왕이 된 페르난도 7세는 고도이를 체포하여 모든 재산을 압수하고 지위를 박탈했다.

8. 아버지에게 대항한 페르난도

페르난도 7세는 카를로스 4세와 마리아 루이사의 아홉 번째 아들로 1784년 10월 14일에 출생했다. 그는 내향적인 성격으로 말수가 적고 잘 웃지도 않았다. 게다가 문제 있는 부모 밑에서 자라서 그런지 몰라도 성격이 어딘가 삐뚤어져 있었다. 어릴 적에 그는 거짓말을 일삼고 밖으로 내뱉는 말과 본심이 다른 경우가 많았다. 일을 저질렀다가 문제가 생기면 남에게 덮어 씌우는 비겁함도 있었다. 게다가 강한 자에게는 아첨하다 그가 약해지면 짓밟아 버리는 교활하고 잔인한 기질도 있었다. 이러한 성격은 나중에 그가 스페인의 왕으로 있을 때 하나둘씩 드러났다. 또한 그는 저속한 사람들과 어울려 지냈다. 그의 취미는 당구였는데, 승리욕이 강해서 당구를 칠 때면 함께 치는 이들은 항상 페르난도 7세가 치기 좋게 공을 배치해 주어야 했다. 그러다 보니 그는 거의 모든 게임에서 이겼다. 스페인에서는 당구를 칠 때 상대방이 점수를 올리기 쉽도록 공을 배치해 주면 "페르난도 7세에게 해 주듯 공을 놔 주었다"라는 표현을 아직까지도 쓴다.

페르난도는 담배를 많이 피웠고, 고기를 좋아해서 코시도라는 스페인식 돼지고기 요리를 주로 먹고 운동은 하지 않았다. 의사들이 건강을 위해 멀리하라고 하는 일들만 골라 하다 보니 그는 체력이 약했고, 비만이었다.

그는 왕세자로서 교육을 받았지만, 부모와 사이가 좋지 못했다. 페르난도는 공식적으로는 카를로스 4세의 아들이었지만 그의 아버지가 실제로는 고도이라는 이야기가 파다했다. 페르난도는 자신의 아버지인 카를로스 4세가 실제 아버지가 아니며, 어머니의 연인인 고도이가 진짜 아버지라는 소문이 도니 창피해서 얼굴을 들고 살 수가 없었다. 그런데 막상 아버지 카를로스 4세는 어머니의 불륜 상대인 고도이에게 전권을 위임한 채 정사를 소홀히 했다. 페르난도는 카를로스 4세가 고도이에 휘둘리는 모습을 볼 때마다 울화가 치밀어 올랐다. 아버지에 대한 미움이 간접적이라면 어머니에 대한 미움은 직접적이었다. 그의 어머니는 가정에 충실하지 않았고 바람을 피웠으며 그에게 사랑을 주지도 않았기 때문이다.

페르난도와 그의 부모 사이는 부모지간보다는 원수지간에 가까웠다. 그 뒤에는 페르난도와 그의 부모 사이를 이간질하는 세력이 있었다. 그들은 바로 페르난도의 가정교사들이었다. 페르난도는 어린 시절 부모의 관심을 받지 못하고 가정교사에게 교육을 받으며 자랐다. 페르난도의 교육을 책임졌던 가정교사들은 카를로스 4세와 고도이에게 반감이 있었다. 그들은 교묘히 페르난도가 카를로스 4세와 고도이를 미워하고 그들을 무너뜨리도록 유도했다. 물론 정사에 관심이 없는 무능한 카를로스 4세와 자기 마음대로 나라를 엉망으로 망가뜨리는 고도이는 욕먹을 일이 한둘이 아니었다.

아란후에스의 폭동이 성공하고 페르난도 7세가 즉위하면서 스페인의 정치 상황이 안정되고, 프랑스와의 관계가 잘 풀렸다면 좋았겠지만,

상황은 그렇게 흘러가지 않았다. 페르난도 7세 역시 카를로스 4세보다 나을 게 없는 인물이었다. 그의 성격을 가장 잘 드러내는 사건은 엘 에스코리알 모반 사건이다. 아란후에스의 폭동은 고도이와 카를로스 4세를 끌어내리려 했던 두 번째 시도였다. 첫 번째 시도는 1년 전 1807년에 있었다. 자유주의 성향으로 개혁을 원하는 사람들은 페르난도를 앞세워 엘 에스코리알에서 반란을 일으키려 했다. 하지만 반란 계획이 미리 발각되어 실패하고 말았다. 페르난도는 그 반란을 일으키기 전에는 주동자들의 의견에 동조했으며 그들을 대표하는 상징적인 리더였다. 그런데 음모가 발각되자 그는 갑자기 돌변했다. 그는 따르던 지지자들을 배신한 뒤 무너뜨리려 했던 아버지 카를로스 4세의 지시에 고분고분 따랐고, 주동자들을 모두 팔아넘겼다. 페르난도 7세는 개혁을 대표하는 인물과는 거리가 있다는 것을 지지자들도 알고 있었다. 하지만 아직 왕의 권위가 살아 있던 스페인 사회에서는 반란의 정당성 확보와 왕을 무너뜨리기 위해 왕세자인 페르난도 7세를 내세울 수밖에 없었다.

아란후에스 폭동의 목적은 달성했다. 하지만 이 사건으로 스페인은 더 깊은 위기와 맞닥뜨렸다. 페르난도 7세는 민중의 지지를 얻어 스페인의 왕이 되었지만, 왕으로서 할 수 있는 일이 없었다. 프랑스의 10만 군대가 스페인에 주둔하고 있었기 때문이다. 페르난도 7세는 진정한 스페인 왕이 되기 위해서는 나폴레옹의 허락을 받아야 한다고 생각했다.

카를로스 4세도 가만히 있지는 않았다. 그는 나폴레옹에게 편지를 썼다. 반도들에 의해 강압적으로 아들 페르난도 7세에게 왕위를 이양하게 되었으니, 그가 다시 왕위에 오를 수 있게 도와 달라는 내용이었다. 나폴레옹은 편지를 보면서 스페인 왕실의 무능력함을 다시 한 번 확인했다. 나폴레옹은 카를로스 4세를 도와 무너져 가는 스페인을 일으키는 대신 포르투갈처럼 스페인의 권력층을 친프랑스 인사로 채워 아예 그의 영향력 아래 두기로 했다. 나폴레옹이 무슨 생각을 하는지도 모르고 페르난도 7세는 프랑스 바욘에 나폴레옹이 있다는 소식을 듣고 여행을 떠났다. 그는 1808년 4월 20일에 바욘에 도착했다. 페르난도 7세가 변변치 못했지만 그래도 스페인의 왕이었다. 하지만 페르난도 7세가 바욘에 도착했을 때 그를 맞아 주는 이는 아무도 없었다.

그날 나폴레옹은 페르난도 7세와 식사를 했다. 페르난도 7세는 나폴레옹이 그를 스페인의 왕으로 인정해 준다면 나폴레옹에게 무엇이든 내어 줄 준비가 되어 있었다. 하지만 나폴레옹은 스페인을 아예 프랑스의 속국으로 만들 속셈이었다. 그는 페르난도 7세에게 담담히 부르봉 왕가를 나폴레옹이 속한 보나파르트 가문으로 대체하겠다고 통보했다. 페르난도 7세는 굴욕감을 맛보았지만 나폴레옹에게 저항할 힘이 전혀 없었다. 그는 껍데기뿐인 왕이었다.

한편, 나폴레옹은 마드리드에 남아 있던 카를로스 4세의 딸 마리아 루이사와 아들 프란시스코 데 파울라까지 바욘으로 데려가려고 군대를 동원했다. 이에 마침내 참고 있던 스페인 사람들의 분노가 폭발했다. 성난 군중은 마드리드 왕궁 앞에 모여 바욘으로 향하는 행렬을 가로막았다. 프랑스 군의 책임자였던 뮈라 장군은 행렬을 막는 군중에게 비키라고 명령했다. 하지만 성난 마드리드 군중은 "우리를 데려가라!"면서 계속해서 외치며 길을 막고 비켜 줄 생각을 하지 않았다.

뮈라는 포병 부대에 군중을 향해 포격을 가하라고 명령했다. 곧 군중 사이에 굉음을 내며 포탄이 떨어졌다. 뮈라는 군인도 아닌 일반 시민들이니 그 정도 겁을 주면 뿔뿔이 흩어질 것으로 생각했다. 하지만 이것은 그의 오산이었다. 스페인 군중은 제대로 된 무기가 없었지만, 프랑스 군과 대항하여 맞서 싸웠다. 고야가 그린 「1808년 5월 2일」 그림을 보면 무장하지 않은 스페인 군중이 프랑스군과 싸우는 모습이 담겨 있다. 잠

고야의 그림 「1808년 5월 3일」

마드리드 시민들이 5월 2일, 프랑스 군대에 대항해 폭동을 일으키지만
모두 제압되고 5월 3일 밤에 폭동에 가담한
사람들을 처형하게 된다. 이 그림은 당시의 사건을 그린 것이다.
다만 고야는 이런 그림과 달리 친프랑스 성향의 인사 가운데 하나였다.
사실 이 그림 역시 프랑스가 스페인 땅에서 완전히 물러난 뒤에 그려졌다.

간의 소요 사태인 줄 알았지만, 프랑스군을 향한 스페인인의 분노는 마드리드 왕궁에서 시작해서 마드리드 전체로 퍼졌다.

뭐라는 계엄령을 선포하고 무기를 들고 다니는 시민은 바로 사형에 처하도록 했다. 프랑스군에 체포된 마드리드인은 5월 3일 모두 처형당했다. 고야의 「1808년 5월 3일」은 이날 있었던 일을 그린 것이다. 마드리드의 동요는 진압되었지만, 이게 끝이 아니었다. 마드리드의 항쟁 소식은 스페인 방방곡곡까지 퍼져 나갔다. 프랑스에 분노한 시민들이 전국적으로 봉기하기 시작해서 나폴레옹 군대의 전진을 가로막았다. 갈리시아, 안달루시아, 아라곤, 카스티야, 카탈루냐 등 출신 지방을 막론하고 이때만큼은 스페인 모두가 합심해서 무슬림 세력을 몰아내던 때처럼 프랑스 군대의 침략에 대항해 싸웠다.

페르난도 7세의 유폐 생활

아랑후에스 폭동으로 페르난도 7세가 왕이 되자 모든 스페인 사람들이 기뻐했다. 그러나 나폴레옹은 페르난도 7세와 카를로스 4세 모두 마음에 들지 않았다. 5월 5일 페르난도 7세와 카를로스 4세는 스페인 왕위에서 물러나는 대신 넉넉한 연금과 풍족한 삶을 보장해 주겠다는 것을 명시한 바욘 협약에 서명했다. 스페인 국민은 스페인 왕실과 스페인을 위해 피를 흘리며 죽어 갔지만 카를로스 4세와 페르난도 7세는 스페인 국민을 구할 생각이 없었다. 나폴레옹은 스페인에 포르투갈처럼 꼭두각시 정부를 세우는 대신 아예 형 호세 보나파르트를 스페인의 왕 호세 1세José I로 내세웠다. 카를로스 4세는 프랑스 파리에서 동북쪽으로 80킬로미터 떨어져 있는 콩피에뉴로 가서 살라는 제의를 통풍 때문에 추운 곳은 싫다고 거부했다. 그는 결국 프랑스 남부 니스의 궁전에서 지냈다. 나폴레옹과 맺은 바은 협약으로 카를로스 4세는 200명의 하인을 거느리며 살 수 있는 연금을 지원받으며 풍족하고 화려한 생활을 했다.

페르난도 7세는 1808년부터 1813년까지 발랑세에서 유폐 생활을 했다. 나폴레옹이 지원하는 연금으로 페르난도 7세는 춤과 음악 교습을 받았고, 시간이 남을 때는 승마와 낚시를 즐겼다. 그런데 나폴레옹은 얼마 지나지 않은 1808년 9월부터 약속한 연금을 끊어 버렸다. 페르난도 7세는 화려한 생활을 유지하기가 어려웠다. 이러한 상황이라면 두 가지 선택이 있을 수 있다. 저항하든가 아니면 투항하든가. 페르난도 7세가 선택한 것은 나폴레옹에게 투항하고 잘 보이는 것이었다. 페르난도 7세는 자신으로부터 왕위를 빼앗고, 나라를 훔친 나폴레옹에게 비굴하게 아첨했다. 시간이 갈수록 그 아첨은 정도가 점점 더 심해졌다.

페르난도 7세는 스페인 국민에게, 프랑스에 항복하고 나폴레옹의 형 호세 1세를 왕으로 받아들이라고 선언했다. 나폴레옹은 페르난도 7세의 비굴한 행동을 「르 모니퇴르 유니버설」 신문에 실었다. 그리고 그 신문을 스페인에 보내 스페인 국민을 다스리기 위한 선전용으로 썼다. 페르난도 7세는 그의 비굴한 행동이 신문에 기사화되고 그 신문이 스페인 전역에 뿌려질지는 예상하지 못했다. 당황한 페르난도 7세는 당장 나폴레옹에게 편지를 썼다. 페르난도 7세는 편지에서 나폴레옹에 대한 애정을 드러낸 자신의 기사를 내보내 주어서 감사하다고 썼다.

나폴레옹은 세인트헬레나 섬에서 유폐 생활을 할 때 페르난도 7세를 회상하면서, 페르난도 7세가 계속해서 자기 부인을 나폴레옹에게 선택해 달라고 했고, 시키지도 않았는데 나폴레옹이 전투에서 이기면 축전을 보내왔다고 밝혔다. 페르난도 7세는 엘 에스코리알 모반 사건 때 자신을 지지했던 세력을 배반했던 전력이 있었다. 이 사건을 토대로 유추해 보면 그는 강한 자에게는 약하고 약한 자에게는 강한 사람이었다. 그가 과거에 보여 주었던 행동을 고려하면 나폴레옹에게 아첨한 것은 그의 성품일 가능성이 크다. 하지만 스페인 사람들은 페르난도 7세가 실망스러운 행동을 할 때면 오히려 그를 가여워했다. 얼마나 나폴레옹이 페르난도 7세를 괴롭히고 협박해서 힘들면 그 같은 행동을 하겠느냐고 생각했기 때문이다. 아무리 생각해도 페르난도 7세는 스페인 사람들이 생각하는 이상적인 왕이 아니었지만, 스페인에서 페르난도 7세는 여전히 인기가 많았다.

스페인 왕이 된 나폴레옹의 형, 호세 1세

나폴레옹은 그의 형 호세를 스페인의 새로운 왕으로 임명했다. 호세는 1808년 7월 6일 스페인 왕 호세 1세로 즉위했다. 호세 1세는 통치를 시작하자마자 스페인의 의회가 새로운 헌법을 승인하도록 압력을 넣었다. 호세 1세 이전의 스페인은 구체제의 절대왕정 국가였다. 모든 권력은 왕에게 있었고, 시민에게는 아무런 힘이 없었다. 호세 1세는 프랑스 혁명의 기본 이념을 바탕으로 스페인을 근대화시키고자 했다. 이때 탄생한 바욘 헌법은 나폴레옹 법전의 영향을 받은 근대적인 헌법이었다. 나폴레옹 법전은 나폴레옹이 프랑스 혁명의 이념과 프랑스에 내려오던 관습법을 정리하여 만든 법이었다. 나폴레옹이 세인트헬레나 섬에서 유배 생활을 하고 있을 때 "나의 진정한 영광은 마흔 번의 전투에서 거둔 승리에 있는 것이 아니라 나의 법전을 말살시킬 수 없다는 데 있다"라고 말할 정도로 나폴레옹은 본인 스스로 그 법전에 대해서 자랑스러워했다. 나폴레옹 법전은 변화하는 새 시대에 맞게 근대적이고 합리적이었기 때문에, 구시대를 청산하는 단계에 있던 유럽의 많은 나라가 새로운 법을 제정할 때 참고를 많이 했다.

프랑스는 프랑스 혁명을 기점으로 구체제와 신체제가 나뉜다. 구체제(앙시앵 레짐ancien régime)는 왕과 일부 특권 계급이 막강한 권력을 휘두르는 절대왕정 체제이다. 반면 신체제에서는 개인의 자유, 평등, 소유권, 안전을 중요시했다. 이러한 신체제의 특성이 나폴레옹 법전을 기본으로 해서 만든 바욘 법전에 담겨 있다. 바욘 법전에는 모든 스페인 사람이 법 앞에 평등하다는 것을 명시했다. 또한 납세의 의무와 공적인 지위에 접근할 수 있는 자격을 공정하게 부과했다. 바욘 법전은 기존의 어떤 스페인 헌법보다 개인의 자유와 평등을 보장해 주는 근대적인 헌법이었다.

또한 호세 1세는 구체제를 종식시키기 위해 개혁 작업을 시작했다. 개혁 안에는 봉건 제도 폐지, 교회 토지 매각, 장자 상속 제도 폐지 등이 담겨 있었다. 스페인의 지식인들은 호세 1세의 근대화를 지지하는 친프랑스 성향의 지식인과 프랑스에 반대하는 지식인의 두 갈래로 나뉘었다. 친프랑스 인사들은 나폴레옹과 호세 1세가 스페인을 근대화시키고 발전시키는 데 도움이 될 것이라고 믿었다. 친프랑스 성향의 인사 중 가장 유명한 사람으로는 고야를 꼽을 수 있다. 고야는 프랑스에 대한 스페인인의 투쟁을 그린 그림 「1808년 5월 2일」과 프랑스의 만행을 그린 그림 「1808년 5월 3일」로 유명하기 때문에 그가 친프랑스 인사였다는 게 믿기지 않을 수도 있다. 그런데 그 그림들은 사실 프랑스가 스페인을 강압적으로 통치할 때 저항하기 위해 그려진 것들이 아니다. 나중에 프랑스가 스페인 땅에서 완전히 물러난 상황에서 그린 그림이었다.

고야가 프랑스 편에 섰다 하더라도 무조건 비난하기는 어렵다. 카를로스 4세가 다스리던 스페인에는 희망도 발전도 없었기 때문이다. 친프랑스파 입장에서는 스페인의 발전을 위해서는 프랑스와 손을 잡는 게 더 이득이라고 생각할 수 있을 만큼 스페인은 엉망이었다. 호세 1세는 스페

호세 1세
프랑수아 제라르가 그린 호세 1세의 초상화.
호세 1세는 나폴레옹에 의해 왕위에 올랐기에 한계가 뚜렷했다.

인에 새로운 질서를 가져왔다. 그 변화는 개혁을 원하는 스페인에 깨어 있던 이들이 스페인 지배 계층으로부터 바라던 것이었다. 무능력하고 변화에 대응하지 못했던 부르봉 왕가의 사람들은 변화의 물결을 그저 지켜보고만 있었다.

하지만 호세 1세가 추진한 개혁은 스페인 국민의 지지를 받지는 못했다. 그의 개혁은 대다수 시민에게 좋은 점이 많았지만, 시민은 도대체 뭘 바꾸는지, 왜 바꿔야 하는지 이해를 하지 못했다. 스페인 시민은 보수적이었기 변화를 싫어했다. 더군다나 호세 1세가 추진하는 개혁은 스페인을 프랑스식으로 바꾸겠다는 것이었다. 더군다나 이 개혁을 주도하는 주체가 누구인가? 그들은 바로 강제로 스페인의 왕을 폐위시킨 프랑스 세력이었다. 스페인 국민은 호세 1세의 정부를 외부에서 온 비합법적인 정부라고만 생각했다.

스페인 독립 전쟁

프랑스 군대는 호세 1세의 지배와 개혁에 반대하는 스페인인의 재산을 몰수하고, 강제로 체포하고 총살했다. 이러한 프랑스 군대의 대응으로 스페인 민중의 불만은 더 커졌다. 프랑스 군대가 물러날 기미가 보이지 않자 평범한 스페인 사람들이 프랑스의 지배에서 벗어나기 위해 무기를 들기 시작하면서 스페인 독립 전쟁의 서막이 올랐다. 그런데 막상 수많은 사람이 프랑스를 몰아내겠다는 뜻을 가지고 모였지만, 당장 프랑스 군대와 대적할 수는 없었다. 바욘에서 카를로스 4세와 페르난도 7세는 강제 퇴위를 한 뒤 스페인에 없었기 때문에 그들이 전면에 나서서 독립 전쟁을 지휘할 수도 없었다. 그렇다고 체계적으로 스페인의 군대를 조직하여 프랑스를 상대할 기관이 있는 것도 아니었다. 그러자 일반 시민들로 어떻게 군대를 만들고, 누가 군대를 지휘할 것인가 하는 문제가 생겼다. 이때 나선 이들이 페르난도 7세를 추종하는 귀족, 성직자, 군인이었다. 이들은 평의회를 구성한 뒤 나폴레옹에게 선전포고를 하고, 프랑스와 적대 관계에 있는 영국에 도움을 청했다. 영국은 스페인의 도움 요청을 기꺼이 받아들였다. 영국으로서는 영국에서 싸우는 것도 아니고 스페인에서 프랑스군을 상대로 싸우는 것이니, 국토가 파괴될 염려 없이 마음껏 전쟁을 펼칠 수 있었다. 영국은 곧 스페인과 동맹을 맺었다.

스페인 독립 전쟁의 출발은 성공적이었다. 나폴레옹의 육군은 유럽에서 패배한 적이 없었다. 그런데 그 강력한 프랑스 육군이 1808년 7월 19일 스페인 남부 바일렌에서 스페인군에 패배했다. 스페인 군대가 훈련을 잘 받은 정예군이라서 프랑스 군대가 패배한 것은 아니었다. 스페인의 군대에는 프랑스에 맞서기 위해 자원한 병사가 17,000명가량 있었다. 그 병사들의 열정은 활활 타올랐지만, 체계적인 훈련을 받은 프랑스 군대와는 차이가 있었다. 하지만 프랑스 군대는 더울 때 40도까지 올라가는 스페인 남부에 대한 경험이 없었기에 맥을 추지 못했다. 프랑스군을 지휘했던 뒤퐁 장군은 포로로 잡혔고 스페인에서 철수하겠다는 약속을 한 뒤 풀려났다.

호세 1세는 무적이라고 믿었던 나폴레옹의 육군이 바일렌 전투에서 패배했다는 소식을 듣고 마드리드를 버리고 달아났다. 프랑스는 스페인 남부의 지배력을 일순간 잃어버렸다. 프랑스군은 에브로강 이북으로 후퇴했다. 카스티야 평의회에서는 1808년 8월 11일 페르난도 7세의 퇴위가 무효라고 발표한 뒤 8월 24일에는 페르난도 7세가 유일한 스페인의 왕이라고 선언했다. 1808년 9월 평의회는 프랑스군이 마드리드에서 철수하자 스페인을 전국적으로 통치하기 위한 기관, 즉 중앙 최고 평의회junta suprema central를 만드는 작업에 착수했다. 이전까지는 평의회가 지방마다 달라서 지역적으로나 체계적으로 협력하기가 어려웠다. 하지만 프랑스를 무찌르기 위해서는 모든 스페인 사람이 하나가 되어야 했다. 중앙 최고 평의회는 페르난도 7세를 스페인의 정식 왕으로 공표했다. 동시에 그가 스페인에 돌아올 때까지 그의 권한을 대리하여 행사하겠다고 선언했다.

나폴레옹은 스페인을 침략할 때 처음에는 쉽고 빠르게 완수할 수 있다고 생각했다. 하지만 히로나, 사라고사에서의 거센 저항과 바일렌에서의 패배로 스페인을 쉽게 점령할 수 없었다. 나폴레옹은 스페인을 순순히 포기할 생각이 없었다. 스페인의 저항이 생각보다 거세지자 1808년 11월 나폴레옹은 25만 명의 군대를 이끌고 스페인으로 내려왔다. 체계적인 훈련을 받은 데다 경험이 많고 수적으로도 압도하는 나폴레옹의 군대에 스페인 군대는 제대로 된 저항 한번 하지 못하고 밀려났다. 마드리드는 다시 프랑스의 손에 떨어졌다. 1809년 1월 나폴레옹의 뒤에 숨어 있던 호세 1세는 다시 마드리드로 돌아왔다. 마드리드를 점령한 프랑스 군대는 스페인 전국을 금세 점령했다. 하지만 스페인 사람들은 도시가 점령되었어도 투항하지 않고, 끝까지 싸웠다.

프랑스군이 워낙 강력해서 스페인인이 프랑스와 힘 대 힘으로 싸운다면 이길 수 없었다. 스페인인은 새로운 방식으로 프랑스군을 괴롭혔다. 지역의 30~50명 되는 전문적인 군 교육을 받지 않은 사람이 프랑스군을 산발적으로 공격하기 시작한 것이다. 바로 게릴라전의 시작이었다. 스페인 독립 전쟁 당시 활동한 게릴라의 수는 55,000명으로 추산된다. 게릴라를 지휘하는 이는 군인이나 성직자였지만, 대다수 게릴라는 군인 출신이 아니라 노동자, 수공업자, 학생, 변호사 등등 주변에서 볼 수 있는 평범한 사람이었다. 무기는 보잘것없었지만, 스페인인은 합심하여 끈질기게 프랑스군을 괴롭혔다. 게릴라의 주특기는 프랑스군이 예상하지 못한 공격을 감행하는 것이었다. 게릴라는 프랑스군의 주둔 시설을 파괴했고, 매복했다가 그들이 혼란에 빠지게 만들어 공격했고, 식량 보급 수송대를 덮쳤다. 게릴라군은 프랑스군이 한시도 긴장을 늦추지 못하게 하면서 전쟁을 장기전으로 이끌어 갔다. 프랑스군은 한 마을을 점령했다 하더라도 계속 머물러서 그 마을에 주둔하며 통제할 수 없었다. 스페인 내에 점령해야 할 곳이 많았기 때문에 한 마을을 점령해도 다시 다른 마을로 이동해야 했다. 이전까지 전쟁에서는 한 나라의 수도가 점령되고 살던 마을이 적군에 의해 짓밟히면 마을 사람은 저항하지 않고 적군의 통제에 따르는 게 일반적이었다. 그런데 스페인 사람은 프랑스군이 다른 곳을 점령하기 위해 마을을 떠나면, 온순했던 탈을 벗어 던지고 프랑스군의 뒤를 다시 공격했다. 프랑스군은 도시는 점령했지만 언제 어디서 스페인 사람이 어떤 형태로 그들을 공격할지 몰라 불안했다. 프랑스 군인의 눈에는 모든 스페인 사람들이 게릴라로 보일 정도였다.

끊임없이 프랑스군을 괴롭히는 게릴라에게 겁을 주기 위해 나폴레옹은 공포 정치를 실시했다. 호세 1세는 게릴라와 타협하고자 하는 생각이 있었지만, 나폴레옹은 그럴 생각이 없었다. 나폴레옹은 저항하는 스페인인에게 단호하고 잔혹하게 대처하라고 지시했다. 프랑스군은 스페인 게릴라를 잡아서 죽이고 길에 목을 잘라서 걸어 놓았다. 그러면 게릴라 활동을 그만두고 프랑스의 지배를 받아들일 것이라고 생각했다. 고야가 그린 스페인 독립 전쟁 그림에는 프랑스군의 만행이 잘 드러나 있다.

하지만 스페인인은 겁먹고 물러서지 않았다. 스페인인은 더 독하게 숨어서 프랑스군을 공격했다. 나폴레옹은 스페인 왕을 제압할 수는 있었지만, 스페인인은 굴복시킬 수 없었다. 스페인 군대를 상대로 승리를 거둘 수는 있었지만, 스페인 국민을 이길 수는 없었던 것이다.

카디스 의회

스페인을 침략한 프랑스 군대는 스페인의 주요 도시를 손에 넣었지만 카디스만은 점령을 하지 못했다. 스페인의 독립 전쟁을 지휘하던 중앙 평의회는 카디스로 이동하여 의회를 만들었다. 1808년부터 1814년 사이 구체제를 상징하는 왕이 국가를 버리고 외국으로 피신한 사이 만들어진 카디스 의회에는 절대왕정을 옹호하는 보수주의자들도 있었지만 절대왕정의 구체제에 반대하는 자유주의자들이 더 많이 있었다. 1812년 카디스 의회는 스페인 최초로 국민의 주권을 인정하는 민주적인 성격의 헌법을 제정했다.

카디스 헌법에서는 사법 기관을 독립적으로 만들기 위해 재판관을 종신직으로 해서 외부 세력의 입김에 휘둘리지 않도록 했다. 그리고 어떤 판결을 내리든 판사에게 아무런 부정적 영향이 가지 않도록 보장해 주었다. 추가로 세금, 국군 창설, 국방의 의무, 국가 주도의 초등 의무 교육 도입 등의 사안에 대해서도 명시했다. 또한 카디스 헌법을 수호하기 위해 시민으로 구성된 시민군을 지방과 주에 만들었다.

카디스 의회는 헌법을 공포하는 것 외에도 구체제를 종식시키고 근대화시키기 위한 다수의 법을 승인했다. 영주의 재판권을 폐지하고 농토 개혁을 이루기 위해 노력했다. 또한 장자 상속 제도를 없애고, 막대한 국가 부채를 갚기 위해서 국가의 땅을 매각했다. 여기에 더해 직업을 자유롭게 선택할 수 있도록 했고, 생산과 판매를 통제해서 자유로운 상업 활동을 가로막던 동업조합을 없앴다.

종교적인 면에 있어 자유주의자들은 가톨릭교를 스페인의 국교로 삼자는 절대왕정주의자들의 요구에는 동의했다. 하지만 대신 종교재판소 폐지를 주장했다. 절대왕정주의자와 성직자는 종교재판소 폐지에 강력하게 반대했다. 종교재판소는 왕과 성직자의 강력한 통치 수단이었다. 하지만 시대와 상황이 바뀌었는데 계속해서 종교재판소를 유지할 수는 없었다. 결국 종교재판소를 폐지하기로 양측이 합의하면서 사상의 자유가 늘어났다. 그뿐만 아니라 카디스 의회는 출판의 자유도 승인했다. 하지만 완전한 출판의 자유는 아니었다. 종교에 관한 출판물은 교회의 검열을 받아야 했다. 카디스 의회에는 다수의 성직자가 참여하고 있었고, 가톨릭교는 스페인의 국교였다. 자유 진영 측은 종교재판은 없애기로 했지만, 교회로부터 종교 관련 출판 검열권까지 빼앗기는 어려웠다.

카디스 헌법은 절대왕정 지지자들의 의견보다 자유주의자의 의견을 더 반영했고, 그 결과 진보적인 성격을 띠었다. 그러나 카디스 헌법은 실제로 큰 영향을 미치지는 못했다. 전쟁 상황이 카디스 헌법이 실행되지 못하도록 막았고, 전쟁이 끝나자 페르난도 7세가 다시 왕위에 오르면서 카디스 헌법은 유명무실해졌다. 농토 개혁도 실패로 끝나 농지는 농부가 아니라 구체제의 영주들에게 다시 넘어갔다.

스페인 독립 전쟁의 끝

나폴레옹이 러시아 원정을 떠난 뒤 1812년 7월 22일 5만의 프랑스군과 5만 2천 명의 스페인-영국 연합군이 살라망카의 아라필레스에서 전투를 벌였다. 스페인군은 게릴라의 도움과 영국 웰링턴Arthur Wellington 장군의 지원을 받아서 승리를 거두었다. 스페인군은 승기를 잡았고, 마드리드로 진격했다. 나폴레옹의 형 호세 1세는 다시 한 번 마드리드를 버리고 도망갔다. 웰링턴은 8월 12일 마드리드를 수복했다.

나폴레옹은 러시아 원정 중이었다. 예전 같았으면 직접 군대를 이끌고 스페인으로 돌아왔겠지만 러시아에서 스페인은 너무나 멀었다. 스페인은 유럽의 남서쪽 끝에 있고, 러시아는 동쪽 끝에 있다. 나폴레옹은 스페인과의 전쟁을 마무리 짓지 않은 상황에서 전선을 스페인에서부터 러시아까지 길게 늘이는 오판을 했다. 스페인과 러시아의 두 전선을 동시에 유지하기 어려웠던 나폴레옹은 러시아 원정에 집중하기로 했다.

나폴레옹은 러시아 원정에서 대패하여 힘을 잃었다. 더는 스페인에 군대를 보내 싸울 수 없었던 나폴레옹과 유폐되었던 스페인의 전왕 페르난도 7세는 1813년 12월 발랑세 협약을 맺었다. 이 협약의 주요 내용은 다음과 같다.

1. 프랑스는 스페인의 영토와 주권을 돌려주고, 페르난도 7세를 스페인의 왕으로 인정한다.
2. 스페인은 중립을 선언하고 스페인 내에 있는 영국군을 철수시킨다.

이 협약으로 스페인에서 프랑스군은 모두 철수했다. 그렇다면 영국 웰링턴 장군은 스페인을 구한 영웅일까? 웰링턴 장군이 스페인만을 위해서 싸운 것은 아니었다. 영국은 프랑스도 싫었지만 스페인도 별로 마음에 들지 않았다. 18세기에 펠리페 5세, 페르난도 6세, 카를로스 3세를 거치며 발전한 스페인의 산업이 영국의 산업에 도전하고 있었기 때문이다. 영국은 기왕 스페인에 들어온 김에 영국의 산업을 살리기 위해 경쟁 구도에 있는 스페인의 공장 및 기간 시설도 함께 파괴시켰다. 웰링턴 장군이 대표적으로 파괴한 공장은 스페인 살라망카 베하르에 있는 면직 공장이었다. 이 면직 공장은 영국과 경쟁 관계에 있었다.*

스페인은 독립 전쟁을 하면서 전 국토가 초토화되었다. 많은 다리가 사라졌고, 도로는 유실되고, 저수지는 파괴되었다. 스페인 독립 전쟁 기간 중에 희생자는 35만에서 50만 명에 이르렀다. 1811년과 1812년에는 흉년까지 겹쳐서 식량이 매우 부족했다. 그나마 나라에 수익을 가져다주던 카스티야 지방의 양모 산업은 완전히 망가졌다. 먹을 것이 부족하자 양을 잡아 군인의 식량으로 사용했기 때문이다. 지역 간의 교역 통로도 막혀 버렸다. 소, 당나귀, 말 등 교역에 도움을 주던 동물들은 군인이 모두 가져갔다. 스페인 경제는 언제 회복될지 몰랐지만, 빚은 차곡차곡 늘어갔다. 1815년에 이르러서는 국가 채무가 1년 세입의 20배에 이를 지경이었다.

페르난도 7세의 귀환

프랑스군이 물러간 뒤 페르난도 7세는 다시 스페인의 왕이 되었다. 페르난도 7세의 통치 시기는 세 시기로 나누는데, 페르난도 7세가 돌아온 1814년부터 1820년까지는 절대왕정이 부활한 1차 시기로 구분한다.

* Enciclopedia Ver para saber, tomo IV: 《Historia》. Ediciones Urbión, pág. 18

페르난도 7세가 없을 때, 나폴레옹의 침략으로 스페인은 두 부류로 나뉘었다. 한 부류는 나폴레옹에게 협조하는 쪽이었다. 소수의 고위 신하, 귀족들은 호세 1세에게 협조하여 스페인의 근대화를 추진하려고 했다. 이들은 프랑스의 힘을 빌리면 프랑스 혁명과 같이 극단적인 혁명 없이 스페인을 근대화시킬 수 있다고 믿었다.

스페인 사람 대부분은 프랑스의 침략에 대항했다. 이들은 게릴라 조직에 참여하여 프랑스군을 끊임없이 괴롭혔고, 스페인에서 프랑스를 몰아내는 데 큰 공을 세웠다. 하지만 프랑스에 대항하여 하나가 되어 싸우기는 했지만 모두 같은 생각을 한 것은 아니었다. 프랑스에 대항했던 스페인 사람들은 크게 두 분류로 나뉘어 있었다. 첫 번째 세력은 이 세력의 주류였던 성직자와 귀족이었다. 이들은 페르난도 7세의 절대왕정 통치를 지지했다. 이들은 전통과 교회의 권위를 중시 여겼으며 모든 사회 체제의 변혁을 거부했다. 그들은 구체제에서 피라미드의 꼭대기에 있었기 때문에 구체제를 지지했다. 이들은 만약 개혁이 필요하다면 페르난도 7세의 치하에서 온건한 개혁을 하고 근대화를 이룰 수 있다고 믿었다.

다른 세력은 자유주의자로 분류되는 부와 지식이 있던 상인, 전문직 종사자들이었다. 이 자유주의자들은 스페인 독립 전쟁이 구체제를 뒤엎을 기회라고 생각했다. 이들이 한 일이 바로 카디스 의회에 참여하여 신분제를 폐지하고, 자본주의를 받아들이고, 권력을 나누고, 의회를 설립한 것이었다. 하지만 이는 페르난도 7세의 동의를 받은 것이 아니었다. 자유주의자들은 프랑스군이 물러난 것까지는 좋았지만, 페르난도 7세가 다시 돌아온다니 꺼림칙한 기분이 들었다. 페르난도 7세가 카디스 의회의 법률과 헌법을 지킬지 확신할 수 없었기 때문이다.

자유주의자들은 마드리드에 페르난도 7세가 막 도착하자마자 카디스 헌법을 존중하고 헌법에서 규정한 새로운 체제에 따를 것을 다짐받았다. 페르난도 7세가 자유주의자들의 요구를 들어준 이유는 그가 스페인에 없던 6년간 스페인에서 프랑스군을 상대로 싸우고 스페인에 근대화된 헌법을 제정한 그들의 저항이 두려웠기 때문이다.

하지만 페르난도 7세의 진심은 따로 있었다. 그는 왕의 권력을 내려놓을 생각이 별로 없었다. 다만 당장은 힘이 없었을 뿐이다. 만약 페르난도 7세 혼자였다면 내키지 않더라도 자유주의자들의 요구에 따를 수밖에 없었을 것이다. 하지만 절대왕정으로 돌아가길 원하는 이가 페르난도 7세 혼자만은 아니었다. 귀족과 성직자는 절대왕정으로 복귀하기를 원했다. 그들은 카디스 의회에서 만든 헌법과 관련 법령들을 취소시키고 다시 구체제로 돌아가기를 바랐다. 페르난도 7세와 절대왕정주의자들은 구체제로 돌아가기 위해 재빨리 움직였다. 평민 대다수는 카디스 헌법이 무얼 의미하는지 근대화가 무엇인지 잘 알지 못했다. 가난한 평민은 보통 전통적이고 보수적이었으며 독실한 가톨릭 신자였기 때문에 성직자가 절대왕정만이 옳은 체제라고 하면 그 말을 그대로 다 믿었다.

절대왕정을 지지하는 세력이 커지면서 자유주의자의 입지는 점점 좁아졌다. 페르난도 7세는 이제 거칠 것이 없었다. 페르난도 7세는 매우 보수적인 인물이었다. 1812년 카디스 헌법에 담겨 있는 자유주의와 근대적인 사상은 그의 마음에 하나도 들지 않았다. 결국 그는 1814년 5월 4일 왕의 칙령으로 카디스 헌법과 카디스 의회에서 제정한 법을 무효화시켰다. 동시에 스페인은 다시 절대왕정 국가로 돌아간다고 선언했다. 페르난도 7세는 즉각적으로 그가 없는 동안 스페인의 독립을 위해 싸웠던 자유주의자들을 체포하거나 암살했다. 스페인을 위해 싸웠던 수많은 자유주의자들이 탄압을 피해 국외로 탈출했다.

이에 더해서 1814년 5월 14일 엘리오Elio 장군은 페르난도 7세의 편을 들어 자유주의와 싸우겠다고 쿠데타를 일으켰다. 이는 스페인 역사상

8. 아버지에게 대항한 페르난도

첫 번째 군부 봉기였다. 스페인 민중은 절대왕정에 익숙했고, 자유주의자의 지지층은 엷어서 절대왕정파에 대적할 수 없었으므로 탄압을 받기 딱 좋은 상황이었다.

스페인이 절대왕정으로 돌아가자 제일 먼저 신분제가 다시 생기고, 종교재판이 부활했다. 언론, 지방 대표 위원회, 의회에서 자유주의 성향의 사람들은 사라졌고, 많은 대학도 문을 닫았다. 이처럼 19세기 초반 스페인은 자유주의 무역으로 부를 쌓고, 교회보다 이성을 중시하여 발전하던 다른 유럽 국가와 정반대의 길을 걸었다. 카디스 헌법이 무효가 되면서 자본주의 방식과 어울리지 않는 구시대적인 길드가 부활하여 생산을 통제했다. 정부가 몰수했던 교회의 땅은 모두 다시 교회 소유로 돌아갔다. 스페인은 나폴레옹을 몰아냈지만, 페르난도 7세가 구시대적인 통치를 시작하면서 퇴보했다.

유럽에서는 나폴레옹의 군대가 활보하는 바람에 프랑스 혁명의 자유주의 이념이 전파되었다. 이 덕분에 유럽 전역에서 자유주의가 유행했다. 나폴레옹은 유럽을 프랑스 중심으로 통일하겠다는 야심이 있었다. 그는 유럽을 제패하면서 한 나라를 점령하면 그 나라의 왕을 유폐시키고 그의 친척을 왕위에 올린 뒤, 프랑스식 근대화된 제도를 도입했다. 나폴레옹이 점령한 나라를 프랑스식으로 바꾼 이유는 거대한 지역을 효율적으로 통치하기 위해서였다. 나폴레옹 덕분에 유럽의 근대화가 앞당겨졌다고 말할 수 있지만, 그 한계는 명확했다. 프랑스 혁명은 위에서부터 내려온 것이 아니라 아래에서부터 출발했기 때문에 프랑스 혁명의 이념은 프랑스 시민의 절대적인 지지를 받았다. 하지만 나폴레옹은 프랑스 혁명의 이념을 다른 나라에 무력을 동원해 강요했다. 나폴레옹의 강제적인 근대화는 그게 얼마나 좋든 간에 많은 사람이 불만을 품었다. 그런 이유로 나폴레옹이 사라지자마자 다시 절대왕정으로 복귀하려는 움직임이 유럽 곳곳에서 생겨났다.

　페르난도 7세가 다시 돌아왔을 때 스페인은 전쟁으로 황폐해져 있었다. 농업은 말할 것도 없었고, 모든 상업 활동이 마비되어 있었고 은행은 파산 상태였다. 하지만 이것이 전부는 아니었다. 스페인이 사상적으로 뒤처져 있었지만 강대국의 반열에 들어갈 수 있었던 것은 아메리카에 거대한 식민지가 있었기 때문이다. 하지만 스페인의 힘이 약해지자 스페인령 아메리카 대륙의 식민지들이 독립을 시도했다. 예전에는 본국으로부터 독립하는 것이 불가능하다고 여겼지만 미국이 1776년 7월 4일 독립을 하는 것을 보고 스페인 식민지들도 독립할 수 있다는 자신감을 얻었기 때문이다. 스페인이 정상적인 상황이었다면 식민지를 관리하기 위해 신경을 썼을 텐데 프랑스와 독립 전쟁을 치르느라 여력이 없어서 아메리카 대륙의 스페인 식민지는 내버려 둘 수밖에 없었다. 프랑스군이 물러나고 스페인으로 돌아온 페르난도 7세는 1816년부터 엄청난 예산을 들여 아메리카 독립을 저지하기 위해 군대를 보냈다. 옛날에는 돈을 많이 써도 몇 달만 참으면 아메리카 식민지로부터 나오던 세금, 금, 은, 철, 특산품 등등의 수익으로 경제적 어려움을 덜 수 있었다. 하지만 아메리카 식민지가 독립을 요구하면서 더 이상 식민지로부터 수익을 기대할 수 없었다. 스페인은 얼마 지나지 않아 돈이 없어 추가로 반란을 진압할 병력을 보낼 수 없었다. 스페인 본국에도 문제가 많았지만 처리를 못하는 상황이었기에 대서양을 건너 아메리카 대륙의 식민지 독립을 저지시킬 마땅한 방법이 없었다. 스페인은 아메리카 식민지가 독립하는 모습을 그저 지켜볼 수밖에 없었다. 300년간 스페인의 돈줄이었던 아메리카 식민지의 대다수가 1816년과 1821년 사이 불과 5년 만에 거의 모두 독립했다.

　페르난도 7세의 정책은 실패를 거듭했다. 국가 재정도 파산 상태였다. 거기다 민중들도 처음에는 절대왕정 체제를 지지했지만 페르난도 7세의 절대왕정 체제가 돌아가는 것을 보며 구체제로는 희망이 없다는 것을 깨달았다. 스페인 국민의 대다수는 다시 카디스 의회가 꿈꾸었던 진보된 사회로 돌아가기를 바랐다. 농민들은 영주에게 세금 납부를 거부하고, 구토지 체제로 돌아가는 데 저항했다. 부르주아들은 동업조합(길드)의 경직된 규제를 넘어서서 생산과 시장의 자유를 원했다. 자유주의자 뒤에는 든든한 원군이 있었다. 그들은 게릴라를 지휘했던 군 지도자들이었다. 스페인이 프랑스의 독립 전쟁에서 승리할 수 있었던 이유는 게릴라 활동 때문이었다. 독립 전쟁에서 승리한 주역들이 자유 진영을 지지하기 시작하자, 자유주의자의 목소리는 더욱더 커졌다.

페르난도 7세는 산적한 문제들에 해답을 줄 능력이 없었고, 파산한 국가 경제를 일으킬 방법도 없었다. 혼란스러운 정국을 틈타 군벌들은 여러 도시에서 소란을 피웠고, 농민들은 폭동을 일으켰다. 많은 시민들이 구체제에 불만을 품었다. 하지만 페르난도 7세는 개혁을 부르짖는 시민들을 강력하게 탄압할 뿐이었다.

페르난도 7세와 출생의 비밀

카를로스 4세는 아버지 카를로스 3세에 비하면 통치 능력이 떨어졌고, 아들 페르난도 7세에 비하면 야망이 부족했다. 레르마 공작에게 국정 운영을 맡기고 사냥을 즐겼던 펠리페 3세처럼 그는 왕이 되기에 부족한 사람이었다. 페르난도 7세는 바욘 협약에서 왕권을 포기하고 프랑스의 도시들을 돌아다니면서 나폴레옹이 지원해 주는 돈으로 화려하게 살았다. 말년에 이르러 그는 자신이 태어난 이탈리아로 향했다.

나폴레옹이 집권하는 동안 프랑스에서 주던 연금은 그가 실권하면서 끊긴 지 오래였다. 프랑스 쪽에 손을 벌릴 수 없었던 카를로스 4세는 스페인의 왕이 된 아들 페르난도 7세에게 돈을 달라고 요청해야만 했다. 페르난도 7세는 연금을 보내 주기는 했지만, 부모에 대한 원망은 남아 있었다. 무능력한 아버지였던 카를로스 4세는 여전히 어머니의 애인인 고도이에 의존했다. 고도이는 이탈리아 로마에 머무는 카를로스 4세와 왕비 곁에 있으면서 카를로스 4세의 자서전을 집필하고 있었다. 카를로스 4세와 마리아 루이사는 고도이에 이해할 수 없을 정도로 의지했다. 1814년 교황은 고도이를 추방하라는 명령을 내리는데 이 명령에 고도이보다 카를로스 4세와 마리아 루이사가 더 괴로워했다.

페르난도 7세는 아버지를 미워했다면 어머니 마리아 루이사는 증오했다. 그가 어머니를 증오한 이유는 그녀가 가정을 놔두고 불륜을 저질렀기 때문이다. 페르난도 7세를 더욱더 화나게 하는 건 그를 비롯한 모든 형제자매가 카를로스 4세의 자식이 아니라는 소문이 돌아서였다. 부모를 만나면 싸움만 하던 페르난도 7세는 부모와 연락을 오랫동안 끊고 살았다. 부자가 다시 만난 건 1815년 2월 25일이었다. 감동적인 화해를 위한 만남은 아니었다. 카를로스 4세는 공적인 자리에서 왕위를 페르난도 7세에게 양도한 적이 없었다. 페르난도 7세는 공식적으로 스페인 왕위를 넘겨달라고 요청했다. 돈이 부족했던 카를로스 4세는 아들과 합의하여 왕권을 포기하는 대신 죽을 때까지 연금을 받기로 했다.

페르난도 7세는 이번이 아버지와 마지막 만남이 되리라는 것을 알고 있었다. 그는 평생 꺼내지 않았던 이야기를 했다. 바로 어머니와 고도이가 불륜 관계라는 사실이었다. 하지만 페르난도 7세의 말을 듣고 나서도 카를로스 4세는 고도이를 끝까지 신임했다. 그리고 교황에 의해 추방당했던 고도이는 어느새 로마로 돌아와 왕 부부와 함께 생활했다.

왕에게 직접 왕비와 고도이의 관계를 이야기한 사람이 페르난도 7세가 처음은 아니었다. 1802년에 나폴레옹은 카를로스 4세에게 왕비와 고도이가 불륜 사이이며, 고도이가 주제 넘게 왕의 권력을 행사한다고 편지를 쓴 적이 있다. 이 편지는 우연히 고도이의 손에 먼저 들어갔다. 고도이는 편지를 읽고 카를로스 4세에게 그 편지를 넘겨주었다. 카를로스 4세는 그 편지를 읽었지만 아무런 조치도 취하지 않았다.

카를로스 4세가 아무리 무디더라도 부인과 고도이의 관계에 대해 수군거리는 소리를 모를 수가 없었다. 사실은 왕도 예전에는 왕비의 문란한 사생활을 알고, 결혼 생활에 충실하지 못한 이유로 교회법으로 결혼을 무효화하려고 한 적이 있기는 했다. 하지만 카를로스 4세는 고도이도 마리아 루이사도 내치지 않았다. 카를로스 4세, 왕비 마리아 루이사, 카를로스 4세의 총신이자 왕비의 불륜남인 고도이의 관계는 마지막까지 보통 사람이 이해하기 어려웠다.

왕비 마리아 루이사는 1819년 새해 첫날 병자성사를 받았다. 난잡한 남자관계로 유명한 그녀였지만 누구도 감히 왕비의 자식을 왕의 핏줄이 아니라고 말할 수 없었다. 그 사실을 인정한 건 바로 그녀였다. 죽음을 예감한 왕비는 가톨릭 신부 후안 데 알마라스Juan de Almaraz에게 다음과 같이 고백했다.

"제 자식 중 누구도 카를로스 4세의 자식이 아닙니다. 부르봉 왕가는 스페인에서 사라질 것입니다."

후안 데 알마라스 신부는 1819년 1월 8일 마리아 루이사 왕비의 고백을 기록해 두었다. "마리아 루이사 왕비의 어떤 아들이나 딸도 카를로스 4세의 자식이 아니다. 어떤 자식도 정식 결혼한 사이에서 태어나지 않았다. 나는 그녀의 영혼의 안식과 그녀가 용서받을 수 있도록 이 사실을 기록한다."

페르난도 7세는 어머니의 고백이 폭로되는 것을 막기 위해 후안 데 알마라스 신부를 평생 발렌시아 지방의 페니스클라에 있는 요새 독방에 가두었다. 왕비의 고백을 기록한 문서는 비밀리에 처리했다.

호세 마리아 사발라José María Zavala는 그의 저서 『부르봉 가문과 서자들Bastardos y Bordones』에서 왕비의 모든 자식이 카를로스 4세의 자식이 아니라 마누엘 고도이를 비롯한 다수의 정부의 자식이라고 주장했다. 정부 중에는 마누엘 고도이의 형이자 왕실 경비대원이었던 루이스 고도이도 있었다. 그는 그 증거로 마리아 루이사 왕비의 고백과 고야가 그린 카를로스 4세 가족의 그림을 든다. 고야의 그림에서 프란시스코 데 파울라 왕자의 코는 고도이를 닮았다. 부르봉 가문은 돌출되어 있는 코가 특징인데 프란시스코 데 파울라 왕자의 코에는 그러한 특성이 나타나 있지 않다는 것이다. 저자는 이를 근거로 그 아이가 카를로스 4세의 피가 아닌 마누엘 고도이의 피를 이어받았을 것이라고 주장한다. 하지만 페르난도 7세의 경우에는 카를로스 4세의 아이일 가능성이 높다. 왕비 마리아 루이사가 페르난도 7세를 임신했을 때는 고도이를 만나기 전이기 때문이다. 또한 카를로스 4세의 초상화와 1975년부터 2014년까지 스페인의 왕을 지낸 부르봉 가문의 후안 카를로스 1세의 사진을 보면 놀랍도록 닮아 있다는 것을 증거로 들 수 있다.

그렇다면 왜 왕비는 자식들의 아버지가 카를로스 4세가 아니라고 했었던 것일까? 왕비와 페르난도 7세의 사이는 매우 좋지 않았다. 왕비는 반란을 일으켜 부모를 배신한 페르난도 7세를 증오했다. 얼마나 증오했느냐면 나폴레옹에게 붙잡혀 갔을 때 왕비는 나폴레옹에게 페르난도 7세를 반역죄로 사형시켜 달라고 요청할 정도였다. 왕비는 자신이 죽기 전에 자기 자식 중에 누구도 카를로스 4세의 자식이 아니라는 고백을 하면 페르난도 7세가 곤란해질 것을 알고 있었다. 결국에 왕비가 의도한 건 아들에게 복수를 하기 위해서가 아니었을까? 왕비 마리아 루이사는 폭탄 고백을 한 다음 날인 1819년 1월 2일 사망했다. 그녀의 말년은 비참했다. 한때는 마드리드 왕궁에 살던 그녀였지만, 마지막에 그녀가 누워 있던 침대는 두 다리도 부러져서 볼품이 없고 초라했다.

왕비가 죽을 때 카를로스 4세는 동생 페르디난도 1세Ferdinando I를 만나기 위해 나폴리에 갔다가 통풍이 악화되어 움직이지 못하고 있었다. 왕비의 부음을 받은 카를로스 4세는 아픈 몸을 이끌고 로마로 이동했다. 무리한 여행을 한 것이 화근이 되어 카를로스 4세는 1월 13일에 고열로 쓰러져 일어나지 못했다. 1819년 1월 19일 카를로스 4세는 사망했다. 마리아 루이사 왕비와 카를로스 4세는 다정한 부부라고 말할 수는 없었다. 하지만 카를로스 4세는 먼저 하늘로 떠난 부인을 그리워해 뒤따라간 것처럼 마리아 루이사 왕비가 죽은 지 17일 만에 사망했다.

자유주의 시기

1820년 1월 1일 자유주의 성향의 라파엘 델 리에고Rafael del Riego 장군은 세비야 지방의 라스 카베사스 데 산후안Las Cabezas de San Juan에 있었다. 그는 아메리카 식민지 대륙의 반란을 진압하기 위해 파병될 부대를 이끌었다. 리에고 장군은 배를 타고 대서양을 건너야 했는데 정부에서 구해 준 배에 문제가 있었다. 배는 아메리카 대륙까지 가기도 전에 침몰할 것처럼 낡고 형편없었다. 그는 그 배에서 페르난도 7세와 절대왕정의 미래를 보았다. 라파엘 델 리에고는 아메리카 대륙으로 떠나지 않고 페르난도 7세를 향해 총칼을 치켜들었다.

그는 안달루시아 지역을 돌아다니며 1812년 카디스 헌법을 재공포했다. 그가 일으킨 자유주의의 파장은 스페인 주요 도시로 퍼져 나갔다.

마드리드에서도 그를 지지하는 사람들이 많이 있었다. 마드리드에 있는 라파엘 장군의 지지자들은 1820년 3월 7일 마드리드 레알 왕궁 앞에 모여들었다. 페르난도 7세는 군중을 진정시키기 위해 3월 10일 카디스 헌법을 존중하고, 새로운 정부를 만들고, 의회를 소집할 것을 선언했다. 이 선언으로 절대왕정 시기가 막을 내리고 페르난도 7세의 두 번째 통치 시기에 해당하는 자유주의 시기가 시작되었다.

자유주의의 상징은 의회다. 페르난도 7세가 자유주의자들에게 굴복한 뒤 얼마 지나지 않아 의원들을 뽑기 위한 선거가 열렸다. 의원들은 거의 자유 진영에서 선출되었다. 자유주의 성향의 의원들은 즉각적으로 생산의 자유화, 동업조합의 철폐, 영주들의 재판권 철폐, 장자 상속 제도 철폐, 수도원 토지 매각 등의 구체제 유산을 청산하는 법을 입법했다. 또한 국가 재정, 형법, 군대에 관련한 개혁을 진행했다.

자유주의자의 주된 지지층은 상업에 종사하는 사람들이었다. 자유주의 정부는 상인들의 이익을 위해 상인들이 국가에 물건 가격의 10분의 1을 내던 세금을 줄이고, 물건의 생산부터 판매까지 가로막던 족쇄들을 없애서 상인들이 자유롭게 활동할 수 있는 환경을 마련해 주었다. 정부의 구조도 근대적으로 바꾸었다. 시 대표 선출을 투표로 진행했고, 시민군을 만들었다. 이 시민군은 도시의 중산층 계급 위주의 자원 봉사자들로 구성되어 자유주의 정부가 주도하는 개혁이 확실히 실행될 수 있도록 도왔다. 이러한 모델은 카디스 의회에서 추구한 것과 비슷했다.

페르난도 7세는 이 모든 변화와 개혁이 마음에 들지 않았다. 페르난도 7세가 카디스 헌법을 존중하고, 새로운 정부를 만들고, 의회를 소집한다는 데 동의했던 것은 말뿐이었다. 자유주의자들이 집권하며 왕권은 많이 제한되었지만, 왕에게는 아직 법의 제정에 거부권을 행사할 수 있는 권한이 있었다. 페르난도 7세는 구체제를 종식시키려는 법안에 거부권을 행사하고, 절대왕정 지지자들과 힘을 합쳐 다시 절대왕정으로 돌아갈 궁리를 했다. 하지만 페르난도 7세는 자유주의 진영이 주도하는 개혁에 큰 위협을 주지 못했다. 걸림돌은 예상치 못한 곳에서 나왔다. 바로 변화를 거부하는 페르난도 7세가 아니라 자유주의의 혜택을 볼 농민이었다. 이 당시 농민은 주로 영주의 관리 아래에 있었다. 영주는 자기 땅에서 관할 재판권을 휘두르며 자신을 위해 일하는 농민에게 막강한 영향력을 행사했다. 농민과 영주 사이에 문제가 생겼을 경우 영주가 재판권을 가지고 있었기 때문에 농민은 불공정한 재판을 받았다. 자유주의의 개혁안에는 불공정한 영주의 재판권을 없애 농민이 정당한 법의 심판을 받을 수 있는 안이 포함되어 있었다. 하지만 문제는 재판권이 아니라 땅이었다.

개혁 이후 농민은 경작할 땅을 구할 수 없었다. 영주는 재판권은 없었지만, 여전히 땅을 소유했을 뿐만 아니라 힘을 가지고 있었다. 자유주의자가 법을 제정한 이후에 농민은 영주에게 땅을 빌려서 경작했다. 예전에 농민은 영주의 땅에서 살면서 영주에게 수확물 일부를 주는 식으로 살아왔기 때문에 잘살지는 못했지만, 삶이 안정적이었다. 하지만 이제 농민이 빌린 땅의 임차료를 주지 못하면 땅에서 쫓겨났다.

농민이 내는 세금 방식에도 문제가 있었다. 옛날에는 수확한 농작물로 세금을 내면 되었는데, 개혁 이후에는 농민들이 농작물을 팔아서 번 돈으로 세금을 내야 했다. 그런데 경기가 좋지 않아서 농산물 가격이 내려가 있었고, 농민은 농작물을 운반해서 좋은 가격을 쳐주는 곳에 팔 수가 없었다. 농민들은 그들이 사는 곳에서 농산물을 팔아야 했다. 농촌 사회는 자급자족 기반으로 운영되었고, 농민이 농산물을 파는 곳에는 이미 농산물이 넘쳐 났기에 좋은 가격에 팔기가 쉽지 않았다. 그 결과 농민은 세금을 낼 돈을 마련하기가 어려웠다. 개혁 이후 더 살기 힘들어진 농민들은 자유주의 정부가 추구한 개혁에 반발하였고 점차 반자유주의자가 되어 갔다.

전통적인 귀족들과 성직자는 두말할 필요 없이 자유주의자의 개혁에 반대했다. 1822년을 기점으로 절대왕정을 지지하는 정당이 카탈루냐, 나바라, 갈리시아를 기반으로 탄생했다. 자발적으로 왕정을 지지하는 이들은 28만 명에 이르렀고, 점점 영향력을 전국으로 넓혀 갔다.

자유주의 정부의 문제는 외부에만 있는 것이 아니었다. 자유주의 진영 내부에서도 의견은 통일이 되지 않았다. 자유주의 진영은 바라는 개혁의 정도에 따라 온건파와 진보파로 나누어 있었다. 온건파는 기득권자에게 손해를 입히지 않는 선에서 제한된 개혁을 원했지만, 진보파는 중산층과 서민들을 위해 급진적인 개혁이 필요하다고 주장했다. 불합리하고 불공평한 상황이 계속되면 사람들은 처음에는 한마음으로 개혁을 바라지만 각자 처한 상황이 다르니 원하는 개혁의 정도나 방향은 각기 다르기 마련이다. 개혁이 성공한 뒤 집단 간 의견 차이가 점점 더 벌어지고 격해지면서 일상생활은 위협을 받는다. 일상생활이 위협받을 정도가 되면 사람들은 개혁에 대해서 다시 한 번 생각하게 된다. 개혁을 지지한 이유는 잘살기 위함이었으나, 결국 혼란뿐이라는 결론에 이르면 차라리 절대왕정 시절의 안정적인 사회로 돌아가자는 사람들이 나타난다. 이러한 역사의 흐름은 프랑스 혁명 이후 프랑스에서 나타났으며, 뒤늦게 근대화된 스페인에서도 반복되었다.

제3시기 왕정복고

내외부로 문제가 많았던 자유주의 체제는 3년 만에 끝이 났다. 자유주의 체제를 끝낸 건 자유주의 진영 내의 대립이나 스페인에 있는 절대왕정 지지자들의 활약 때문이 아니었다. 바로 외부 세력의 개입 때문이었다.

1815년 유럽에 있는 절대왕정 국가들이 신성동맹을 맺고 전 유럽에 절대왕정 체제가 다시 자리 잡을 수 있도록 힘을 합치던 시기였다. 페르난도 7세는 프랑스의 루이 18세Louis XVIII에게 스페인에 있는 자유주의 체제를 없애 달라고 요청했다. 프랑스의 루이 18세는 절대왕정 체제를 고집하기보다는 프랑스 혁명의 정신을 존중하며 온건 정책을 폈다. 하지만 같은 부르봉 왕가 출신의 스페인 왕 페르난도 7세가 절대왕정 복구를 위해 도움을 요청하자 적극적으로 지원을 해 주었다. 프랑스는 1823년 4월, 10만 명의 군대를 보냈고, 신성동맹에 참여했던 오스트리아, 헝가리, 프로이센도 스페인을 구체제로 돌리기 위해 지원을 아끼지 않았다.

스페인에 자유주의 체제가 들어설 수 있었던 것은 라파엘 장군이 쿠데타를 일으킨 덕분이었다. 그 영향으로 자유주의 진영에는 정치 경험이 없는 군인들이 활발히 참여했고, 자유주의 정권은 계속 실책을 해서 지지층은 얇아져 있었다.

프랑스군은 자유주의 체제를 무너뜨리고 페르난도 7세를 다시 왕으로 즉위시키기 위해 스페인 땅을 밟았다. 나폴레옹의 프랑스 군대는 스페인 땅을 휘저으며 수많은 스페인 사람을 고통에 빠뜨린 바 있었다. 당시 스페인 민중은 프랑스군을 몰아내기 위해 낫과 곡괭이를 들고 싸웠다. 그 시절에서 불과 10년도 흐르지 않은 시점이었지만 스페인 민중의 감정은 극과 극으로 바뀌어 있었다. 스페인 사람은 절대왕정 복귀를 위해 들어온 프랑스군을 환영했다. 프랑스군은 이전 나폴레옹의 군대와는 다르게 민중들의 저항을 받지 않았다. 구체제를 지키기 위해 온 옛날의 적을 환영할 만큼 스페인 사람들은 보수적이었다. 자유주의자들은 페르난도 7세를 데리고 카디스로 도망가서 농성했다. 하지만 이번만큼은 카디스의 요새도 그들을 지켜 주지 못했다. 자유주의자들은 결국 프랑스군에 항복했다. 항복 전에 자유주의자들은 페르난도 7세로부터 자유주의자들이 만든 헌법을 존중하고 자유주의자들에게 보복하지 않겠다는 다짐을 받았다. 페르난도 7세는 극단적인 보수주의자였다. 그는 자유주의자들이 권력을 잡자 개혁을 하는 척하며 스페인의 정국을 안정시키기 위해 노력하기는 했다. 하지만 그가 완전히 달라진 것은 아니었다. 자유주의자들에게 휘둘렸던 3년간의 굴욕을 잊은 것도 아니었다. 자유주의자들이 힘을 잃고 프랑스군의 힘으로 다시 권력을 얻자 페르난도 7세는 본색을 드러냈다.

페르난도 7세가 제일 먼저 한 것은 자유주의자들과의 약속을 어기고 스페인 내의 자유주의자들을 색출하여 처단하는 일이었다. 무려 5만 명의 자유주의자가 체포되었으며 3만 명이 처형당했다. 처형당한 이들 중에는 스페인 자유주의 체제의 문을 열었던 리에고 장군도 있었다.

페르난도 7세는 자유주의자들에게 무자비한 탄압을 가했다. 1831년에 마리아나 피네라Mariana Pineda는 단순히 깃발에 자유 진영을 상징하는 수를 놓았다는 이유로 사형에 처해졌다. 페르난도 7세의 잔인한 보복은 도움을 주러 왔던 프랑스 사람들이 놀랄 정도였다. 이때 많은 수의 자유주의자가 처벌을 면하기 위해 국외로 탈출했다. 자유주의 진영의 정부 조직, 군대는 모두 해체되었다.

스페인 사회는 다시 구체제로 돌아가서 신분제, 귀족의 특권, 장자상속 제도가 부활했다. 자유주의 신문은 폐간되고, 많은 대학은 문을 닫았다. 다행히 종교재판은 다시 시행되지 않았다. 하지만 스페인의 자유주의 물결은 사라지고 전통주의와 보수주의가 스페인을 지배했다.

페르난도 7세는 다시 절대왕정 체제를 구축했지만, 과거의 잘 나가던 스페인의 영광까지는 재현하지 못했다. 이 시기에는 아메리카 대륙의 식민지들이 쿠바와 푸에르토리코를 빼고 모두 독립했다. 국가 재정은 계속해서 어려웠다. 아메리카 식민지가 거의 다 사라지면서 국가 수입이 대폭 줄었다. 페르난도 7세는 국고를 채우기 위해 가혹한 경제적

조치를 취해야만 했다. 페르난도 7세는 평민들에게는 더 이상 쥐어 짤 것이 없었기 때문에 귀족의 재산까지 손을 내밀었다. 1825년 이후 페르난도 7세는 경제적 어려움을 이겨 내기 위해 마드리드와 바르셀로나에 있는 온건한 자유주의 성향의 부르주아들과 협력했다. 그들이 국가 경제를 지탱할 수 있는 희망이었기 때문이다. 또한, 페르난도 7세는 카탈루냐의 경제를 보호하기 위해 관세를 인가했다. 페르난도 7세는 자유주의자와 손을 잡기는 싫었지만, 경제를 살리기 위해 선택의 여지가 없었다.

보수주의자들은 페르난도 7세가 종교재판을 부활시키지도 않고 자신들에게 세금을 걷으려고 할뿐더러 자유주의 진영과 손을 잡는 모습을 보면서 왕에게 실망했다. 실망한 보수주의자들은 1827년 카탈루냐에서 오래된 관습과 영주의 사법권 부활을 외치며 극단적 보수의 색깔을 띠는 왕당파los Malcontents를 탄생시켰다. 왕당파는 귀족들과 성직자들의 전폭적인 지지를 받았다. 왕당파는 페르난도 7세의 동생 카를로스 마리아 이시드로Carlos Maria Isidro를 지지했다. 페르난도 7세가 아직 자식이 없었기 때문에 카를로스는 다음 왕으로 유력한 인물이었다. 왕당파 사람들은 카를로스가 스페인의 왕이 된다면 예전처럼 완벽한 절대왕정이 부활할 것이라고 믿었다.

결혼 생활과 후계자 문제

페르난도 7세는 49세까지 살면서 네 번의 결혼을 했다. 첫 번째 부인은 그의 사촌인 나폴리 출신의 마리아 안토니아였다. 이때 페르난도 7세의 나이는 열일곱 살이었다. 그녀는 두 번의 임신을 했지만 모두 유산하고 후손을 남기지 못했다. 1806년 그녀는 두 번째 유산 뒤 얼마 못 가 결핵으로 사망했다. 사람들은 마리아 안토니오가 갑작스레 죽자 정권을 잡고 있던 고도이가 독으로 그녀를 살해했다고 수군거렸다.

　두 번째 부인은 1816년에 맞이한 브라간사의 마리아 이사벨María Isabel이었다. 그녀는 포르투갈 왕 주앙 4세와 그의 누나 카를로타의 딸이었다. 마리아 이사벨은 딸 한 명을 낳았지만, 불행히도 4개월 만에 죽었다. 그다음 해에 또 임신했는데 애가 잘못 들어섰다. 출산 시에 큰 문제가 생겨 제왕절개로 아이를 꺼냈으나 아이는 이미 죽은 상태였다. 그리고 수술이 잘못되어 그녀도 고통 속에서 생을 마감했다.

　세 번째 부인은 작센 출신의 마리아 호세파 아말리아María Josefa Amalia였다. 그녀와는 1819년에 결혼했는데 이때 그녀의 나이는 열다섯 살이었고, 페르난도 7세는 서른다섯 살로 나이 차이가 스무 살 났다. 마리아 호세파 아말리아는 엄마 없이 수도원에서 자라나서 성교육이라고는 받아 본 적이 없는 순결한 여인이었다. 두 사람은 10년 동안 결혼 생활을 했지만, 아이가 없었다. 그녀는 1829년 5월 18일 아란후에스 궁전에서 고열로 사망했다.

　페르난도 7세는 후계자를 얻는 일이 급했기 때문에 세 번째 부인이 죽은 지 6개월만인 1829년 12월 11일 마드리드에서 네 번째 결혼을 거행했다. 상대는 마리아 크리스티나María Cristina였다. 마리아 크리스티나는 양시칠리아 왕국의 국왕 프란체스코 1세Francesco I의 딸이었다. 그녀의 어머니는 마리아 이사벨라 왕비였는데 그녀는 바로 카를로스 4세의 딸이자, 페르난도 7세의 여동생이었다. 즉, 조카와 외삼촌 사이의 결혼이었다. 그때 그녀의 나이는 23세였고, 페르난도 7세는 45세였다. 그때까지 페르난도 7세는 세 명의 부인을 맞아들였지만, 자식은 없었다.

　마리아 크리스티나는 결혼하자마자 임신에 성공했다. 페르난도 7세의 후계자가 되기 위해서는 반드시 아들이어야만 했다. 왕비가 자식을

페르난도 7세와 크리스티나

루이스 데 라 크루스(Luis de la Cruz)가 그린
페르난도 7세와 마리아 크리스티나 초상화.
마리아 크리스티나는 페르난도 7세의 조카에 해당했다.
결혼할 당시 크리스티나는 23세, 페르난도 7세는 45세였다.

낳았더라도 아들이 아니라 딸이라면 왕위를 계승할 수 없었기 때문이다. 콜럼버스를 후원했던 카스티야의 이사벨 여왕처럼 스페인에서는 왕의 아들이 없는 경우 딸이 여왕이 될 수 있었다. 하지만 1700년 부르봉 왕가 출신의 스페인 첫 왕인 펠리페 5세는 여자는 왕이 될 수 없다는 살리카 법을 도입했다. 펠리페 5세가 도입한 살리카 법은 프랑스의 법이었고, 스페인의 전통과는 거리가 있었다. 하지만 살리카 법이 존재하는 이상 페르난도 7세가 아들 없이 죽으면 왕위는 페르난도 7세의 동생 카를로스 마리아의 차지였다. 법이 문제라면 법을 없애면 그뿐이었다. 마리아 크리스티나 왕비는 페르난도 7세보다 앞장서서 딸이 태어났을 경우에도 왕이 될 수 있도록 살리카 법을 폐지하자고 나섰다. 1830년 3월 31일 페르난도 7세는 왕의 아들이 없을 경우 딸에게도 왕위를 물려줄 수 있도록 법을 고쳤다. 이때는 아이가 태어나기 전이었다. 둘의 선견지명은 놀라웠다. 마리아 크리스티나가 1830년 10월 10일 출산한 아이는 딸이었다. 마리아 크리스티나는 두 번째 아이도 별 탈 없이 출산했는데 그 아이도 딸이었다. 나중에 첫째 딸은 이사벨 2세Isabel II로 추후에 스페인의 여왕이 되었고, 둘째 딸인 루이사 페르난다Luisa Fernanda는 프랑스 몽펜시에 공작과 결혼을 했다.

페르난도 7세의 동생 카를로스 마리아를 지지했던 극단적 보수주의자들을 '카를리스타Carlista'라고 하는 데, 이들은 살리카 법 폐지에 반대했다. 그들에게는 카를로스가 왕이 되면 그를 움직여 다시 절대왕정으로 돌아가려는 계획이 있었다. 그런데 페르난도 7세의 딸이 여왕이 되면 그 계획이 수포로 돌아갈 수밖에 없었다. 1832년 그들은 다시 다시 카를로스를 후계자로 만들기 위해서 살리카 법을 부활시키라고 대대적인 압력을 가했다.

이 논쟁의 쟁점은 처음에는 살리카 법을 유지하느냐 폐지하느냐였다. 그에 따라 페르난도 7세의 동생이 왕위에 오를 수도 있고, 페르난도

7세의 딸이 왕이 될 수도 있었다. 하지만 점점 논쟁은 스페인의 사회 구조를 어떻게 유지하느냐에 대한 문제로 확대되었다. 카를로스 주위에는 구체제를 지지하고 자유주의 체제를 반대하는 이들이 몰려들었다.

페르난도 7세는 1833년 9월 29일 숨을 거뒀다. 그는 유언으로 이사벨을 후계자로 지목했다. 그녀는 세 살의 나이로 스페인의 여왕이 되었다. 카를로스는 살리카 법 폐지를 받아들이지 않았기 때문에 페르난도 7세의 딸인 이사벨은 왕이 될 수 없었다. 같은 날, 카를로스는 자신이 진정한 스페인의 왕임을 선언했다. 스페인 북부와 카탈루냐 지방에서는 카를로스를 지지하는 봉기가 일어났다. 한 나라에 두 명의 왕이 존재하니 전쟁을 피할 수 없었다.

왕권을 노리는 카를로스에 대적하여, 이사벨 2세가 어려 섭정이 된 마리아 크리스티나가 딸의 왕권을 지키기 위해 나섰다. 사실 마리아 크리스티나가 살리카 법을 폐지하기를 강력히 원했던 이유는 바로 이사벨 2세에게 왕위가 돌아가면 결국 그 권력이 자신에게 돌아올 것을 알고 있었기 때문이다. 하지만 마리아 크리스티나 곁에는 지지자가 거의 없었다. 스페인에서 보수적인 카를로스파에 대항할 수 있는 세력은 자유주의자들밖에 없었다. 그런데 페르난도 7세는 1823년에 재집권하면서 자유주의자를 탄압했고 그 바람에 많은 자유주의자가 국외로 탈출했다. 그녀는 카를리스타와 싸우기 위해 국외에 있는 10만 명의 자유주의자를 다시 스페인으로 불러들였다.

페르난도 7세의 동생 카를로스와 카를로스를 지지하는 이들은 이사벨 2세를 끝까지 스페인 왕으로 인정하지 않았다. 양측의 의견 차이는 좁힐 수가 없었다. 1833년 카를리스타로 불린 카를로스 지지자들은 이사벨 2세의 즉위에 반대하며 전쟁을 일으켰다. 이를 제1차 카를리스타 전쟁이라고 한다.

9. 마리아 크리스티나의 비밀

1833년 아직은 여름의 따뜻한 온기가 남아 있는 10월의 어느 날, 마리아 크리스티나는 왕국의 정원을 산책하고 있었다. 산책 도중 그녀는 실수로 손수건을 땅바닥에 떨어뜨렸다. 그때 근위대의 하급 장교 아구스틴 페르난도 무뇨스Agustin Fernando Munoz가 그 손수건을 집어서 그녀에게 건네주었다. 그는 그녀보다 두 살 연하로 잘생겼고, 생기가 있었으며 똑똑하고 매너도 있어 보였다. 그녀는 그에게 한눈에 반해 버렸다. 그는 그녀를 궁전에 있는 거처까지 데려다주었다. 두 사람은 헤어지기 아쉬워 한참을 그녀의 방 앞에서 서서 이야기를 나누었다.

얼마 전에 과부가 되었지만, 아직 그녀는 27세였다. 스물두 살 차이 나는 외삼촌과 결혼했지만, 그 결혼은 가문에서 원해서 한 것이었지 그녀가 원한 결혼은 아니었다. 그녀가 새로운 사랑을 찾은 것은 자연스러운 일이었다. 둘의 사랑은 점점 더 깊어졌다. 첫 만남으로부터 3개월이 지나고, 12월 28일 마리아 크리스티나는 비밀리에 아구스틴 페르난도 무뇨스와 결혼식을 올렸다. 두 사람이 결혼을 비밀로 한 이유는 페르난도 7세가 죽은 지 3개월밖에 되지 않았기 때문이다.

마리아 크리스티나와 아구스틴 페르난도 무뇨스의 관계는 카를로스 4세의 왕비 마리아 루이사와 고도이의 관계와 비슷했다. 개인사와 정치는 분리를 시켜야 했는데 섭정 마리아 크리스티나와 결혼한 하급 장교는 특급 승진을 거듭했다. 얼마 지나지 않아 그는 마리아 크리스티나 옆에서 나라의 중요한 일을 결정하는 자리까지 올라갔다.

1834년 초 마리아 크리스티나는 아구스틴 페르난도 무뇨스의 아이를 뱄다. 그녀는 임신하자 그와의 관계를 더는 숨길 수가 없었다. 마리아 크리스티나는 이사벨 2세의 어머니이자 섭정으로서 카를리스타와 대적하고 있었다. 임신한 사실을 알면 카를리스타에게 약점을 잡힐 것이 뻔했기 때문에 그녀는 왕궁에서 카를리스타와 연관이 있는 사람들을 모두 추방했다. 하지만 카를리스타의 첩자는 왕궁 곳곳에 있었다. 그들은 이 사실을 즉각 카를리스타에 알렸다.

아구스틴 페르난도 무뇨스는 하는 짓이 고도이와 점점 더 닮아 갔다. 그는 섭정이자 그의 부인인 마리아의 권력을 믿고 왕궁에서 활개를 쳤다. 낮은 신분 출신인 데다 부인의 권력을 믿고 거들먹거리는 모습에 사람들은 불만이 점점 더 늘어났다. 군중은 배가 불러오는 마리아를 보면서 "비밀리에 결혼하고 공개적으로 임신했다"라고 비난했다. 섭정 마리아 크리스티나는 1834년 11월에 아구스틴 페르난도 무뇨스의 첫째 아이를 출산했다. 이 일로 그녀의 인기는 급속히 추락했다. 마리아 크리스티나의 비밀 결혼과 출산은 카를리스타가 물어뜯기에 딱 좋은 이슈였다. 카를로스파는 마리아 크리스티나가 민심을 잃자 그 틈을 파고들었다.

사실 카를로스의 반란은 변화하는 스페인 사회에 불만을 품고 전통적인 가치를 옹호하는 절대왕정 지지자, 귀족, 성직자 등 보수주의자의 불만이 터진 것이었다. 그 반란은 스페인을 자유주의와 보수주의로 나누었다.

카를로스는 특히 스페인 북부와 카탈루냐 지방에서 지지를 받았다. 카탈루냐에서 카를로스파를 지지한 이유는 카를로스파가 지방 자치를 존중했기 때문이다. 지방 자치는 스페인에 부르봉 왕가가 통치하기 전까지는 스페인의 전통이었기에 전통적인 가치를 중시하는 카를로스파는 지방 자치에도 찬성이었다. 펠리페 5세에 의해 자치권을 잃기 전에 카탈루냐 지방에는 의회가 있었고, 자치법이 있었고, 지방 대표자가 있었다. 잃어버린 자치권을 되찾기 위해 많은 카탈루냐 사람들이 중앙 정부에 대항하여 카를로스파를 지지하였다. 카를로스의 군대는 주로 자원병 위주로 구성되어 있었고, 게릴라 전술을 펼쳤다. 카를로스파는 반란 세력이었기 때문에 공식적으로 군인을 모집할 수도 없었고, 막대한 자원을 동원하여 큰 전투를 펼칠 수도 없었다.

이사벨 2세의 어머니이자 마리아 크리스티나는 섭정으로 최고 권력자의 자리에 있었다. 하지만 지지 세력이 없었다. 그녀는 추방되었던 자유주의자들과 손을 잡았다. 절대왕정을 지지하며, 여왕의 섭정인 그녀가 신분제 철폐를 부르짖는 자유주의자들과 손잡는 것이 꺼림칙하기는 했지만 그녀로서는 별다른 도리가 없었다. 딸의 자리를 지키기 위해 그녀 혼자 싸울 수는 없었고, 혼자 나라를 다스리는 것은 더더욱 불가능했다.

섭정 마리아 크리스티나의 요청으로 페르난도 7세에 의해 추방되었던 자유주의자들이 다시 마드리드로 몰려들었다. 자유주의자들은 의회를 만들고 개혁을 단행했다. 이 시기에는 의회에서 중요한 결정을 했지만 모든 스페인 사람이 자유롭게 투표를 할 수 있는 것은 아니었다. 일정한 수준의 재산이 있어야 투표권을 얻을 수 있었다. 자유주의적인 측면에서 이사벨 2세 의회는 카디스 의회보다 폐쇄적이었고 현실적이었다.

자유주의자들은 보수주의자들과 싸울 때는 하나였다. 그런데 막상 자유주의자들이 집권하자 이들은 각자의 생각이 서로 다르다는 것을 깨달았다. 자유주의자는 점차 크게 둘로 나뉘었다. 한쪽은 입헌군주제를 지지하는 온건파였고, 다른 한쪽은 공화정을 지지하는 진보파였다. 이후 스페인 역사에서 반복해서 등장하는 자유주의파 내의 온건파와 진보파의 다툼은 이때부터 본격적으로 시작되었다.

처음에는 온건파 쪽이 우세했다. 자유주의자들을 불러들인 마리아 크리스티나는 진보파가 원하는 공화정보다 의회가 존재해도 왕의 권력을 휘두를 수 있는 입헌군주제를 원했으므로 당연히 온건파를 지지했다. 온건파에게 밀린 진보파는 권력의 핵심에서 점점 멀어졌다. 온건파들은 왕과 귀족의 눈치를 보며 미지근한 정책들을 개혁안이라고 내놓았다. 진보파는 그 개혁에 만족하지 않았다. 스페인은 일찍이 1812년에 진보적인 카디스 헌법을 제정한 바 있었다. 진보파는 온건파의 무늬만 자유주의인 국가가 아니라 카디스 의회에서 그렸던 진보적이고 자유로운 국가가 현실이 되기를 바랐다.

온건파에 불만이 있었던 것은 진보파뿐만이 아니었다. 스페인 국민도 온건파가 마음에 들지 않았다. 1833년 자유주의 세력에서 갈라져 나온 온건파가 집권한 이후 스페인에서는 정부에 대한 불만으로 시위가 끊이지 않았다. 온건파는 카를로스파처럼 절대왕정을 꿈꾸는 극단적인 보수주의자들은 아니었다. 하지만 온건파는 자유와 권리를 제한했고 이에 분노한 민중은 온건파의 통치에 반대하는 시위에 참여했다. 시위대는 시민의 정치 참여 확대, 언론의 자유, 성직자 계급 철폐, 시민군 재편성 등을 요구했다. 그들은 온건파의 통치에 반대하고 진보파를 지지하며 진보파의 든든한 후원이 되어 주었다. 진보파에는 강력한 지원군이 하나 더 있었다. 바로 시민군이었다. 20만에 이르는 시민군은 카를로스파 반란군에 맞서는 핵심 세력이었는데 진보파를 지지했다. 이를 바탕으로 진보파의 힘은 점점 더 커졌다.

1835년 진보파 총리인 후안 알바레스 멘디사발Juan Alvarez Mendizabal은 온건파 정부를 향해 스페인이 1812년 카디스 헌법을 공포했을 때로 돌아가야 한다고 압력을 가했다. 이후 멘디사발은 1836년 3월 8일 카를리스타 전쟁 자금 확보를 위해, 교회와 국가의 토지 매각을 진행했다. 교회의 토지를 몰수한 이유는 교회가 토지를 관리하지 않아 노는 땅이 많았기 때문이다. 교회가 소유한 땅은 버려져 있다고 해도 살 수 없었고 개발도 할 수 없어서 국가 경제에 전혀 도움이 되지 않았다.

교회 토지 매각은 고도이 때나 카디스 의회 시절 때 거론되던 일이었지만 결국 실행되지 못했다. 진보적인 카디스 헌법에서조차 국교를 가톨릭으로 할 정도로 스페인에서는 교회의 힘이 셌기 때문이다. 하지만 멘디사발은 교회 토지 매각을 실제로 집행했다. 마리아 크리스티나 역시 전쟁 때문에 자금이 필요했기 때문에 이 개혁에 반대하지 않았다. 공공의 토지 매각을 통해 정부는 카를리스타와 전쟁에 필요한 자금을 마련했고, 놀고 있던 땅을 경작할 수 있게 되어 농업 생산성은 더 올라갔다. 하지만 장점만 있는 것은 아니었다. 땅을 경매에 부쳐 팔다 보니 결국 돈 있는 사람들에게 거의 모든 땅이 넘어갔다. 가진 자들만 더 가지게 되어 사회는 더 불평등해졌다. 이는 진보파가 꿈꾸는 이상향과 거리가 먼 사회였다.

멘디사발이 교회 토지 매각을 강제로 집행해 버리자 교회는 단단히 화가 나 있었다. 가톨릭의 힘이 아무리 약해졌다 해도 많은 스페인 국민은 가톨릭교를 믿고 성직자의 말에 따랐다. 가톨릭이 정부에 등을 돌리게 되는 것이 무서워진 마리아 크리스티나는 가톨릭의 불만을 잠재우기 위해 멘디사발을 1836년 5월, 교회 토지 매각을 시행한 뒤 두 달 만에 내쳤다. 멘디사발은 마리아 크리스티나에게 배반당한 기분이었다. 카를리스타와 전쟁 자금이 부족해서 걱정하던 마리아 크리스티나를 위해 총대를 메고 모두가 꺼리는 교회 토지 매각을 하고 난 뒤 필요가 없어지자 그녀가 자신을 버렸다는 생각밖에 들지 않았다.

이해 7월 선거가 열렸다. 선거 결과, 온건파가 진보파를 상대로 승리를 거두었다. 집권층은 온건파를 지지했지만 많은 시민과 군대가 진보파를 지지했기 때문에 진보파는 선거에서 승리를 거둘 것이라고 확신했었다. 그런데 결과가 예상과 다르자 이 선거가 조작되었다고 믿었다. 총리직을 잃은 데다 진보파가 선거에서 패배하자 분노한 멘디사발은 반란을 준비했다. 7월 25일 왕가의 사람들이 피서를 간 틈을 타서 말라가에서부터 반란이 시작됐다. 이 반란은 안달루시아 전역으로 퍼져 나갔고 곧 스페인 모든 도시로까지 확대되었다.

8월 12일 멘디사발이 이끄는 진보파의 군대는 섭정 마리아 크리스티나의 여름 별장을 습격해 그녀를 체포했다. 멘디사발은 그녀에게 1812년 카디스 헌법을 다시 공포하고, 반란에 참여한 시민들의 요구를 들어줄 것을 강요했다. 마리아 크리스티나가 요구에 불응하자, 멘디사발은 그녀를 감금했다.

1837년 헌법과 에스파르테로의 독재

진보주의자들은 쿠데타로 정권을 장악한 뒤 카디스 헌법의 정신을 이어받아 주권재민, 삼권분립을 포함하는 헌법을 공포했다. 이 헌법에서는 귀족과 평민의 계급을 없앴다. 각 지방의 자치권을 인정했고, 종교의 자유와 출판의 자유도 승인했다. 또한 교회에 내던 십일조를 없애고, 어떤 종파에도 속하지 않는 스페인을 선언했다. 이때 의회는 상원과 하원으로 구성되는 양원제였고, 왕은 법에 대한 거부권, 의회 해산권, 장관 해임권 등의 권리를 가졌다.

그런데 1837년 헌법이 공포된 이후, 그해 열린 선거에서 온건파들이 대거 당선되었다. 온건파는 진보파가 원하는 대로 세상을 바꿀 생각이 없었다. 진보파가 실시하려던 개혁은 모두 제동이 걸렸다. 온건파들은 집권하자마자 진보적인 1837년 헌법을 개정하여 보수적으로 바꾸었다. 출판의 자유를 대폭 줄였고, 십일조를 부활시켰으며, 이미 팔린 교회 토지를 다시 교회에 되돌려 주려고 했다. 힘들게 근대화를 시켜 놓았더니, 다시 온건파들은 사회의 시계를 거꾸로 돌려놓고 있었다. 시민들은 분노했고, 다시 정부에 반대하는 봉기가 전국적으로 일어났다.

혼란스러운 와중에 그나마 다행인 것은 카를리스타와의 전쟁이 마무리되었다는 점이다. 정부군의 영웅이었던 에스파르테로Baldomero Espartero 장군은 카를리스타와 1839년 베르가라 협정을 체결하면서 1차 카를리스타 전쟁을 끝냈다. 이 협정에서 에스파르테로 장군은 카를리스타의 주요 활동 지역인 바스크와 나바라 지역의 특별법을 인정하고 정부를 상대로 싸웠던 군인을 스페인 정규군으로 편입시켜 주는 카드를 내밀었다. 그는 전쟁에서 승리를 거둔 자유주의 진영의 영웅이었고, 시민들로부터 전폭적인 지지를 받았다. 그런데 에스파르테로 장군은 자유주의 진영 중에서도 진보파 인물이었다. 인기가 높아지자 그는 슬슬 정치에 관심을 드러내며 권력에 욕심을 냈다.

나폴레옹처럼 에스파르테로 장군은 국민의 지지를 바탕으로 권력의 정점에 올랐다. 그가 보기에 스페인의 문제점은 섭정인 마리아 크리스티나가 지나치게 많은 권력을 휘두른다는 것이었다. 이뿐 아니라, 그녀는 진보파와 사사건건 부딪치는 온건파와 긴밀한 관계에 있으면서 스페인이 앞으로 나아가려 할 때마다 발목을 잡았다. 에스파르테로 장군은 1840년 10월 17일 마리아 크리스티나를 국외로 추방했다. 이때 마리아 크리스티나는 페르난도 7세와 사이에서 낳은 두 딸을 데려갈 수 없었다.

타고난 정치인인 마리아 크리스티나는 추방당하기 전에 에스파르테로 장군과 협상하여 권력을 유지하려 했다. 하지만 에스파르테로 장군은 단호하게 그녀를 섭정 자리에서 물러나게 했고, 이사벨 2세 여왕의 보호자 자격을 박탈시켰다. 그리고 에스파르테로 장군은 마리아 크리스티나를 대신하여 섭정이 되었다. 마리아 크리스티나는 페르난도 7세가 죽자마자 비밀 결혼을 해서 아이를 낳은 바 있었다. 이미 많은 사람이 그녀를 좋아하지 않았기 때문에 에스파르테로 장군이 마리아 크리스티나를 추방했다고 그를 비난하는 사람은 없었다.

마리아 크리스티나를 추방한 뒤 선거가 열렸는데, 에스파르테로 장군의 주도 아래 선거에 부정이 저질러졌다. 이때 의회에 입성한 의원 대부분은 에스파르테로 장군을 지지하는 이들이었다. 겉으로는 민주주의였지만 그 속은 독재나 마찬가지였다. 그는 의회의 협조를 구하지 않고, 군인 출신의 측근을 핵심 요직에 앉혔다. 진보파가 에스파르테로 장군을 지지했던 이유는 그가 진보파의 이상을 이루어 줄 것이라 믿었기 때문이다. 그런데 그가 독재자가 되자 진보파는 그와 거리를 두었다. 사람들이 독재자가 된 에스파르테로 장군의 모습에 실망하면서 인기도 점점 떨어졌다.

결정적으로 그가 내리막길을 걷게 된 이유는 1842년 영국의 직물 제품이 스페인 시장에 들어올 수 있도록 하면서부터였다. 면직 산업의 비중이 컸던 카탈루냐 지방에서 관련 사업을 하는 부르주아와 그들 밑에서 일하는 중산층 계급은 영국 직물이 수입되면 사업이 망하고 직장을 잃게 될 것이라고 수입에 반대했다. 하지만 에스파르테로 장군은 시민의

에스파르테로

안토니오 마리아 에스퀴벨(Antonio María Esquivel)이 그린
발도메르 에스파르테로 초상화. 세비야 시청사 소장.
처음에 진보파는 에스파르테로 장군을 지지했다. 하지만
진보파의 기대와 달리 권력을 잡은 그는 독재자가 되었다.

목소리를 듣지 않았다. 그리고 얼마 지나지 않아 바르셀로나를 중심으로 에르파르테로 장군의 통치에 반대하는 시위가 크게 일어났다.

에스파르테로 장군은 의견을 나누어 더 나은 방안을 찾지 않았다. 대신 그는 군부 독재자답게 군대를 보내 바르셀로나가 항복할 때까지 쑥 대밭을 만들었다. 그다음에는 카탈루냐 지방을 관리하는 최고 책임자 자리에 자신의 측근을 앉혔다. 이러한 에스파르테로 장군의 행보는 진보파의 행동과는 거리가 있었다. 이 일로 진보파는 에스파르테로 장군으로부터 완전히 등을 돌렸다. 그러자 그는 최고 권력자의 의자에는 앉아 있지만 믿을 만한 사람 하나 없이 홀로 섬처럼 둥둥 떠 있는 형국이 되었다.

에스파르테로 장군의 통치에 반대하는 시위는 줄어들지 않고 스페인 전국 각지로 퍼져 나갔다. 거기에 그를 끌어내리기 위한 군인의 반란도 일어났다. 에스파르테로 장군은 무력으로 시위와 반란을 제압하려 했지만, 그에 반대하는 목소리는 점점 더 커졌다. 1843년 7월 에스파르테로 장군은 더 이상 버티지 못하고 섭정 자리에서 물러나 영국으로 도망갔다. 이 결정은 당시 에스파르테로 장군의 상황을 고려하면 현명한 처사였다. 그가 아무리 열심히 싸운다 하더라도 전 스페인 국민을 상대로 이길 수는 없었다. 만약에 그가 자진해서 물러나 영국으로 가지 않았더라면 반란군에게 잡혀 모욕을 받은 뒤 목숨을 잃었을 것이다.

올로사가와 진보파의 몰락

1841년 5월 10일 에스파르테로 장군은 아구스틴 아르게예스Agustin Arguelles를 이사벨 2세 여왕의 후견인으로 임명하여 그녀의 교육을 도맡도록 했다. 이 시기를 기점으로 이사벨 2세의 교육을 담당하는 이들의 성향도 바뀌었다. 에스파르테로 장군이 이사벨 2세의 교육을 신경 썼던 이유는 이사벨 2세가 친진보파적인 인물로 자라나길 바랐기 때문이었다. 어떤 교육을 받느냐에 따라 왕의 성향이 바뀌었기 때문에 가정교사들의 정치적 영향력은 컸다. 페르난도 7세가 카를로스 4세에게 대적했을 때도, 뒤에서 페르난도 7세가 아버지와 싸우도록 조종한 세력은 페르난도 7세의 가정교사들이었다. 페르난도 7세 때나 이사벨 2세 때나 정치인들은 어린 왕자와 공주가 자기 집단에 이익이 될 수 있는 방향으로 교육하는 것은 똑같았다. 이사벨 2세의 가정교사 중에 주목할 이는 엘리트 출신에 법률 교육을 담당했던 살루스티아노 올로사가Salustiano Olozaga였다. 올로사가는 이사벨 2세를 가르치며 그녀와 친밀한 관계를 유지했다.

독재자 에스파르테로 장군이 영국으로 도망간 뒤 의회는 1843년 11월, 13세가 된 이사벨 2세를 여왕으로 선언했다. 원래 왕은 열네 살이 되어야 직접 통치를 할 수 있었다. 의원들은 좌우를 막론하고 마리아 크리스티나나 에스파르테로 장군이나 엉망이었기 때문에 섭정이라면 지긋지긋했다. 의회에서 이사벨 2세의 성년식을 앞당긴 이유는 또 다른 섭정이 등장하지 못하도록 취한 조치였다.

1843년 11월, 이사벨 2세 여왕은 직접 통치를 시작하자마자 진보파 성향으로 그녀를 가르쳤던 올로사가를 총리-내각 대표로 임명했다. 에스파르테로 장군과 마찬가지로 진보파 성향의 올로사가는 의회가 마음에 들지 않았다. 의회는 올로사가가 원하는 대로 움직이지 않는 보수적인 이들이 많은 자리를 차지하고 있었다. 이 상황을 해결하기 위해 올로사가가 선택한 방법은 극단적이었다. 그는 여왕이 어리다는 것, 그리고 그녀가 자신을 신뢰한다는 것을 잘 알고 있었기 때문에, 여왕을 설득시켜 단번에 의회를 해산시킬 계획을 짰다.

올로사가는 의회 해산안을 들고 1843년 11월 28일에 이사벨 2세를 찾아갔다. 그가 나올 때 올로사가의 손에는 여왕이 사인한 의회 해산안이 들려 있었다. 이날 이사벨 2세가 진정으로 의회 해산안을 동의한 것인지 아닌지는 아직도 스페인 학계에서 말이 많다. 공식적으로 기록에 남은 것은 올로사가가 강압적으로 이사벨 2세에게 의회 해산에 동의하도록 힘을 썼다는 것이다. 올로사가가 이사벨 2세의 의회 해산 동의를 받아왔지만 의회는 쉽게 물러서지 않았다. 의회는 1843년 12월 1일 올로사가가 의회 해산안을 받아 낼 당시 그 과정이 적법했는지 이사벨 2세를 불러 물었다. 그날 이사벨 2세는 의회에서 다음과 같이 증언했다.

"지난달 28일 올로사가가 찾아와서 의회를 해산하는 문서에 사인하라고 했습니다. 저는 싫다고 말했습니다. 의회에서 제가 성인임을 인정해 주었기 때문입니다. 올로사가는 계속 강요했고 저는 계속해서 사인하지 않을 것을 밝혔습니다. 저는 일어나서 제 방의 책상 왼쪽에 있는 문으로 향했습니다. 그는 제 앞을 가로막더니 문의 빗장을 걸어 잠갔습니다. 그런 다음 제 옷을 붙잡고 저를 강제로 앉히고는 제 손을 붙잡고 서명하도록 했습니다. 그런 다음 그는 떠났습니다. 떠나기 전에 그는 제게 물었습니다. 이 일을 아무에게도 말하지 않을 수 있는지. 저는 그에게 약속할 수 없다고 말했습니다."

이사벨 2세의 증언이 알려지며, 스페인 사회는 올로사가에게 비난을 퍼부었다. 올로사가는 이사벨 2세의 증언과 달리 위력을 행사한 적이 없다며 무죄를 주장했으나, 분노한 사람들에게 그 말이 먹혀 들 리가 없었다. 가뜩이나 올로사가는 바람둥이로 유명했다. 게다가 이전부터 올로사가와 여왕이 애인 사이라는 이야기가 떠돌았다. 그런데 이사벨 2세가 증언에서 올로사가가 옷을 붙잡고 그녀를 강제로 앉혔다고 밝히자 사람들은 올로사가가 여왕을 협박해 의회를 해산시키도록 강요했다고 믿었다. 나아가 그가 총리 자리에 오른 것도 결국 그녀를 억압해서 얻어 낸 자리가 아니겠느냐고 의심했다. 올로사가에 대한 비난과 의심은 하루가 다르게 더 커졌고 버티지 못한 그는 결국 총리 자리를 내려놓고 포르투갈로 떠났다.

실제로 올로사가가 이사벨 2세를 힘으로 제압해서 의회 해산 동의안을 받아냈을까? 로마노네스 백작Conde de Romanones은 『정치 드라마, 이사벨 2세와 올로사가Un drama politico, Isabel II y Olozaga』라는 책에서 이사벨 2세가 의회 해산을 원하지 않은 것, 올로사가가 여왕에게 의회 해산 동의를 강요한 것도 맞을 것이라고 밝혔다. 하지만 그가 그녀를 힘으로 제압하여 동의를 받아 낸 것은 아닐 것이라고 적었다.

그럼 의회에서 밝힌 이사벨 2세의 증언은 무엇일까? 로마노네스 백작은 여왕이 거짓말을 했거나 누군가로부터 거짓말을 하도록 강요받은 것이라고 보았다. 그녀의 증언에는 결정적인 허점이 있었다. 그녀는 올로사가가 그녀를 가로막고 빗장을 잠갔다고 말했는데, 그녀가 있던 방에는 빗장이 없었다. 진실과는 상관없이 진보파의 올로사가가 몰락하자 진보파도 함께 힘을 잃었다. 진보파의 빈자리는 온건파가 재빠르게 채웠다.

이후 19세기에는 군대의 쿠데타가 반복적으로 나타났다. 이 시기 선거는 큰 의미가 없었다. 선거 때마다 집권당이 결과를 조작했기 때문이다. 이사벨 2세 통치 기간 동안 총 22번의 선거가 있었는데, 대부분 권력을 잡고 있던 쪽이 승리했다. 반대파는 정상적인 방법으로는 권력을 얻을 수가 없었다. 카를리스트 전쟁을 치르며, 이 전쟁에서 큰 승리를 거둔 장군들은 대중으로부터 인기를 얻었다. 정치인들은 반대파를 무너뜨리고 집권하기 위해 인기 있는 장군과 연합하여 쿠데타를 일으키도록 부추긴 뒤 정권을 잡았다. 그리고 조작된 선거로 자기파들을 대거 당선시킨 뒤 정부를 장악해 나갔다.

이 시기에는 다른 당끼리 협상하는 법이 없었다. 한쪽 세력이 힘을 얻으면 다른 쪽 세력을 제거했고, 다른 한쪽이 힘으로 권좌에 오르면 시스템을 바꾸고 다른 쪽을 숙청했다. 스페인의 19세기는 혼돈의 역사였고 이후에도 별반 다르지 않았다.

자유 진영이 진보파와 온건파로 분열하고, 온건파와 진보파의 대결로 정국이 혼란해지는 상황은 스페인에만 국한된 게 아니었다. 19세기 중반 전 유럽에는 자유주의가 자리를 시작해서 역사가 짧았기 때문에 다른 유럽 나라에서도 자유주의 내 갈등이 심했다. 자유 진영 내부에서 갈등이 생긴 이유는 정치 참여와 직결되는 투표권을 국민 누구에게 얼마만큼 주느냐에 대해서 의견이 갈렸기 때문이다. 온건파는 될 수 있으면 투표 자격 조건을 까다롭게 하여 소수에게 주려고 했고, 진보파는 더 많은 국민에게 투표권을 주기 원했다. 진보파도 여성의 참정권은 제한했지만, 일반적으로 진보파의 입장이 오늘날 민주주의에 더 가까웠다. 이뿐 아니라 스페인에서 나타났던 자유주의 진영과 카를리스타 진영 간의 대립처럼 아예 자유주의에 반대하며 절대왕정 체제로 돌아가야 한다는 보수파와 자유 진영의 대결도 오스트리아, 러시아, 프로이센 등등 유럽 곳곳에서도 나타났다.

이사벨 2세의 결혼

이사벨 2세의 어머니 마리아 크리스티나는 권력에만 관심이 있었다. 그녀는 딸의 교육을 모두 가정교사에게 맡기고 자식 교육에는 소홀했다. 이사벨 2세는 어린 시절 통치자로서 갖춰야 할 소양을 배우지도 못했고, 따스한 가정 분위기에서 어머니의 사랑을 느껴 보지도 못했다. 마리아 크리스티나는 섭정으로 권력을 휘두르느라 바빴다. 그녀는 자리를 유지하기 위해 권력 다툼을 하고 새로운 남편과의 관계에 집중했다. 그녀처럼 왕을 대신해 권력을 휘두르던 여인으로는 카를로스 3세의 어머니였던 파르네제가 있었다. 그녀 역시 아들에게 헌신하는 따뜻한 어머니는 아니었다. 하지만 파르네제는 아들이 통치 경험을 쌓고 좋은 왕으로 성장할 수 있도록 많은 도움을 주었다. 이에 반해 마리아 크리스티나는 이사벨 2세가 어떻게 자라나든 신경 쓰지 않았다. 로마노네스 백작은 이사벨 2세의 공부 실력과 식사 예절에 대해서 다음과 같이 평가하기도 했다.

"열 살 때 그녀는 또래 아이들보다 교육 수준이 뒤처졌다. 독서를 싫어했고 빨리 읽지도 못했다. 그녀는 교육을 받지 못한 시골 처녀처럼 글씨를 못 썼고 철자도 많이 틀렸다. 산수 능력도 떨어져서 쉬운 덧셈 정도밖에 할 수 없었다. 그녀는 인형과 개와 노는 것을 좋아했다. 그녀는 식사 예절을 무시했기 때문에 식사하는 모습을 보면 한심스러웠다."

그녀의 작문 실력은 성인이 되어도 나아지지 않아서 성년이 되어 쓴 편지도 제대로 된 교육을 받은 사람이 쓴 것이라고 볼 수 없었다.

이사벨 2세의 인생은 어머니 마리아 크리스티나가 쫓겨나고, 뒤를 이어 섭정 자리에 오른 에스파르테로 장군이 도망간 뒤부터 급격히 바뀌었다. 또 다른 섭정의 탄생을 두려워한 의회는 이사벨이 직접 다스릴 수 있도록 성인식을 앞당겨 13세의 이사벨을 성인으로 인정했다. 그녀는 카스티야의 이사벨 여왕, 후아나 여왕의 뒤를 이어 탄생한 스페인 역사상 세 번째 여왕이었다.

그녀가 여왕이 된 이후에는 그녀의 결혼 상대자를 누구로 할지가 문제였다. 그녀가 누구와 결혼하느냐에 따라서 정치의 판도가 바뀔 수 있었다. 여왕의 남편은 여왕 옆에서 큰 권력을 휘두를 수 있었기 때문에 누가 한 명을 추천하면 보수파가 반대하고, 누가 또 다른 한 명을 추천하면 진보파가 반대하는 일이 반복되었다.

이사벨 2세의 배우자에 대해서는 스페인뿐만 아니라 유럽의 다른 나라도 관심을 가졌다. 이사벨 2세가 유럽 어느 가문의 누구와 결혼하느냐에 따라 당시 맺어진 각국의 동맹과 균형이 깨질 수 있었다. 유럽 각국은 이사벨 2세의 남편이 자국 출신이거나 자국에 이익이 되는 동맹국의 출신이 될 수 있도록 물밑 작업을 시작했다. 그러다 보니 영국이나 프랑스 등 각국에서 미는 남편 후보자가 서로 달랐다. 이 모습은 예전 카스티야 왕국의 이사벨 여왕이 결혼할 때와 비슷했다.

스페인 내부에서는 정치적 안정을 위해서 그녀의 남편 후보자로 몬테몰린 백작인 카를로스 루이스Carlos Luis를 추천했다. 그는 카를리스타 전쟁을 일으켰던 그녀의 삼촌 카를로스 이시드로Carlos Isidro의 아들이었다. 만약 이사벨 2세가 카를로스 루이스와 결혼하면 아직 남아 있는 카를리스타와 갈등을 끝낼 수 있었다. 그런데 자유주의자들은 카를로스 루이스와의 결혼을 반대했다. 스페인의 통합을 위해서는 그와 결혼하는 게 좋았다. 하지만 온건파와 진보파를 막론하고 자유주의자들은 카를리스타 출신인 그가 왕비의 남편이 되면 다시 스페인을 절대왕정으로 되돌릴까 봐 두려워했다.

여왕은 자유주의 진영의 가정교사에게 교육을 받고, 자유주의자 출신의 참모로 둘러싸여 있었다. 자유주의자들은 이사벨 2세가 카를로스 루이스와 결혼하면 안 되는 수만 가지 이유를 그녀에게 말했다. 결국 그녀는 자유주의자들의 의견에 따라 카를로스 루이스와 결혼하지 않겠다고 선언했다. 카를리스타는 카를로스 루이스와 이사벨 2세가 결혼하면 카를리스타가 정상적으로 정치에 참여할 수 있다고 믿고 있었다. 그런데 다시 정계에 진출할 수 있는 길이 막혀 버리자 다시 한 번 반란을 일으켜 1846년에 제2차 카를리스타 전쟁을 일으켰다.

모든 사람을 만족할 수 있는 이사벨 2세의 남편감은 정치에 무관심한 성향에, 옛날 합스부르크 왕가와 결혼했을 때처럼 강대국이 등장할 가능성이 없는 가문 출신이어야만 했다. 다행히 여왕에게 어울리는 지체 높은 신분이면서 정치적으로는 욕심을 내지 않을 만한 남편감이 있었다. 그는 이사벨 2세의 사촌인 프란시스코 데 아시스였다.

프란시스코 데 아시스Francisco de Asís는 카를로스 4세의 막내아들인 프란시스코 데 파울라의 둘째 아들이었다. 그는 무기력하고 약해 보인다는 평판을 받았다. 일반적인 남편감을 찾는 것이라면 그러한 평판이 단점이겠지만, 이사벨 2세의 남편감으로는 오히려 득이 되었다. 더군다나 프란시스코 데 아시스가 이사벨 2세와 결혼한다고 해서 새로운 강대국이 등장할 가능성은 없었기에 주변 국가도 둘의 결혼을 반대하지 않았다.

하지만 프란시스코 데 아시스가 이사벨 2세의 남편감으로 결정되었다는 소식을 듣고 누구보다 크게 낙담한 사람이 있었다. 바로 이사벨 2세 여왕이었다. 이사벨 여왕은 조숙한 편이어서 성에 일찍 눈을 떴다. 그런데 프란시스코는 여성적인 남자로 소문이 자자했다.

남편감을 고르는 문제는 평생 함께살 사람을 정하는 중대한 사항이었지만 이사벨 2세의 의견은 하나도 반영되지 않았다. 처음 이사벨 2세가 남편 이름을 들었을 때 그는 바로 "노! 파키타 노No! Paquita no!"라고 소리쳤다. 파키타는 이사벨 2세가 프란시스코 데 아시스를 부를 때 쓰는 말이었다. 스페인어에는 보통 단어 어미가 a로 끝나면 여성형인데 프란시스코 데 아시스를 파키타라고 부른 것은 그가 여자 같다는 의미를 드러낸 것이었다. 주변 사람들은 결혼 전날까지 그녀를 설득했다. 이사벨 2세는 체념하고 말했다.

"왕비답게 양보하겠습니다. 그러나 여자로서는 아니에요. 이 사람은 내가 꿈꾸던 남편감이 아닙니다. 저는 강요로 결혼합니다. 내가 원해서 하는 결혼이 아닙니다."

1846년 10월 10일 그녀의 열여섯 번째 생일날 두 사람은 결혼했다. 사실 프란시스코 데 아시스도 이사벨 2세가 마음에 들지는 않았다. 그 역시 그녀와 마찬가지로 선택의 여지가 없었다. 이사벨 2세는 나중에 친한 하인에게 이렇게 말했다.

　"그는 첫날밤에 내 옷보다 자수가 더 많이 놓인 옷을 입고 있더라. 그런 남자와 어떻게 첫날밤을 보낼 수 있겠어?"

　이사벨 2세에게 프란시스코 데 아시스는 남편 구실을 못하는 무능한 남편이었고, 프란시스코 데 아시스에게 이사벨 2세는 행실이 못된 나쁜 아내일 뿐이었다. 파티에 빠진 그녀는 새벽 5시에 취침하고 오후 3시에 기상하는 올빼미형 삶을 살았다. 그녀는 어렸을 때부터 놀기 좋아했는데, 성인이 되어서는 그야말로 정열을 불태우는 삶을 살았다. 결국 이사벨 2세와 프란시스코 데 아시스는 결혼하고 나서 얼마 지나지 않아 별거에 들어갔다. 당시 권력을 잡고 있던 나르바에스 장군, 여왕의 고해 신부, 추기경 거기에 비오 9세Pio Ⅳ 교황까지 나서서 둘 사이를 중재하려고 노력했다. 그 덕분일까? 이사벨 2세는 결혼 생활 동안 열두 번이나 출산을 했다. 둘이 화해를 해서 애도 많이 낳고 행복하게 살았다고 생각할 수도 있겠지만 실상은 달랐다. 자식들의 아버지가 공식적으로는 프란시스코 데 아시스로 알려졌지만 사실은 그의 자식이 아니었다. 이사벨 2세는 애인을 만나다 임신을 하면 남편 프란시스코 데 아시스에게 돈을 주고 그의 호적에 올렸다. 프란시스코 데 아시스는 부인이 누구를 만나든 상관하지 않은 채 세고비아 궁전에 머물며 호적을 올려 주는 대신 받은 돈으로 책과 미술품을 수집하며 조용한 시간을 보냈다. 그는 게이라는 증거는 없지만 그럴 가능성이 컸다. 그는 결혼 이후 이사벨 2세와 사이가 좋지 않았고, 원한다면 쉽게 애인을 만들 수도 있었지만 여자를 가까이하지 않았다. 대신 안토니오 라몬 메네스Antonio Ramon Meneses와 같은 미남자와 함께 살며 평생 우정을 나누었다.

이사벨 2세는 이성을 멀리하고 단 한 명의 남자와 진한 우정을 나누는 남편과 정반대로 연애에 빠져 있었다. 그녀는 잘생긴 경비대원부터 귀족, 정치인, 군인을 가리지 않고 사귀었다. 그녀의 첫 번째 공식적인 애인은 세라노 장군이었다. 세라노 장군은 권력을 원했고, 이사벨 2세는 그를 원했다. 여왕은 그를 귀여운 장군이라고 부르면서 따라다녔다. 그녀가 마드리드에 있는 병영까지 세라노 장군을 자꾸 따라다니자 사람들이 수군거리기 시작했다. 소문이 퍼져 문제가 되자 마드리드에 주둔하던 세라노 장군의 군대는 마드리드 밖으로 이전했다. 두 사람의 이별은 아름답지 못했다. 세라노 장군은 프림 장군과 1868년 9월 28일 혁명을 일으켜 "부르봉 가문 사람들을 처단하라!"라는 구호를 외치며 이사벨 2세를 내쫓기 때문이다.

그다음으로 유명한 애인은 세라노 장군과 마찬가지로 군인이었던 호세 마리아 아라나Jose Maria Arana였다. 프란시스코 데 아시스는 이사벨 2세가 호세 마리아 아라나와 바람을 피는 것을 알고 다음과 같이 말했다.

"병아리 아라나el pollo Arana를 조심해. 그의 뿔이 자라나고 있으니까."

프란시스코 데 아시스는 그 말로 이사벨 2세의 행실을 비꼬는 동시에, 호세 마리아 아라나가 그녀를 이용할 수 있으니 조심하라고 경고한 셈이었다. 그 이야기가 전해지자 사람들은 호세 마리아 아라나를 "병아리 아라나"라고 불렀다. 이사벨 2세는 그에게 푹 빠져 있는 상태였기에 남편의 경고나 주변 소문을 아랑곳하지 않고 그를 승진시켜 장군으로 만들었다. 그는 이사벨 2세의 딸 이사벨의 아버지로 알려져 있다.

그다음으로 유명한 애인은 엔리케 푸이그 몰토Enrique Puig Molto였다. 역시 군인이었던 그는 마드리드에 있을 때 비밀리에 이사벨 2세와 연인 관계로 지냈다. 엔리케는 알폰소 12세Alfonso XII의 실제 아버지일

이사벨 2세
이사벨 2세의 사진. 정치적인 이유로 프란스시코 데 아시스와
정략결혼을 한 그녀는 남편에게 관심이 없었다. 대신 여러 애인과
애정 행각을 벌였고, 남편 또한 그녀의 연애에 전혀 신경 쓰지 않았다.

가능성이 높다. 이사벨 2세가 그와 연인 관계에 있던 시기에 차기 스페인 왕위에 오르는 알폰소 12세를 출산했기 때문이다. 이 모든 게 모함이고 알폰소 12세의 아버지가 엔리케 푸이그 몰토가 아닐 수도 있지만 분명한 것은 프란시스코 데 아시스가 알폰소 12세의 아버지는 아니라는 점이다. 이사벨 2세가 살아 있을 때 어린 알폰소에게 다음과 같이 말했기 때문이다.

"아들아, 네 혈관에 흐르는 부르봉 가문의 피는 내 피가 유일하단다."

이사벨 2세와 프란시스코 데 아시스는 부르봉 가문 출신이다. 만약에 알폰소의 아버지가 프란시스코 데 아시스였더라면 아들에게 그렇게 말하지 않았을 것이다.

1854년 권력을 잡았던 오도넬Leopoldo O'Donnell 장군도 이사벨 2세의 연인이었다. 그는 그녀보다 스물한 살이나 연상이었다. 그런데 그에게 빠진 이사벨 2세가 구애해서 그가 넘어갔다고 한다. 둘은 사랑했으나, 곧 주변의 반대에 부딪혔다. 오도넬 장군은 교회의 권력과 재산을 빼앗는 정책을 취했다. 이는 곧 교회와 보수주의자의 반발을 불러일으켰다. 여왕과 친밀한 교회 측 사람들은 둘 사이가 멀어지도록 오도넬 장군과 이사벨 2세를 이간질했다. 하지만 그를 향한 이사벨 2세의 마음은 여전했다. 1860년 오도넬 장군이 모로코로 출정을 나갈 때 여왕은 내가 차라리 남자였다면 당신과 함께 갈 수 있었을 텐데, 라고 말하며 안타까워했다.

그녀의 애인은 앞서 언급된 남자들 외에 간다라Gándara 장군, 군인 호세 라몬 데 라 푸엔테José Ramón de la Puente, 베드마 후작인 마누엘 로렌소 데 아쿠냐Manuel Lorenzo Acuña, 리나레스 후작인 호세 데 무르가 이 레오리드José de Murga y Reolid, 비서인 미겔 테노리오Miguel Tenorio, 작곡가인 에밀리아노 아리에타Emiliano Arrieta, 가수인 호세 미랄José Mirall과 티르소 오브레곤Tirso Obregón 등이 있었다. 19세기 스페인의 이상적인 여성상은 가정의 수호자로 조신하고 헌신적인 어머니였다. 그런데 마음 가는 대로 자유롭게 연애를 하는 이사벨 2세의 모습은 당시 스페인 사람들이 받아들이기 어려웠다.

그녀의 남자관계가 복잡한 이유에 대해서는 학자마다 주장이 다르다. 역사학자 후안 에스라바 갈란은 이사벨 2세가 당시 정형화된 여성상과 반대로 행동한 이유는 단순히 그녀가 섹스 중독증에 걸렸기 때문만은 아니라고 보았다. 그녀의 애인 중에는 세라노 장군이나 오도넬 장군처럼 정치적으로 영향력이 있는 남자들이 많았다. 후안 에스라바 갈란은 그 사실에 주목하여 이사벨 2세가 권력을 쓸 수 없도록 주변에서 방해하자 권력자들과 애인 관계를 유지하며 권력을 유지하려 했다고 보았다.

또 다른 의견으로는 1843년 12월 1일 이사벨 2세가 의회에서 한 증언을 토대로 그녀가 어린 시절 가정 교사였던 올로사가에게 강간을 당했고, 그 후유증으로 성에 집착하게 되었다는 주장도 있다. 여자아이가 어린 시절에 성폭력을 당하면 그 충격으로 성인이 되어 섹스 중독 증세를 보이는 경우가 종종 있기 때문이다. 어떤 이는 그녀의 공식적인 첫 번째 애인이었던 세라노 장군이 권력을 갖기 위해 그녀를 이용했다는 사실을 알고부터 많은 남자를 만나기 시작했다고 주장한다.

만약 그녀가 여왕이 아니라 왕이었다면 정부들이 많았다는 이유로 심한 비난을 받지는 않았을 것이다. 하지만 그녀는 여자였기 때문에 보수적인 대중은 자유로운 연애를 하는 그녀를 이해하지 못해 더 많이 비난했다. 그렇다고 직접 이사벨 2세 앞에 나서서 그녀를 꾸짖을 수는 없었다. 대신 화가들이 대중의 마음을 대변해 그녀의 행실을 풍자하는 그림을 그렸고, 그 그림들은 스페인 사람들 사이에서 인기를 끌었다.

1868년 9월 혁명

1860년대는 전체적으로 유럽 경기가 상승세에서 하락세로 돌아서는 기점이었다. 스페인 경제는 제대로 상승한 적도 없는 상태로 1860년대의 하락세를 그대로 겪었다. 스페인의 경제 위기는 첫 번째로 철도 사업에서 나타났다. 스페인 정부는 국내외에서 투자를 유치하여 철도 공사를 대대적으로 했다. 투자가 한순간에 집중되니 스페인 경기는 반짝 살아나는 듯이 보였다. 그런데 막상 철도 공사를 끝내고 보니, 생각보다 수익성이 없었다. 철도 공사에 투자한 많은 기업이 예상보다 적은 수익에 어려움을 겪었다. 기업들은 스페인 정부를 믿고 투자를 했으므로 철도 공사로 인한 손실에 대해 스페인 정부가 지원을 해 주던가 보상을 해 달라고 요청했다. 하지만 스페인 정부도 돈이 없어서 아무런 대책을 마련해 줄 수 없었다. 그러자 얼마 안 가 철도에 투자했던 기업들이 자금난에 시달리다가 하나둘씩 망했다. 기업이 망하자 그다음 차례는 은행이었다. 기업들에 돈을 빌려 주었던 은행들은 돈을 되돌려받지 못해 도산했다. 은행의 도산은 스페인의 금융 위기로 이어졌다.

1868년에는 금융 위기뿐만 아니라, 면직 산업에도 문제가 생겼다. 스페인의 면직 사업은 1861년부터 1865년까지 일어난 미국 남북전쟁과 밀접한 연관이 있다. 스페인은 면직 산업의 핵심 재료인 목화를 미국에서 수입했다. 스페인 면직 산업의 중심지는 카탈루냐 지방이었는데, 그 근방에는 미국에서 목화를 들여와 면제품을 생산하는 산업이 발달해 있었다. 그런데 미국에서 남북전쟁이 발발한 이후 목화를 원활히 수입할 수 없게 되자 원자재 부족으로 생산에 문제를 겪었다. 이 영향으로 수많은 기업이 문을 닫았고, 많은 노동자가 일자리를 잃었다.

스페인 정부는 당면한 경제 위기를 해결할 능력이 없었다. 경제 위

9. 마리아 크리스티나의 비밀

기를 해결하지 못한다면 적어도 물가라도 잡았어야 했는데 스페인 정부는 이마저도 하지 못했다. 경제 위기가 일어나고 실직자가 늘어날 무렵, 밀의 가격까지 폭등했다. 흉년으로 밀 수확량이 급감했기 때문이다. 밀은 스페인 사람들의 주식이었으므로 대중은 밀 가격에 특히나 더 민감했다. 그런데 스페인 정부는 가격을 관리할 능력이 없었다. 밀 가격은 1865년과 1867년 사이에 65% 올랐다. 1868년에 밀 가격은 1865년 밀 가격의 2배까지 치솟았다. 기업과 은행은 파산했고 정부는 보유한 돈도, 들어올 돈도 없어서 위기를 극복할 방안도 제시하지 못했다. 희망도 없고, 배도 굶주린 민중은 도시, 농촌을 막론하고 점점 더 거칠어졌다. 정부는 민중의 불만을 잠재우기 위해 오도넬 장군을 물러나게 하고 온건파 위주로 내각을 다시 구성했다. 온건파 내각은 이사벨 2세의 명령에 따라서 움직였다. 그들은 예전에 온건파가 집권하면 늘 그랬듯이 의회의 기능을 축소하고 왕의 권력을 늘렸다. 온건파 정부는 기득권자를 위한 정부였기 때문에 국민의 어려움은 돌보지 않았다. 사람들은 정부가 상황을 해결해 줄 것이라는 믿음을 잃어버리고 정부를 전복시킬 궁리를 하기 시작했다.

결국 1868년 9월 19일 바이아 데 카디스에서 후안 바우티스타 토페테Juan Bautista Topete 장군이 반란을 일으켰다. 곧이어 런던으로 추방되었던 프림 장군과, 카나리아 섬에서 유배 중이던 세라노 장군에게 반란 소식이 전해졌다. 두 장군은 온건파 내각에서 반란을 일으킬 수 있는 위험 인물로 지목되어 스페인 본토에서 쫓겨나 있었다. 두 장군은 인생을 건 선택을 해야 했다. 만약 반란이 실패한다면 두 장군은 목숨을 잃어야 했지만 성공한다면 그들이 원하는 세상에서 권력을 움켜쥐고 살 수 있었다. 둘은 세상을 바꾸는 길을 선택했고, 곧 유배지에서 탈출하여 스페인 본국으로 돌아와 반란군에 합류했다.

반란의 본거지는 카디스였다. 카디스는 나폴레옹이 스페인을 침략했을 때 프랑스에 끝까지 저항했던 본거지였고 카디스 의회를 품었던 자유주의의 중심지였다. 카디스의 많은 사람이 무장을 하고, 이사벨 2세와 온건파 내각을 끌어내리기 위한 혁명에 동참했다. 프림 장군은 프리깃함을 손에 넣은 뒤 말라가, 알메리아, 카르타헤나 등을 혁명군의 세력 안에 두었다. 혁명에 동참하는 사람들은 점점 더 늘어났다. 혁명 진영에는 진보파, 자유주의 연합, 공화파, 민주주의파 등 다양한 사상을 가진 사람들이 참여했다.

반란은 스페인 전역으로 퍼져 나갔다. 스페인의 많은 도시에 혁명위원회가 생겨났다. 혁명위원회는 민중들을 모아서 혁명에 참여하도록 유도하는 기관이었다. 이번 반란은 민중으로부터 전폭적인 지지를 받았다. 혁명 세력이 민중의 요구를 들어주겠다고 약속했기 때문이다. 민중은 국민에게 주권이 있고, 자유가 있고 종교와 국가가 분리된 나라를 원했다. 동시에 징집제인 라스 킨타스Las quintas를 폐지하고, 보편적 선거를 시행하고, 빵, 고기, 쌀, 땔감 등 생필품에 붙어 있는 소비세를 없애 달라고 요청했다. 라스 킨타스는 젊은 청년들을 모아 놓고 추첨을 통해 5명 가운데 1명을 군대로 보내는 법이었다. 그런데 귀족이나 돈이 많은 부르주아는 돈으로 사람을 매수해서 징집되는 것을 피했다. 그 결과 전쟁터로 나가는 사람은 돈이 없는 평민들이었고, 스페인은 모든 사람이 평등한 국가가 아니라는 것을 증명하는 불합리한 제도였다.

반란군의 세력은 계속해서 늘어났다. 반란군을 이끄는 세라노 장군은 1만 명의 군대를 이끌고 마드리드로 북상했다. 이사벨 2세는 안달루시아에서 반란군이 북상한다는 소식을 듣고 마누엘 파비아 이 라시Manuel Pavia y Lacy에게 1만 명의 군대를 보내 막게 했다. 정부군과 반란군은 코르도바 근처 푸엔테 데 알콜레아 지방에서 맞부딪혔다. 9월 28일 전투가 개시되자 정부군을 지휘하는 마누엘 파비아 이 라시가 군대의 사기를 올리기 위해 선봉에 섰다. 그런데 그만 얼굴에 산탄을 맞고 크게 다쳤다. 지휘 체계가 무너진 정부군은 우왕좌왕했고 천 명의 사상자를 낸 끝에 패배했다. 이 패배로 스페인의 절대왕정과 이사벨 2세의 통치는 끝이 났다. 10월에 마드리드에 입성한 반란군은 임시 정부를 꾸렸다. 세라노 장군은 섭정이 되었고, 프림 장군은 진보파와 자유주의 연합이 합쳐진 정부의 수장이 되었다.

더는 반란군을 막아설 수 없었던 이사벨 2세는 반란군의 뜻대로 움직일 수밖에 없었다. 반란군 세력은 이사벨 2세를 여왕 자리에서 끌어내리고 파리로 추방했다. 프랑스의 통치자 나폴레옹 3세Napoléon III는 이사벨 2세의 망명을 받아 주었다. 이사벨 2세는 1904년 4월 9일 파리에서 사망했는데 따지고 보면 그녀는 왕위에 있던 기간보다 스페인에서 쫓겨나 외국에서 살았던 기간이 더 길었다. 역설적으로 권력을 잃고 나이든 그녀를 지켜 준 건 그녀의 수많았던 정인들이 아니라 그녀가 무시하던 그녀의 남편 프란시스코 데 아시스였다. 그녀는 평생 수많은 남자와 사랑을 나누었지만 정작 그녀가 어려울 때는 남편밖에 없었다. 그녀와 남편 프란시스코 데 아시스는 젊었을 때는 사이가 좋지 않았으나 말년에 이르러서는 우호적인 관계로 지냈다. 그는 스페인 여왕 자리에서 쫓겨나 초라해진 부인이 어려움을 겪을 때마다 나서서 도와주었다.

10. 사보이의 아마데오 왕 시기

프림 장군은 이 모든 위기를 극복하기 위해서 나라의 사람들을 하나로 뭉칠 수 있는 구심점이 필요하다고 생각했다. 그가 생각하는 구심점은 왕이었으며, 나라를 바로잡기 위해 새로운 왕을 하루빨리 찾아야 한다고 생각했다. 하지만 아무나 데려다가 왕을 시킬 수는 없었다. 프림 장군은 왕이 될 수 있을 만한 후보자를 물색했다. 왕이 되기 위해서는 왕의 자질과 함께 왕에 어울리는 고귀한 가문 출신이어야 했고, 펠리페 5세가 왕위에 오를 때처럼 주변국의 눈치도 살펴야 했다. 주변 국가들은 스페인이 새로운 왕을 옹립하겠다는 계획에 찬성이었다. 왕이 중심을 잡고 정치적 혼란을 수습해서 묶여 있는 스페인에 투자된 자본을 회수할 수 있도록 도와주고, 진행되고 있는 사업이 차질이 없도록 보장해 주기를 바랐기 때문이다.

스페인 내부나 주변국들이나 스페인에 왕이 있어야 한다는 점에 대해서는 찬성했지만, 누구를 왕으로 세워야 하는지에 대해서는 의견이 많이 갈렸다. 그중에는 이사벨 2세의 아들을 지지하는 부류, 이사벨 2세의 부르봉 가문은 실책을 많이 했으므로 다른 나라에서 왕을 데려와야 한다는 부류도 있었다. 스페인에 새롭게 등장한 민주주의자들은 아예 이 기회에 군주정을 폐지해야 한다고 주장했다.

처음 스페인 왕이 되어 달라는 제안은 프로이센 호헨촐레른 가문의 빌헬름 1세Wilhelm I 국왕의 사촌인 레오폴드 공에게 갔다. 이 스페인의 제안으로 엉뚱하게 프로이센과 프랑스가 전쟁에 휘말렸다. 프로이센은 신성로마제국이 있던 독일 지역의 제후국들을 통합해서 강력한 나라였다. 프로이센 옆에 있었던 프랑스는 프로이센이 스페인까지 영향력을 늘리는 것을 원하지 않았다. 그런데 프랑스로서는 다행히도 호헨촐레른 가문의 수장 빌헬름 1세와 레오폴드 공은 스페인 왕위를 거절했다. 이쯤에서 끝났으면 좋았을 텐데 나폴레옹 3세는 추가로 프랑스 대사를 보내 프로이센의 국왕 빌헬름 1세에게 프로이센의 호헨촐레른 가문에서 다시는 스페인 왕위를 노리지 않겠다는 확실한 보장을 요구했다.

스페인 왕위에 관심이 없었던 빌헬름 1세는 레오폴드 공의 스페인의 왕위 제안은 거절했지만, 프랑스의 이러한 요구는 과도하고 결례라고 생각해 응하지 않았다. 빌헬름 1세가 프랑스의 철회 보장 요구를 들어주지 않자 기뻐한 사람은 비스마르크Otto von Bismarck였다. 만약 빌헬름 1세가 프랑스의 요구를 들어주고 평화롭게 끝나면 그가 원하는 대로 프랑스와 전쟁을 할 수 없었기 때문이다. 이미 강대한 프로이센은 프랑스와의 전쟁도 두려울 것이 없었다. 프로이센의 재상 비스마르크는 프랑스와 전쟁할 구실을 찾고 있었다. 비스바르크는 이 사건을 이용하여 전쟁을 일으킬 계획을 세웠다. 우선 비스마르크는 프랑스 대사와 빌헬름 1세의 만남과 주고받은 대화를 왜곡하여 영국 신문에 보도하도록 했다. 이 사건이 엠스 전보 사건인데, 비스마르크는 조작된 언론 발표로 빌헬름 1세에게 무례하게 굴었던 프랑스 대사를 부각해 프로이센 국민을 자극했고, 프랑스 대사를 무시한 프로이센 국왕의 이미지를 만들어 내 프랑스 국민의 자존심을 건드렸다. 양국의 관계는 최악으로 치달았고, 양 국민이 모두 전쟁을 원했다. 비스마르크가 여론을 부추겨 대중이 전쟁을 원하도록 이끈 것이다.

나폴레옹 3세는 처음에는 전쟁을 피하려고 했지만, 프랑스 대다수 국민이 프로이센과의 전쟁을 원했기 때문에 결국 프로이센에 선전포고를 할 수밖에 없었다. 전쟁을 일으켰지만 결과는 처참했다. 프로이센은 이미 전쟁을 준비하고 있었고 군사력도 월등했으므로 나폴레옹 3세는 비스마르크를 대적할 수 없었다. 거기에 더해 나폴레옹 3세가 프로이센 군에 붙잡혀 포로 신세가 되었다. 프랑스는 프로이센과 평화 협정을 맺는 대신 50억 프랑의 배상금과 알자스-로렌 지방을 넘겨주어야 했다. 알자스-로렌 지방은 프랑스에서 소비하는 석탄의 주요 공급처였다. 이 지역이 프로이센으로 넘어가게 되자 프로이센은 훨씬 더 강해졌고, 프랑스는 그만큼 더 약해졌다.

스페인 내에서도 의견이 통일이 안 되는데 거기다 이웃 나라의 정치적 관계까지 따지다 보니 스페인 왕 후보자는 제한될 수밖에 없었다. 그렇게 해서 고른 인물이 사보이 공국의 아마데오였다. 그는 이탈리아 통일에 이바지한 명문가 출신이었지만 그렇다고 그의 가문이 다른 나라가 두려워할 만큼 힘이 있는 것은 아니었다.

1870년 11월, 스페인 의회는 스페인의 왕으로 26세의 아마데오를 선출했다. 그가 왕이 될 수 있도록 힘쓴 사람은 바로 프림 장군이었다. 아마데오는 12월 30일 스페인 카르타헤나 항구에 도착했다. 이어 1871년 1월 2일에 아마데오는 스페인 왕위에 올랐다. 아마데오는 왕이 되어 달라고 해서 스페인에 오기는 했지만, 스페인에 아무런 연고도 없었다. 아마데오를 불러온 프림 장군이 그를 챙겨 주어야 했다. 새 정부에는 각양각색의 사람들이 모여 있었는데 대다수는 외국 출신의 왕에게 비호의적이었다. 상황이 이러하다 보니 아마데오도 의지할 사람이 프림 장군밖에 없었다. 문제는 아마데오가 스페인에 도착했을 때 프림 장군이 이 세상 사람이 아니었다는 점이다. 그가 왕위에 오르기 3일 전인 1870년 12월 30일 프림 장군은 암살당했다. 아마데오를 보좌하고 지켜 주어야 할 프림 장군이 없으니 아마데오 왕은 궁정에 혼자 고립되었다. 아마데오가 스페인의 왕이 된 일은 영국 청교도 혁명 이후 영국 의회가 윌리엄과 메리 부부를 공동 왕으로 옹립한 사례와 비슷했다. 공동 왕은 의회가 데려왔기 때문에, 왕이었지만 의회를 무시하고 마음대로 왕권을 휘두를 수 없었고, 법을 무시할 수도 없었다. 아마데오도 영국의 공동 왕과 마찬가지로 왕의 권한이 제한적이었다.

새로운 왕 아마데오 1세Amadeo I는 처음부터 많은 어려움에 부딪혔다. 그를 지지해 주는 사람도 많이 없었고, 권한도 없었지만, 그는 스페인을 변화시키고자 노력했다. 아마데오 1세는 궁정에서 검소하게 지내고, 다양한 정치 집단들 사이에서 양심적으로 중립에 서도록 노력했다. 하지만 그는 처음부터 온건파를 구성하는 귀족, 성직자, 기존 이사벨 2세의 궁정 세력에 대해서는 반대하는 태도를 명확히 했다. 온건파는 이사벨 2세의 부르봉 가문에 충성했고 부르봉 가문 출신의 왕을 원했다. 왕도 온건파를 싫어했지만, 그건 온건파도 마찬가지였다. 왕이 마음에 안 든 온건파는 사사건건 아마데오 1세가 지지하는 정책에 반대했다. 교회와 부르주아도 온건파의 편이었다. 1869년 헌법에서는 교회의 권력을 축소했기 때문에, 교회는 온건파를 지지해서 다시 권력을 얻고자 했다. 온건파 중에는 거부들이 많이 있었는데, 아마데오 1세가 쿠바의 노예 제도를 폐지하고, 아동이 공장에서 일하는 것을 막아서 그들이 돈을 벌기 어려워지자 왕에게 불만을 품었다.

아마데오 1세

비센테 팔마롤리(Vicente Palmaroli)가 그린 아마데오 1세 초상화.
프라도 국립 박물관 소장. 아마데오 1세는 프림 장군의 지원을
받아 스페인에 도착해 왕위에 올랐다. 스페인에 아무런 지지
세력이 없던 아마데오 1세로서는 자신을 옹립한 프림 장군의
보좌가 절대적으로 필요했다. 하지만 프림 장군이 암살되면서
아마데오 1세는 허공에 붕 뜬 상태가 되었다.

10. 사보이의 아마데오 왕 시기

새로운 왕이 자리를 잡지 못하는 사이 온건파는 이사벨 2세의 아들 알폰소를 새로운 왕으로 지지했다. 알폰소를 지지하는 이들의 리더는 카노바스 델 카스티요Cánovas del Castillo였다. 그는 온건파뿐만 아니라, 진보파와 자유주의 연합 지지자까지 규합하여 아마데오 1세의 통치에 반대했다.

온건파만 반란을 일으킨 것이 아니었다. 카를리스타는 혼란스러운 틈을 타 다시 강력한 절대왕정을 꿈꾸었다. 이사벨 2세가 쫓겨나고 아마데오 1세가 즉위하는 것을 보면서 그들은 1872년에 카를 대공의 후손인 카를로스 7세를 내세워 파이스 바스코, 나바라, 카탈루냐 지방에서 반란을 일으켰다. 하지만 이미 구식인 절대왕정에 동조하는 사람이 많지 않아서 카를리스타의 반란은 큰 위협이 되지 못했다. 하지만 사회 혼란을 가중시키기에는 충분했다.

그렇다면 아마데오 1세는 민주주의자들의 지지는 받았을까? 그것도 아니었다. 민주주의자들은 애초부터 왕이 없는 사회를 꿈꾸었기 때문에 아마데오 1세를 지지하지 않았다. 이처럼 정치적 혼란이 계속되다 보니 경제 상황은 더 어려워져서 국가 부채가 점점 더 늘어났다.

스페인 내에만 문제가 있었던 것은 아니었다. 문제는 대서양 건너편에도 있었다. 신대륙에서 태어난 스페인인 크리오요criollo들이 1868년 쿠바에서 반란을 일으켰다. 처음 이들은 쿠바에서 노예제도 폐지를 포함한 개혁을 해 달라고 요청했다. 스페인 정부에서는 이들을 달래기 위해 개혁을 약속했지만, 스페인의 상인들은 사업에 손해를 입지 않기 위해 쿠바의 개혁에 반대했다. 크리오요들은 개혁이 약속대로 진행되지 않자, 아예 반란을 일으켜 이미 독립한 중남미 다른 신생국처럼 스페인으로부터 독립을 준비했다.

이처럼 아마데오 1세 시기에는 지속해서 위기가 계속되었다. 정치는 혼란에 빠져 아마데오 1세가 즉위한 이후 2년간 여섯 번이나 내각이 바뀌었다. 이러한 상황에서 아마데오 1세가 할 수 있는 일은 없었다. 1872년 의회에서는 아마데오 1세에게 정치적 압박을 가하기 위해 모든 의원이 반대표를 던지기도 했다.

결국 아마데오 1세는 1873년 2월 11일 자진해서 왕위를 내려놓았다. 그는 스페인의 왕으로 지내는 것은 영광이었지만, 끊임없는 당파 싸움으로 인해 스페인은 통치할 수 없는 국가라는 내용의 편지를 남기고 이탈리아로 떠났다.

불안한 제1공화국의 출범과 위기

아마데오 1세가 자진 퇴위를 하고 이탈리아로 돌아간 이후 의회는 공화정 실시 여부를 투표에 붙였다. 공화정은 주권이 국민에게 있는 정치 체제이다. 프랑스나 영국은 이미 공화정을 실시하고 있거나 경험해 본 적이 있었다. 많은 스페인인은 공화정이 스페인에 빛을 가져다줄 것이라고 믿었다. 19세기 이후 스페인의 왕들은 제대로 하는 것도 없이 혼란만 가중시켜 왔기 때문이다. 이러한 스페인 국민의 기대를 바탕으로 공화정은 의회에서 투표 결과 258명 찬성, 32명 반대로 많은 의원이 공화국 출범에 찬성했다. 공식적으로 스페인의 제1공화국은 1873년 2월 11일 의회의 승인을 받은 후 시작되었다. 최고 수장 자리인 대통령은 공화주의자인 에스타니슬라오 피게라스Estanislao Figueras가 맡았다. 그는 내각에 공화주의자들을 중용하며 의욕적으로 스페인에 다시 활력을 불어넣기 위해 노력했다.

공화국 정부는 공화국에 맞는 헌법을 만들기 위해 헌법 제정 의회를 소집했다. 이 의회에는 공화주의자들이 절대 다수를 차지했다. 새 의회는 1873년 6월 1일 열렸고, 7일에는 스페인이 연방 민주주의 공화국임을 선포했다. 에스타니슬라오 피게라스의 뒤를 이어 프란시스코 피 이 마르갈Francisco Pi y Margall이 대통령이 되었다. 공화주의자는 사회를 개혁하여 연방 제도를 사회 근간으로 하고, 가톨릭과 스페인을 떼어 놓으려고 했다. 그리고 식민지에 주권을 양도하고, 군기를 바로잡고, 교육 제도와 세금 제도, 잘못된 징집 제도를 바로잡으려 했다. 하지만 이러한 개혁 시도는 몇 달 가지 못했다. 군주정이나 왕정만을 경험한 스페인은 공화정이 처음이었기에 운영 경험이 부족했다.

1873년 6월 헌법 제정 의회에서는 연방 공화국 헌법을 공포하기 위한 준비를 진행했다. 이 민주적인 헌법은 1869년 헌법을 기초로 하여 개인의 권리와 자유를 명시했다. 더 나아가 이 헌법에서는 중앙 집권을 중요시하던 기존 자유주의 정부와 달리 지방의 자치권을 인정했다. 하지만 1869년 헌법보다 진보적인 이 헌법은 결국 공포되지는 못했다.

공화국은 투표를 통해 순조롭게 출범했지만 사실 성공 가능성은 높지 않았다. 애초에 공화국 출범에 찬성표를 던진 이들 중에는 공화정과는 거리가 있는 입헌군주제 지지자들이 많이 있었다. 공화정에 찬성하지도 않는 그들이 공화국 출범에 찬성표를 던진 이유는 무엇일까? 그 이유는 바로 이사벨 2세의 아들 알폰소를 스페인 왕으로 데려와서 입헌군주제를 실시하기까지 시간을 벌기 위해서였다. 시작하자마자 공화제를 뒤집으려는 생각을 가진 이들이 내부에 있었기 때문에, 스페인 제1공화국은 시작부터 불안했다. 게다가 미국과 스위스를 제외하면 스페인 공화국을 공식 정부로 인정하는 국가도 없었다. 다른 국가들은 스페인의 공화정을 부르주아와 보수주의자들을 위협하는 괴뢰 정부로 취급했다.

스페인 제1공화국은 대외적으로는 인정을 받지 못했지만, 대내적으로 스페인 대중의 열망이 실현된 것이었다. 공화국에 기대를 건 농민들은 땅의 재분배를 요청하며 거리로 나왔고, 공장 노동자들은 노동 환경 개선, 임금 인상, 근무 시간 단축을 외쳤다. 새로운 정부는 공화정과 연방 제도를 지지하며 군주제의 잔재를 청산하려고 노력했다. 하지만 연방 공화국 정부는 대중의 열망을 반영하여 개혁을 실현할 만한 힘이 없었다. 공화국 출범 이후 국가를 안정적으로 운영하는 것만 해도 버거웠기 때문에 급격한 사회 변화를 가져오는 개혁을 실시하기에는 무리가 따랐다.

게다가 제1공화국이 출범하자마자 카를리스타의 무장봉기가 일어났다. 카를리스타는 절대왕정을 지지했기 때문에 공화정은 받아들일 수 없었다. 카를리스타는 그들에게 동조하는 이들을 모아 군대를 만들었고, 전통적으로 카를리스타를 지지했던 지역을 하나하나 점령해 나갔다. 이 시기 카를리스타의 위력이 가장 셌던 곳은 카탈루냐 지방이었다. 카를리스타는 17세기 때처럼 점령한 지역에서 그 지방에 역사적으로 내려오는 법에 따라 통치를 하고, 지방 고유의 말을 사용하고, 교육도 그 지방 방식대로 하는 것을 내버려 두었다. 정부군은 카를리스타의 반란을 막으려고 싸웠다. 하지만 지속적인 무장봉기를 단숨에 없애 버릴 방법은 없었고, 무장봉기는 1876년까지 계속되었다.

1968년부터 시작된 10년 전쟁(쿠바의 제1차 독립 전쟁)도 여전히 진행 중이었다. 새로운 공화국 정부는 쿠바의 상황을 개선할 방법이 마땅히 없었다. 쿠바에 있는 스페인 고위층들은 공화정에 반대하고, 이사벨 2세의 아들 알폰소가 스페인 왕위에 오르기를 바라는 사람들이었다. 공화국 정부는 쿠바에 자치권을 부여하는 연방제를 도입해 문제 해결을 시도했지만 그 역시 영구적인 해법이 되지는 못했다.

카를리스타의 무장봉기, 쿠바 독립 전쟁, 군주제 지지자의 비협조로 공화국은 앞으로 나아가기가 쉽지 않았다. 공화주의자들끼리도 해결 방안에 대해서 의견 통일을 하지 못해 의견이 갈렸다. 그러다 보니, 공화국을 지켜 주어야 할 군인조차도 공화국 정부에 대한 충성심을 잃고 통치 방식에 의문을 가지기 시작했다.

공화정이 시작되고 난 이후 지방 분권을 요구하는 반란도 거세게 일어났다. 이 반란은 중앙 정부에 큰 위기를 불러일으켰다. 지방 자치를 요구하는 지역들은 카르타헤나, 세비야, 카디스, 그라나다, 말라가, 바일렌, 안두하르, 타리파, 알헤시라스, 카스테욘, 발렌시아, 알리칸테, 토레비에하, 알만사, 살라망카 등이었다. 반란에 참여한 주도 세력은 이 지역에서 활동하는 수공업자, 소상공인, 노동자들이었다. 이들을 지휘하는 건 새로운 공화정의 움직임에 반대하고 지방 분권을 지지하는 군인들이었다.

프란시스코 피 이 마르갈 대통령은 지방 분권을 요구하는 이들을 무력 진압하는 데에 반대하다 대통령에 취임한 지 한 달 만에 결국 사임했다. 대통령 자리는 1873년 7월 18일 니콜라스 살메론Nicolás Salmerón이 차지했다. 그는 강경주의자로서 지방분권주의자들과 말로 타협하지 않고 군대를 동원해 무력으로 강제 진압했다. 지방분권주의자의 반란은 카르타헤나 지역을 제외하고 성공적으로 진압되었다. 이 과정에서 반란을 진압한 장군들은 대중의 인기를 얻으며 권력을 차지했다. 힘을 얻은 군인들은 혼란한 정세를 틈타 쿠데타를 일으킬 준비를 했다. 이는 예전에 카를로스 전쟁에서 승리했던 에스파르테로 장군이 힘을 얻어 최고 권력자에 올랐던 흐름과 비슷했다.

1873년 9월 7일 니콜라스 살메론 대통령은 두 달을 못 채우고 자리에서 물러났다. 그는 강경하게 봉기를 진압하는 데에는 찬성했다. 그런데 체포된 반도들을 군법으로 사형시키는 데에는 사인을 할 수가 없었다. 반란을 일으켰다 하더라도 제대로 된 재판도 하지 않고 무조건 사형을 시키는 것은 공화제에서 있을 수 없는 일이었다. 그는 양심에 따라 사인을 하는 대신 자리에서 물러나는 선택을 했다. 그 후 뒤를 이은 에밀리오 카스텔라르Emilio Castelar 대통령은 공화주의자였으나 보수적인 성향을 띤 중앙 집권을 지지하는 인물이었다. 그가 집권한 이후 공화 정부는 급진적으로 우경화되었다.

에밀리오 카스텔라르는 지방 자치나 근대화를 위한 개혁에는 관심이 없었다. 독재자처럼 정부의 중요 요직에 군 장군들을 앉혀 권력을 휘둘렀다. 힘들게 시작한 공화정이었지만, 에밀리오 카스텔라르는 공화정을 무시하고 구시대 정치체제로 돌아가려 했다.

1874년 1월 3일 다시 의회가 소집되었다. 에밀리오 카스텔라르에 반대하는 공화주의자들은 에밀리오 카스텔라르 내각을 불신임해서 쫓아내려고 했다. 이 의회에서 에밀리오 카스텔라르 내각은 120대 100으로 불신임이 결정되었다. 이제 무늬만 공화정인 내각이 물러가고 제대로 된 공화정이 시작되나 싶었다. 그런데 마누엘 파비아Manuel Pavía라는 군인은 이 결정을 받아들이지 않았다. 그는 1월 4일 군대를 이끌고 의회에 난입해 의회를 강제 해산시켜 버렸다. 의원들은 파비아의 난입에 별다른 저항을 하지 못하고, 허무하게 물러났다.

공화국 정부는 사회 전반에 걸쳐 과감한 개혁을 시도하려 했으나, 실제 이룬 성과는 별로 없었다. 농민과 노동자의 요구에는 귀를 기울이지 않았기 때문에 아래에서부터 큰 지지를 받지도 못했다. 사람들은 공화정 출범 이후 짧은 시간 여러 명의 대통령이 바뀌면서 혼란스러운 상황에 지친 상태였기에 안정을 원했다. 최초 공화정은 영국이나 프랑스에서도 실패한 바 있었다. 스페인도 예외는 아니었다. 사람들은 대체로 보수적인 성향이 있어서 안정적이기만 하다면 약간의 불합리함이 있더라도 기존 방식을 선호했다.

스페인에서 정치적 안정이란 기존 방식대로 다시 왕을 옹립하고 가톨릭을 국교로 하고 국민에게 제한적인 자유를 주는 것을 뜻했다. 공화정이 무너지자 자유주의 연합과 진보파는 세라노Francisco Serrano 장군을 수장으로 임명하여 정국을 안정시켰다.

화평왕 알폰소 12세

알폰소 12세는 이사벨 2세의 아들로 1857년 11월 28일 태어났다. 그의 공식적인 아버지는 프란시스코 데 아시스이지만 그의 실제 아버지는 엔리케 푸이그몰토Enrique Puigmolto일 가능성이 크다고 알려져 있다. 알폰소 12세를 임신했을 때 이사벨 2세는 엔리케 푸이그몰토와 연인 사이였고, 남편 프란시스코 데 아시스와는 별거 상태나 마찬가지였다. 그는 이사벨 2세의 유일한 아들로 태어나자마자 아스투리아스 공 작위를 받았다. 그에게는 누나 이사벨이 있었는데, 그녀의 아버지도 프란시스코 데 아시스가 아니라고 알려져 있다.

알폰소 12세는 1868년 9월 혁명이 일어나고서 열한 살의 나이에 어머니 이사벨 2세와 함께 국외로 추방되었다. 이사벨 2세의 경우에는 여왕 자리에서 쫓겨났으니 1868년은 그녀에게 최악의 해였다. 하지만 스페인으로부터의 추방은 알폰소 12세에게는 오히려 성장할 수 있는 좋은 기회가 되었다. 이사벨 2세는 어렸을 때 제대로 된 교육을 받지 못했다. 그런데 알폰소는 어머니와 함께 추방당한 덕분에 유럽 각지에 있는 좋은 학교에서 양질의 교육을 받을 수 있었다. 그는 프랑스 파리의 스타니 슬레스 학교, 스위스의 제네바 국립 학교를 거쳐 나중에는 오스트리아 빈의 테레지아눔 왕립 학교에 다녔다.

알폰소 12세에게는 테레지아눔 왕립 학교에서 보낸 시간이 인생에서 제일 소중했다. 그곳에서 그의 첫째 부인인 오를레앙의 메르세데스 Mercedes를 만났기 때문이다. 그녀는 그의 어머니인 이사벨 2세의 동생이 몽펜시에르 공작과 결혼하여 얻은 딸로 알폰소의 사촌이었다. 알폰소는 그녀를 보자마자 첫눈에 반해서 친구에게 다음과 같이 말했다.

"그녀를 보면 나는 이미 그녀를 알기 전부터 그녀를 원했던 것만 같아. 나는 그녀를 보고 나서 내 존재 이유를 알게 됐어."

그 후 알폰소는 영국으로 건너가서 샌드허스트 군사학교에 다녔다. 프랑스, 스위스, 오스트리아, 영국 등 다양한 나라에서 선진 교육을 받은 알폰소는 이사벨 2세에 비해 사고방식이 열려 있었다.

1868년 혁명으로 파리로 추방당한 이사벨 2세는 1870년 6월 25일 왕위를 알폰소에게 이양했다. 쫓겨난 이사벨 2세에게 여왕의 권위는 없었지만 그래도 스페인 부르봉 왕가의 피가 흐르고 있었다. 여전히 스페인 사람 중에는 부르봉 가문의 알폰소를 공식적으로 스페인 왕위에 다시 앉히기 위해 투쟁하는 이들이 많았다. 하지만 그 당시에는 알폰소가 어리고 스페인 국내 상황도 왕정에 호의적이지 않았기 때문에 스페인에 돌아올 수 없었다. 하지만 제1공화국이 실패로 돌아가면서 알폰소를 다시 왕으로 옹립하려는 세력이 커졌다. 알폰소는 이 기회를 놓치지 않고 17세 생일이 지난 3일 뒤 1874년 12월 1일에 영국의 샌드허스트에서 다음과 같이 선언했다.

"나는 스페인의 공식적인 왕이다. 그러나 이사벨 2세 때와는 다른 통치를 할 것이다. 나는 모든 정치 성향을 존중할 것이다. 나는 스페인, 가톨릭의 왕으로 헌법과 자유를 존중하고 국가에 헌신할 것이다."

알폰소 12세의 선언은 공화국에 반대하고 왕정을 지지하는 이들에게 큰 반향을 가져왔다. 1874년 12월 29일, 알폰소 12세가 스페인 왕임을 선포한 지 한 달도 못 되어 사군토에서 마르티네스 캄포스Martinez Campos 장

알폰소 12세

알폰소 12세 때부터 스페인에는 양당 체제가 자리를 잡았다.
온건파와 진보파 성격의 두 정당이 차례로 집권했는데 이 체제의
핵심은 선거를 조작해 번갈아 가며 정권을 잡는 데 있었다.
그런 면에서 오늘날의 양당 체제와는 모습이 사뭇 달랐다.

군이 반란을 일으켰다. 그는 제1공화국을 무너뜨리고 알폰소 12세를 스페인으로 불러들였다. 이로써 제1공화국은 출범한 지 2년도 채우지 못하고 허무하게 끝이 났다. 프랑스에서 프랑스 혁명 이후에 공화국이 들어섰다가 다시 왕정이 들어선 것처럼, 스페인도 공화국이 들어섰다가 다시 왕정이 들어서게 되었다.

1875년 1월 9일 알폰소 12세는 바르셀로나로 도착해서 1월 14일에 마드리드에 입성했다. 왕정복고에는 카노바스 데 카스티요의 활약이 두드러졌다. 많은 이가 알폰소 12세의 즉위를 축하했다. 다만 카를리스타는 이사벨 2세 자체의 왕위를 인정하지 않았기 때문에 그의 아들인 알폰소 12세도 왕으로 인정하지 않았다.

알폰소 12세는 외국에서 살아왔기 때문에 스페인을 볼 기회가 없었다. 그는 왕이 되어서야 스페인 곳곳을 방문하고 참담한 심정을 느꼈다. 스페인은 그가 지내던 유럽의 선진국들과 비교할 수 없을 정도로 초라하고 뒤떨어져 있었기 때문이다.

신 앞의 내 며느리

알폰소 12세가 성년이 되면서 누구를 신붓감으로 맞이할 것인가 하는 문제가 대두되었다. 알폰소 12세는 빈에서 만나 첫눈에 반했던 오를레앙의 메르세데스와 결혼하기를 간절히 원했다. 부르봉 왕가에서도 합스부르크 가문처럼 사촌 간의 결혼은 흔한 일이었으므로, 사촌 사이라는 점은 걸림돌이 되지 않았다. 문제는 시어머니가 될 이사벨 2세였다. 그녀는 아들이 메르세데스와 결혼하는 것을 결사반대했다. 메르세데스는 그녀 동생의 딸이었으니 만약 메르세데스가 알폰소와 결혼하면 부르봉 왕가 가문의 결속을 공고히 할 수 있었다. 그런데 이사벨 2세는 그 결혼을 받아들일 수 없었다. 왜냐하면 메르세데스의 아버지 몽펜시에르 공작은 이사벨 2세와는 원수 사이로 1868년 혁명 당시 이사벨 2세의 폐위 및 추방에 관여했기 때문이다. 이사벨 2세는 원수의 딸을 며느리로 인정할 수가 없었다. 이사벨 2세는 다음과 같이 말했다.

"메르세데스는 괜찮다. 하지만 몽펜시에르 공작은 절대 용서할 수 없다."

메르세데스와의 결혼을 못마땅하게 생각하는 것은 이사벨 2세뿐만이 아니었다. 왕실에서도 알폰소 12세와 메르세데스의 결혼을 반대했다. 왕실은 알폰소 12세가 이왕이면 유럽의 잘나가는 가문의 여자와 결혼하여 동맹을 맺고 실익을 거두기를 바랐다. 하지만 알폰소 12세는 생각을 바꾸지 않았다. 결혼할 당사자인 왕이 고집을 부리니 결국 어머니와 왕실도 어찌할 수 없었다. 알폰소 12세는 1878년 1월 23일 마드리드에서 메르세데스와 결혼식을 올렸다. 그렇게 간절히 바라던 결혼이었으나 그 기간은 6개월밖에 가지 못했다. 메르세데스가 티푸스로 6개월 만에 사망했기 때문이다. 왕비의 죽음은 알폰소 12세에게도 스페인 시민들에게도 충격이었다. 알폰소 12세는 왕비가 죽자 괴로움 속에 살았다. 시민들은 슬퍼하는 알폰소 12세를 보며 다음과 같은 노래를 불렀다.

그는 어디로 가는가?
그의 슬픔은 어디로 가는가?
메르세데스를 찾으러 간다.
어제 그녀를 못 보았기 때문에

알폰소 12세는 매일매일 왕비가 잠든 무덤에 찾아갔다. 신문들은 이러한 알폰소 12세의 기사를 연일 보도했다. 알폰소 12세의 사랑은 진짜였을지도 모른다. 그가 왕비를 잃고 슬퍼한 것 역시 진심이었을 수도 있다. 하지만 그 슬픔은 오래가지 않았다.

왕비가 죽고 얼마 되지 않아 알폰소 12세는 오페라 「라 파보리타La Favorita」를 보러 갔다. 그리고 거기서 엘레나 산츠Elena Sanz를 만났다. 그녀는 밀라노, 파리 등 유럽 도시뿐만 아니라 러시아와 아메리카 대륙에서도 인기 있는 유명한 오페라 가수였다. 알폰소 12세와 엘레나 산츠의 만남이 이때가 처음은 아니었다. 둘의 첫 만남은 빈에서였다. 이사벨 2세는 엘레나 산츠의 열렬한 팬이었다. 이사벨 2세는 파리에서 그녀를 만났을 때, 무슨 생각인지 그녀에게 빈에서 공부하고 있는 알폰소를 만나 달라고 했다. 알폰소는 이때 고작 15세였고, 엘레나 산츠는 28세였다.

엘레나 산츠는 이사벨 2세의 부탁으로 알폰소를 만났다. 알폰소는 열세 살이나 연상인 엘레나 산츠를 보고 매력을 느꼈다. 하지만 두 사람은 각자의 길이 달랐으므로, 오랜 시간 볼 수는 없었다. 알폰소 12세는 오랫동안 엘레나 산츠를 잊고 살았다. 그런데 뜻하지 않게 오페라 무대에 선 그녀를 다시 보게 된 것이다. 알폰소 12세는 그녀가 멋지게 공연하는 모습을 보면서 서서히 식었던 마음이 불타오르는 것을 느꼈다.

막이 내린 뒤 엘레나 산츠도 알폰소 12세를 알아보고 그가 앉아 있던 특별석으로 인사를 왔다. 그렇게 두 사람의 새로운 사랑이 시작되었다. 엘레나 산츠는 마드리드 왕궁 옆으로 집을 옮겼다. 알폰소 12세는 이제 메르세데스의 무덤이 아니라 엘레나 산츠의 집을 드나들었다. 엘레나 산츠에게는 아버지가 알려지지 않은 호르헤라는 아들이 있었지만, 알폰소 12세에게는 문제가 되지 않았다. 이별의 슬픔은 새로운 사랑으로 잊힌다지만, 알폰소 12세의 새로운 사랑은 좀 빨리 찾아온 감이 있었고 잊는 속도도 빠른 편이었다.

알폰소 12세와 엘레나 산츠는 서로 사랑했지만, 엘레나 산츠는 신분상 왕비가 될 수 없었다. 궁정에서는 첫째 왕비가 후계자를 남기지 못했으므로, 알폰소 12세에게 어서 빨리 정식으로 새 왕비를 맞이하라고 재촉했다. 그러자 알폰소 12세는 "당신들이 애인을 찾아 준다면 결혼하겠소"라고 답했다. 즉, 억지로 결혼을 해야 한다면 왕비 말고 애인은 애인대로 따로 두겠다는 이야기였다. 그는 이제 예쁜 여학생에게 반해 순정을 바치는 순수한 소년이 아니었다.

알폰소 12세는 1879년 11월 29일 오스트리아의 마리아 크리스티나를 새 왕비로 맞아들였다. 그녀는 오스트리아 프란츠 요제프 1세Franz Joseph I 황제의 사촌이었다. 순전히 정략적인 목적으로 맞이한 두 번째 왕비였다. 알폰소 12세는 결혼 생활에 충실하지 않았다. 그는 새 왕비와 결혼 전에 이미 엘레나 산츠와 깊은 연인 사이였다. 1880년 1월 28일에 엘레나 산츠는 알폰소 12세의 아들을 출산했다. 알폰소 12세가 재혼한 지 두 달 만이었다. 알폰소 12세가 엘레나 산츠를 사랑하기는 했지만, 주변의 눈을 신경쓰지 않을 수 없었다. 그는 출산할 시기가 다가오자 엘레나 산츠를 파리로 보내 비밀리에 출산하도록 했다.

새 왕비를 맞이하고 엘레나 산츠가 그의 아이를 출산한 뒤에도 알폰소 12세는 계속해서 엘레나 산츠와 관계를 유지했다. 엘레나 산츠는 비밀 출산 후 마드리드로 돌아왔고 1881년 2월에는 둘째 페르난도를 출산하기까지 했다. 고귀한 신분의 왕비 마리아 크리스티나는 알폰소 12세가 정부와 놀아나는 것에 화가 났다. 더군다나 왕비인 그녀는 아들을 못 낳고 있는데, 정부가 아들을 두 명이나 낳았다는 사실에 자존심이 상했다. 그녀는 시어머니인 이사벨 2세도 마음에 들지 않았다. 이사벨 2세는 정부인 엘레나 산츠를 정식 며느리인 그녀보다 더 아꼈다. 이사벨 2세는 엘레나에게 편지를 보낼 때 "신 앞의 내 며느리"라고 했고, 엘레나는

"신 앞의 내 시어머니"라고 썼다. 마리아 크리스티아는 그런 모욕을 더는 감당할 수가 없었다.

왕비는 알폰소 12세에게 최후통첩을 보냈다. 알폰소 12세가 엘레나 산츠와 그녀가 낳은 자식과 함께 스페인을 떠나든지 아니면 엘레나 산츠를 외국으로 추방하라고 요구했다. 왕비가 단호했기 때문에 알폰소 12세는 엘레나 산츠를 추방하겠다고 말했다. 엘레나 산츠는 매달 5,000페세타를 연금으로 받기로 하고 파리로 떠났다. 몸이 멀어지면 마음도 멀어진다고 알폰소 12세의 마음도 점차 식어 갔다. 그런데 왕비가 생각하지도 못한 일이 일어났다. 알폰소 12세가 새로운 애인을 찾은 것이다. 그녀는 오페라 가수 아델리나 보르히아Adelina Borgia였다. 엘레나 산츠가 떠난 지 얼마 되지 않아 마드리드에서 두 사람의 스캔들이 터졌다.

왕비는 알폰소 12세에게 재차 경고했다. 이번에는 아델리나 보르히아를 국외로 쫓아내던가 아니면 자기가 왕궁을 나가 버리겠다고 했다. 알폰소 12세는 왕비에게 보르히아와 헤어지겠다고 말하며 그녀를 진정시켰다. 알폰소 12세는 약속대로 아델리나 보르히아와 헤어졌다. 하지만 곧 알폰소 12세는 또 다른 여인을 찾아냈다. 그녀의 이름은 아델라 루시아 알메리치Adela Lucia Almerich였다. 그녀는 이미 남편이 있었다. 하지만 사랑에 빠진 왕에게 남편은 문제가 되지 않았다. 알폰소 12세는 그녀를 가지기 위해 그녀의 남편을 쿠바로 파병시켜 버렸다. 그녀의 남편은 결국 쿠바에서 죽고 말았다. 그의 죽음을 지켜본 쿠바 학자는 그가 외로운 남자로 죽었다며 안타까워했다. 알폰소 12세는 왕비를 우롱하며 새로운 애인을 계속 만들어 왔지만 아델라 루시아 알메리치가 마지막 애인이었다. 충성스런 군인의 화목한 가정을 깨고 죽게 만든 벌인지 그는 결핵에 걸려 1885년에 28세의 젊은 나이로 숨을 거두었기 때문이다.

스페인의 민주주의는 제1공화국이 끝나면서 실패했다. 스페인에는 다시 부르봉 왕가 출신의 왕이 돌아왔다. 보수주의자들은 부르봉 왕가의 귀환을 환영했다. 그들은 새로운 군주제 체제에서 정치적 안정을 이룰 수 있다고 기대했다. 하지만 알폰소 12세가 펠리페 2세나 카를로스 3세처럼 절대 권력을 가진 것은 아니었다. 그의 힘은 제한적이었고, 의회의 결정에 따라야 했다. 의회의 힘이 세졌으나 항상 문제가 되는 것은 그 의회에 누가 들어가느냐는 것이었다.

당시 정부를 이끌었던 카노바스는 보통선거를 지지하는 사람이 아니었다. 그는 일정 조건을 지닌 사람만 투표와 선거에 참여할 수 있기를 바랐다. 그와 비슷한 생각을 하는 사람들이 모인 정부에서는 의회에 들어갈 수 있는 의원 후보자의 자격과 의원을 뽑기 위해 투표할 수 있는 자격을 제한했다. 그 자격 요건의 핵심은 돈이었다. 돈이 있어야 의회에 들어갈 수 있었고, 투표할 수 있는 자격도 주어졌다. 돈이 없는 농민이나 노동자는 소외될 수밖에 없었다. 온건파 정당은 자본가의 편에 서서 자본주의를 숭상했다. 이 시기에는 아이들도 일하는 데 제한이 없었다. 실업급여도 없었고, 근로 시간도 사업자의 의지에 따라 마음대로 할 수 있었다. 퇴직금도 없었다. 일하다 다치더라도 보상을 받지 못했다. 이 시기의 정부는 철저히 자본가들을 위해 움직였다.

1869년 헌법은 알폰소 12세 집권 후에 바뀐 스페인 정치 현실에 맞지 않았다. 알폰소 12세는 1876년 자유주의자들이 1869년 헌법을 개정하여 만든 새로운 헌법을 승인했다. 1876년 헌법에서 표면적으로는 정당 활동과 시민들의 자유를 보장하는 자유주의를 내세웠지만 말뿐이었다. 주권은 왕, 귀족, 부유한 상인이 나누어 가졌고, 시민들의 참정권은 제한되었다. 이는 18세기 초 자유주의 정부와 마찬가지였다. 또한 이 헌법에서는 사상을 통제하기 위해 출판, 표현, 집회, 모임의 자유를 제한했다.

1876년 헌법은 입헌군주제를 표명했다. 입헌군주제 아래에서는 왕권이 강력해서 잘못이 있더라도 왕에게 책임을 물을 수 없었고, 왕의 권력은 죽을 때까지 영원했다. 왕은 의회의 결정에 거부권이 있었고, 내각 임명권이 있었으며, 의회를 해산할 수 있는 권력을 가졌다. 하지만 아무래도 알폰소 12세는 의회의 결정으로 왕위에 올랐기 때문에, 옛날 절대 군주처럼 의회를 무시하고 강력한 왕권을 휘두를 수는 없었다. 의회는 상원과 하원으로 나누어졌다. 헌법 제정 초기에는 시민들의 참정권이 제한적이었지만 1890년에는 성인 남성에게 모두 참정권을 주었다. 하지만 상원 의원의 경우 절반 이상이 종신직이었기 때문에 투표로 바꿀 수 있는 것이 많지 않았다.

이 헌법은 보수 정권이 만든 법이었기 때문에 교회의 힘이 다시 커졌다. 이 헌법에서는 다시 가톨릭교를 국교로 선언했다. 토지가 몰수되어 어려움을 겪던 교회는 정부로부터 재정적으로 도움을 받았다. 하지만 타 종교를 억압하지는 않았다.

알폰소 12세 때부터 스페인에는 보수당과 자유당의 양당 체제가 자리 잡았다. 두 정당의 성격은 모두 보수적이어서 입헌 군주제를 지지하고, 상인의 이익을 위한 정책을 폈다. 1885년 정부의 수장이자 보수당을 창당하고 당대표를 지냈던 카노바스 데 카스티요는 자유당을 창당하고 당대표로 있던 프락세데스 마테오 사가스타Praxedes Mateo Sagasta를 비밀리에 만나 파르도 협약을 맺었다. 이 협약은 정치적 안정을 꾀하기 위해 자유주의자들로부터 갈라져 나온 보수당과 자유당이, 집권당이 되지 못하더라도 쿠데타를 일으키지 말고 차례로 집권을 하자는 것이었다.

이 양당 체제의 핵심은 선거를 조작하여 번갈아 가면서 정권을 잡는 것이었다. 그리고 이 양당 체제를 유지할 수 있었던 밑바탕은 부정 선거에 있었다.

각 정당의 약속된 통치 시기가 끝나면 선거를 실시했다. 그런데 이 선거는 이미 어느 정당이 이길지 정해져 있는 선거였다. 이겨야 하는 정당이 어디인지 정해지면 카시케cacique라는 지역 유지들이 유권자들을 조종하거나 조작하여 원하는 정당이 이기도록 힘을 썼다. 부정 선거가 판을 쳐서 죽은 사람이 4번이나 투표를 하는 일도 있었다.

이러한 방식을 도입한 이유는 쿠데타를 없애기 위해서였다. 19세기 스페인에서는 한 정당이 집권하면 다른 정당이 집권할 수 있는 길을 막았고, 정상적인 방법으로 권력을 잡을 수 없던 이들이 쿠데타를 이용해서 정부를 전복시키는 일이 반복되었다. 스페인의 정치는 쿠데타의 위협으로 늘 불안했고, 잦은 쿠데타로 사회는 혼란스러웠다.

선거를 조작하여 서로 사이좋게 순서대로 집권하니 쿠데타는 방지할 수 있었다. 하지만 이 방식은 나름대로 문제가 있었다. 스페인 국민에게 투표의 자유가 없었기 때문에 주권이 스페인 국민에게 있다고 할 수 없었다. 이는 민주주의도 아니었고, 투표하는 과정에서 민중의 의견은 반영되지 않았기 때문에 선출된 의원은 민중을 위해 일하지 않았다. 이러한 사회 체제는 제2공화국이 출범할 때까지 50년이나 지속되었다.

보수적인 양당 체제가 지속하였지만 새로운 사상이 나타나는 것을 막을 수는 없었다. 1879년 스페인에는 사회주의 노동당(스페인사회노동당PSOE, Partido Socialista Obrero Español)이 등장했다. 이 시기 스페인 사회주의자는 폭력적인 방법이 아니라 정상적인 의회 활동을 통해 노동자들의 처우를 개선하고 정당한 노동의 대가를 받으며 소수보다 다수의 행복을 위한 국가를 건설하는 것이 목표였다. 사회주의자는 가진 게 없는 무산 계급(프롤레타리아)이 혁명으로 자본주의 체제를 전복시켜 민중을 위한 나라를 만들려는 공산주의자와는 달랐다.

사회주의가 나타난 이유는 19세기 말에 이르러 스페인에도 공장이 많이 생기며 노동자들이 많아진 반면, 노동자의 처우는 가혹했기 때문이다. 노동 환경이 위험해서 다치는 일도 있었고, 하루 노동 시간이 13시간에서 14시간이었다. 노동자는 제대로 사람 취급을 받지도 못했다. 지각한다거나 작업장에서 실수한다거나 결근하면 벌을 받았다. 병이 나서 꿈쩍할 수 없어 공장에 못 나왔더라도 예외없이 처벌을 받았다. 처벌을 받으면 급여를 제대로 주지 않고 얼마의 돈을 빼고 주었다. 물론 사회 보장 보험 같은 것도 없었다. 다치거나 직장에서 해고당하더라도 노동자가 책임을 져야 했다. 그런데 이런 직장도 경제 위기가 닥치자 부족했다. 일하려는 사람들은 널려 있고, 일할 곳은 얼마 되지 않으니 기업가들은 간신히 노동자들이 가족을 부양할 수 있을 정도만 급여를 주었다. 여자들과 아이들을 고용하는 경우에는 같은 시간을 일해도 성인 남성보다 돈을 훨씬 적게 주었다. 이러한 상황이 계속되자 사회 계급과 국가 존재 자체를 부정하는 무정부주의도 나타났다.

하지만 양당 체제가 공고하다 보니 사회주의 정당이나 공화주의 정당처럼 서민을 생각하는 정당은 말할 것도 없고, 바스코 지역과 카탈루냐 지역의 돈이 많은 신흥 부르주아들도 투표 자체가 조작되다 보니 정상적인 방법으로 의회로 들어가 의견을 표출할 수가 없었다. 양당 체제가 고착되자 정치계에 들어가는 길이 막힌 이들의 분노가 점점 더 쌓이기 시작했다.

암살을 피한 왕의 죽음

무정부주의자들은 알폰소 12세를 죽이기 위해 테러를 저질렀다. 그들은 알폰소 12세를 제거함으로써 무정부주의자가 꿈꾸는 계급이 없고 정부가 존재하지 않는 사회로 나아갈 수 있다고 믿었다. 그들은 알폰소 12세에게 후계자가 없었으므로 그가 죽으면 혼란 속에 스페인에 혁명이 발생하여 무정부주의자가 바라는 세상이 올 것이라고 생각했다.

첫 번째 암살 시도는 1878년 10월 25일 마요르 길에서 일어났다. 알폰소 12세는 스페인 북부 순방 후 돌아올 때 마요르 길을 지날 예정이었다. 이 정보를 입수한 무정부주의자인 호안 올리바Joan Oliva는 마요르 길에서 잠복하고 있다가 알폰소 12세가 지나갈 때 그를 겨냥해 두 발의 총알을 발사했다. 다행히 총알은 왕을 피해 갔고 왕은 상처 하나 없이 무사했다. 체포당한 호안 올리바는 1878년 1월 4일 가로테 빌로 사형당했다.

1년 뒤 두 번째 암살 시도가 있었다. 1879년 12월 30일 무정부주의자 프란시스코 오테로Francisco Otero는 알폰소 12세가 외출하고 왕궁으로 들어갈 때 잠복하고 있다가 총을 쏘았다. 알폰소 12세는 이번에도 목숨을 부지했다. 범인은 호안 올리바 때처럼 다음 해 4월 가로테 빌로 사형당했다.

알폰소 12세는 두 번의 암살 시도에도 무사했지만 병마를 이겨 낼 수는 없었다. 그는 1885년 결핵으로 11월 25일 사망했다. 정식 왕비 마리아 크리스티나에게는 아들이 없었다. 그나마 다행히도 알폰소 12세가 죽을 때 왕비는 임신 중이었다. 그 아이는 알폰소 12세의 유일한 정식 왕비로부터 얻은 핏줄이었기 때문에, 태어남과 동시에 왕이 될 운명이었다.

왕비는 알폰소 12세가 죽고 나서 6개월 뒤 사내아이를 출산했다. 이 사내아이는 성인이 되어 알폰소 13세로 즉위한다. 왕자를 출산하면서

알폰소 12세 장례 행렬
알폰소 12세의 장례 행렬을 그린 그림. 두 번의 암살 시도를
무사히 넘긴 알폰소 12세도 병 앞에서는 어쩔 수 없었다.
다행히 알폰소 12세가 죽기 전에 왕비는 임신 중이었고,
나중에 낳은 이 아이가 알폰소 13세로 즉위한다.

마리아 크리스티나의 지위는 급격히 상승했다. 그녀는 유일한 왕자의 어머니였고, 왕자가 성인이 될 때까지 왕을 대신해 통치하는 섭정이 될 수 있었다. 왕비는 달라진 지위를 자신이 누구보다 더 잘 알고 있었다. 그녀는 의회의 동의를 얻기 위해 1885년 파르도 협정을 존중하여 보수당과 자유당이 번갈아 가면서 통치하는 데 찬성했다. 대신 의회는 그녀가 아들이 성인이 될 때까지 섭정할 수 있도록 도와주기로 했다.

스페인에는 알폰소 13세의 출생과 관련하여 흥미로운 사실을 주장하는 역사학자가 있다. 그의 이름은 노르베르토 메사도Norberto Mesado다. 알폰소 12세의 애인이었던 아델라 루시아 알메리치는 마리아 크리스티나와 같은 시기에 알폰소 12세의 아이를 임신 중이었다. 아델라는 알폰소 12세가 끝까지 사랑한 여인이었다. 아델라의 친척인 롤라 세라는 알폰소 12세가 죽을 때 그녀의 품에 안겨 죽었으며, 그의 부인 마리아 크리스티나와 그의 어머니 이사벨 2세는 알폰소 12세가 숨을 거둔 방에 들어가지 못했다고 말했다. 알폰소 12세는 삶의 마지막 순간까지 그녀를 사랑했다. 하지만 그 감정은 당사자에게나 애절할 뿐이다. 남편이 딴 여자의 품에서 죽자 마리아 크리스티나는 아델라의 꼴도 보기가 싫었다.

알폰소 12세가 죽자 섭정이 된 왕비는 그녀를 바르셀로나로 추방해버렸다. 이후 아델라는 바르셀로나로 쫓겨난 뒤에 알폰소 12세의 딸을 출산했다고 알려져 있다. 그런데 노르베르토 메사도는 알폰소 12세가 죽은 뒤 왕비 마리아 크리스티나가 낳은 자식이 사실은 아들이 아니라 딸이었다고 주장한다. 스페인에서는 딸도 여왕이 되어 통치할 수 있었지만 아무래도 알폰소 12세의 후계자가 되기 위해서는 아들이 더 나았다. 아델라의 아이도 알폰소 12세의 핏줄이었기 때문에, 마리아 크리스티나와 정부의 수장 카노바스는 마리아 크리스티나가 딸을 출산하자마자 아델라의 아들과 바꿨다. 출산 시기가 비슷했으므로, 일반 시민은 비밀을 아무도 몰랐지만, 당시 고위층 사이에서는 마리아 크리스티나가 사실은 딸을 출산했다는 소문이 파다했다고 한다.

출산한 이후 아델라는 별다른 외부 활동 없이 침묵을 지키며 외롭게 살았다. 그녀는 정부로부터 연금을 받았지만, 그 연금은 그녀가 딸을 키우며 살기에는 형편없이 적었다. 딸이 세례를 받을 때 아델라는 그녀의 아버지 성을 적는 난을 빈칸으로 두었다. 그녀는 나중에 건강이 악화되어 병원에 입원했다. 하지만 그녀의 병은 나아지지 않았다. 그녀는 자신의 삶이 얼마 남지 않았다는 것을 직감적으로 느꼈다. 아델라는 죽기 얼마 전 그녀를 돌봐주던 수녀에게 부탁해서 딸에게 전보를 보내 달라고 했다. 전보의 내용은 그녀에게 비밀을 알려주겠다고 바로 병원으로 오라는 것이었다. 하지만 그 전보는 딸에게 도착하지 않았다. 노르베르토 메사도는 아델라가 마지막에 밝히려던 비밀이 아델라의 딸이 사실은 왕비 마리아 크리스티나의 딸이라는 것으로 추측했다.

알폰소 12세가 죽고 나서 섭정이 된 왕비는 복수를 시작했다. 그녀의 첫 번째 표적은 엘레나 산츠였다. 알폰소 12세는 그녀를 멀리 떠나보냈지만, 그녀가 풍족하게 살아갈 수 있도록 연금을 지급했다. 왕비는 알폰소 12세가 죽자 바로 엘레나에게 가는 연금을 끊어 버렸다. 엘레나는 파리에서 살기 위해 돈이 필요했다. 그녀는 당황하지 않고 어떻게 하면 다시 연금을 받을 수 있을지 머리를 썼다. 곰곰이 생각해 보니, 왕비의 약점은 그녀가 보관하고 있는 알폰소 12세와 주고받은 편지 안에 있었다. 그녀는 남은 돈을 탈탈 털어 최고로 잘 나가는 변호사를 고용했다. 그런 다음 알폰소 12세와 주고받은 110통의 편지로 스페인 왕실과 협상을 시작했다. 편지에는 엘레나의 두 아들이 알폰소 12세의 자식이라는 사실이 적혀 있었으므로 협상에서 중요한 무기로 사용이 가능했다. 왕비는 편지가 밖으로 나가는 걸 원치 않았기 때문에, 엘레나의 두 아들이 부르봉 가문의 이름이 아닌 엘레나 가문의 성을 쓰고, 왕의 자식으로서 특권을 요구하지 않겠다는 조건으로 그녀가 평생 부유하게 살아갈 수 있을 만한 돈을 주었다.

11. 알폰소 13세와 98세대

알폰소 13세는 1886년 5월 17일 마드리드에서 태어났다. 그는 아버지의 얼굴을 실제로 본 적이 없었다. 아버지인 알폰소 12세는 그가 태어나기 6개월 전에 세상을 떠났다. 그는 태어나자마자 스페인의 왕이 되었지만 갓난아이가 통치를 할 수는 없었으므로 그의 어머니인 마리아 크리스티나가 섭정했다. 마리아 크리스티나는 섭정으로 권력을 유지하는 데는 능했지만 스페인을 통치할 능력은 부족했다.

스페인은 서서히 몰락하다 1898년에 미국과의 전쟁에서 패하면서 쿠바, 필리핀 등 스페인의 마지막 식민지를 잃었다. 표면적인 미국과의 전쟁 원인은 스페인의 식민지인 쿠바를 평화적인 목적으로 방문했던 미군의 메인호 폭발이었다. 메인호가 폭발하면서 수백 명의 미군이 사망했다. 미국의 언론은 스페인이 메인호를 폭파했다고 분위기를 이끌고 갔다. 그런데 사실 전쟁의 원인이 된 메인호는 정황상 배 안에서 폭발했을 가능성이 컸다. 거기다 배가 폭발한 원인도 불분명했다. 수상한 점은 폭

마리아 크리스티나

루이스 알바레스 카타라가 그린 알폰소 13세와 섭정을 맡았던
마리아 크리스티나의 초상화. 마리아 크리스티나는 섭정으로
권력을 유지하는 데는 능했지만 스페인을 통치할 능력은 부족했다.

발 당시 메인호에서 희생당한 미군은 일반 병사들이 대부분이었고, 장교들은 거의 모두 밖에 있었다는 점이다. 메인호의 폭발이 과연 스페인이 그랬는지, 미국의 자작극인지, 아니면 이러한 상황을 예견한 쿠바 독립군의 작전이었는지 아직도 밝혀지지 않고 있다. 하지만 언론에 휩쓸려 분노한 미국인들은 스페인과의 전쟁을 외쳤고, 압도적인 수가 전쟁에 찬성했다. 미국은 스페인에 쿠바의 독립을 허락하고, 스페인 군대를 철수시키라고 최후통첩을 보냈다. 스페인으로서는 순순히 받아들일 수 없는 제안이었다. 스페인은 남은 한 장의 선택지인 미국과의 전쟁을 꺼내들었다.

스페인과 미국의 전쟁이 시작되고 난 뒤 스페인은 별다른 공격을 하지 못했다. 스페인군 조직은 부패해서 본국에서 보낸 물품이 뒷구멍으로 빠져 쿠바로 제대로 도착하지도 못했다. 무기의 격차는 말할 필요조차 없었다. 미국은 스페인과 비교할 수 없을 정도로 강력했고, 스페인은 전쟁에서 제대로 힘도 못 써 보고 패배했다. 두 나라의 싸움은 말에 올라타 창을 든 돈키호테와 풍차와의 대결과도 비슷했다.

애초에 결과가 정해져 있던 싸움이었다. 패배자에게는 동정심이 생기기 마련이지만, 스페인은 동정을 받을 자격이 없었다. 스페인은 쿠바를 식민지로 지배하며 수백 년 동안 착취해 왔기 때문이었다. 1800년대 초부터 아메리카 대륙의 스페인 식민지는 하나둘 독립했지만, 쿠바는 여전히 스페인 본국의 영향력 아래 있었다.

스페인의 식민지 통치 방식은 여전히 착취에 기반을 두고 있었다. 스페인은 1492년 콜럼버스가 신대륙을 발견한 뒤, 1511년 쿠바를 식민지로 만들고 쿠바 원주민을 노예처럼 부렸다. 비참한 삶을 살던 원주민은 반란을 일으켰으나, 실패로 돌아갔고 그 대가로 많은 원주민이 목숨을 잃었다. 쿠바 원주민을 괴롭히던 건 스페인 사람뿐만이 아니었다.

1530년경 유럽에서 건너온 전염병도 있었다. 전염병은 남은 쿠바 원주민의 목숨을 빼앗았다. 원주민의 빈자리를 대신한 이들이 아프리카에서 데려온 흑인 노예들이었다. 스페인 정부는 원주민 대신 흑인 노예의 노동력을 착취했고, 이러한 상황은 1800년대 초까지 이어졌다. 변화의 시작은 흑인의 반란이 일어난 1812년부터였다. 이후 흑인들의 정당한 권리를 찾기 위한 투쟁이 막을 올렸고, 1868년 1차 독립 전쟁이 일어나 10년간 지속되었다. 스페인 정부는 산후안 조약을 체결하며 노예를 해방시키고 쿠바의 정치와 경제를 개혁하기로 했다. 그런데 일단 반란이 주춤해지자 모든 약속을 저버렸다.

쿠바인의 분노는 1895년 호세 마르티José Martí가 이끈 2차 독립 전쟁으로 다시 나타났다. 호세 마르티는 뛰어난 작가이면서 전략가이자 혁명가였다. 이미 독립에 성공한 국가들이 많이 있었기 때문에 쿠바 사람들은 계속해서 싸운다면 스페인으로부터 독립할 수 있다고 믿었다. 하지만 스페인군과 정면 대결로 싸워서는 승산이 없었다. 그는 스페인 군대를 상대로 게릴라전을 펼쳤다. 쿠바 독립군은 예전의 스페인 사람들이 게릴라전을 펼치며 나폴레옹군을 공격했듯이 스페인군을 괴롭혔다. 쿠바 독립군의 게릴라 활동은 성공적이었다. 스페인군은 지리를 이용해 치고 빠지는 쿠바의 게릴라 공격으로 세력이 약해졌다. 쿠바 독립군은 쿠바의 수도인 아바나를 향해 점점 다가왔다. 작전은 성공적이었지만 쿠바의 독립 영웅 호세 마르티는 1895년 5월 스페인 군대의 매복에 목숨을 잃었다.

1896년 2월 새로 부임한 스페인 총독 발레리아노는 쿠바의 게릴라 활동을 약화시키기 위해 극악의 선택을 했다. 게릴라가 활동할 수 있는 것은 그들에게 식량과 필요 물자를 대주는 농민들 덕분이었다. 만약 농민들이 게릴라를 도울 수 없다면, 게릴라는 힘을 쓸 수 없었다. 여기까지는 논리적인 사고방식이라고 볼 수 있다. 발레리아노는 농민이 게릴라를 돕지 못하도록 극악의 방법을 택했다. 그는 수십만 명의 농민을 아무 연고나 기반 시설도 없는 곳에 강제 이주시켰다. 게릴라 활동을 벌이는 지역의 농민이 모두 수용소로 실려 가자 지원을 받을 수 없었던 게릴라 세력은 위축되었다. 문제는 발레리아노 총독이 쿠바 농민을 강제로 이주시킨 수용소 환경이 매우 열악했다는 점이다. 수많은 농민이 수용소에서 죽었다. 이주 정책으로 죽은 농민만 수십만 명이었으니 쿠바의 경제는 제대로 굴러갈 수가 없었다.

발레리아노는 쿠바 독립군의 게릴라 활동은 약화시켰지만, 미국의 심기를 건드렸다. 심기가 불편한 이들은 엄밀히 이야기하면 발레리아노 때문에 손해를 본 미국 사업가들이었다. 미국 사업가들은 스페인의 쿠바 통치에 불만이 많았다. 많은 미국인이 쿠바에 투자했는데 스페인의 폭정과 독립군의 게릴라 활동으로 제대로 경제 활동을 하지 못해 큰 손해를 보고 있었다. 폭정을 일삼는 발레리아노와 무능한 스페인 본국은 쿠바 문제를 해결할 수 있을 것 같지 않았다. 미국 사업가들은 미국의 언론을 이용하여 미국이 스페인을 쿠바에서 쫓아내고 쿠바의 경제를 정상화하도록 개입을 부추겼다. 이때는 메인호 폭발 이전이었다. 즉, 메인호가 폭발하지 않았더라도 스페인과 미국의 전쟁은 피할 수 없는 일이었다.

전쟁에 패배하면서 스페인은 미국과 파리에서 강화 조약을 맺었다. 스페인은 푸에르토리코, 필리핀, 괌을 미국에 넘겨주었고, 쿠바는 미국의 보호 아래 독립을 쟁취했다. 하지만 형식적인 독립이었다. 미국은 쿠바의 내정에 간섭했고, 미국의 기업은 쿠바의 경제를 지배했다. 이는 필리핀도 마찬가지였다. 필리핀은 잔인한 스페인의 통치를 받았기 때문에 처음에는 미국인을 환영했다. 그런데 시간이 지나면서 미국도 스페인과 다르지 않다는 것을 깨달았다. 미국은 필리핀에서 강제수용소를 운영하며, 스페인이 그랬듯이 필리핀을 힘으로 제압해 나갔다.

스페인이 미국과의 전쟁에 패한 해가 1898년도였다. 스페인은 이해에 북아프리카의 조그만 지역을 빼고는 모든 식민지를 잃었다. 한때는 해가 지지 않는 나라라고 불릴 정도로 강한 국력을 자랑하던 스페인이었으나, 1898년의 스페인은 더는 강대국이라 부를 수 없는 유럽 서남부의 주변국으로 전락하고 말았다. 식민지를 잃은 데다 스페인의 정치 및 경제 상황도 암울했다. 스페인은 더 이상 승자가 아니었다.

이에 지식층을 중심으로 스페인의 현 상황을 비판하고 스페인을 재건해야 한다는 움직임이 생겨났다. 이때 활동한 유명한 인물로는 피오 바로하, 미겔 데 우나무노, 바예 인클란, 메넨데스 피달, 하신토 베나벤테 등이 있었다. 98세대에 대한 규정은 학자마다 조금씩 다른데 레이몬드 카Raymond Carr는 98세대를 "1870년대에 태어나 1898년 이후 20년간 작품 활동을 한 창의적인 작가의 모임"으로 규정했다. 98세대는 1898년 이후 몰락한 스페인의 상황에 충격을 받아 스페인의 도덕적 위기, 스페인의 정치와 사회의 문제점에 관심을 가지고 작품으로 표현했다.

니코스 카잔차키스Nikos Kazantzakis가 1900년초 스페인을 방문하며 쓴 『스페인 기행』에는 98세대의 지식인들을 의사로 스페인을 병에 걸려 죽음을 앞둔 돈키호테로 비유해 설명했다. 각 의사는 스페인을 구하기 위한 처방을 내놓았다. 첫 번째 의사는 종교를 가졌을 때 스페인이 강력했으므로 다시 종교재판을 시작하고 가톨릭 국가가 되자고 주장한다. 두 번째 의사는 스페인의 어려움이 경제 문제라면서, 세금을 국가 재건에 써야 한다고 말한다. 세 번째 의사는 종교도, 경제 문제도 아니고 국민의 무지 때문이라면서 학교를 많이 만들어서 근대화된 교육을 실시해야 한다고 열변을 토한다. 네 번째 의사는 종교재판소가 사상의 자유를 억압했기 때문이라면서 정치적, 사회적, 지적인 자유가 중요하다고 지적한다. 다섯 번째 의사는 스페인의 전통에 충실해 스페인 고유의 생활 방식을 찾아야 한다고 반박한다. 여섯 번째 의사는 어려움을 극복하기 위해서는 근대화된 유럽 문명과 과학 기술을 받아들이는 방법밖에 없다고 주장한다. 죽어 가는 스페인을 구하기 위해 저마다 다른 처방을 내린 이 의사들은 모두 98세대의 지식인이었다. 니코스 카잔차키스는 물었다. 어떤 이가 승리할까? 그는 이에 "그중의 하나가 승리하는 것이 아니라, 모두가 함께 승리한다"라고 밝혔다. 그 이유는 모든 의견이 스페인의 현실을 투영해 주며 스페인이 필요로 하는 것을 보여 주었기 때문이다.

니코스 카잔차키스의 말처럼 98세대의 일원들은 각각 저마다 다른 특성이 있었기 때문에 하나로 규정하기는 어렵다. 다만 공통되는 특징은 왕정복고에 반대했고, 약해진 스페인이 강해져야 한다고 부르짖었다. 98세대 지식인은 스페인이 강대했던 시절의 옛날 카스티야 왕국에서 쓰였던 고어를 활용하기도 했고, 일부는 전통적인 문학 형식을 파괴하고 새로운 시도를 하기도 했다. 98세대는 스페인 정부에 비판적인 견해를 견지하고 있었기 때문에 1910년 이후 일부 작품들은 급진주의와 반란을 정당화하기도 했다.

열강이 용인한 땅, 모로코

1902년 열여섯 살이 된 알폰소 13세가 즉위했을 당시, 스페인에 희망은 없었다. 왕이 된 그는 1876년 헌법을 존중하고, 스페인 내의 끊임없는 이념 갈등을 줄이고자 노력하며, 충직하고 뛰어난 신하들이 활약을 펼칠 수 있는 궁정을 만들고, 정의로운 왕이 되겠다고 다짐했다. 하지만 그가 즉위했을 때 스페인은 정치적으로 자유주의자, 공화주의자, 사회주의자,

무정부주의자들이 서로 각자의 주장이 옳다고 싸우며 물러서지 않는 혼란스러운 상황이었다. 1900년대 초에도 여전히 불법 선거로 번갈아 가며 정권을 잡는 양당 체제가 공고했고, 의회에 들어가기 위해서는 연줄과 돈이 필요했다.

하지만 양당 체제를 유지하기에는 상황이 많이 바뀌어 있었기 때문에, 양당 체제의 미래는 밝지 않았다. 스페인에도 광산업과 면직물 산업으로 돈을 많이 번 부르주아가 탄생했기 때문이다. 광산업은 20세기 초부터 우엘바, 바스코 지방에서 발달해 있었고, 카탈루냐 지방에서는 면직물 산업이 큰 비중을 차지했다. 카탈루냐 사업가들은 미국에서 면화를 수입해 가공한 뒤 스페인 식민지에 판매해서 큰 이득을 취했다. 이구조가 가능했었던 것은 스페인이 법으로 스페인 식민지들이 스페인 외다른 나라와 거래하는 것을 금지하고 있었기 때문이다. 카탈루냐 지방의 면직물 산업은 1898년 미국과의 전쟁에 패하면서 큰 타격을 입었지만 이미 부르주아들은 많은 돈을 번 뒤였다. 이 부르주아들은 돈이 있었지만 연줄이 없어 의회에 들어가지 못했다. 이들의 좌절감은 곧 분노로바뀌었다.

이러한 복잡한 상황 속에서 알폰소 13세가 지혜롭게 중심을 잡아 주었다면 좋았겠지만, 알폰소 13세는 다양한 의견을 귀담아들을 생각을 하지 못했다. 그의 아버지 알폰소 12세는 어머니 이사벨 2세와 함께 추방당해 있었기 때문에, 외국에서 자유로운 분위기 속에서 공부했다. 하지만 알폰소 13세는 태어날 때부터 왕이었기 때문에 스페인 궁정의 폐쇄적인 분위기 속에서 제왕 교육을 받았다. 가정교사 중에는 군인들이 많이있었기 때문에 군사 교육을 중요시했다. 즉위한 뒤에도 알폰소 13세는군인들과 관계가 좋았고, 군사력을 중요시했기 때문에 군대에 자주 방문했다. 알폰소 13세는 왕으로서 국내 정치 세력을 통합해서 중심을 잡는 것보다 식민지 확보와 전쟁에 관심이 많았다. 알폰소 13세가 즉위한 시기는 유럽의 열강들이 제국주의로 아프리카에 식민지 쟁탈전을 벌이던 시기였다. 그에게 면죄부를 준다면 다른 나라들도 식민지 확보에 열을 올리고 있었기 때문에 그가 특별한 경우는 아니었다는 점이다.

1884년 유럽 열강들이 베를린 회의에서 모인 뒤 아프리카는 여러 열강에 의해 분할되었다. 스페인에게 허락된 아프리카 식민지는 모로코 북부에 얼마 되지 않은 땅이 전부였다. 알폰소 13세는 스페인도 아프리카 식민지 쟁탈전에서 뒤지면 안 된다고 생각했다. 그는 모로코 북부의 지배권을 강화하고자 노력했다. 모로코 북부에는 철광산이 있었기 때문에 자원적으로도 중요한 곳이었다.

하지만 모로코 북부는 산악 지형이라 정복하기가 어려웠다. 그곳에 사는 베르베르족은 호전적이고 용맹한 것으로 유명했다. 또한 모로코에서는 스페인뿐만 아니라 프랑스와 독일이 모로코를 두고 힘을 겨루고 있었다. 1900년대 초 스페인 군대는 두 나라의 군대와 비교하면 매우 약했다. 만약 정정당당히 전쟁을 했다면 스페인은 모로코에서 쫓겨났을 것이다. 그런데 모로코 영토 분할 문제가 장기화되자 1905년 알헤시라스에 모인 열강들이 스페인의 모로코 북부 지배권을 인정해 주었다. 이 결론을 이끌어 내는 데 가장 공을 들인 나라는 영국이었다. 그 이유는 영국 입장에서 만약 독일이 모로코까지 손에 넣으면 힘이 너무 세질 것 같았고, 영국 땅인 지브롤터 바로 아래 독일 군대가 주둔하는 것도 피하고 싶었다. 영국은 프랑스와 그동안 앙숙이었지만 모로코 지배권에서는 프랑스를 지지했다. 하지만 프랑스가 모로코 전부를 다스리는 것은 원하지 않았기 때문에, 스페인이 모로코 북부를 점령하도록 해서 프랑스를 견제하도록 한 것이다. 그 결과 북진하던 독일은 모로코에서 철수했고, 스페인은 모로코 북부의 지배권을 얻었다.

스페인이 모로코 북부의 지배권을 인정받았다고 해서 아프리카 쪽에 있는 열강들과 싸워서 식민지를 확장할 수는 없었다. 알폰소 13세는 모로코 북부에 집중하여 광산이나 철도 투자에서 이득을 거두고, 군사 활동을 성공적으로 수행하면 1898년 쿠바를 잃으면서 추락한 군대의 자존심을 회복할 수 있고, 그렇게 되면 예전처럼 강한 나라가 될 수 있다고 생각했다.

그런데 모로코의 땅을 나눈 알헤시라스 회의에서 막상 그곳에 살고 있던 모로코인의 의견은 전혀 고려되지 않았다. 모로코인은 열강들이 제멋대로 선조들이 물려준 땅덩어리를 나눠 가지자 분노했다. 북부 산악 지방에 있던 모로코인들은 스페인 통치에 저항했다. 그들은 예상하지 못한 공격으로 스페인 군대를 당황하게 했다. 그리고 1909년 바랑코 델 로보에서 벌어진 전투에서 스페인 군대를 크게 무찔렀다. 이에 다급함을 느낀 스페인 군부는 바르셀로나에서 결혼해서 자식도 있는 예비역들을 차출하여 모로코로 파병하기로 했다. 바르셀로나에서 징집을 한 이유는 바르셀로나 지역에 산업이 발달하여 많은 사람이 살고 있었기 때문이다. 그런데 징집 명령을 받은 남자들은 한 가정의 가장인 경우가 많았다. 카탈루냐는 옛날부터 중앙 정부와 분리되어 살아가기를 바랐는데, 독립을 시켜주기는커녕 카탈루냐인들에게 별 의미 없는 모로코의 전쟁터에 보낸다고 하니 불만이 폭발했다.

1909년 7월 18일 모로코로 파병 가는 카탈루냐 예비역들이 탄 배 앞에 수많은 사람이 모여 반전 시위를 벌였다. 24일에는 공화주의자, 사회주의자, 무정부주의자들이 모여 26일에 대대적인 시위를 하기로 합의했다. 그 결과 바르셀로나 비극의 주간이라고 부르는 1909년 7월 26일부터 8월 2일까지 대규모 폭력 시위가 발생했다. 시위대는 카탈루냐 독립을 주장하고 징집 명령에 반대했다. 시위대는 112채의 건물을 불태웠는데 그중에 80군데가 수도원과 성당이었다. 정부에 협조하는 가톨릭에 불만이 많았던 이들은 수도원과 성당에 안치되어 있던 관에서 시신을 밖으로 꺼내 놓기도 했다.

정권을 잡고 있던 보수 성향의 마우라 총리는 성난 군중을 무자비하게 진압했다. 78명이 사망했는데 그중 75명이 민간인이었다. 부상자는 500명에 이르렀다. 7월 31일 마우라는 수천 명의 카탈루냐인을 체포해서 2,000명을 기소했다. 그중에 175명은 추방, 59명은 종신형, 5명은 사형을 선고받았다. 사형을 선고받은 이 중에는 자유주의 성향의 교사로 시위에 참여하다 붙잡힌 프란시스코 페레르 구아르디아Francisco Ferrer Guardia도 있었다. 그는 1901년 모던 스쿨의 전신인 에스쿠엘라 모데르나의 창립자였다. 그가 설립한 에스쿠엘라 모데르나는 이성, 현실성, 자발성을 중시하는 교육을 했다. 이에 감명받은 미국의 무정부주의자들이 1911년 미국 뉴욕에서 에스쿠엘라 모데르나를 모던 스쿨(페레르 센터)이라는 이름으로 부활시키기도 했다. 그런데 그가 소요죄로 붙잡혀 사형당한다는 소식이 전해지자 스페인에서뿐만 아니라 전 유럽에서 그의 사형에 반대했다. 10월 17일에 파리에서는 그의 처형에 반대하는 대규모 집회가 열렸다. 하지만 그는 10월 18일 예정대로 몬주익에서 사형당했다.

정부는 바르셀로나 소요 사태의 진압에는 성공했다. 하지만 다른 지역에서도 정부에 대한 불만으로 시위가 계속되었다. 노동자와 농민이 생계를 내팽개치고 거리로 나와 시위를 했으니 스페인 경제가 제대로 돌아갈 리 없었다. 게다가 모로코와 벌이는 전쟁은 언제 끝날지 모르니, 국민의 불만은 늘어만 갔다. 알폰소 13세는 정부에 대한 스페인 국민의 저항이 거세지자 보수 성향의 총리였던 마우라를 해임했다.

1912년 11월 12일에 자유주의자 총리 호세 카날레하스Jose Canalejas가 암살당하는 것을 기점으로 양당 제도에도 균열이 생겼다. 어차피 양당 제도는 불법적인 선거를 바탕으로 했고 모든 정치 성향을 만족시킬 수 없었기 때문에 계속해서 유지될 수는 없었다. 보수주의자는 보수주의자대로, 자유주의자는 자유주의자대로 나뉘었고, 양측은 화해할 수 없었다.

1차 세계 대전과 스페인

스페인이 내분으로 정신을 차리지 못하고 있는 사이 1차 세계 대전이 일어났다. 이 시기에 총리로 있던 보수주의자 에두아르도 다토Eduardo Dato 는 스페인의 중립을 선언했다. 당시 스페인은 힘이 없었기 때문에 열강들의 전쟁에 참가할 능력도 없었다. 중립 선언은 스페인에는 이득이 되는 일이었고, 국내 상황을 생각하면 당연했다. 하지만 왕궁 내에서는 이에 대해 불만이 컸다. 알폰소 13세의 부인은 영국 출신이었고, 알폰소 13세의 어머니는 오스트리아 출신이었다. 1차 세계 대전의 대표적인 라이벌 국가 출신의 여인들은 각자 자신의 출신 국가를 응원하며 왕궁에서 그녀들만의 전쟁을 벌였다.

1차 세계 대전에서 중립을 선언한 뒤 스페인은 면직물, 광물, 식료품 등을 수출하면서 돈을 많이 벌었다. 물자가 부족해진 전쟁 참여국들이 중립국인 스페인에서 물건을 수입했기 때문이다. 그 덕으로 스페인은 오랜만에 경제 호황을 누렸다. 특히 바스코 지방의 제철업, 아스투리아 지방의 광산업, 카탈루냐 지방의 면직물업과 야금업의 성장이 두드러졌다.

그러나 스페인 역사 속에서 늘 그랬듯이 경제 호황의 혜택은 일부에게만 돌아갔다. 오히려 경제 호황으로 사회 전반적인 물가가 올라 서민들은 고통을 겪었다. 한 예로 밀의 가격은 제1차 세계대전 동안 대략 72%가 올랐다. 하지만 월급은 그대로였다. 서민의 삶은 더 고달팠다. 이때의 물가 상승은 서민에게 주는 타격이 훨씬 더 컸다. 대다수가 농업에 종사하던 17세기에는 마을마다 공동 경작할 수 있는 토지가 있어서 농작물을 경작할 수 있었기 때문에 그나마 먹고 살 수 있었다. 그런데 공장 노동자들은 월급으로 식료품을 돈 주고 사야 했기 때문에 인플레이션으로 더 큰 고통을 받았다.

그 결과 20세기 산업화로 스페인에도 노동자가 많이 있었기 때문에 노동자의 분노가 쌓이면서 스페인에서도 사회주의가 확산됐다. 사회주의는 비참한 삶을 살던 노동자들의 희망이었다. 이 노동자들을 이끄는 단체는 사회주의 성향의 노동자 총동맹UGT이라는 노동조합이었다. 제1차 세계대전이 한창일 때인 1917년은 레닌이 러시아에 사회주의 혁명인 볼셰비키 혁명을 성공시킨 해이기도 했다. 스페인의 노동자들은 러시아에 사회주의 혁명이 일어나는 것을 보고 스페인에도 노동자를 위한 국가가 탄생하는 꿈을 꾸었다.

1917년에는 사회주의 정당뿐만 아니라 주로 농촌에서 지지를 얻고 있던 무정부주의자들, 그 밖에 모든 정부에 반대하는 모임들이 모여 대대적으로 반정부 시위를 벌였다. 스페인 정부는 시위 규모가 점차 커지자 전시 상태를 선언하고 강제 진압했다. 그 결과 러시아와 달리 스페인의 사회주의 혁명 시도는 성공하지 못했다.

1차 세계 대전이 끝나면서 스페인 노동자들의 상황은 더 나빠졌다. 전쟁으로 달아올랐던 스페인의 경제 호황의 열기가 금세 가라앉았기 때문이다. 그걸 예상하지 못하고 투자를 늘리기만 했던 스페인 정부와 기업은 1920년부터 1923년까지 경제 위기를 겪었다. 자본가들은 지속적인 경제 호황을 예상하고 많은 공장을 열었으나, 전쟁이 끝나면서 전쟁에 참여했던 국가들은 스페인으로부터 더는 물건을 수입하지 않았다. 주문이 없으니 공장이 돌아가지 않았고, 돌아가지 않는 공장은 결국 문을 닫았다. 노동자들은 더 가혹한 상황에 처했다. 오른 물가는 그대로여서 돈이 많이 필요했는데, 공장이 문을 닫으며 일자리는 오히려 줄어들었다. 그나마 다행인 것은 1877년부터 1930년까지 스페인 인구와 기대 수명이 꾸준히 증가해 경제를 뒷받침했다는 사실이다. 특히 기대 수명은 1877년에 29.2세에서 1920년에는 41.2세, 1930년에는 50세로 증가했다.

알폰소 13세의 결혼

스페인 왕이 된 알폰소 13세는 1905년 영국을 방문했다. 코넛 공작 아서의 딸인 패트리샤와 혼담이 오가고 있었기 때문이다. 그런데 알폰소 13세는 패트리샤보다 패트리샤의 사촌이자 영국 왕 에드워드 7세의 조카인 바텐베르크의 빅토리아 에우헤니아가 마음에 들었다. 하지만 그녀는 알폰소 13세와 결혼하기에는 신분이 낮았고, 종교도 스페인의 가톨릭교가 아니라 영국의 성공회였기 때문에 여러모로 스페인 왕의 배필이 되기에는 어려운 점이 많았다.

　영국은 어떻게든 알폰소 13세와의 결혼을 성사시키기를 원했다. 영국 왕실은 그녀가 알폰소 13세와 결혼할 수 있을 정도로 높은 신분을 주었다. 그리고 그녀는 가톨릭 국가인 스페인에 시집가기 위해 성공회에서 가톨릭으로 개종했다. 하지만 이는 그녀가 원해서 한 개종은 아니었다. 그녀는 개종하지 않으려 했으나 영국 왕실과 그녀의 가족이 바라니 거역할 수 없었다. 그녀는 개종한 결정을 계속 후회했다고 한다. 그렇다고 스페인 왕실에서 그 결혼을 적극적으로 미는 것도 아니었다. 특히나 알폰소 13세의 어머니 마리아 크리스티나는 결혼 전에 왕비의 빅토리아 출신 가문에 내려오는 혈우병에 대해서 알고, 빅토리아 또한 혈우병 보균자일 수 있으므로 결혼에 신중해야 한다는 입장이었다.

국적, 종교, 신분, 집안의 반대를 이겨 낸 두 사람의 결혼식은 1906년 5월 31일 마드리드에서 열렸다. 결혼하기까지도 여러 고비가 있었으나 결혼식을 올린 날은 그 절정이었다. 갓 결혼한 왕 부부를 태운 마차가 지나갈 때 무정부주의자 마테오 모랄Mateo Morral이 마차를 향해 폭탄을 던졌기 때문이다. 다행히 왕 부부는 무사했지만 11명이 사망한 충격적인 사건이었다.

왕비 빅토리아는 영국 출신이었지만 가톨릭으로 개종했고, 스페인의 발전을 위해 노력했기 때문에 민중들의 사랑을 받았다. 그녀는 낯선 나라 스페인을 이해하려고 애썼다. 작가 메르세데스 살리사치스Mercedes Salisachs는 "민중들은 왕비를 사랑했다. 하지만 보수적인 귀족들은 그녀가 예쁘고 외국 출신인데다 교양이 있다고 싫어했다"라고 적었다. 그녀는 왕비가 갖춰야 할 품격을 갖추고 있었다. 하지만 스페인 왕실에서 적응하기란 쉽지 않았다.

그녀가 의지할 사람은 알폰소 13세 하나뿐이었다. 하지만 불행히도 알폰소 13세의 왕비를 향한 애정은 왕비가 첫아이를 출산하고 나서부터 급격하게 식었다. 왜냐하면 첫째 아이가 혈우병으로 태어났기 때문이다. 혈우병은 왕비 빅토리아 쪽에서 내려오는 유전병이었다. 결국 마리아 크리스티나의 말이 맞은 셈이었다. 아이가 혈우병으로 태어난 뒤부터 알폰소 13세는 왕비 빅토리아에게는 관심을 주지 않았다.

알폰소 13세가 왕비 빅토리아와 결혼 생활 동안 만난 여자는 배우 카르멘 루이스 데 모르가스Carmen Ruiz de Morgas가 유명했다. 1916년에는 알폰소 13세의 왕자와 공주를 가르치는 왕궁 교사였던 아일랜드 출신의 베아트리스 눈Beatrice Noon과 혼외관계를 맺었고 그녀는 딸 한 명을 낳았다. 이외에 이름이 알려지지 않은 여인이 한 명 더 있었는데 그녀는 베아트리스 눈과 마찬가지로 왕궁 교사였다. 여교사는 알폰소 13세의 딸을 낳았는데, 알폰소 13세는 딸을 마드리드의 한 수도원으로 보내 버렸다. 사실 알폰소 13세가 왕비 빅토리아만을 바라보다가 자식이 혈우병으로 태어난 까닭에 변한 것은 아니다. 그에게는 이미 결혼 전에 만난 프랑스 귀족 멜라니가 있었고, 그녀와의 사이에서 아들도 한 명 있었다.

알폰소 13세의 정식 왕비 빅토리아는 높은 신분이었지만, 왕궁에서 누구보다 외로웠고 슬펐다. 그녀의 인생이 전환기를 맞은 것은 1931년 스페인의 제2공화국 시대가 시작했을 때였다. 제2공화국 정부는 왕정을 거부했기 때문에 알폰소 13세와 왕비 빅토리아를 추방했다. 추방은 그녀에게 해방이었다.

그녀는 자신을 외롭게만 했던 알폰소 13세와 헤어져 레세라 공작의 아들 하이메 데 실바Jaime de Silva와 그의 부인 로사리오 아그레라Rosario Agrela와 함께 살았다. 소문으로는 두 사람 모두가 왕비를 사랑했다고 한다. 그게 어떻게 가능했을까? 하이메 데 실바는 남자 대 여자로 왕비를 사랑했다. 그의 부인 로사리오 아그레라는 레즈비언이었다. 그녀는 왕비를 여자로 사랑했다. 왕비 빅토리아가 육체적 관계를 맺었는지는 확실하지 않다. 분명한 건 왕비는 둘과 함께 사는 5년간 두 사람의 사랑을 듬뿍 받았다는 점이다. 하지만 사람들은 왕비를 가만두지 않았다. 사람들은 왕비가 두 사람과 다니는 것을 보고 그녀가 두 사람과 동시에 사랑을 나눈다며 그녀를 비난했다.

알폰소 13세와 왕비 빅토리아는 서로 얼굴을 거의 보지 못했다. 알폰소 13세는 부인이 레세라 공작의 아들과 그 부인과 어울린다는 소문을

유럽 국왕들
에드워드 7세 국왕의 장례식을 위해 윈저 궁에 모인 아홉 명의 국왕.
뒷줄에 서 있는 국왕들 중에서 왼쪽부터 노르웨이의 하콘 7세,
불가리아의 페르디난트 1세, 포르투갈의 마누엘 2세, 독일 제국의
윌리엄 2세, 그리스의 조지 1세, 벨기에의 알버트 1세. 앞줄에 앉아 있는
국왕들 가운데 왼쪽에서 오른쪽으로 스페인의 알폰소 13세,
영국의 조지 5세, 덴마크의 프레데릭 8세.

11. 알폰소 13세와 98세대

들어서 알고 있었다. 그러던 어느 날 그는 퐁텐블루의 호텔에서 한동안 못 보던 빅토리아가 하이메 데 실바와 로사리오 아그레라와 함께 있는 것을 보았다. 알폰소 13세는 빅토리아에게 다가가 말을 걸었다. 그는 그녀가 그 부부와 어울리지 않기를 바란다며, 빅토리아에게 자신인지 그 부부인지 둘 중에 하나만 선택하라고 말했다. 그녀에게 이 문제는 너무 쉬웠다. 그녀는 추방당해서 힘든 기간을 두 사람 때문에 버텼기 때문이다. 왕비는 한 치의 고민도 없이 바로 알폰소 13세에게 다음과 같이 답했다.

"당연히 하이메와 로사리오이지요. 가세요. 당신의 추한 얼굴을 다시는 보고 싶지 않습니다."

영국으로 돌아간 왕비는 알폰소 13세에게 결혼할 때 가져온 지참금의 반환, 지참금의 24년간의 이자, 연금을 요구했다. 결혼 이후 알폰소 13세가 정상적인 결혼 생활을 하지 않았고 실질적인 별거 상태로 지냈기 때문이다.

알폰소 13세의 가정사에는 비극이 많았다. 1934년에는 막내아들 곤살로가 교통사고를 당했다. 큰 사고는 아니었지만 곤살로는 어머니 쪽의 혈우병 유전자를 물려받았기 때문에 회복이 더뎠고 결국 이틀 만에 사망했다. 마찬가지로 혈우병을 앓고 있던 첫째 아들 알폰소도 1938년 미국 마이애미에서 교통사고로 목숨을 잃었다. 그는 알폰소 13세의 후계자였지만, 1933년 쿠바 평민 출신의 여인과 사랑에 빠져 그녀와 결혼하기 위해 왕위 계승권을 반납한 인물로 유명했다.

알폰소 13세는 1941년 1월 15일 아들 후안에게 부르봉 왕가의 수장 자리를 넘겼다. 1941년 2월 28일 협심증으로 로마의 그란 호텔에서 사망했다. 왕비는 추방 이후 알폰소 13세를 보지 않다가 1941년 알폰소 13세가 로마에서 죽기 일보 직전에야 그를 찾았다.

알폰소 13세는 가진 돈이 정말 많았다. 그는 죽기 전까지 돈을 평평

쓰고 파티를 즐겼지만 진정한 친구와 가족이 없이 줄곧 혼자였다. 알폰소 13세는 로마에 있는 한 성당에 매장되었으나 1980년 손자인 후안 카를로스 1세Juan Carlos I가 그의 유해를 엘 에스코리알로 이장했다.

프리모 데 리베라의 독재

알폰소 13세 시기 스페인은 정치적으로 불안정했고, 대내외적으로 문제가 끝이 없었다. 이 문제는 왕도 해결을 못 했고, 양당 정치로도 풀 수가 없었다. 알폰소 13세는 북아프리카 모로코에 있는 작은 식민지가 스페인의 부활을 도와줄 것이라고 믿었다. 하지만 1921년 7월 22일 모로코 북부에 있는 아누알에서 스페인군은 모로코군에 대패했다. 아브드 엘크림Abd el-krim이 이끄는 모로코군은 스페인군 1만 명을 죽이고, 4천 명을 포로로 잡았다. 일주일 후에 모로코군은 재차 스페인 주둔지를 공격하여 7천 명의 병력을 몰살시켰다. 스페인 사람들은 이를 아누알의 재앙이라고 불렀다. 이 일로 자신감을 얻은 모로코인은 모로코 땅에서 스페인군과 프랑스군을 몰아내기 위해 더욱 공격적으로 저항했다.

　스페인은 모로코를 식민지로 두기 위해 자원과 병력을 많이 투자했으나 소득이 별로 없었다. 1909년 바르셀로나 예비군을 모로코의 전쟁에 내보내려다가 거센 반대에 부딪히기도 했었다. 그런데 모로코에서 또다시 스페인군이 큰 패배를 당하자 스페인 국민은 분노했다. 정부는 스페인 국민의 저항이 점점 거세지자 그 패배의 책임이 누구에게 있는지 조사하기 위해 조사 위원회를 설치했다. 조사 위원회는 얼마 후 의회에 보고서를 제출했다. 조사 위원회의 보고서에는 모로코의 군사 작전 실패에는 알폰소 13세의 잘못이 크다는 내용이 있었다. 만약에 그 보고서가 그대로 세상에 발표되었다면 알폰소 13세는 성난 군중에 의해 어떻게 될지 몰랐다. 그런데 그 보고서는 발표되지 못했다.

보고서가 대중에게 발표되기 얼마 전 공교롭게도 1923년 9월 13일 프리모 데 리베라Primo de Rivera가 쿠데타를 일으켜 정권을 장악했기 때문이다. 알폰소 13세는 그를 독재자의 자리에 오르는 것을 승인했고, 알폰소 13세를 비판한 보고서는 세상 밖으로 나오지 않았다. 프리모 데 리베라는 독재자가 되자마자 헌법의 효력을 정지시키고 독재 정치를 시행했다. 주요 정치인들은 프리모 데 리베라의 독재에 반대했지만, 군대의 위력 앞에 할 수 있는 것이 없었다.

프리모 데 리베라는 군부가 정치를 장악하도록 했다. 그다음에는 의회를 해산시켰다. 당시 의회는 국민의 의견을 반영하는 곳이 아니었다. 대다수 의원은 불법 선거로 당선된 사람들이었고, 제대로 국민을 위해 정치를 하는 사람들은 드물었다. 의회 해산과 더불어 집회, 시위, 의견 표명의 자유가 금지되었다.

민주적인 관점에서 보면 분명 나쁜 조치였지만 스페인 사회에서는 이를 환영하는 사람들이 많았다. 1919년에서 1923년 사이에 각 정치 집단 간 충돌로 기록된 사건이 1,250여 건일 정도로 스페인 사회는 엄청난 혼란에 빠져 있었기 때문이다. 프리모 데 리베라가 독재를 했던 1923년에서 1928년 사이 충돌은 51건으로 줄어들었다. 이로 인해 프리모 데 리베라 통치 초기에는 혼란을 바로잡았다는 이유로 국민의 지지를 받았다. 독재자가 모든 사상을 통제하니 많은 정치적 의견이 난무하여 혼란이 발생한 일은 줄어들었다. 하지만 오랫동안 정치 참여와 자유를 꿈꾸던 스페인 국민의 노력은 짓밟혔다. 프리모 데 리베라의 군부 독재 정권은 중앙집권적이어서 카탈루냐 지방에서는 카탈루냐 말인 카탈루냐어 사용이 금지되었고, 카탈루냐 신문도 폐간되었다.

프리모 데 리베라가 스페인을 장악하고 있을 때, 하나로 통일된 이탈리아에는 무솔리니가 최고 권력자로 군림하고 있었다. 그가 집권하기 전통일 이탈리아는 입헌군주제, 의회 정치를 유지했다. 그런데 1922년 무솔리니가 파시스트당을 창당하고 총리 자리에 올라 권력을 잡으면서 이탈리아에 파시즘이 퍼져 나갔다. 파시즘을 한마디로 정의하기는 어렵지만, 파시즘에서는 파시스트당이 큰 권력을 가졌고, 개인이 국가에 헌신하기를 강요하였으며, 국방을 중요시 여겼다. 파시즘을 창시한 무솔리니는 의회 정치에 반대하고, 타 정당을 거부했다. 모임, 출판, 의사 표명의 자유는 사라졌고, 시위도 할 수 없었다. 경제에 있어서 파시즘은 반자본주의 성향으로 국제 통상에 반대했다. 파시즘은 국가 내에서 모든 제품을 생산해서 독립성을 확보하기 위해 국가가 기업을 통제했고, 독점적으로 운영했다. 다만 공산주의와 다르게 파시즘 국가에서는 개인 운영 기업도 존재했다. 이탈리아 파시즘의 영향을 받았던 프리모 데 리베라는 사기업이었던 철도, 통신, 석유 회사를 국영화시켜 독점적으로 운영했다. 그가 지향하는 바는 이탈리아 무솔리니의 파시즘과 비슷했다.

1923년 9월 쿠데타 이후 알폰소 13세 왕 부부와 프리모 데 리베라는 실제로 이탈리아에 가서 무솔리니와 만났다. 프리모 데 리베라는 파시스트 당수인 무솔리니를 존경을 담아 '두체Duce'로 부르며, 그가 자신에게 많은 영감을 주었다고 그를 선생님maestro이라고 치켜세웠다. 무솔리니는 프리모 데 리베라가 스페인 파시즘의 수장이라며 화답했다. 프리모 데 리베라와 무솔리니는 통하는 면이 있었다.

프리모 데 리베라의 업적은 1900년 초부터 시작하여 해결을 보지 못했던 모로코와의 전쟁을 1925년에 종결시켰다는 것이다. 1925년 모로코 북쪽의 알호세이마에서 벌어진 전투에서 스페인군은 프랑스군과 연합해서 모로코군을 무찔렀다. 프리모 데 리베라가 지휘한 스페인군은

프리모 데 리베라의 포고문 연설 장면
마드리드에 모인 군중들을 상대로 프리모 데 리베라 정부의 발표문을
읽고 있는 장면. 알폰소 13세의 승인 하에 독재자에 오른
프리모 데 리베라는 초기에 혼란스러운 정치 상황을 정리하며 민중의 지지를 받았다.

처음으로 스페인군 역사상 처음으로 탱크를 사용했고 대승을 거두었다. 이를 발판으로 스페인군은 모로코 북부를 점령했고, 아누알의 재앙의 주역이었던 모로코의 아브드 엘크림은 항복했다. 모로코에 주둔한 스페인군은 1927년에 일어난 반란도 성공적으로 진압했다.

프리모 데 리베라는 파시스트를 추종하는 군부 독재자였기 때문에 군사력은 강화되었으나 문제점도 있었다. 당시 스페인 군대의 문제점은 장교들이 많이 늘어났다는 것이다. 군인이 승진하는 방법에는 두 가지가 있었다. 하나는 일정 기간 복무 연수를 채워 진급을 하는 것이고, 다른 하나는 전공을 세우는 것이다. 그런데 모로코 북부 전쟁에서 전공을 세운 이들이 늘어나면서 많은 군인이 진급하는 바람에 장교들이 더 늘어났다. 프리모 데 리베라는 장교가 더 늘어나지 못하게 근무 연수에 따라 진급하는 것을 없앴으나, 이미 장교 수가 많이 늘었기 때문에 큰 효과가 없었다.

프리모 데 리베라의 쿠데타 이후 스페인 경제는 조금씩 살아나는 듯했다. 자신감을 얻은 프리모 데 리베라는 스페인에도 이탈리아처럼 파시즘 정당을 만들어 국정 운영을 하려 했다. 하지만 그의 통치는 1929년 미국 경제 대공황을 계기로 위기를 맞이했다.

1929년 10월 29일 미국 대공황으로 국제 경제 위기가 일어난 해에, 스페인은 세비야에서 이베로 아메리카 박람회(1929년 5월 9일), 바르셀로나 국제 박람회(1929년 5월 20일)를 개최했다. 박람회를 개최하기에는 최악의 타이밍이었다. 스페인 정부는 1929년 두 도시에서 박람회를 개최하기 위해 투자를 많이 했으나 이후 세계 경제 침체로 회수를 하지 못했다. 경제 활황을 예상하고 채무를 지면서 국가 기간 시설을 건설했으나, 경제 위기가 터지자 돈을 갚을 수 없어 채무도 문제가 되었다. 정부에 있는 사람들은 문제를 해결할 능력이 없었다. 그동안 이들은 부정을

프리모 데 리베라

독일 연방 기록 보관소에서 소장 중인 프리모 데 리베라 사진.
그는 이탈리아처럼 파시즘 정당을 만들어 국정을 운영하려
했으나 미국 경제 대공황의 여파로 위기를 맞았다. 결국 경제
위기를 극복하지 못하는 무능한 정부에 실망한 국민들이
프리모 데 리베라의 독재에 반감을 드러내기 시작했다.

저질러 사리사욕을 채우느라 바빴다. 그들은 경제 정책이 실패한 책임에서 벗어날 수 없었다.

경제 위기와 무능한 정부에 실망한 지식인층과 대학생은 프리모 데 리베라의 독재에 반감을 드러내기 시작했다. 프리모 데 리베라는 자유를 탄압했고, 검열을 통해 독재에 반대하는 사상이 퍼져 나가는 것을 통제했다. 나중에는 대학생들이 그의 통치에 계속해서 반대하자 대학의 문을 아예 닫아 버렸다. 이에 공화정을 지지하는 스페인 대학 연합FUE은 프리모 데 리베라의 독재에 반기를 들었다. 스페인의 지식인인 우나무노, 오르테가 이 가세트, 블라스코 이바녜스, 메넨데스 피달은 대학생의 독재 반대 시위에 힘을 실어 주었다. 하지만 프리모 데 리베라는 아랑곳하지 않았고 독재에 반대하는 이를 탄압하고 추방했다. 사람들은 프리모 데 리베라의 뒤에 알폰소 13세가 있다는 것을 알고 있었다. 스페인 국민은 프리모 데 리베라와 함께 그의 독재를 지지한 왕을 비난했다.

정치적 갈등은 점점 더 심해졌다. 공화주의자와 카탈루냐 지방의 민족주의자는 계속해서 프리모 데 리베라에 저항했다. 카탈루냐 사람이 말을 듣지 않자 프리모 데 리베라는 카탈루냐 말을 사용 금지한 것에 더해 카탈루냐 전통 춤인 사르다나sardana까지 추지 못하도록 했다. 민심은 프리모 데 리베라를 떠났고, 미국 경제 대공황으로 스페인 경제 위기가 본격적으로 나타나면서 상황은 더욱더 악화되었다. 알폰소 13세는 분위기가 심상치 않게 돌아가자 1930년 1월 28일 프리모 장군을 해임하고 베렝게르 장군을 지지했다. 베렝게르 장군은 부드러운 독재자로 불렸다. 그는 혼란스러운 정국을 수습하려고 노력했지만, 군부 독재에 질려서 떠난 민심을 돌릴 수는 없었다.

알폰소 13세의 색다른 취미

로만 구베른Roman Gubern은 "알폰소 13세는 에로티시즘과 포르노 영상에 빠져 있었다"고 밝힌 바 있다. 그의 말대로 알폰소 13세는 성적으로 개방되어 있었고, 기존의 관습을 무시하는 경향이 있었다. 그는 문학, 그림, 음악 등의 예술에는 관심이 없었지만 포르노 영상에는 깊은 관심이 있었다. 포르노에 푹 빠진 왕은 라모네스 백작에게 지시하여 1915년부터 1925년 사이 바르셀로나의 치노 구역에서 스페인 최초로 포르노를 제작했다. 포르노 제작은 기존의 스페인 왕이 하지 않았던 독특한 취미였다.

그가 제작한 포르노는 총 3편이다. 첫 번째 작품은 「고해성사 신부티 Confesor」이다. 40분의 러닝타임 동안 펼쳐지는 내용은 보수적인 가톨릭 사회였던 스페인에서 받아들일 수 없는 것이었다. 가톨릭 신부가 그의 권력을 이용하여 교구의 여성들을 능욕한다는 줄거리였기 때문이다. 두 번째 작품은 「여성 진료소Consultorio de señoras」이다. 기술 발전으로 러닝타임이 좀 더 늘어난 이 작품에서는 한 의사가 등장해서 성인영화에 등장할 만한 변태적인 방식으로 여인들을 진찰했다. 세 번째 작품인 「장관티 ministro」에서는 한 여인이 남편을 해고하지 말아 달라고 부탁하기 위해 정부 기관의 장관을 찾아간다. 그 장관은 남편을 해고하지 않는 대신 부인에게 성적인 관계를 요구한다.

세 작품 모두 당시 사회에서는 받아들이기 힘든 내용이었고, 자극적인 영상도 문제였다. 특히나 스페인의 왕인 알폰소 13세가 포르노 제작에 관여했다는 사실이 알려지면, 이는 스페인의 얼굴에 먹칠하는 꼴이었다. 그래서 스페인 권력층은 이 세 편의 포르노를 비밀리에 발렌시아에 있는 한 수도원에 숨겼다. 이 작품들은 70년이 지나 세상에 다시 등장했다. 발렌시아 시청은 오랜 시간 동안 보관되어 상태가 안 좋아진 이 세 편의 포르노를 복원하여 발렌시아 필모테카에 보관했다.

12. 제2공화국과 프랑코 독재의 시작

1931년 성난 시민들은 군부 독재와 알폰소 13세에 반대하는 시위를 펼쳤다. 전국 각지에서 파업이 발생했고, 많은 국민이 시위와 파업에 참가했다. 알폰소 13세는 임시방편으로 베렝게르 장군을 해임하고 후안 바우티스타 아스나르를 그의 후임으로 임명하여 변화를 꾀하려 했다. 하지만 이 방법으로는 민심이 가라앉지 않았다. 무능한 왕과 국민을 억압하는 군부 독재에 지친 시민들은 공화국을 외쳤다. 그 목소리는 점점 더 커져 스페인 전역에 울려 퍼졌다. 스페인 정부는 시민들을 진정시키기 위해 어쩔 수 없이 4월 12일에 지방 선거를 치렀다.

1931년 4월 12일 선거에서는 왕정에 반대하는 좌파들이 대거 당선되었다. 이는 왕정의 종말을 알리는 신호였다. 4월 14일 민중들은 스페인 공화국 국기를 흔들었다. 분위기가 심상치 않게 돌아가자 로마노네스 백작은 왕에게 국외로 피신할 것을 권했다. 프랑스 대혁명 때처럼 왕이 사형을 당할 수도 있는 분위기였다. 알폰소 13세는 1931년 4월 14일 제

2공화국이 들어서자 발 빠르게 모든 재산을 챙겨 카르타헤나로 도망갔다. 그곳에서 그는 도망자처럼 배를 타고 스페인을 떠났다.

알폰소 13세가 스페인을 떠난 이유는 마음에 걸리는 것이 많았기 때문이다. 한 예로 1929년에 알폰소 13세는 스페인산 그레이하운드종의 확산을 위해 비영리 협회를 창설해 개 경주 도박을 주관하여 막대한 이익을 챙겼다. 이후에 이 협회를 엔리케 짐머만Enrique Zimmermann에게 엄청난 돈을 받고 넘겼다. 물론 이 모든 게 합법적이지 않았다.

알폰소 13세는 모든 개발 관련 정보를 꿰고 있었기 때문에, 내부 정보를 이용해서 큰돈을 벌었다. 일례로 마드리드의 지하철은 1919년 알폰소 13세 시절 처음 공사를 시작했는데 왕은 직접 지하철 주주로 참여해서 큰 수익을 거두었다. 작가 라몬 마리아 델 바예 인클란Ramón María del Valle-Inclán은 "스페인 국민이 마지막 부르봉 가문의 왕을 내친 이유는 그가 왕이 아니라 도둑이었기 때문이다"라고 평했다.

알폰소 13세가 가지고 있던 돈은 지금 가치로 환산하면 대략 4,800만 유로에 이르렀다고 한다. 스페인을 떠난 그는 그 돈으로 호화롭게 살았다. 매일매일 고급 호텔에서 지내며 파티란 파티에는 다 참여했다. 그 생활이 질릴 때쯤에는 호화 여행을 떠났다. 제2공화국은 스페인을 탈출하여 국외에 체류하고 있는 알폰소 13세를 개 경주 도박을 조작한 혐의와 공금횡령 혐의로 뒤늦게 고발했다.

1933년 우파 정권

제2공화국은 헌법에서 노동자의 공화국이라고 선언했고, 민중을 위한 개혁을 시도했다. 특히 민중은 농지 개혁에 앞으로 삶이 더 나아질 수 있다는 기대를 걸었다. 그런데 농지 개혁은 사회 양극화를 줄이기보다 오히려 사회 계층 간 갈등을 키웠다. 기득권층은 대놓고 정부에 불만을 표출했고, 공화국에 반대하는 세력과 손을 잡았다. 농민들은 정부가 약속과 달리 안정적으로 생계를 이어 갈 수 있는 땅을 주지 못하자 땅을 강제로 점거하고 주거지에 딸린 농장에 불을 지르고 경찰과 대립했다. 농민은 농지 개혁을 실행할 수 있는 좀 더 과격하고 실행력 있는 정부의 탄생을 바랐고, 사회 기득권자들은 그들의 이익을 대변해 줄 수 있는 우파 정부를 원했다. 제2공화국이 출범하면서 각기 다른 계층은 저마다 자신이 속한 계급을 위한 각기 다른 스페인을 꿈꾸었다.

이렇게 분열된 분위기 속에서 1933년 11월에 다시 한 번 선거가 열렸다. 여성들은 1931년 새로 재정된 민주적인 헌법에 따라 투표권을 얻어 최초로 투표에 참여했다. 좌파 정권이 성별에 차별 없이 투표권을 주어야 한다고 생각했기에 가능한 일이었다. 그런데 이 선거에서 우파는 좌파를 상대로 승리를 거두었다. 선거의 결과에 좌파는 충격을 받았다. 좌파 진영은 선거에서 패배한 이유가 여성이 우파에 투표한 탓이라고 생각했다. 당시 여성은 대체로 독실한 가톨릭이었기 때문에 우파를 지지하는 가톨릭의 영향을 많이 받아 보수적인 경향이 있었다. 그 때문에 좌파 정권 내에서도 여성에게 투표권을 주자는 의견에 대해서 논란이 많았다. 여성이 우파에 투표하면 우파에게는 유리한 일이었다. 그렇다면 우파는 여성의 투표권에 찬성했을까? 아니었다. 우파는 반대했다. 보수적인 우파는 될 수 있으면 투표할 수 있는 대상이 늘기를 바라지 않았다.

1933년에 좌파 정권이 패배한 이유가 정말 여성에게 투표권을 주었기 때문일까? 사실 그렇지 않다. 좌파가 선거에서 패배한 가장 큰 이유는 제2공화국 출범 때 하나로 뭉쳤던 공화주의자, 사회주의자가 결별했기 때문이다. 거기에 많은 노동자가 정치 체제를 거부하고 혁명을 부르짖는 무정부주의 계열의 전국노동연합CNT을 지지했다. 또한 아사냐가 이끄는 제2공화국의 좌파 정권은 카디스에서 일어난 농민들의 반란을 강경 진압하여 시민들에게 거센 비판을 받았고, 추진하던 개혁도 공화국에 바라던 시민의 기대에는 부응하지 못했다. 이렇게 좌파가 분열되어 있던 때에 여러 우파 단체들은 조직적으로 통합해서 선거를 승리로 이끌었다. 여성이 우파에 투표해서 선거에서 진 것이 아니라 좌파 정권이 국민의 지지를 얻지 못해 선거에서 패배한 것이다. 여성의 투표권 때문에 좌파가 선거에서 진 것이 아니라는 또 다른 증거로, 우파가 1933년 선거에서 승리했지만 1936년에는 다시 좌파가 결과를 뒤집었다. 만약 당시 여성에 대한 고정관념처럼 여성이 교회에 조종당하기 쉽고 보수적이기만 하다면 3년 만에 좌파가 다시 정권을 뒤집기는 불가능한 일이었다.

1933년 우파 정권의 수장은 알레한드로 레룩스였다. 레룩스가 한 일은 1931년 이후 아사냐 정권이 했던 개혁을 모두 다시 되돌리는 일이었다. 첫 번째로 농지 개혁이 멈췄다. 엑스트라마두라 지방에서는 귀족의 땅 중에 경작하지 않는 땅을 소작농에게 분배해 주었는데 이 조치는 철회되었다. 아사냐 정권에서는 농장주가 날품팔이꾼들과 계약을 할 때 날품팔이꾼들의 생계를 위하여 최소한의 수익을 보장해 주어야 한다는 법이 있었다. 하지만 레룩스 정권은 계약서의 작성을 농장주의 자율에 맡겨 버렸다. 농지 개혁에 희망을 걸고 있던 농부들은 분노했다.

레룩스 정권은 다시 가톨릭에 호의적으로 돌아섰다. 우파 정권은 가톨릭 집회와 성직자를 위한 보조금을 지급했다. 그리고 좌파 정권에 반란을 일으켰던 우파 성향의 군인, 프리모 데 리베라에게 협력했던 정치인들의 사면을 허락했다. 교육 분야에서는 좌파 정권이 만들어 놓은 틀은 변경하지 않았지만, 예산을 대대적으로 삭감해 버려 정상적으로 좌파 정권이 계획하던 대로 교육 제도가 돌아갈 수 없었다.

우파 정권은 제2공화국에 걸었던 민중의 희망과 염원을 무시했고, 다시 프리모 데 리베라가 집권했을 때로 돌아가고자 했다. 이에 민중은 분노했고 이를 동력 삼아 사회주의자, 노동 단체, 무정부주의자는 점점 더 과격해졌다. 사회주의 노동당을 이끌었던 라르고 카바예로Largo Caballero는 스페인에 러시아의 볼셰비키 혁명을 본뜬 혁명을 일으키자고 선동했다.

라르고 카바예로와 노동자 총동맹(사회주의 성향의 노동조합)은 1934년 10월 5일 총파업을 계획했다. 라르고 카바예로가 원한 건 스페인 전역에 프롤레타리아의 혁명을 일으켜 스페인을 공산주의화하는 것이었다. 노동자의 저항이 가장 심했던 곳은 광산 노동자들이 많이 있던 아스투리아스였다. 광산 노동자들은 사회주의 국가를 외치며 반란을 일으켰고, 사회주의 노동자당에서 보내온 무기와 무기 공장에서 탈취한 무기로 무장했다. 반란에 참여하는 노동자들이 점점 늘어 그 수가 1만 5천 명이 넘었다. 광산에 있는 다이너마이트를 확보한 광산 노동자들은 정부에 큰 위협이 되었다.

1917년 시위 때도 대규모 노동자 시위가 있었다. 그때 시위에 참여했던 노동자는 혁명을 일으키겠다는 의지는 없었다. 하지만 1934년의 노동자 반란에 참여한 노동자들은 러시아의 볼셰비키 혁명처럼 스페인에 혁명을 일으켜 노동자를 위한 나라를 건설하기 원했기 때문에 1917년 때와는 근본적인 자세가 달랐다. 아스투스리아스 노동자의 요구 조건은 다음과 같았다.

- 임금 인상
- 일곱 시간 근무
- 동일 노동에 대한 동일 수당

- 매년 두 달의 유급 휴가
- 실업 시 급여의 75% 지급
- 출산 전후 두 달씩 유급 휴가, 출산 후 모유 수유를 위해 세 시간마다 삼십 분 휴식
- 직장에서 사고 시 전체 급여 지급

여기까지 보면 일상적인 노동 시위라고 볼 수 있었지만 위의 요구 사항 외에 프롤레타리아 계급을 억압하지 않고, 자본주의 체제를 파괴하고, 사회주의를 도입해 달라는 조항이 있었다. 노동자의 반란은 정부를 뒤집어엎으려는 혁명적 요소가 있었다.

우파 정권은 폭동이 퍼지지 않도록 통제하기 위해 전시 상태를 선언하기에 이르렀다. 정부는 아스투리아스 지역의 반란을 진압하기 위해 모로코에 주둔하고 있던 스페인 정예군과 모로코 용병을 투입했다. 무기가 있다 하더라도 전투 경험이 없는 무장 노동자들은 군대를 당해 낼 수 없었다. 시위는 2주 만에 진압되었다. 이 와중에 1,000여 명이 사망했고 2,000여 명이 다쳤으며, 5,000여 명이 체포되었다. 이때 공을 세운 이가 프랑코Francisco Franco 장군이다.

이 시기에 카탈루냐에서도 반란이 일어났다. 카탈루냐의 반란은 노동자의 투쟁보다 카탈루냐 독립을 위한 투쟁의 성격이 짙었다. 1934년 10월 6일 카탈루냐 지방 정부는 전국에 노동자 파업이 일어나 혼란스러운 틈을 타 카탈루냐 공화국을 선언했다. 카탈루냐에서도 아스투리아스 지역에서처럼 강력한 노동자 파업을 기대했으나, 카탈루냐의 파업은 대대적이지 않았다. 가장 큰 무정부주의 계열 단체인 전국노동연합이 공화주의자와 사회주의자를 위한 파업에는 불참하겠다고 선언했기 때문이다. 카탈루냐는 곧 정부군에 진압을 당했고, 3,500여 명의 카탈루냐 정

치인과 좌파 인사들이 수감되었다.

스페인 내전의 시작

1936년 2월에 선거에서 승리한 인민 연합 정부는 군인의 쿠데타를 염두에 두고 있었다. 이럴 때마다 스페인 역사에서는 군인이 쿠데타를 일으켜 정권을 뒤집었기 때문이다. 그래서 정부는 쿠데타를 일으킬 가능성이 높아 보였던 장군들을 마드리드에서 먼 곳으로 보냈다. 프랑코 장군이 카나리아 제도로, 몰라 장군이 나바라로 발령이 난 이유도 그 때문이었다.

정부의 예상은 틀리지 않았다. 몰라 장군은 쿠데타를 정부 몰래 계획하고 있었다. 좌파 정부가 추진하는 일련의 개혁은 우파 성향의 군인들이 받아들이기 어려운 면이 있었다. 몰라 장군은 자신처럼 좌파 정권에 불만이 있는 사람들을 모았다. 그가 반란의 핵심 인물로 뽑은 사람은 아프리카 카나리아에 있던 프랑코 장군과 카를리스타와 연줄이 있는 산후르호 장군이었다. 프랑코 장군은 아프리카에 있는 스페인 정예군 4만 명을 움직일 수 있었고, 산후르호 장군은 우파 성향의 카를리스타를 반란에 끌어들일 수 있었다. 이 밖에 몰라 장군은 극우파 팔랑헤 의용군과 스페인 국내에 퍼져 있는 우파 성향의 장군들을 자신의 편으로 끌어들였다.

프랑코 장군과 산후르호 장군은 몰라 장군과 뜻을 같이했다. 스페인 내전 초기 쿠데타 3명의 핵심 인물인 몰라, 산후르호, 프랑코 장군은 이 쿠데타가 며칠 내에 끝날 것으로 생각했을 것이다. 이전까지 쿠데타는 정부 조직을 점거하고 반대파를 숙청하는 것으로 끝이 났기 때문에 기간이 오래 걸리지 않았다. 하지만 이 쿠데타는 3년에 걸쳐 지속된 스페인 내전의 시발점이 되었다.

자신과 생각이 다른 사람을 죽이는 것이 일상이 될 만큼 좌파와 우파의 갈등은 점점 더 격해졌다. 7월 14일 마드리드에서 벌어진 우파에 속한 왕정주의자 호세 칼보 소텔로Jose Calvo Sotelo가 좌파 집단에 의해 암살당하는 사건이 발생했다. 좌파가 그를 암살한 이유는 좌파 의용군에 협력했던 정부군 소속의 군인이 있었는데 그를 우파에서 암살하자 보복을 한 것이었다. 이 암살 사건으로 좌파와 우파의 사이는 더 벌어져 화해할 수 없는 지경에 이르렀고, 원수가 된 좌파와 우파의 대립에 사회 분위기는 뒤숭숭해졌다. 쿠데타에 참여하기로 했던 장군들은 그 틈을 타 모로코에서 7월 17일 무장봉기를 시작했다. 그리고 이에 맞춰 몰라 장군과 뜻을 같이했던 군인들도 일제히 스페인의 여러 지역에서 반란을 일으켰다.

몰라 장군의 계획은 초기에 강력한 무력으로 재빨리 반대파를 제압하는 것이었다. 일단 반대파를 제압하면 좌파 정치인, 당원, 노동당원 등을 교도소에 가두고 가혹하게 처벌한 뒤, 나머지 좌파들에게 겁을 주어 굴복시킬 심산이었다. 그는 시간을 주면 좌파 연합이 점점 더 강해지고 조직화될 것이라고 우려했고, 좌파 지지자들은 우파 지지자들보다 많았기 때문에 폭력을 써서라도 초기에 기선을 제압해야 한다고 생각했다.

천 년을 산다면 천 년 내내 싸우겠다

아프리카의 스페인 주둔군 및 모로코 용병으로 이루어진 반란군은 독일 공군의 지원으로 지브롤터 해협을 넘어 스페인 땅을 밟았다. 스페인에 상륙한 반란군은 마드리드를 향해 진군했다. 반란군은 마드리드로 가는 길에 있는 세비야, 바다호스를 차례대로 함락시켰다. 그런데 쿠데타를 일으킨 지 며칠이 지나지 않아 1936년 7월 20일 산후르호 장군이 비행기 사고로 목숨을 잃었다. 반군의 지휘권은 프랑코 장군에게 넘어갔다. 프랑코 장군은 산후르호 장군의 죽음으로 생긴 혼란을 수습하여 마드리드를 향해 전진했다. 마드리드는 스페인의 수도였고, 수도를 점령한다면 그 외의 지역은 쉽게 무너뜨릴 수 있다는 계산에서였다. 그런데 프랑코 장군에게 톨레도에서 다급한 지원 요청이 왔다. 톨레도에서는 쿠데타에 동조하여 반란을 일으킨 이들이 공화국군을 상대로 힘든 저항을 계속하고 있었다.

반란군이 공화국군에 저항하는 부분은 니코스 카잔차키스가 쓴 『스페인 기행』의 톨레도의 알카사르 포위에 잘 나와 있다.

며칠 후, 공화국군은 모스카르도 대령에게 전화를 걸어 알카사르를 넘기지 않으면 아들을 죽이겠다고 협박했다. 모스카르도 대령은 거절하고, 전화로 아들을 총살하는 소리를 듣는다. 반란군은 외부의 소식이 끊긴 채 알카사르에서 비참한 생활을 하면서 끝까지 저항했다. 9월 중순 공화국군은 모스카르도 대령에게 다시 한 번 연락했다. 알카사르 밑에 지하 터널이 완성되었고, 거기에 7톤의 폭발물을 준비했으니 죽기 싫으면 항복하라는 메시지였다.

9월 18일 아침 7시에 지진이 일어난 것 같은 엄청난 진동과 큰 소리가 들리며 톨레도 전체가 흔들렸다. 폭발 속에서 살아남은 반란군이 정신을 차렸을 때, 알카사르에 지하 통로가 생기며 공화국군이 쳐들어왔다. 반란군은 미친 듯이 육박전을 벌였다. 이들을 당해 내지 못한 공화국군은 다시 후퇴했다. 공화국군은 소방차에 석유를 넣은 뒤 알카사르를 향해서 뿌리고 불을 지르고 대포를 쏘았다. 반란군은 계속해서 저항했다. 만약 그대로 아무런 지원을 받지 않았다면 톨레도에 있던 반란군은 모두 목숨을 잃었을 것이다. 프랑코는 마드리드로 향할지, 톨레도로 갈 것인지 갈림길에서 선택을 해야 했다. 톨레도는 작은 도시였지만 프랑코는 우선 톨레도를 먼저 구원하기로 했다. 9월 27일 프랑코군은 영화의 절정 장면에서처럼 지지자들의 최후가 얼마 남지 않은 순간에 등장하여 그들을 구원했다.

프랑코군은 톨레도를 정리한 이후 마드리드를 향해 전진했다. 정예군을 이끌고 있는 데다 독일과 이탈리아의 지원을 받고 있었기 때문에 반란을 일으키고 나서부터 프랑코군에는 승리밖에 없었다. 그런데 마드리드 공략은 달랐다. 마드리드가 위기에 처했다는 소식을 듣고 공화국 편에 서서 싸우기 위해 전국에서 수천 명의 남녀가 모여들었다. 공화국 지지자들은 마드리드가 파시즘의 무덤이 될 것이라고 외치며 끝까지 저항했다. 니코스 카잔차키스는 크게 다친 젊은이가 그를 향해 외치는 소리를 들었다.

"내가 천 년을 산다면 난 천 년 내내 싸울 거예요!"

함락하려는 자도, 지키려는 자도 전쟁의 광기에 빠져 있었다. 공화국 정부는 프랑코군의 포화가 집중되는 마드리드를 떠나 발렌시아로 피신했다. 마드리드에는 미아하José Miaja 장군이 남아 공화국군을 지휘했다. 마드리드는 반란군에게 계속 저항했고, 외국에서 공화국을 도우려고 온 국제여단의 도움을 받아 공화국 최후의 보루로서 전쟁 막바지까지 그 역할을 다했다. 내전 초기 마드리드에서 저항한 공화국군은 대다수가 자원병이거나, 좌파 단체에 속한 조합원이었다.

학살의 시대

『어느 아나키스트의 고백』에서도 쿠데타가 일어났을 때 초기 장면이 묘사되어 있다. 작중의 그는 7월 18일 거리에서 친구들과 함께 있던 중 프랑코 장군이 아프리카에서 쿠데타를 일으켰다는 소식을 듣는다. 사람들은 공화국을 지키기 위해 싸우겠다며 시청으로 가서 무기를 달라고 요청했다. 하지만 사라고사 시장은 걱정하지 말라고 군중을 안심시켜 돌려보내고 무기를 주지 않는다. 무기를 손에 든 시민이 어떻게 변할지 확신이 없었기 때문이다. 그리고 며칠 뒤 시장의 운전기사를 하던 삼촌은 시장의 소식과 쿠데타 진행 상황을 알려 준다.

"7월 23일까지는 시장의 차에 공화국 국기가 걸려 있었지. 그런데 그 다음 날에는 깃발이 사라지고 없더구나. 시장도 같이 말이야⋯⋯. 공화국의 정부 관료들이 민병대를 공인하느냐, 마느냐를 놓고 시간을 허비한 동안, 팔랑헤당원들과 우파 부르주아들은 반란군의 병영으로 피신했어. 오늘 그놈들이 여기 사라고사에 입성할 거야."

그의 말대로 무정부주의자들의 도시였던 사라고사는 프랑코군의 손아귀에 떨어진다.

시장의 운전기사를 하던 삼촌은 쓰레기차를 운전하기 시작한다. 그는 재봉틀 방문 판매일을 계속하지만 일은 전보다 힘들었다. 하루는 팔랑헤당원에게 그들의 팔랑헤당원가를 부르고, '아리바 에스파냐'라는 구호를 외치라고 강요당한 뒤 폭행을 당하고 나서 그는 깨닫는다.

'이곳의 상황은 나로 하여금 현실에 눈을 뜨게 만들었다. 난 이제 싸워야만 하는 시대를 살아야 한다. 더 이상 화합이라는 것은 있을 수 없는⋯⋯.'

그리고 얼마 후 삼촌은 자신이 하는 쓰레기 수거일에 대해서 고백한다.

"사실 나는 매일 밤 트럭을 타고 교도소나 병영, 경찰서에서 죽은 사람들 시체를 치우러 다녀⋯⋯ 난 그것들을 도무지 만질 수가 없어. 심지어 보기만 하는 것도. 시체를 짐칸에 던져 넣을 때 소리가 들려. 처음에는 철판에 시체가 떨어지는 소리. 다음에는 시신끼리 부딪히는 소리가. 짐칸이 가득 찰 때까지 그 짓을 해야만 해. 언제나 시체가 넘쳐 나니까.

론다
오늘날 론다의 전경. 스페인 내전 당시 론다에서는 공화국 지지자들이
반군을 지지하는 사람들을 절벽 밑으로 떨어뜨려 죽이는 사건이 벌어지기도 했다.
이 사건은 헤밍웨이의 『누구를 위하여 종을 울리나』에도 묘사되어 있다.

시체를 토레로 묘지로 가져가. 그곳에는 나처럼 불행한 사람들이 구덩이를 파고 있지. 짐칸을 그쪽으로 갖다 대면 시신이 떨어지는 소리가 들려. 그 구덩이에 쌓이고 쌓인다고! 내가 그곳을 떠날 때가 되면 시체로 구덩이가 거의 다 메워지지. 그 일을 그 후레자식들은 '쓰레기 수거'라고 부르는 거야. 나는 두려워, 후회되고. 가족들에게 뭐라고 말해야 할지도 모르겠어. 내가 하고 있는 이 짓을 말이야."

이 독백은 꾸며 낸 이야기가 아니다. 앤터니 비버Antony Beevor가 쓴 『스페인 내전』에는 세비야나 우엘바 같은 몇몇 지역에서는 '고기 차'라고 부른 특별 화물차로 시신들을 공동묘지로 싣고 갔다는 내용이 있다.

그런데 반란군만 반대파를 학살한 것은 아니었다. 앤터니 비버에 따르면 1936년 여름 개전 초기에는 공화국 쪽에서 반란군의 편에 선 성직자, 지주, 공장주, 지역 유지, 상점주 등을 공격했다. 우파를 지지하는 군인의 반란이 일어나자 공화국 지지자들은 반란군과 그들을 지지하는 가톨릭 세력에 분노가 생겼고, 그 분노를 폭력적으로 표출했다.

공화국 지지자들에 의해 발생한 반란군 지지자들의 희생자 대다수는 개전 초기인 1936년 여름에 발생했다. 톨레도에서는 7월 20일부터 31일 사이 400명이 살해되었고, 시우다드레알에서는 8월과 9월 사이 600여 명이 죽었다. 론다에서는 반군을 지지하는 사람들을 공화국 지지자들이 절벽 밑으로 떨어뜨려 죽이는 일이 발생했다. 헤밍웨이는 이 사건을 『누구를 위하여 종을 울리나』에서 묘사하기도 했다. 그런데 이 사건을 저지른 사람은 론다 마을 사람들이 아니고 다른 지역에서 온 극단적인 공화국 지지자들이었다. 특히 가톨릭 성직자는 공화국 지지자들의 주요 표적이었다. 스페인 내전 중 전체 성직자 11만 5천 명 중 4,184명의 교구 사제, 2,365명의 수도교단 사제, 283명의 수녀가 살해되었다.

여기까지 보면 공화국 지지자들이 흉포하다고 볼 수 있다. 그런데 반란군의 흉포함은 상상 이상이었고, 지도부에 의해 계획적으로 이루어졌다. 프랑코 장군의 언론 담당 보좌관 곤살로 데 아길레라 대위는 "스페인 남성 3분의 1을 절멸하고, 스페인에서 프롤레타리아를 뿌리 뽑기 위해 모든 적색분자를 죽이고 또 죽이지 않으면 안 된다"라고 인터뷰하기도 했다. 반란군의 학살은 좌파 이념에 물든 이들을 처단하여 사회를 정화시키겠다는 군부의 판단에 따른 것이었다.

반란군은 공화국 편에 섰던 도시를 점령하면 군대를 동원하여 반대파를 숙청했다. 그게 끝이 아니었다. 그다음은 반란군과 같은 편이었던 팔랑헤당원과 카를리스타들이 공화국을 지지했던 민간인을 탄압했다. 공화국을 지지했다는 판단은 매우 포괄적이어서 1936년 투표 때 좌파 연합인 인민전선에 투표했다는 이유로도 탄압을 받았다. 반란군은 가혹하게 공화파 지지자들을 탄압했으므로 반란군이 공화국 진영 도시 가까이에 오면 그곳에 사는 사람들은 점령당하기 전에 집을 버리고 지역을 탈출할 정도였다.

스페인 내전 초기 반란군에 의해 희생된 이 중에는 그라나다 출신의 시인 가르시아 로르카Garcia Lorca도 있었다. 가르시아 로르카는 그라나다에 살고 있었다. 그런데 스페인 내전이 시작되고 얼마 안 가 그라나다도 반란군의 영향력 안으로 들어갔다. 먼저 1936년 8월 16일 그라나다 시장 마누엘 페르난데스 몬테시노스가 반란군에 의해 살해되었다. 반란군의 광기는 스페인의 위대한 시인에게도 다가왔다. 그라나다 시장이 죽은 지 몇 시간 뒤 반란군을 지지하는 자치우익연합 소속 라몬 루이스 알론소가 가르시아 로르카를 체포했다. 그리고 8월 18일 새벽 4시 45분 가르시아 로르카는 총살당했다. 역사학자 이안 깁슨Ian Gibson은 반란군이 가르시아 로르카를 처형한 이유를 그가 러시아의 스파이 짓을 하고, 사회주의자인 페르난도 데 로스 리오스의 비서 일을 하고, 동성연애를 했기 때문이라고 밝혔다. 물론 가르시아 로르카는 러시아의 스파이가 아니었다. 그리고 페르난도 데 로스 리오스와는 친구 사이일 뿐이었다. 분노에 눈이 멀어 버린 반란군의 눈에는 세기에 한 명 있을까 말까 한 위대한 시인도 자신의 편이 아니면 처단해야 할 대상일 뿐이었다.

좋은 학살과 나쁜 학살이 있을 수는 없다. 다만 반란군이 저지른 만행과 비교하면 공화국 지지자들의 학살은 정도가 덜했고, 어느 정도 기준이 있었다. 그 예로 성직자와 부르주아라고 모두 죽인 것이 아니라 그중에 민중과 함께했던 존경받는 성직자와 가난한 사람들을 착취하지 않았던 부르주아는 살아남았다. 그리고 반란군이 지도부에서 조직적으로 학살을 통치 수단으로 활용한 데 반해 공화국 정부는 시민이 반란군 지지자들에게 폭력을 행사하는 것에 대해 찬성하지 않았다. 공화국 정부는 법의 절차에 따르지 않은 시민의 폭력을 통제하고자 인민 법정을 설치하고, 시위원회를 만들고, 순찰을 강화했다. 그 결과 내전 기간 공화국 지역에서 학살된 반란군 측 희생자는 개전 초기 1936년에 집중되었다.

다만 공화국 측 지지자들이 전쟁 초기에 저지른 학살은 외국 특파원들이 많았던 마드리드와 바르셀로나에서 저질러졌기 때문에 낱낱이 기사화되어 국제적으로 공화국에 대해 안 좋은 이미지를 만들었다. 그리고 그 이미지 때문에 국제적으로 공화국을 도와줘야겠다는 여론이 생성되지 않았다. 반면 반란군은 전쟁 초기 안달루시아 지역에서 만행을 많이 저질렀는데, 그 지역에는 외국 기자들이 별로 없었다. 외국 기자들은 스페인어를 잘하지 못했고, 구사하더라도 안달루시아 방언을 잘 이해하지 못했기 때문에 반란군의 만행은 기사화되지 않았다. 가뜩이나 영국은 스페인 공화국 정부가 공산주의의 편에 서 있다고 생각을 해서 지원을 망설이고 있었기 때문에 이러한 상황은 공화국에 더 불리하게 돌아갔다.

그럼에도 수많은 예술가들이 공화국 진영 편을 들었다. 조지 오웰뿐만 아니라 앙드레 말로, 존 콘포드는 아예 참전을 해서 공화국군 편에 써서 싸웠고, 생텍쥐베리, 루이 아라공, 파블로 네루다 등 해외의 지식인들은 공화국을 응원했다. 물론 스페인을 사랑했던 헤밍웨이도 있었다. 열렬한 공화국 지지자였던 그는 종군 기자로 있으면서 공화국에 호의적인 기사를 쓰고, 스페인 내전을 지켜보며 『누구를 위하여 종을 울리나』를 썼다. 조지 오웰과 헤밍웨이는 스페인에서 만남을 가지기도 했다. 그런데 왜 해외의 지식인들이 스페인 내전에 관심을 두었을까? 프랑스의 초현실주의 시인이자 피카소의 친구였던 폴 엘뤼아르는 다음과 같이 말했다. "지금 에스파냐에서 공격받고 있는 것은 전 세계 무산계급이며, 에스파냐인들과 다른 많은 해외 혁명가들이 수호하고 있는 것은 인류의 미래라오." 스페인 출신 예술가들도 공화국을 응원했다. 대표적인 예를 들면, 마드리드 소피아 미술관에 전시된 피카소의 「게르니카Guernica」와 호안 미로의 「스페인을 도웁시다Aidez L'Espagne(Ayudad a España)」 포스터는 피카소와 미로가 당시 프랑코군의 만행을 폭로하고 공화국을 응원하기 위해 그린 작품이었다.

1937년 4월부터 1937년 10월

프랑코군이 강력해서 영향력을 계속 넓혀 가고 있었지만 공화국군도 가만히 있었던 것은 아니다. 1937년 2월 하라마 전투에서 공화국군은 반란군이 강을 건널 때 방어가 허술한 틈을 놓치지 않고 공격을 하여 대승을 거두었다. 또한 1937년 3월에 구아달라하라 전투에서는 반란군을 지원하는 이탈리아군이 프랑코 군대와 떨어져서 활동하다 공화국군에 각개격파를 당했다. 공화국군의 저항이 거세지자 반란군은 마드리드 고립

작전을 실시했다. 그 작전의 목표는 마드리드와 공화국 임시 정부가 있는 발렌시아의 연결 고리를 끊는 것이었다.

알폰소 13세는 프랑코군의 세력이 커지자 프랑코에게 연락을 취했다. 알폰소 13세는 프랑코를 신임해서 1928년 왕령으로 프랑코를 사라고사 군사학교 책임자로 임명했었다. 프랑코가 힘이 없을 때 알폰소 13세가 그를 알아봐 준 것이다. 과거의 인연을 바탕으로 알폰소 13세는 프랑코를 이용해 다시 스페인의 왕으로 복귀하고자 하는 마음이 있었다. 그는 프랑코의 마음을 얻기 위해 프랑코 지지자들에게 1백만 페세타를 기부하기도 했다. 하지만 프랑코는 알폰소 13세를 왕으로 받아들일 생각이 없었다. 1937년 4월 4일 프랑코는 알폰소 13세에게 답장을 했다. 편지의 내용은 당신이 통치 기간에 저지른 수많은 잘못들이 있으므로 왕정복고는 어렵다는 것이었다. 알폰소 13세는 후에 "프랑코가 보잘것없을 때 나는 그를 선택했다. 하지만 그는 나를 계속해서 배신했고 속였다"고 속상한 마음을 털어놓았다.

프랑코 장군은 마드리드의 저항이 거세지자 마드리드를 그대로 두고, 북부를 점령하는 데 집중했다. 광산업이 발달해서 노동자가 많았던 아스투리아스, 칸타브리아, 바스코 지방은 공화국의 영토였다. 몰라 장군은 3월 말 비스카야를 공격했다. 1937년 4월 26일 게르니카가 독일 공군의 폭격을 받아 초토화되었을 때가 이 시기였다.

공화국군은 북부까지 지원을 갈 수가 없었다. 북부 주변이 모두 반란군의 세력에 둘러싸여 있었기 때문이다. 공화국군은 북부를 구원하기 위해 반군의 후방에 해당하는 마드리드 근교 브루네테를 공격했다. 그리고 이어서 사라고사 근교 벨치테에 군대를 투입했다. 반란군의 후방이 공격을 당하면 북부의 공격을 그만두고 후방을 구원하러 오리라고 계산했기 때문이다. 하지만 프랑코군은 후방을 공격하는 공화국군에 아랑곳하지 않고 북부에 남아 있는 공화국 지역을 계속해서 점령해 나갔다. 북부의 핵심 도시인 빌바오는 6월 19일 점령되었고, 8월에는 산탄데르가 프랑코군의 손아귀에 떨어졌다. 두 달 뒤에는 아스투리아스 지방을 손에 넣었다. 북부는 공업, 광업이 발달한 곳이었기 때문에, 이 지역을 잃은 공화국은 힘이 많이 빠졌다. 북부에 있던 수천 명의 공화국 지지자는 반군의 탄압을 피해 공화국 땅으로 이주하기 시작했다.

이 시기에 주목할 만한 것은 프랑코가 반란군의 유일한 수장 자리에 올랐다는 것이다. 1937년 6월 3일 몰라 장군이 비행기 사고로 목숨을 잃었기 때문이다. 반란의 세 우두머리 중 한 명이었던 산후르호 장군은 1936년에 비행기 사고로 이미 죽었으니 반란의 주역 중에는 프랑코만 살아남은 셈이었다. 사람들은 산후르호 장군에 이어 몰라 장군까지 모두 비행기 사고로 사망하자 우연치고는 너무 기가 막히게 프랑코 쪽으로 좋게 일이 돌아간다고 생각했다. 사람들 사이에선 프랑코가 몰라 장군의 사망에 관여했을 것이라는 소문이 돌았다. 하지만 몰라 장군이 사고를 당한 비행기는 그가 자주 이용하던 비행기였고, 프랑코 장군이 사고와 연관이 있었다는 확실한 증거는 없다.

게르니카 폭격을 뛰어넘는 프랑코의 만행

1937년 4월 26일 프랑코의 지원 요청으로 독일 공군이 민간인과 피난민이 있는 게르니카에 폭격을 퍼부었다. 이 폭격으로 게르니카는 잿더미가 되었다. 게르니카의 희생자 수는 집계하는 측마다 달랐다. 공화국은 1,654명이 죽었다고 밝혔는데, 프랑코 측은 단 12명이 죽었다고 주장했다. 게르니카 근처에 사는 역사학자 비센테 델 팔라시오와 호세 앙헬

프랑코

프랑코는 스페인 내전의 승리를 바탕으로 독재자가
될 수 있었다. 하지만 그가 독재자로 올라서기까지 무수히
많은 사람의 피가 필요했다. 스페인 내전은 좌우 진영이 벌인
최악의 내전 가운데 하나로 역사에 남았다.

엘 코레오는 '게르니카사라Gernikazarra'라는 협회를 만들어 게르니카 학
살에 대해 22년간을 연구했다. 이들은 2007년 4월 27일 스페인 유력 일
간지 「엘문도」의 게르니카 70주년 보도에서 희생자 수를 126명으로 밝
혔다.

　현재 스페인 학계에서는 희생자 수를 126~889명까지 보고 있는데
자료가 부족해서 정확한 희생자 수를 파악하기가 어렵다. 공화국 측과
반란군 측이 집계한 희생자 수의 차이가 많이 나는 이유는 공화국 입장
에서는 게르니카 학살의 희생자를 늘려서 프랑코군의 잔학함을 드러내
려고 했고, 프랑코 측은 희생자 수를 줄여 학살에 대한 반감을 줄이려고
했기 때문이다.

　스페인 내전 기간 수많은 학살이 일어났는데, 그중 유독 게르니카
학살이 유명한 이유는 학살이 일어난 다음 날부터 영국 신문들과 미국
신문들에 기사화되고, 피카소가 게르니카의 학살을 주제로 그림을 그려
그 참상이 국제 이슈화되었기 때문이다. 피카소는 파리에 머물고 있었지
만, '프랑코의 몽상과 거짓말'이라는 연재만화를 그려 프랑코를 비판하
는 공화국 지지자였다. 1937년 1월 게르니카의 참상이 있기 전에 공화
국 정부는 피카소에게 6월 파리에서 열리는 만국 박람회의 스페인관에
벽화를 그려 달라는 의뢰를 했다. 피카소는 작품을 구상하다가 게르니카
가 폭격당한 사진을 보고 그와 관련된 그림을 그리기 시작했다. 사진가
였던 피카소의 애인 도라 마르는 피카소가 게르니카를 그리는 과정을 기
록했다.

　정치적인 발언을 하지 않는 것으로 유명했던 피카소가 스페인 내전
에 대해서 입을 열은 시기는 게르니카의 참상에 충격을 받아 「게르니카」
를 한창 그리고 있던 1937년 5월이다.

　"에스파냐(스페인) 내전은 민중과 자유에 대한 반동이 낳은 전쟁이

다. 화가로서의 내 삶 전체는 반동에 맞선, 예술의 죽음에 맞선 끊임없는 투쟁이었다. 지금 그리고 있는 '게르니카'라고 이름 붙여질 그림에서, 그리고 나의 모든 최근 작업을 통해서, 나는 에스파냐를 비참과 죽음의 나락 속에 빠뜨리고 있는 군사계급에 대한 공포를 표현하고 있다."*

피카소의 게르니카가 전시되었을 때 반응은 좋지 않았다. 작품을 의뢰했던 공화국 정부도 작품이 마음에 안 들기는 마찬가지였다. 공화국 정부가 원했던 그림은, 민중이 프랑코군에 대적해서 봉기하도록 부추길 수 있는 고야의 「1808년 5월 3일」처럼 메시지가 분명한 작품이었다. 그런데 「게르니카」는 난해했기 때문에 일반인이 좌파가 원했던 뚜렷한 메시지를 읽기가 어려웠다.

여담으로 피카소가 「게르니카」를 전시했을 때, 독일의 나치 장교가 그림을 보고 피카소에게 다음과 같이 물었다고 한다.

"당신이 이 그림을 그렸습니까?"

피카소는 대답했다.

"이 그림을 그린 사람은 내가 아니라 당신들이오."

스페인 내전에서 자행된 가장 유명한 학살은 게르니카 학살이지만, 그보다 희생자가 많았던 학살은 게르니카가 아니라 바다호스 투우장, 말라가와 알메리아를 잇는 도로 위에서 벌어졌다.

1936년 8월 반란군은 모로코에서 지브롤터 해협을 비행기로 건넌 뒤 남부 도시를 차례차례 제압해 나가며 마드리드를 향해 진격했다. 그 길목에 엑스트라마두라 지방에 있는 바다호스가 있었다. 반란군은 바다호스에서 시민들을 투우장에 가두고 학살했다. 1930년 바다호스의 인구는 41,122명이었다. 역사학자 휴 토마스Hugh Thomas는 이때 8,000명이

---

* 『창조자 피카소』 2권, 피에르 덱스 지음, 김남주 옮김, 한길아트, 2005

총살을 당했다고 밝혔다. 대체적인 학계의 의견은 8,000명까지는 아니지만, 당시 프랑코군에 의해 1,800명에서 4,000명 사이의 시민이 목숨을 잃었다는 것이다.

바다호스에서 학살이 진행된 이유는 1936년 2월 선거에서 좌파 인민 연합이 승리한 후 6만 명의 소작농이 토지 개혁의 바람을 타고 자신이 일하고 있던 토지를 점유하기 시작했기 때문이다. 당연히 지주는 땅을 빼앗기지 않으려고 했고, 사회주의의 영향을 받은 농민들은 땅을 얻으려고 투쟁했다. 빼앗기지 않으려는 자와 빼앗으려는 자 사이에서 혼란과 갈등이 생겨났고, 겉으로 보이는 평화로운 시골 분위기와는 달리 바다호스에는 지주와 농민 사이에는 증오가 가득했다. 반란군은 우파였고, 보수적이었으며, 기득권인 지주의 편이었다. 반란군이 바다호스에 입성하자 다시 땅을 빼앗길 상황이 된 농민들은 반발했고, 반란군은 그들을 모조리 학살해 반대 의견이 나오지 않도록 했다.

반란군의 대량 학살은 1937년 2월 8일 말라가와 알메리아를 잇는 도로에서 다시 벌어졌다. 말라가는 스페인 남부의 도시로 1937년 초까지 공화국 편에서 싸웠다. 마드리드가 스페인 중부에 남은 공화국 최후의 보루라면 말라가는 스페인 남부 최후의 보루였다. 말라가에서는 공화국을 지키기 위한 의용군 활동이 활발했다. 하지만 공화국 지지자들은 공화국의 지원을 받지 못해 고립되어 있었기 때문에 말라가를 지키지 못했고 반란군은 말라가에 입성했다. 공화국 지지자들은 이미 프랑코군이 점령한 도시에서 어떻게 행동하는지 알고 있었다. 많은 이들이 프랑코군의 탄압을 피해 말라가를 떠나 알메리아를 향해 피난을 갔다. 말라가 대학 역사학과 교수인 미겔 앙헬 멜레로Miguel Ángel Melero에 따르면 피난을 떠난 시민들은 20만 명에서 25만 명 사이였다. 프랑코는 자신에게 대적했던 그들을 용서할 생각이 없었다. 프랑코의 명령으로 무장하지 않은 피난민들의 긴 행렬에 바다와 공중에서 무차별 폭격이 가해졌다. 피해자는 4,000명에서 6,500명 사이에 이르렀다. 프랑코가 만약에 전쟁에서 승리한다면 그 피난민들도 그가 보살펴야 하는 국민이었다. 하지만 프랑코에게는 자신을 따르지 않는 국민은 적일 뿐이었다.

우리는 의용군이다. 군인은 싫다

1937년 말까지 공화국 정부는 상황이 안 좋기는 했지만 그래도 전쟁에서 승리할 수 있다는 희망을 품고 있었다. 마드리드를 성공적으로 방어하면서 뛰어난 지휘 능력을 보여 준 비센테 로호 장군은 공화국 군대를 체계적으로 개편할 계획을 세웠다. 폴 엘뤼아르가 인류의 미래라고 할 만큼 중대한 임무를 맡고 있던 공화국이었지만 초기 공화국군은 의용군 위주로 체계가 없었기 때문이다. 공화국군은 공화국을 지키겠다는 마음은 활활 타올랐지만, 지휘 체계가 없어서 제대로 된 군대라고 할 수 없었다. 전쟁이 장기화되었기 때문에 효율적으로 싸우기 위해서는 의용군을 정식 군대로 개편해야만 했다.

　의용군이 정식 군대로 변화한 시기는 소련이 공화국군을 지원하던 시기와 맞물렸다. 의용군은 이러한 변화에 "우리는 의용군이다, 군인은 싫다"라고 외쳤지만, 의용군이 일반 군대에 흡수되는 것을 막을 수 없었다. 의용군으로 싸우는 데에는 한계가 있었기 때문이다. 모두가 평등했던 의용군에는 계급이 생겼고, 군인으로서 월급도 받았다. 결국 공화국군은 소련의 영향을 받은 체계적인 군대가 되어 갔다. 공화국 군대가 시도한 군제 개편은 성공적이었다. 1937년 겨울, 공화국군은 테루엘을 반군의 손에서 빼앗는 데 성공했다.

하지만 공화국 지지자들이 모두 군대화와 소련의 개입에 찬성하는 것은 아니었다. 공화국 지지자들은 소련의 개입을 환영하는 공산주의자와 반대하는 무정부주의자의 두 파로 나뉘었다. 그리고 두 파의 대립은 점점 심해져, 공화국에 편에 서서 싸웠던 조지 오웰은 공산주의자와 무정부주의자 사이의 다툼이 프랑코군과의 전쟁만큼이나 심각하다고 지적했다.

군제 개편으로 강해지기는 했지만 공화국군은 프랑코군을 압도하지 못했다. 프랑코군은 프랑코의 생각에 동조하는 팔랑헤당원과 같은 자원자를 군대로 흡수했고, 독일과 이탈리아의 아낌없는 지원을 받으며 세력이 점점 더 커졌다. 1938년 2월 프랑코군은 테루엘을 재차 탈환한다. 이 과정에서 공화국군은 많은 군사를 잃었다. 프랑코군은 기세를 몰아 4월에는 지중해에 있는 비나로스를 점령했다. 비나로스를 잃은 것은 공화국군에게 치명타였다. 카탈루냐 지방이 내전 초기에 바스크 지방이 고립되었던 것처럼 사방이 프랑코 군에게 둘러싸였기 때문이다. 프랑코 군은 여전히 거센 저항을 하는 마드리드와 공화국 임시 정부가 있는 발렌시아를 두고 고립무원 처지에 놓인 카탈루냐 지방을 공략하는 데 집중했다.

마드리드가 공화국의 보루였다면 바르셀로나는 무정부주의자의 성지였다. 이베리아 아나키스트 연합FAI에 들어가 급진적인 무정부주의자로 활동하던 부엔나벤투라 두루티Buenaventura Durruti는 1936년 내전이 시작되었을 때 무정부주의자들을 지휘하여 바르셀로나가 반란군의 손에 떨어지는 것을 막았다.

프랑코군에 점령당하기 전까지 스페인 내전 내내 바르셀로나는 무정부주의자들이 득세했다. 무정부주의자들은 처음에는 민중을 위했으나 시간이 지나면서 초심을 잃어버리고 타락했다. 그 모습에 실망한 사람들이 많이 있었기 때문에 더 이상 내전 초기 반란군에 맞서 싸우던 단합된 바르

스페인 내전 당시의 마드리드

"그들은 지나가지 않을 것이다! 파시즘은 마드리드 정복을 원한다.
마드리드는 파시즘의 무덤이 될 것이다"라고 쓰인 현수막.
마드리드는 스페인 내전 당시 공화국의 최후 보루였다.
마드리드 시민들은 아주 오랫동안 프랑코군에 저항했다.

셀로나가 아니었다. 바르셀로나는 타락한 무정부주의자, 무정부주의자를 몰아내려는 공산주의자로 나뉘어 내부 갈등이 심했다. 그런데 프랑코군이 공화국으로부터 고립시키자 카탈루냐 지방의 모든 이들은 위기의식을 느끼고 다시 힘을 합쳤다. 카탈루냐 지방이 이제 공화국의 지원을 받기 위해서는 어떻게든 다시 프랑코군을 발렌시아까지 몰아내야 했다. 카탈루냐 지방의 공화국군은 총력을 기울여 에브로강에서 프랑코군과 싸울 준비를 했다.

1938년 7월 25일 카탈루냐의 공화국군은 에브로강을 넘어 아스코, 모라 데 에브로, 플릭스 등의 도시를 되찾았다. 그 도시들을 기점으로 공화국군은 프랑코군에 반격을 가해 어떻게든 발렌시아와 다시 연결되려고 했다. 하지만 프랑코군도 가만히 보고 있지는 않았다. 프랑코 역시 카탈루냐를 계속해서 고립시키는 것이 전쟁에서 승리하기 위해 얼마나 중요한지 파악하고 있었다. 11월 초 프랑코는 독일과 이탈리아에 항공 지원을 요청하고, 육지에서 총력을 다해 반격을 시작했다. 이 반격에 공화국군의 희망은 금세 꺼져 버렸다. 프랑코군의 공격에 공화국군은 점점 후퇴했다. 프랑코는 11월 16일에 공화국군이 점령했던 에브로강 유역의 도시를 모두 다시 점령했다.

프랑코는 다시 카탈루냐 지방을 향해 진격했다. 에브로 전투는 스페인 내전의 승부를 짓는 중요한 전투였다. 만약 이 전투에서 카탈루냐 공화국군이 승리하여 발렌시아까지 다시 연결되었다면 프랑코군이 쉽게 카탈루냐를 점령할 수는 없었다. 하지만 프랑코군에 패배하여 에브로 전투에서 군사를 잃은 카탈루냐는 더 싸울 여력이 없었다. 거기다 발렌시아의 공화국 정부로부터 지원도 기대할 수 없었던 카탈루냐는 더는 저항할 수 없었다.

1939년 1월 26일 프랑코군은 바르셀로나에 무혈입성했다. 카탈루냐가 프랑코에게 넘어갈 것을 이미 예감했던 공화국 사람 수천 명은 이미 프랑스로 넘어간 뒤였다. 그중에는 공화국 정부의 수장이었던 네그린, 총리 마누엘 아사냐, 공화국 의원, 카탈루냐 자치 정부 일원도 있었다.

1939년 2월 공화국의 영토는 스페인 중앙과 남동쪽 밖에 남아 있지 않았다. 공화국의 수장 네그린Juan Negrín은 군대를 재조직하고, 공화국의 남은 땅을 지키기 위해 노력했지만 이미 그부터 프랑스로 피신하여 있었으니 공화국의 운명은 암울했다.

바르셀로나가 항복한 뒤 다음 차례는 마드리드였다. 1939년 3월 공화국의 보루였던 마드리드에서 공화국 정부에 반대하며 세히스문도 카사도Segismundo Casado 대령이 반란을 일으켰다. 그는 공화국 측 마드리드 방어군 소속이었다. 그는 수개월 전부터 프랑코군과 내통하여 마드리드를 프랑코군에 넘길 계획을 세우고 있었다. 카사도가 반란을 일으키자 공산주의자, 사회주의자, 무정부주의자 위주로 구성된 공화국군은 마드리드를 지키기 위해 반란군과 싸웠다. 마드리드가 버틸 수 있었던 것은 마드리드 내부에서 똘똘 뭉쳐 프랑코군에 저항했기 때문이다. 그러나 이제 마드리드 안에서 서로를 죽이기 위해 사람들이 총칼을 들고 싸웠다. 오랜 전쟁과 내란으로 지친 마드리드의 공화국군은 3월 28일 프랑코군에 항복했고 프랑코군은 마침내 마드리드까지 손에 넣었다.

마드리드와 바르셀로나가 넘어간 뒤 공화국의 운명은 끝이 난 셈이었다. 프랑코군은 알바세테, 알리칸테, 발렌시아 등 남아 있는 공화국의 도시를 점령해 나갔다. 그리고 4월 1일 프랑코는 국민군(반란군)의 목적을 달성했으며, 전쟁이 끝났다고 선언했다.

스페인 내전의 결과

스페인 내전에서는 기존의 전쟁과는 달리 현대적인 폭격기, 탱크, 소총 등이 사용되었기 때문에 기존 전쟁이 끝났을 때보다 훨씬 결과가 더 참혹했다. 공중 폭격은 프랑코군의 주특기였다. 프랑코군은 이탈리아와 독일의 도움으로 적극적으로 폭격을 활용했다. 폭격은 시민들에게 공포를 주고 집, 공장, 항구 등 공화국 측의 기반 시설을 파괴할 목적으로 사용되었다. 지속해서 프랑코군에 저항했던 마드리드는 1936년 10월부터 폭격을 받았다. 마드리드뿐만 아니라 발렌시아, 바르셀로나, 타라고나, 말라가도 폭탄 세례를 받았다. 공화국군의 공군은 프랑코군의 공군에 비하면 초라했기 때문에 프랑코군의 공중 폭격을 막을 수 없었다. 마을과 도시에 떨어진 무차별적인 폭격으로 일반 시민들은 목숨과 삶의 터전을 잃어야 했다. 전쟁이 끝났을 때 스페인은 통신 시설과 인프라 시설이 거의 다 파괴된 상태였다.

프랑코의 편에 서 있던 우파는 팔랑헤당뿐만 아니라 왕당파, 카를로스파 등도 있었다. 프랑코는 1937년 4월에 팔랑헤당과 다른 우파들을 통합한 뒤, 통합팔랑헤당을 만들어 당수가 되었다. 통합팔랑헤당은 중앙집권과 군사력을 중요시했다. 가톨릭교는 스페인 국교의 자리를 되찾았고, 다시 교육을 담당했다. 프랑코는 민주주의에 반대했기 때문에 의회를 없앴고, 집회의 자유를 철폐했다. 종교재판이 있던 시절처럼 모든 문학, 신문은 검열을 받았다. 스페인은 다시 18세기로 돌아간 것이나 마찬가지였다.

식량 부족 문제도 심각했다. 스페인 내전 도중 전투와 사상이 다르다는 이유로 진행된 탄압으로 수많은 사람이 목숨을 잃었다. 그런데 전투와 탄압으로만 사람이 죽은 게 아니었다. 공화국 지역에서는 곡창 지대를 반

스페인 내전에 사용된 전투 기갑 차량
스페인 내전 당시 공화국 군대에 사용된 러시아의 전투 기갑 차량들의 모습.
스페인 내전은 2차 세계 대전의 전초전으로 국제전 양상을 띠었다.
특히 강대국들은 스페인 내전에 각종 폭격기와 탱크를 비롯한
신무기를 시험 삼아 사용해 보았다.

란군이 손에 넣어 식량이 부족한 데다 1936년 9월 밀 수확 시기부터 기근이 오면서 굶어 죽은 사람도 많았다. 상황은 악화되어 1937년 3월부터 마드리드에서는 빵이 부족해서 배급을 해야 했고, 그 양도 턱없이 부족했다. 수요보다 빵의 공급이 훨씬 부족해지자 뒷거래로 빵을 거래하는 사람들이 늘어났다. 상인들은 이 기회를 이용하여 빵 가격을 올렸다. 시민들의 영양 상태는 급격히 나빠졌다. 그 때문에 질병에 걸려 죽는 사람도 많이 늘어났다. 프랑코가 승리했다고 식량 상황이 갑자기 좋아지는 것도 아니었다. 전쟁으로 농지가 황폐해져 식량 생산이 급감해 있었기 때문이다. 안타깝게도 스페인 내전이 끝나고 나서도 식량 문제는 계속되었다.

스페인 내전 후 경제 생산량도 당연히 줄어들었다. 1938년 공화국 진영에서 17~35세 남자는 60만 명 정도였다. 남자들이 모두 전쟁터로 나갔기 때문에 노동력이 부족해지자 여자들이 노동 현장에 뛰어들었다. 전투에 필요한 식량을 마련하는 데에도 일손이 빠듯했기 때문에 소비재는 거의 생산되지 않았다.

스페인 내전은 스페인 우파와 좌파의 뿌리 깊은 갈등이 그 원인이었다. 하지만 스페인 내전은 2차 세계 대전의 전초전이나 마찬가지였다. 이탈리아, 독일이 반란을 일으킨 국민군을 지원했고, 러시아가 공화국 좌파 연합 정부인 인민전선을 지원하면서 스페인은 강대국이 세력 싸움을 벌이는 국제적인 전쟁터가 되었다. 실제로 히틀러는 스페인 내전에서 신무기를 활용하고 새로운 작전을 시험하며, 군사 훈련을 하면서 다음에 있을 더 큰 전쟁을 준비했다. 이탈리아와 독일이 프랑코군을 아무 대가 없이 지원한 것은 아니었다. 두 국가는 스페인 내전에서 충분한 실전 경험을 쌓고, 주변 국가를 침략하여 점령할 수 있다는 자신감을 얻었다. 따라서 1939년 4월 1일 스페인 내전이 종료되고, 1939년 9월 1일 2차 세계 대전이 시작된 것은 우연이 아니다.

피난과 추방

생각이 다르다는 이유로 좌·우측을 막론하고 반대편을 억압했기 때문에 내전이 시작된 이후 많은 사람이 탄압을 피해 피난 갔다. 부르주아, 가톨릭 사제들은 공화국의 영토에서 탈출했다. 공화국의 난민은 프랑코군을 두려워하여 카탈루냐 지방과 레반테 지방으로 모여들었다. 1938년 내전이 끝날 때쯤 공화국 난민은 백만 명 정도였다. 대다수는 여인, 어린이, 노인이었지만 전쟁 중이라 제대로 된 식량도, 집도, 교육도, 의료 지원도 기대할 수 없었다.

카탈루냐는 프랑코군이 지중해에 있는 비나로스를 점령하면서 사방이 프랑코 군에 둘러싸였다. 바르셀로나 함락이 머지않았음을 직감한 시민들은 배를 타고 유럽, 러시아, 미국으로 떠났다. 하지만 한 번에 모두가 피난하기에는 배가 부족했다. 1939년 스페인 내전의 막바지에 이르렀을 때 배에 타지 못한 공화국 시민 50만 명과 공화국군 수천 명은 육로로 카탈루냐에서 프랑스의 국경을 향해 떠났다. 이 행렬은 각양각색이어서 자가용에 탄 이도 있었고, 트럭의 짐칸에 탄 사람도 있었다. 트럭 짐칸에 탄 사람은 자리가 딱딱하고 바람이 차다고 불평할 수 없었다. 그 뒤로 마차를 탄 사람들이 있었고, 마차조차 없는 이는 걸어갔다. 프랑스로 가는 도로는 피난민들로 가득 찼다.

힘들게 프랑스에 도착했지만, 프랑스 정부는 스페인에서 온 피난민들을 환영하지 않았다. 프랑스 정부는 경계선을 긋고 나서 그 선을 넘지 못하도록 스페인 난민들을 통제했다. 『어느 아나키스트의 고백』에는 이 부분에 관한 이야기도 나온다. 프랑스군은 감시초소를 세우고, 기관총과 조명을 설치하여 프랑스 측으로 스페인 사람이 넘어오지 못하도록 했다. 스페인으로 가는 길은 열려 있었다. 오랜 여행으로 지치고 굶주리고 밖에서 지내는 생활을 견디지 못한 스페인 피난민은 프랑스의 땅을 밟아 보지도 못하고 죽어 나갔다. 처음으로 먹을 것이 배급된 날은 나흘째가 되던 날이었다. 하지만 배급된 빵은 열 명에 한 조각씩으로 턱없이 부족 했다. 다행히 프랑스 언론이 피난민의 비참한 생활상을 공개하면서 막사 가 생기고 음식도 좀 나아졌다.

어느 날 프랑스군은 남성, 여성, 아이들을 떼어 놓았다. 그리고 남자 들에게 두 가지 선택지를 주었다. 하나는 프랑코가 있는 스페인으로 돌 아가는 것이고, 다른 하나는 프랑스 외인부대에 들어가는 것이었다. 어 느 것도 선택하지 않고 남아 있는 사람들은 빨리 선택하라는 프랑스군의 재촉을 받았다. 시간이 지나도 선택하지 않자, 프랑스군은 그들을 농촌 노동에 동원해 노동력을 착취했다. 상황은 더 나빠졌다. 1939년 말, 프 랑스는 독일과의 전쟁으로 어려움에 빠졌다. 자국의 앞날이 불투명한 상 황에서 프랑스는 스페인 난민까지 신경을 쓸 처지가 아니었다. 어느 『아 나키스트의 고백』의 주인공은 스페인에서도 프랑스에서도 정착할 수 있 는 곳이 없었다.

이것이 바로 스페인 피난민의 현실이었다. 프랑스에 도착한 스페인 난민은 프랑스 남동부 끝 스페인 국경에서 가까운 아르젤레스와 생씨프 히엥에 위치한 농장으로 보내져 노동 착취를 당했다. 그리고 몇 달 뒤 절 반가량의 스페인 난민은 스페인으로 송환되었다. 그들에게는 가혹한 운 명이 기다리고 있었다.

스페인은 사상의 자유가 사라진 땅이었다. 자신과 생각이 다른 이들 을 아무런 죄책감 없이 죽여 왔던 프랑코 측은 스페인 내전에 승리하고 정권을 장악하자마자 좌파에 대한 탄압에 들어갔다. 그 중심에는 1939년 2월에 실시한 정치책임법이 있었다. 정치책임법은 소급 적용까지 가능 하여 1934년에 노조 활동을 했다든지 공화국 편에 섰던 전력만으로 처벌을 할 수 있었다.

　프랑코는 스페인 내전이 끝난 후 5만여 명을 정치범으로 사형시켰고, 1940년 기준 28만 명을 유폐시켰다. 정치범이 너무 많아서 교도소가 넘쳐나자, 프랑코 정권은 집단 농장을 만들어 정치범을 수용시켰다. 교도소에 갇히거나 집단 농장에 수용되거나 어느 쪽이든 환경이 열악하기는 마찬가지였다. 위생 상태도 엉망이었고, 내전 이후 식량이 부족했기 때문에 정치범에게까지 돌아가는 식량은 거의 없었고 많은 이가 영양실조로 교도소와 수용소에서 죽어 나갔다.

프랑코와 2차 세계 대전

프랑코 정권이 들어서고 얼마 지나지 않아 1939년 9월 2차 세계 대전이 일어났다. 프랑코는 독일의 히틀러, 이탈리아의 무솔리니와 통하는 면이 있었고, 스페인 내전에서 승리할 때 두 나라의 도움을 많이 받았다. 따라서 독일 편에 서서 전쟁에 참가하는 것이 당연했지만 내전으로 이미 국토가 거의 파괴되었고, 국력이 소모되어 전쟁에 참여할 만한 여력이 없었다. 프랑코는 2차 세계 대전 때 스페인의 중립을 선언했다.

　프랑코의 생각이 바뀐 건 독일이 1940년 6월 프랑스를 상대로 승리를 거두면서부터였다. 프랑코는 만약에 독일이 스페인 군대를 움직이는 모든 비용을 지원하고 전쟁에서 승리한 뒤 스페인이 지브롤터와 북부 아프리카의 땅을 얻을 수 있다면 스페인에 이익이 될 것이라고 생각했다. 프랑코는 프랑스 남부 엔다야에서 10월 23일 히틀러와 회동을 했다. 프랑코는 그 만남에서 아프리카의 프랑스령 모로코, 알제리 일부 영토, 카메룬을 스페인이 양도받을 수 있도록 해 주고, 영국이 점령하고 있는 지브롤터를 수복하고, 독일이 스페인에 경제적 지원을 해 달라고 요청했다. 히틀러는 프랑코의 조건이 마음에 들지 않았다. 스페인의 군사력은 보잘것없었는데 프랑코가 바라는 것은 그가 해 줄 수 있는 것보다 너무 많다는 생각이 들었다. 의견 차를 좁힐 수 없던 히틀러와 프랑코는 구체적인 약속 없이 협상 테이블을 떠났다.

프랑코가 전혀 독일군을 지원하지 않은 것은 아니었다. 프랑코는 중립을 표명하면서도 무기를 만들기 위해 필수 자원이나 독일이 구하기 쉽지 않았던 텅스텐을 팔았고, 독일 스파이가 스페인에서 정보를 수집하는 것을 허용했으며, 독일 해군은 스페인의 영해를 자유롭게 드나들 수 있었다. 또한, 팔랑헤당원 상대로 러시아군을 공격하기 위한 자원병을 모집하여 보냈다. 이 자원병들은 '푸른 사단Division azul'이라고 불렸다. 푸른 사단에는 파시즘을 열렬히 지지하는 팔랑헤당원이 많았는데, 러시아에서 돌아온 이는 많지 않았다. 이는 프랑코에게 좋은 일이었다. 프랑코는 통합팔랑헤당의 당수였지만 열혈 팔랑헤당원 중에는 프랑코와 생각이 다른 이도 많았기 때문이다. 프랑코는 카를로스파, 팔랑헤당, 왕당파 등의 다양한 우파의 조합 속에서 한 당의 이념을 지키기보다는 자기 마음대로 하기를 원했다.

프랑코는 1941년에 무솔리니와도 만났는데, 마찬가지로 프랑코는 참전 대가로 이탈리아에 많은 것을 요구했기 때문에 협상이 결렬되었다. 이 만남을 무솔리니는 다음과 같이 평했다.

"스페인은 많은 것을 바라면서 아무것도 주지 않는다."

스페인이 독일과 이탈리아와 손을 잡지 않고 중립국으로 남으면서 영국은 뒤에서 웃음을 지었다. 영국은 스페인이 독일과 손을 잡으면 스페인에 있는 지브롤터를 지키기 어려웠으므로 프랑코 주변의 군인들을 매수하여 참전에 반대하도록 지속해서 조종했다.

스페인 내전에서 반란군이 승리하면서 프랑코의 독재 정치가 시작되었다. 프랑코는 강력한 독재자로 군대, 정당, 가톨릭을 원하는 대로 움직일 수 있었다. 프랑코는 군대의 일인자였고, 정부 요직에 그에게 충성하는 군인을 앉혔다. 또한 그는 팔랑헤당과 카를로스파를 합친 통합팔랑헤당의 수장이었다. 프랑코는 주일 미사 참석을 강제할 정도로 국민에게 가톨릭을 강요했다. 가톨릭 성직자와 교회에는 넉넉한 지원을 해 주었다. 프랑코에게 우호적인 가톨릭이 다시 모든 스페인 국민의 교육을 담당하도록 하여, 스페인 국민이 프랑코 정권에 불만을 품지 못하도록 했다. 1943년에는 1만 2천여 명의 아이를 가정에서 분리시켜 팔랑헤 사회 구호소, 고아원, 종교 시설 등으로 보내 프랑코의 가치 및 체제를 교육받도록 했다.

프랑코는 1975년 죽을 때까지 스페인의 독재자로 군림했다. 40년에 이르는 프랑코의 독재 시기는 크게 두 시기로 나눌 수 있다. 첫 번째 시기는 1959년 전까지이다. 2차 세계 대전이 끝난 이후 세계는 냉전 체제에 들어갔다. 이전까지 스페인은 자본주의도 아니고 그렇다고 공산주의도 아니었다. 스페인은 국제 사회의 반대로 인해 국제연합에 가입하지도 못했다. 내전으로 국가 기간 시설이 다 파괴되었지만, 정부에는 건설할 자본이 없었다. 국제 사회에서 소외당하였으니 투자도 받지 못했다. 일자리도 부족했다. 얼마 없는 일자리는 프랑코 편에 서서 싸웠던 군인들에게 최우선으로 돌아갔다.

국제 정세에서 소외된 스페인은 다른 나라와 교역 자체가 거의 없었다. 프랑코는 스페인이 자급자족할 수 있는 특별한 국가라고 주장하면서, 이미 스페인에 사는 데 필요한 모든 것이 있으며, 스페인에서 생산하는 것으로 모든 스페인 사람이 풍족하게 먹고살 수 있다고 말했다. 따라서 프랑코는 스페인이 아무것도 수입할 필요가 없다고 믿었다.

스페인 수출입업자는 수출입을 하기 위해서 정부의 허가를 받아야
했다. 그런데 프랑코 정부는 수출입을 최소화하는 것이 목표였기 때문
에, 시간이 갈수록 수출입은 줄어들었다. 프랑코는 스페인에 모든 자원
이 있다고 믿었지만, 이는 프랑코의 착각이었다. 석유나 면화같이 공장
을 운영하기 위해서 수입에 의존해야 하는 것들도 많았다. 이를 무시한
프랑코의 고집으로 얼마 지나지 않아 경제 위기가 왔다.

농업 부문에서도 큰 문제가 있었다. 스페인이 국제적으로 고립되어
있다 보니 선진 농업 기술도 받아들이지 못하고 예전처럼 전통적인 방식
으로 생산했다. 생산 효율은 20세기 초 수준으로 뒷걸음쳤다. 프랑코 정
부는 농산물의 생산, 판매, 가격, 소비 등을 모두 통제했다. 프랑코 정부
는 스페인 국민이 저렴한 가격에 중요한 식료품을 구매할 수 있도록 밀,
콩, 와인, 기름, 감자 등의 가격을 낮게 책정했다. 의도는 좋았으나 수요
공급의 경제 원칙을 이해하지 못한 정책이었다. 정부에서 제시하는 가격
으로는 농부가 생산을 해 봤자 수익을 내기 어려웠다. 농부는 내전으로
농지가 황폐해졌기 때문에 생산 단가는 더 올라갔는데, 정부가 낮은 단
가를 제시하자 아예 농산물의 생산을 포기해 버렸다.

정부는 농부들로부터 낮은 가격에 중요 농산물을 구매하려 했는데,
농부들이 생산을 포기하자 계획한 만큼 농산물을 확보할 수가 없게 되었
다. 그 피해는 스페인 일반 시민에게로 돌아갔다. 서민은 식료품을 구하
기가 점점 더 어려웠다. 프랑코 정부는 이 문제를 해결하기 위해 1939년
부터 1952년까지 1가구의 인원수에 따라서 쌀, 빵, 감자 등의 식료품을
배급해 주었다. 그러나 국가에서 배급해 주는 양으로는 한 가정이 먹고
살기에는 턱없이 부족했다. 스페인 국민은 모자란 식료품을 웃돈을 얹어
주고 암시장에서 구매했다.

프랑코의 자급자족 경제 체제로 수출입이 막히고, 가격과 생산을 통제하면서 경제의 흐름이 막혀 스페인의 경제는 시간이 갈수록 어려워졌다. 경제가 어려워지면서 가장 먼저 어려움을 겪는 건 피라미드의 아래쪽에 있던 농민, 노동자였다.

물론 전 유럽이 2차 세계 대전으로 어려움을 겪었다. 경제 위기도 스페인만의 어려움은 아니었다. 하지만 전쟁을 치른 다른 유럽의 국가는 1939년의 경제 수준을 회복하는 데 5~8년 정도 걸렸는데, 스페인은 스페인 내전 이후 전쟁이 일어나기 전 1935년의 경제 수준에 도달하는 데 15년이 걸렸다.

스페인 여성의 사회적 지위도 제2공화국 이전 시절로 다시 돌아갔다. 여성은 계좌를 개설하거나 운전면허증을 취득하는 데 제한이 생겼다. 결혼한 여자는 남편의 동의 없이 일할 수도 없었고, 혼인 서류 없이는 여자 혼자 호텔에 투숙하지 못했으며, 이혼은 금지되었다.

프랑코 정권은 불만을 표출하지 못하도록 공포 정치를 단행했다. 죄인을 대중 앞에서 공개적으로 처벌 또는 처형하여, 대중에게 정권에 반항하면 어떻게 되는지 보여 주어 공포심을 심어 주었다. 시위는 금지되었고, 집회의 자유도 철저히 탄압하여 5명의 성인이 모여서 두런두런 이야기를 나누면 바로 경찰이 찾아와 무슨 이야기를 나누었는지 추궁할 정도였다. 모든 언론은 철저한 검열을 받아 프랑코 정권의 홍보 도구로 전락했다.

프랑코는 중앙 집권을 원했다. 따라서 바스코, 카탈루냐 등에 있던 자치 정부는 모두 폐쇄되어, 중앙 정부로 흡수되었다. 프랑코의 정치 체제는 이탈리아와 독일의 파시즘 체제와 비슷했다. 의회를 폐쇄하고, 파시즘 정당과 정부에서 관리하는 노동조합을 빼고는 나머지 모든 당과 노동조합을 없앴다.

프랑코의 경제 및 외교 정책은 1953년 이후 미국과 국제 관계를 맺으면서부터 변화했다. 1947년 이후 전 세계는 미국과 소련을 중심으로 냉전 체제에 돌입했다. 미국은 서유럽이 소련의 영향을 받아 공산주의가 되는 것을 바라지 않았다. 미국은 서유럽의 공산화를 막기 위해 지원을 아끼지 않았다. 하지만 프랑코 정권은 미국의 지원에 소외되어 있었다. 프랑코 체제는 자본주의가 아니었기 때문이다. 프랑코 정부의 경제 실책으로 스페인의 경제는 완전히 망가져 있었다. 계속되는 경제 어려움으로 프랑코는 결국 고집했던 폐쇄적인 경제 정책을 수정하고 국제 사회에 문호를 개방하기로 마음먹었다.

스페인의 문호 개방은 프랑코가 1953년 미국과 협정을 체결하면서 이루어졌다. 미국은 6년 동안 스페인에 6억 2,500만 달러의 지원을 해 주는 대신 러시아를 견제하기 위해 스페인 사라고사, 로타, 모론, 토레혼 등의 지역에 미군 기지를 건설했다. 여기에 더해 미국은 스페인군의 현대화를 위해 최신 무기를 주었고, 기술 지원도 해 주었다. 이 협약으로 스페인은 국제적인 고립에서 벗어나 미국과 정치, 경제 분야에서 협력을 맺으며 발전해 나갈 수 있는 기틀을 다졌다. 2년 뒤 스페인은 1955년에 국제연합에 가입하며 국제 사회에 본격적으로 등장했다.

1957년 프랑코가 내각 개혁을 한 뒤 스페인의 변화는 두드러졌다. 1957년 내각에는 오푸스 데이Opus Dei 출신의 인사가 대거 참여했기 때문이다. 오푸스 데이는 보수적인 가톨릭 단체였으나, 경제적인 측면에서는 사회 안정을 위해서는 경제 성장이 최선이라고 믿으며 자유 경제 체제를 지지했다. 국내 상황과 국제 상황이 변화하며 프랑코의 경제 정책은 고립 정책에서 문호 개방 정책으로 선회했고, 국제 경기가 살아나면서 스페인은 경제 호황기를 맞이했다.

프랑코의 집권 2기는 1959년부터 시작한다. 스페인은 미국과 교역을 시작하고 국제연합에 가입하면서 국제 사회의 고립 상태에서 벗어났다. 이때는 마침 전 유럽에 2차 세계 대전 이후 경제 활황기가 찾아왔다. 유럽의 공산화를 막기 위한 미국의 경제 지원과 전반적인 경기가 살아나면서 스페인의 경제는 급격히 성장했다.

1957년 프랑코가 새로 구성한 정부 내각은 경제 발전을 우선순위로 두었다. 프랑코의 경제 정책은 1959년 안정화 계획을 발표하며 대대적으로 바뀌었다. 이 안정화 계획에서는 정부가 일정 가격으로 생산자로부터 물건을 구매하는 방식을 폐지했고, 수입 장벽을 무너뜨렸으며, 외국 자본의 투자가 용이하도록 했다. 그리고 인플레이션 완화를 위해 금리를 올리고 채권 양도를 제한하고 급여를 동결시켰다. 이런 조치가 가능했던 이유는 스페인 정부가 노동자의 임금을 통제할 수 있었기 때문이다. 스페인은 유럽의 소비 시장에서 가깝고 낮은 인건비로 생산을 할 수 있었기 때문에 매력적인 생산 기지였다. 그러다 보니 스페인에 투자하는 외국 기업이 늘어났다.

스페인의 경제 성장은 공업이 주도했다. 스페인의 공업 분야는 1960년부터 1973년까지 매년 10%의 성장을 달성했다. 생산 효율도 좋아져서 생산 가격은 낮아졌고, 낮은 가격으로 경쟁 우위를 점해 수출이 늘어났다. 스페인 경제가 살아나자 프랑코 정권은 노동자의 급여를 인상했다. 이전까지 스페인 대다수 국민은 소비를 하고 싶어도 의식주를 해결하기 위해 지출을 하고 나면 남는 돈이 없었다. 소득이 늘어나자 스페인 국민은 가격이 낮아진 자동차, 텔레비전, 냉장고 등을 구매하며 소비를 늘렸다. 소비는 다시 기업의 생산으로 이어져 경제의 선순환을 이끌어 내며 내수 경제가 활성화되었다.

공업이 스페인 경제를 이끄니 공장이 많이 늘어났고, 농촌에 있던 사람들은 일자리를 찾아 도시로 이동했다. 이러한 변화는 급격히 이루어졌다. 스페인 농림부 자료에 나온 1차 산업에 종사하는 인구가 1960년대에는 40.2%였으나 1976년에는 20.9%로 줄어들었다. 이전의 농업 생산 방식은 노동력에 의존하는 옛날 방식이었는데, 농촌에 노동력이 부족해지니 농기계를 적극적으로 도입하게 되었다. 스페인 농림부에 기록된 트랙터의 숫자를 보면 1960년에는 36,845대였던 것이 1976년 400,928대로 늘어났고, 생산 효율은 1960년에 비해 1976년에 5배가량이 늘었다. 농촌의 많은 인구가 도시로 몰렸기 때문에 핵가족화가 일어나기도 했다.

1950년대 이후부터는 많은 외국인이 스페인을 찾으면서 관광 산업까지 발달했다. 스페인의 물가는 다른 유럽에 비해 상대적으로 저렴했고, 온화한 기후, 오염되지 않고 아름다운 해변 때문에 많은 외국인이 스페인의 매력에 빠졌다. 덕분에 외국인이 머물 호텔이 부족해 호텔을 지으며 건설 경기가 살아났고, 관광에 따르는 부가적인 수입도 늘어났다. 스페인 관광객과 관광 수입은 1950년 이후 거의 매해 기록을 경신했다.

프랑코 정권은 이 모든 성과를 정부 주도의 경제 개발 정책이 이룬 스페인 경제의 기적이라고 홍보했다. 하지만 현재 대다수의 스페인 역사학자들은 1960년대 이후 스페인의 급격한 경제 성장의 원인을 2차 세계대전 이후 찾아온 유럽 경제 활황기를 잘 만났기 때문이라고 보고 있다.

프랑코 정권은 가톨릭을 통치 도구로 사용했었는데 바티칸 2차 공의회 이후 가톨릭과 정부의 관계에도 변화가 있었다. 가톨릭은 정부와 거리를 두었고, 민주주의를 지향하는 사회 집단과 가까이했다. 프랑코 집권 초기에 정부와 가톨릭은 뗄 수 없는 관계였는데, 가톨릭이 정부와 결별하면서 스페인 국민에게 미치는 가톨릭의 영향력도 줄어들었다.

1968년의 프랑코와 그의 아내
프랑코는 스페인 근현대사에서 빼놓을 수 없는 인물이다.
독재를 펼쳤으며 인권을 탄압했지만
스페인 내전을 종식시키고 경제를 발전시키는 등의 공도
존재하는 인물로 평가가 엇갈릴 수밖에 없다.

경제 발전으로 생활이 나아지고 가톨릭의 영향이 줄어들면서 스페인 사람들은 현대화된 교육을 원했다. 1970년에 제정된 교육법은 국민의 요청을 반영하여 가톨릭에 의지하던 교육 방식을 크게 바꾸고, 교육에 많은 투자를 했다. 그 결과 문맹이 급격히 줄어들고, 스페인의 교육 수준은 빠른 속도로 높아졌다.

시간이 지나면서 여성도 속박에서 조금씩 벗어났다. 여성은 부모나 남편의 동의 없이 공부하거나, 일을 할 수 있게 되었다. 1960년대에 스페인에는 예예ye-ye 세대가 등장했다. 예예 세대의 여성들은 미니스커트를 즐겨 입었다. 미니스커트는 프랑코 집권 초기의 여성들은 상상도 할 수 없는 복장이었다. 따라서 미니스커트 자체가 변화한 스페인 여성의 위치를 표현해 주는 것이나 마찬가지였다. 1970년대 스페인 여성은 남성과 동등한 교육을 받을 수 있었다. 스페인 여성은 교육을 받으며 자유와 양성평등에 대한 열망을 키워 갔고, 사회에 진출했다. 하지만 여전히 스페인의 여성 사회 참여율은 다른 서유럽 국가와 비교하면 낮은 수준이었다.

청동빛의 스페인

경제가 발달하고 교육 수준이 올라가면서 스페인 국민은 프랑코 정권에 반기를 들기 시작했다. 스페인 국민이 바라는 것은 민주주의, 국민의 정치 참여, 노동조합 결성의 자유였다. 다른 서유럽의 국가처럼 스페인 국민은 정치에 참여할 수 있기를 바랐다. 프랑코도 변화하는 세상을 알고 있었기 때문에 그에 맞춰 적절한 선에서 개혁 작업을 시작했다.

1966년에 제정된 출판법에서는 사전 검열 제도를 없애 신문과 책이 자유롭게 출판될 수 있는 길을 열어 주었다. 하지만 사후 검열을 통해 출판물이 일정 선을 넘었다고 판단하면 처벌을 받았기 때문에 완전한 출판의 자유라고는 할 수 없었다. 1967년에는 모든 종교가 평등하며, 스페인 국민이 자유롭게 종교 집회에 참여할 수 있다는 종교 자유법을 제정했다. 또한 사회보장법을 제정하여 질병과 노후 생활에 대한 안전망을 만들었다.

프랑코의 이러한 조치는 사실 그답지 않은 것이었다. 옛날의 그였다면 반대파를 강력하게 탄압하여 모두 모아 총살시켰을 것이다. 그는 이 시기 실제로 많이 약해져 있었다. 노쇠한 그는 건강이 예전 같지 않아 그의 사후를 걱정해야 할 정도였다. 1969년에 프랑코는 후계자로 후안 카를로스 데 부르봉을 지명했다. 그는 알폰소 13세의 손자였다. 그의 아버지인 후안 데 부르봉이 살아 있었으나, 후안 데 부르봉은 자유주의적인 성향이 강했기 때문에 프랑코는 대신 그의 아들을 후계자로 지명했던 것이다. 통합팔랑헤당원은 이 결정에 불만이 많았다. 왜냐하면 그들이 원하는 건 우파 성향의 독재정치였는데, 그가 왕이 되면 그들이 원하는 대로 하지 못할 것이라 생각했기 때문이다.

프랑코 체제가 바람직하지는 않았지만, 정치적 안정이라는 한 가지 장점은 분명했다. 그런데 프랑코의 건강이 악화되고 후계자로 후안 카를로스를 임명할 즈음부터 스페인 정계에는 프랑코 사후 주도권을 잡기 위한 암투가 늘어났고, 정치적으로도 불안정해졌다. 프랑코가 강압적으로 눌러 왔던 집단은 프랑코가 약해진 틈을 타 주도권을 잡기 위해 투쟁했다. 그 집단에는 사회주의당PCE, 사회주의노동자당PSOE 등을 비롯해 예전의 무정부주의자처럼 테러도 불사하는 극좌파 반파시즘애국혁명전선FRAP 등이 있었다. 그리고 바스크의 독립을 위해 결성된 ETA도 나타났다.

프랑코 정권은 중앙 집권을 추구했기 때문에 바스크나 카탈루냐 지방은 자치권을 잃었고, 그들 고유의 말을 사용할 수도 없었다. 이 시기 바스크와 카탈루냐는 자치권을 얻기 위해 노력했다. 가장 극단적인 집단은 1959년에 결성된 ETA였다. ETA는 바스크어로 Euskadi Ta Askatasuna이며, '바스크 조국과 자유'라는 뜻이다. ETA는 극단적인 바스크 민족주의자와 사회주의자가 결성한 집단으로 1968년 이후부터 무장해 테러를 저지르며 바스크 독립의 의지를 표출했다.

ETA는 1973년 6월 마드리드에서 정부 수장에 임명된 루이스 카레로 블랑코Luis Carrero Blanco를 암살하기도 했다. 그는 극우파 인사로 프랑코 체제를 지켜 나가기 원하는 사람들의 대표였다. 프랑코 사후 프랑코 지지자들은 루이스 카레로 블랑코를 대표로 하여 프랑코 체제를 지속시키려고 했다. ETA는 프랑코 체제가 끝나고 바스크 독립을 원했기 때문에 중앙 집권을 중시하는 루이스 카레로 블랑코가 마음에 들지 않았다. ETA는 1973년 12월 마드리드 시내에서 루이스 카레로 블랑코가 탑승한 차가 지나가는 길에 폭발물을 숨겨 놓았다가 그 차가 지나갈 때 폭발시켰다. 그가 탔던 닷지 3700 GT 차량은 그 폭발로 7층 건물 옥상까지 올라갔다.

1970년대 초 스페인의 상황은 스페인 내전이 일어나기 전 상황과 비슷했다. 벙커(Bunker, 스페인어 분케르)라고 불린 극우파 성향의 군인, 팔랑헤당원, 카를리스트 등은 어떻게든 자유화를 막으려 했다. 반면 진보주의자들은 스페인이 문호를 개방하고, 민주주의를 도입하고, 다양한 가치와 문화가 공존하기를 바랐다. 1974년 1월, 루이스 카레로 블랑코의 죽음으로 새로운 정부의 수장이 된 카를로스 아리아스 나바로Carlos Arias Navarro는 보수주의자와 진보주의자를 통합하기 위해 노력했다. 그는 2월 12일의 정신이라고 불리는 개혁 방침을 내세웠다. 그 방침에는 다수결에 의한 의회 운영, 자치장 선거, 지방 선거 등을 실시하여 부분적으로 민주주의를 받아들이는 것이 포함되었다. 이 밖에 검사의 권한을 확대하고, 노동조합 개혁 등의 내용이 들어가 있었다. 좌파는 이 조치에 어느 정도 만족했지만, 우파는 불만이 많았다. 우파는 이 개혁이 프랑코 체제에 큰 위협이 된다며 카를로스 아리아스 나바로에게 불만을 표출했다. 카를로스 아리아스 나바로 정부는 출범 초기에는 진보적인 행동을 취하다가 시간이 지나면서 보수적으로 변했다. 결국, 2월 12일의 정신에서 내세운 사안은 제대로 실행되지 않았다. 진보주의자들은 프랑코 체제 내에서는 진보주의자가 바라는 개혁을 할 수 없다는 것을 깨달았다.

1973년에 석유파동이 일어나며 스페인의 경제는 위기를 겪었고 스페인 내 보수주의자와 진보주의자의 갈등은 점차 더 심해졌다. 프랑코의 건강은 갈수록 더욱 악화되었다. 노동자와 학생의 시위가 늘어났고, 민주주의 도입을 부르짖는 단체가 생겨났다. ETA, FRAP를 비롯한 극좌파 단체는 테러를 저질러 프랑코 체제에 반발했다. 카를로스 아리아스 나바로 정부는 이를 두고 보지 않았다. 1975년에 반테러법을 제정한 뒤, 사면을 바라는 수많은 목소리를 무시하고 ETA와 FRAP의 단원들을 처형시켰다.

우파는 어떻게든 프랑코가 이룩해 놓은 보수 체제를 지키려고 안간힘을 썼으나 인간의 생로병사까지 막을 수는 없었다. 프랑코는 1974년 이후 건강이 악화되어 정치에 참여하지 못하다가 1975년 11월 20일에 사망했다.

독재자 프랑코가 사망한 이후 스페인은 여러 가지 혼란과 시행착오를 겪어야 했다. 그럼에도 착실히 민주주의를 발전시켜 나가며 오늘날의 스페인을 만들어 갔다. 이러한 분명한 변화는 협력과 양보를 통해서 가능했다. 펠리페 2세 전까지의 스페인이 황금빛으로 빛나는 전성기였다면 펠리페 2세 이후부터 프랑코까지의 시기는 피와 반목이 난무하는 청동빛 시대였다. 하지만 이 청동빛 시대를 거쳤기에 스페인은 보다 성숙한 국가가 될 수 있었다.

국내 저서

『니얼 퍼거슨의 시빌라이제이션』, 니얼 퍼거슨 저, 김정희 · 구세희 역, 21세기북스 (2011)

『대항해 시대 : 해상 팽창과 근대 세계의 형성』, 주경철 저, 서울대학교출판부(2008)

『두 개의 스페인』, 신정환 · 전용갑 공저, 한국외국어대학교출판부(2016)

『사피엔스』, 유발 하라리 저, 조현욱 역, 김영사(2015)

『세계 철학사』, 한스 요아힘 슈퇴리히 저, 박민수 역, 자음과 모음(2013)

『스페인 내전』, 앤터니 비버 저, 김원중 역, 교양인(2009)

『스페인 미술관 산책』, 최경화 저, 시공아트(2013)

『스페인 역사』, 박철 편역, 삼영서관(2009)

『스페인 역사100장면』, 이강혁 저, 가람 기획(2003)

『스페인 은의 세계사』, 카를로 M. 치폴라 저, 장문석 역, 미지북스(2015)

『스페인사』, 레이몬드 카 외, 김원중, 황보영조 역, 까치(2006)

『어느 아나키스트의 고백』, 안토니오 알타리바 저, 길찾기(2013)

『역사란 무엇인가』, 에드워드 핼릿 카 저, 김택현 역, 까치(2007)

『전쟁 연대기2』, 조셉 커민스 저, 김지원 역, 니케북스(2013)

『창조자 피카소』 2권, 피에르 덱스 저, 김남주 역, 한길아트(2005)

『총 균 쇠』, 재레드 다이아몬드 저, 김진준 역, 문학사상사(2005)

외국 저서

『*Alfonso XII y su época*』, Espadas Burgos, Manuel & Seco Serrano, Carlos & Villacorta Baños, Francisco,Cuadernos Historia 16(1985)

『*Alfonso XIII y el ocaso de la monarquía liberal, 1902–1923*』, Hall, Morgan C., Alianza(2005)

「*Bastardos y borbones: Los hijos desconocidos de la dinastía*」, José María Zavala, Plaza & Janes Editores(2011)

「*Carlos III y la España de la Ilustración*」, Domínguez Ortiz, Antonio, Alianza(2005)

「*El ala rota*」, Antonio Altarriba, Norma(2016)

「*Enfermedades de los reyes de España. Los Austrias: de la locura de Juana a la impotencia de Carlos II el Hechizado*」, Gargantilla, Pedro, La Esfera de los libros(2005)

「*Felipe II y el Escorial*」, Barros de Orrego, Martina, Artes Gráficas Langa y C.(1944)

「*Felipe III y la Pax Hispánica, 1598-1621: El fracaso de la gran estrategia*」, Allen, Paul C., Alianza(2001)

「*Felipe IV. El hombre y su reinado*」, Alcalá-Zamora, José, Centro de Estudios Europa Hispánica(2005)

「*Fernando VII. Borbones, 6.*」, Sánchez Mantero, Rafael, Arlanza(2001)

「*Francisco Franco y su tiempo. 8 tomos*」, Suárez Fernández, Luis. Fundación Nacional Francisco Franco(1984)

「*Franco. Una biografía personal y política*」, Jesús Palacios Tapias & Stanley G. Payne, Planeta(2014)

「*Guerra y sociedad en la monarquía hispánica*」, Enrique García Hernán, Aberinto S.L.(2007)

「*Historia crítica de la Inquisición*」, Juan Antonio Llorente, La Imprenta del Censor(1822)

「*Historia de España*」, Jaime Alvar, Temas de hoy(2002)

「*Isabel II: Los espejos de la reina*」, Francesc A. Martínez Gallego, Marcial Pons Historia(2004)

「*La Guerra Civil. La ruptura democrática*」, Aróstegui, Julio, Historia 16(1997)

「*La rebelión de los catalanes. Un estudio sobre la decadencia de España(1598-1640)(2ª edición)*」, Elliott, John H., Siglo XXI(1963)

「*La República española y la guerra civil*」, Gabriel Jackson, RBA Coleccionables S.A(2005)

「*La vida y época de Carlos II el Hechizado*」, Calvo Poyato, José, Planeta(1998)

「*La vida y la época de Fernando VI*」, Voltes, Pedro, Planeta(1998)

「*República y Guerra Civil. Vol. 8 de la Historia de España*」,Casanova, Julián, Crítica/ Marcial Pons(2007)

「*Un Drama Político: Isabel II Y Olózaga*」, Conde de Romanones, Diana Artes Gráficas(1958)

ㅎ